真の祝福にいたる「キリストの救い」の奥義

ここがおかしい日本のキリスト教の勘違い

古山 パウロ 誉主吾
KOYAMA Paulo Yoshua

使徒パウロの伝道旅行（第2部参照）

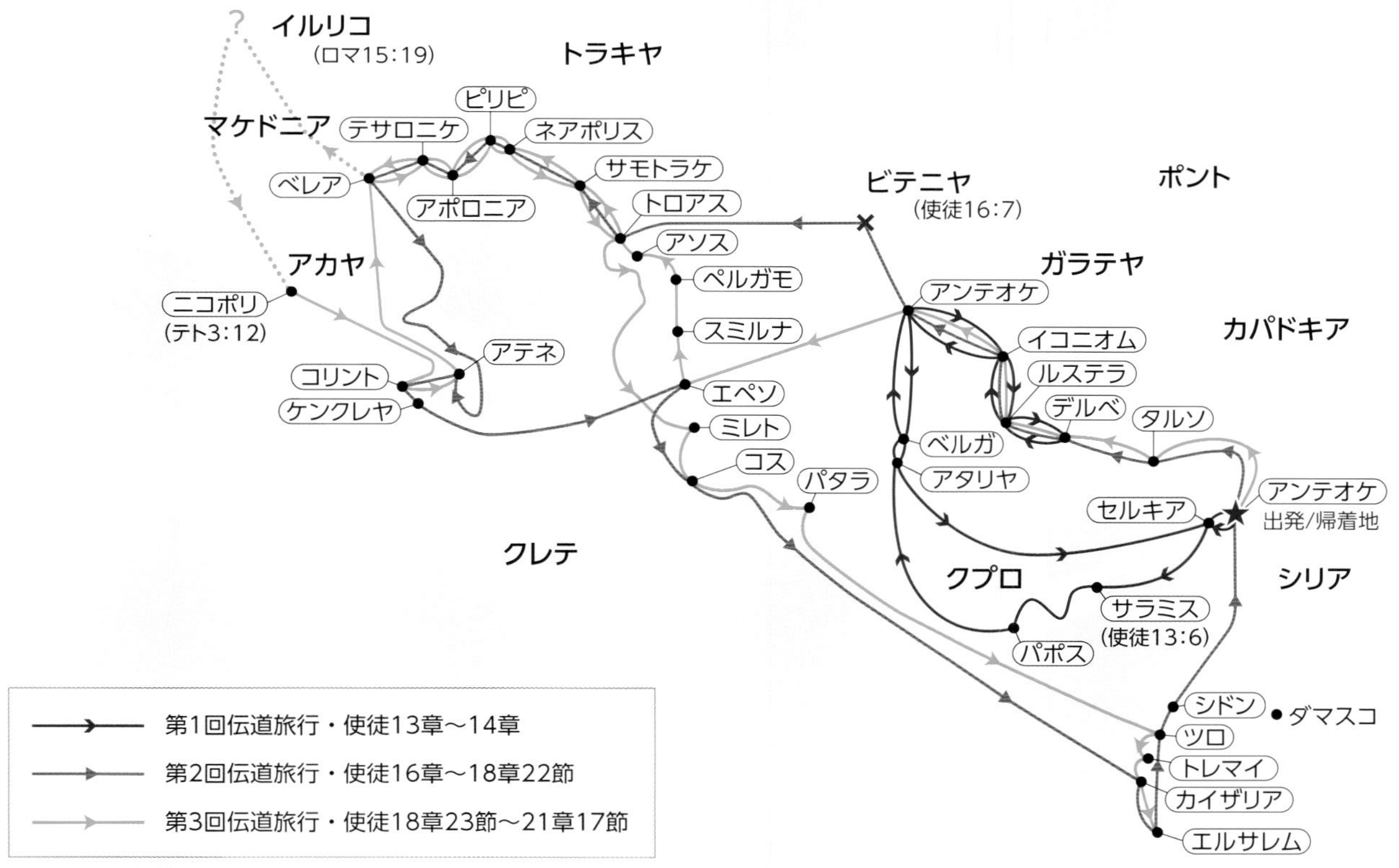

はじめに

キリスト教は、神と呼ばれる霊的存在者と、それを信じる人との契約です。

その証拠として、キリスト教で使われている「聖書」は、「旧約聖書」と「新約聖書」の2部構成になっており、それが「全能者との古い契約」と「イエス・キリストを仲介者とする新しい契約」を表明するタイトルであることは、誰もが常識として知っています。

従って、「神の言葉を記したとされる聖書」を教典としているクリスチャンであれば、この新・旧両聖書を神様から指示された「契約の規定書」として理解しなければならないことになります。

「契約」とは、二者間の合意事項の取り決めですから、キリスト教では霊的存在である神様・主イエスと、信じる者とが取り交わす「相互の祝福（実行すべき互恵）」の合意義務なのです。この視点では、旧約聖書は「神様からの一方的指示」と言えるものでしたが、新約聖書になると、イエス・キリストの働きによって、人の側の「信じる意志」があって初めて成立する契約に移行したのです。

それでは、私たちクリスチャンは、そのキリスト教を「契約として」正しく理解し、そして実行しているでしょうか？　その実態は「契約」とは程遠く、信じる私たちをはじめ、世俗の人々のキリスト教についての概念は「宗教」です。

「宗教」とは、何か人間が到達し得ない高みに存在する対象に対して、人が「頼りすがって」望みを実現しようとする手段と解釈されます。それならば、今、キリスト教を宗教として取り扱っていること自体が《神様の意図としての本来のキリスト教ではないはず》として、新しく学び直さなくてはならないことになります。それがキリスト教用語である「刷新（リバイバル）」の本質です。

日本のキリスト教は、過去何度もリバイバルを熱望しながら実現できないまま今に至っていますが、その真の原因はキリスト教そのものに隠れていました。

それは一体、どういうことなのでしょうか？　契約であるはずの救霊体系が宗教になってしまったのは、古くアウグスティヌスの勘違い解釈にその根源があります。現代キリスト教宗派の多くが、アウグスティヌスの呪縛に囚われているのです。

５世紀初頭に古カトリックの司教であったアウグスティヌスの教理解釈（プラトン哲学による**理論体系**）は、神様・イエス・キリストへの認識過誤と、人の霊的立場を「奴隷的解釈」とすることによって、そもそも神様の定めた「救霊定理（霊的論理性）」を大きく踏み外している勘違い思想です。

それは、（**救いの根拠は、「人間の」自由意志ではなく、「神の」自由な選びと予定である**）として、**神の絶対性のみ（人からの霊の関係性を否定する）**を概念としたものです。

そして、14世紀初頭にはアウグスティヌスが「最大の教師」「教会博士」と呼ばれるようになり、その解釈がマルティン・ルター、ジャン・カルヴァン、フリードリッヒ・ツヴィングリなど、後世のキリスト教解釈に多大な影響を与えたことで、**神様に対する**「正しくない知識・霊的幼児信仰」に留まる現代キリスト教に繋がっていったのです。

その実体を一言で表せば、「イエス・キリストの十字架の死と罪の赦《ゆる》し・贖《あがな》い」は本来、「罪のこの世に対する福音、すなわち［**信仰へのきっかけ・スタート**］である」のに、それを［**到達すべき目標値**］とする信仰論（罪を赦され清められた者になったこと）にすり替えてしまっている、ということです。なぜ、このようなことになったのでしょうか？

それは、キリスト教の概念を「神の一方的な取り扱いである」として、「**人間の意志が係われないもの**」と教理化した霊性欠落の結果です。

これを別の言い方で表現すると、《**哲学化した教理**なので、それは「**①霊的概念を排除して**」いて、「**②人間探求学として構築されている**」から、その救霊定理に「**③創造神との霊的関係性が存在していない**（あえて欠落させた）」》ということです。

＊哲学とは、「人間とは？」を究極に追求する学問であり、「神概念・霊的事実を埒外として排除」し、**人智を正しいとして答えを導く論理体系**です。従って、そこでは「人間が定規」なのであり、「得られた考察・理論値」は「神の霊的基準」に沿った判断ではありません。「神・救いの真理」を理解するには、聖書に書かれた神の言葉を学ぶ（従う）しかありません。しかし、哲学はこの態度を否定するのです。

極論すればその思想体系は、神とキリスト教を論じる神学とは根本的に正反対・対極の霊的立場です。ですから、哲学である限り、神の意志と救いの概念を学び取ることは決してできないとまで言えます。神様の視点・立場＝「義」を基準にしていないからです。

哲学者ニーチェが「神は死んだ」と語り、その人間学の考察結果《神との霊の関係性の知識が得られないこと》を端的に【サタンの偽りの言葉】で結論づけている通りです。従って、哲学で宗教を論じるならば、そこには必ずサタンの惑わしがつきまとうのです。

アウグスティヌスは、この「神が不在のトンチンカンさ」の中でキリスト教を理論化しようとしたのです。そして、神学者と呼ばれた人々が彼の思想に追随し、それを正統化しています。従って、「キリスト教の奥義」は、従来の宗教概念からは得られません。

従来の知識「十字架による罪の赦しと贖い」を卒業して、「神様との霊の関係性を構築すること」を新しい知識として学び取り、自らの心を「刷新」しなければなりません。それがキリスト教の奥義であり、パウロが「ヘブル人への手紙」の中で「霊的幼児から成長しなさい」と言っていることです。

それは今、あなたが「信じていること、正しいと思って堅持していることが、なぜそうなのか?」の論理性を上位概念として「神様の視点」で学び直すことです。

「信じています」と言う時、あなたのその「根拠」が「十字架による罪の赦し」では、「義人であるべき」要件に対して不十分なのです。

＊「神は霊」ですから、人が「信じる対象として神を理解しようとする」なら、その人は霊の感性を研ぎ澄ませて、神様と「霊の共鳴（調和・一致）」するように努力しながら聖書を読まなくてはなりません（神様は人に祝福を与えたいと願っているのです）。

今や私たちは、霊の覚醒をしなければならない終末期に近づいています。

神様は、人アダムに自由意志を与えて創造したので、人を奴隷扱いして「束縛すること」は絶対にありません。それなのに、カルヴァンは「予定説」で運命として人を束縛し、ルターはアウグスティヌスを発展させて『奴隷意志論』を著し、明確に自由意志を否定しています。

これらの哲学化した解釈や教理主張は、「救いの概念」を人間的要素のみの観点から構築する学問であり、

「神概念と霊性の知識」を排除した思考の中で解決を得ようとするのです。

そもそも「哲学」とは、「人間とはなんぞや？」と全てを**人間中心**で考察する**単極学問**ですから、【**神様との霊的関係性を根拠とするキリスト教＝二者の相関論**】を論じようとする時、最も知るべき「神様・主イエスからの救霊論とその実現手段」を、【**神様を正しいとして聖書を読んだ真理の知識**】として、「神様・主イエスとの**契約（双極論）の定理**」を見つけることはできないのです。

つまり、創造神と信仰者の**二者関係性**を、［霊の親子関係が成立する論理性］として信仰告白する**知識に至らないのです**。

ですから、その哲学ベースによるアウグスティヌスの解釈や教理主張を引き継ぐ現代キリスト教諸派は、単極論（人間の側からだけの論点）の故に「人の原罪・罪意識を前提」としており、その結果、「イエス・キリストの**十字架の死と罪の赦し・贖い**」を、「**救いの完成**」として論理立てようとするしかないのです。

そして、その「哲学化された信仰理論」は、「イエス・キリストの憐《あわ》れみに頼りすがる」のが正しい方法論になります。これが**キュリオス論**です。

キリスト教とは、「イエス・キリストの十字架の死による罪の赦し・贖い」を聞いて、信じることです。これは救霊の絶対則であり、世俗の人々への「福音（良い知らせ）」として全く正しい教えです。

しかし、教会がいつまでもこの「入信原理」を目標値として教え続けていることによって、クリスチャンが「信仰のスタート時点」に留まり続け、神様が望む「神の子」への霊的成長ができないキリスト教になってしまっているのです。

使徒パウロは、「ヘブル人への手紙」で、いつまでも十字架にまつわることばかりに留まるクリスチャンを霊的幼児と呼んでいます。信じていることが正しいとしても、「十字架の罪の赦し」しか知らないのであれば、その人は「天からの祝福の初めの一歩」しか受け取れていないのです。

その事実は、祈りの言葉と態度が「イエス・キリストに頼りすがる告白」を教える教会であること、また、それを聞いて実行しているクリスチャンの方々が証明しています。

それは「神の子とされたクリスチャン」というのが真理なのに、「十字架についての知識」だけに留まっているため、神の子としての信仰の確信となるべき「霊的論理性の知識」が欠如しているが故に、その状態が神様の視点からは「霊的親子の関係性が成立していない」＝正しくないこと（不義）だと扱われてしまう結果になることです。

＊これを言い換えれば、クリスチャンの心の思い・知識がそのまま、神様の前でその人の霊的立場になることであり、それはその人の「義についての自己認識」が、知識不足によって「罪の赦し」に停滞していることによるのです。

なぜなら、神様は人の自由意志を絶対的に尊重しているからです。イエス・キリストを救い主として「信じること」によって、「今そのままのあなた」を受け入れて下さっています。しかし、だからといって、あなたの救霊知識が「十字架による罪の赦し」の段階に留まっていていいわけではありません。

「神様の性質」「救霊の真理」を正しく知り、それを実行しなければ、約束された祝福を１００％受け取ることはできません。その状態は父なる神様を悲しませることであり、神様に対して正しくない霊的立場を自ら造り出していることになるからです。

ですから、聖書では「キリストの身丈にまで成長しなさい」と、霊的段階をステップアップさせることが求められているのです。それは、あなた自身が「神様との親子の霊的関係性を確立している」という、法的根拠を持たなければならないことです。

しかし、多くの教会は入信のための福音「罪の赦し」を受け取ったまま、それを信仰の目的だと勘違いしています。そのため、「罪の悔い改め」が説教のメインテーマであるなど、御言葉に伴うしるしとしての「奇跡・聖霊の働き」を体現できません。

むしろ、霊的権能の顕《あらわ》れ（聖霊の働き）である奇跡などを否定する教派が増え続けていますが、この解釈は神様よりも人（自分）の考え・知識を正しいとする、神様にとって決して看過できない不遜・傲慢の罪であることを知らなければなりません。

この実体をあぶり出す問いかけが、「なぜ、日本では福音宣教が成功しないのか？」という言葉であり、その答えの中にリバイバルを希求しながら実現できていない現実をもたらしている理由が隠れているのです。

＊本書はこの指摘を、筆者の信仰する「プロテスタント教理」に限って言及し、「では、どうすれば良いのか？」を聖書に基づいて考察していきます。それはプロテスタント教派の根本理念が「**聖書への回帰**」だからです。

そして、その学びの結果としてキリスト教の「**奥義に到達する**」ことができます。

本書はその導きとなるもので、まずは導きの妨げとなっている現状を明らかにしていますが、それは**奥義**への学びの道のりですので、正しく読解していただきたいと願っています。

キリスト教において、プロテスタント教派に区分される教理とは何でしょうか？

それは、ルターがローマカトリックの霊的堕落を糾弾するために、新約聖書の「ガラテヤ人への手紙」から「信じる」ことのみに焦点を当てて論点を組み立てたことが「信仰の本質」とされたものです。

しかし、「神様の霊的視点＝永遠の救いの真理」を定規として、約２０００年前の使徒パウロの異邦人への宣教内容と、ガラテヤ教会の信徒たちの信仰の真実を調べた結果、とんでもなく大きな問題点が浮上してきました。

それは、約５００年前にルターがプロテストし提唱した「信仰義認」から導かれた現在のプロテスタント教理が、「**霊的・論理的に不完全であり**」、**それゆえの霊的限界**があることです。

この事実を理解するには、私たちが約２０００年前にタイムワープして、当時のガラテヤ教会と使徒パウロとの確執を目の当たりに再現し、我が事として体感する必要があります。そうすれば現代の私たちクリスチャンが、中世神学者たちの思想に引きずられ、とんでもなく使徒パウロを誤解していて、キリスト教自体がその勘違いの故に、キリスト教の初歩段階しか実行していないことが判明します。

この「**初歩しか知らないこと**」が、その先の**霊的成長に至らないそもそもの根本原因**なのです。成長への論理的根拠・方法を知らないから、求めようがないのです。

イエス・キリストを救い主と信じるクリスチャンは、この「教理の欠落」を克服して、「神の子とされた霊的立場」に立たなければ、イエス・キリストの祝福の約束「マルコの福音書16：17～20節（御言葉に伴うしるし）」

を、信仰の行いとして実現させることはできません。

「マルコ」16：17「そして、信じる人々（クリスチャン）にはこれらのしるしが伴う。すなわち、私の名によって悪霊を追い出し、新しい異言で話すようになり、16：18 彼らは蛇を退治し、たとい毒を飲んでも決して害は及ばず、また、彼らが病人に手を置けば病人は癒される」。16：19 そのように、主イエスは彼らに語られた後、天に挙げられて神の右に座られた。

16：20 そこで、**弟子たちは出ていって**、至る所で宣教し（**福音を宣《の》べ伝え**）た。主は彼ら（福音を受け入れた人々）と共に働き、御言葉に**伴うしるし**（**奇跡**）をもって、御言葉を確かな（信じるべき）ものとされた。

しかし現在、多くのクリスチャンの霊的レベルでは、主イエスの遺言でもあるこれらの指示（御言葉に伴うしるしとして奇跡を顕現させること）を実現するのは極めて困難です。

なぜなら、イエス・キリストを救い主として「信仰しているその内容」が「罪の赦しに留まる」からであって、まだ「**神の子とされた霊的立場**」の**論理性**を自分に当てはめていないからです。使徒パウロは、この状態のクリスチャンを霊的幼児と呼んでいます。

この主イエスの指示を行う「成長した霊の関係性」を、あなたの信仰の根拠とするには、これから述べる「欠落している教理」が何なのかをまず知り、「救霊真理を学び直す」必要があります。神様が望んでいる「キリストの身丈」にまであなたが成長するには、今まで知らなかった「教理の欠落部分」を、新しい知識として身につけなければならないのです。

＊それには、「今まで正しいとされてきたアウグスティヌスの**哲学化教理**＝人間の感性的解釈」の呪縛から解放され、「自由な霊的立場（**神の視点による判断基準**）」にならねばなりません。

神様の性質・救いの真理を理解するには、「神の言葉を正しい」として聖書から学び取るしかありません。それには**あなたの霊性を神様・主イエスに同調させていく努力**が必要であって、これが「信仰」であり、「哲学的教理」との違いです。

本書は、**キリスト教が**「**信じながら義の教えに通じな**

い教理」に留まっている、その根本原因を理解するため、「ガラテヤ人への手紙」を霊的視点で解読し直して、明確に解き明かします。
なお、本文中に同じ聖句を何回も引用していますが、それは信仰の本質を学び、心に刻んでいただくためです。読者の方々は、お手許に聖書を用意していただき、「ガラテヤ人への手紙」「使徒の働き」を随時ご確認下さい。

本書は「プロテスタント教派そのもの」の自問自答と、成長への刷新を促す教理テキストです。観察結果を一般論として述べるものであり、キリスト教に分類される他の教派、すなわちカトリック派、聖公会、各国正教会、その他土着化した教派などとの優劣比較をするものではなく、また、個人の信仰を批判・批評するものでもありません。

霊的成長への学びが必要であることをご理解いただくために、その落差を一般論としてお知らせするものです。

栄光在主。

古山《こやま》 パウロ 誉主吾《よしゅあ》

真の祝福にいたる「キリストの救い」の奥義　目次

装幀　本澤博子
図表　桜井勝志

導入聖句――使徒パウロの警告

使徒パウロは、クリスチャンがキリスト教をどのように理解して行動に移しているのかを、「ヘブル人への手紙」で、クリスチャンになった人々の霊性レベルを次のように分析し、成長するよう警告しています。

「ヘブル」5：12　あなた（がた）は（年数を経た）今では、教師であるべきなのに、実際には【＊神の御言葉の第一原則（霊的真理）】を再び教えてくれる人を必要とし、堅い食物ではなく（かみ砕かれた教えとして）乳を必要とするようになっています（＊the first principles of the oracles of God：『新欽定訳聖書』：神の権威ある神託の第一とすべき原理・原則）。5：13　いつも乳だけ飲んでいる人は皆、**義**（すなわち、救いの根源である神様との霊の関係性）**の教えについて**明らかに経験不足〈未熟〉なのです。なぜなら、**その人はまだ幼児にすぎない**〈まだその知識を持っていない〉からです。　5：14　しかし堅い食物は、成熟した大人のためのものです。すなわち、その感覚〈精神の機能〉がよく訓練されていて、道徳的に善い事〈尊い事〉と悪い事〈神に逆らい人間の律法に反する事〉を識別するようになっている人々のための（霊的）食物なのです。

「ヘブル」6：1　ですから、私たちは、**キリストの教え〈教理〉の初歩段階**（the elementary principles of Christ、十字架の死による罪の贖い）の論じ合いを後にして前進し、**霊的成熟という面で完全**〈完成〉**を目指して**着実に進もうではありませんか。もう一度、死んだわざ〈律法・形式主義〉の悔い改め〈放棄〉や、神にあなた（がた）を立ち返らせた信仰、6：2　洗礼の教義、按手の教義、死者の復活の教義、および永遠の裁き〈霊の死〉の教義などについて、**いつまでも基礎的なことを繰り返さない**ようにしましょう（毎週の聖日礼拝の説教内容へのクレームです）。6：3　神の許しがあるならば、（今はさらに高い教えを目指して）進もうではありませんか。

ここでパウロは、キリスト教の霊的真理「義」を、乳＝初めの一歩から学び直す必要がある、と断じています。「義の教えに通じていない」のだから、義、すなわち「神様との霊の関係性とその知識」を確立しないと、成熟したクリスチャンになれないと論理的に教えています。

「**霊的幼児**」とは救いの概念を、イエス・キリストに「おんぶに抱っこ」ですがりつき、助けてもらうことだと信じている人々です。クリスチャンとなる入信通過ポイントとして、当初には許容される知識と態度ですが、大多数の教会が教理解釈でこの**幼児性に留まってしまっている**のです。

すなわち、教会で礼拝・典礼として、毎週繰り返されているのは、パウロが警告している「キリスト教の初歩教理」なのですから、それらを卒業し、霊の立場の**自己認識を変えなければ**、「**神の義となる刷新**」を実現できません。

――なぜなら、〔「罪の悔い改め（十字架の入信原理）」によって、神の義（霊的成熟という面）が完成するのではない〕からです。

そして、ほぼ全てのキリスト教宗派がこのキリストの**教え〈教理〉の入信初歩の段階に留まっており**、《その初歩知識の中で「聖化という概念」を模索》しています。

しかし、そこには乗り越えなければならない霊的ギャップがあるのに、**それが分かっていない**ので、堂々巡りをするばかりです。

従って、このような霊的幼児の群れから、霊的復興・リバイバルがわき起こることはあり得ないでしょう。なぜ、福音宣教が日本に普及しないのか？　そして、リバイバルを体現できないその根本原因は、「**プロテスタント教理そのものに本質的な霊的欠落がある**」からです。

それは自分の信仰基盤とすべき、神様との絶対的な「**霊的関係の確立**」を、【**教会が救いの真理の知識として掴《つか》み取らせていない**】ことです。だから、〔知らない（無知の）故に〕自分が神の子であるとの自覚を持てません。いつまでも「罪の悔い改め」を告白し続ける初歩レベルに留まり続けることになります。これが霊的幼児です。

しかも、この重大な**教理欠陥**について、**キリスト教界全体が気づいていません**。

すなわち、**自分が信じている教派の教えの中に**、この「**パウロの警告＝霊的欠落がある**」と認識していないので、**当然に**「対処として」解決すべき**必要性に思い至らない**（できない）のです。

これが、霊性認識を排除して哲学化されたアウグスティヌス教理の限界・呪縛です。

これが、幼児性に留まる必然の原因であり、パウロが警告している通り、【（霊である）神の権威ある約束（救霊真理）の第一原則（人の霊が［義＝神様と密接な霊的関係］でなければならないこと）】を、実現・実行していない事実です。

こうなった歴史的経緯は、第2部で「ガラテヤ人への手紙」と「使徒の働き」とを比較分析して、事実を明らかにします。

＊「ガラテヤ人への手紙」の解釈間違い

そして、その根本原因は約２０００年前に、パウロの書いた「ガラテヤ人への手紙」が、《本来はその主旨が「割礼拒否」のための「初歩の入門書レベル」である》のに、ルターが［信じるだけ］をキャッチフレーズとして宗教改革の武器とした時、それを《信仰の本質（救いの真理の全て）として取り扱った》からです。

これは、ルター個人の当初目的《ローマカトリックの霊的腐敗への宗教改革》としては間違ってはいません。しかし、キリスト教の真理全てではなかったのです。

現代のプロテスタント教理キリスト教は、ご承知の通り、その起点は約５００年前に、ルターがローマカトリックの腐敗を糾弾し、教理を正すために、新約聖書「ガラテヤ人への手紙」の記述から、［信じるだけ］を［キリスト教の本質］**として取り出し**、それを**宗教改革の旗印**として、バチカン法王体制（免罪符発行など霊的真理から的を外した教理組織）にプロテスト宣言したことから始まっています。

なお、ローマカトリックは現在でも、教皇を《一番弟子＝イエス・キリストの代理者》として信仰体系の頂点に据えたり、《イエス・キリスト》を差し置いて母マリアを崇拝させ》たりするなど、**霊的な的外れ**（哲学ベース神学）を続けています。

＊ルターが万人祭司を唱えたのは、この体制そのものへの批判です。聖書の約束として、クリスチャン一人ひとりが「神の子とされる」のだから、誰でも祭司・大祭司の働きをしなければならない義務を負うのです。これは**神の御言葉の第一原則**（霊的真理）です。

「Ⅰペテ」２：５　あなたも、生きた石として、霊的な家、**聖なる祭司職**に築かれて、イエス・キリストを通して神に受け入れられる霊的ないけにえを捧げなさい。

2：9　しかし、あなたは、選ばれた世代、**王である祭司職**、聖なる国民、神ご自身の特別な人です。それはあなたを暗やみからご自分の驚くべき光の中に召し出して下さった方の賛美を宣べ伝えることができるようになるためです。

「黙示」1：6　また、私たちを王（権威者）とし、ご自分の父である**神のために祭司として下さった**方である。キリストに栄光と力とが、とこしえにあるように。アーメン。

「ヘブル」10：19　だから兄弟たち、イエスの血によって私たちは、**大胆に最も聖なる至聖所に入ることができる**のです（至聖所に入る＝ユダヤ教大祭司だけの特権）。

この時、「そんなことできない、どうしてよいのか分からない」と躊躇するなら、それが**霊的幼児**であり、その人はまだ聖霊を受けていないことが明らかになるのです。

＊宗教改革者ルターは「聖書への回帰」、つまり《「御言葉こそ救いの原点」であるとし、その「救済約束を信じること」の根拠》として、「ガラテヤ人への手紙」に惚れ込んで、そこでパウロが主張する「信じること」をキリスト教の**本質だと定義**しました。つまり、この手紙ひとつで「**信仰の真理を教える**」とする理論を、糾弾の武器として打ち立てました。

そして、その《「ガラテヤ人への手紙」がキリスト教の本質のテキストだとする彼の解釈》を基点として、現代キリスト教プロテスタント教派が展開され、現在にまで「教理解釈の主流」として取り扱われてきたのです。

＊しかし、使徒パウロが「ガラテヤ人への手紙」を書いた本旨は、ガラテヤ人信者がユダヤ人にせ兄弟に「割礼（肉体のしるし）で信仰が完成する」と**惑わされて**、〔**キリスト教の本質から外れてしまった**〕状況を矯正するためでした。

それはすなわち、自分の信仰を確信する**ことへの根拠**を、〔（人間的にではなく）**天に求めなければならない真理**〕を分からせることです。そしてそれは〔**神様から出た保証でなければなりません**〕。

ですから、パウロがガラテヤ人に対して「信じなさい」と、怒りを込めて言っているのは、「**割礼**という行為」を止めさせるためです。救われているその天の恵みから落ちる（「ガラテ」5：4節）からです。

その霊的根拠は、〔割礼とはイエスの十字架以前の、ユダヤ教に限られた救済手段〕だからであり、〔十字架で原罪が贖われた新約聖書時代〕には、全人類にとって「割礼」は、全く無価値な時代後れの代物《しろもの》になってしまっているからです。そして人の側でどんなに信仰への肉体的証拠を作ったとしても、それが神様との確固とした「霊の繋がりの証拠」にはなりません。**神様から出た有効な保証ではないからです**（割礼は期限切れです）。

割礼の本質は、「アブラハムとの契約」の証拠であって、生まれて8日目の「血を流す指定行為」は、その赤ん坊本人の信仰を裏づけるものではありません。だから、ユダヤ民族は選民とされながら、霊的に堕落していったのです。

それならばどのようにして、その神様の保証を手に入れるのでしょうか？　しかしパウロは、「ガラテヤ人への手紙」にその「絶対的真理」を書いていません。**この謎を解くのが本書の目的です。**

すなわち、パウロの第1回伝道旅行において、彼から聞いた**福音と奇跡を見た**ガラテヤ人が、それを「受け入れて信じた時のままに、その確信を保ちなさい」とする主張です。それは「信仰の本質」ではなく、まさしく「**入信初心者レベルの矯正教理**」なのです。

しかし一方、ルターが「ガラテヤ人への手紙」を根拠として、ローマカトリックの霊的腐敗にプロテストした時、「信仰の行い」には全く触れることができませんでした。もし触れれば、攻撃の矛先が鈍るどころか、ローマカトリックの反撃で逆に潰されてしまうからです。

なぜなら、《カトリックの**不義典礼**と「キリスト教の信仰の行い」とが、彼らの反論を正当化するため恣意的に同列に扱われ》、〔**行為論という土俵**の中での戦い〕になるからで、そうなると「論争の焦点」がずれて**矮小化**され、ルターの革命主張は伝統の権威の力に負けてしまう結果になります。

＊従ってルターは、〔パウロの主張である「**割礼という行為を禁じること**」を利用〕して、〔対立軸として「**信じるだけ**」がキリスト教の本質（真理）であると、（不義典礼に対比して）叫ぶしかなかった〕のです。そして、その主張がプロテスタント教理として展開・拡大されて

いきました。

その結果、「パウロの教えた初心者への信仰根拠」が、今度は「キリスト教の本質」にすり替わってしまい、〔イエスと十字架を信じるだけでよい教理になってしまった〕のです。

つまり、「信じること」の中身がずれてきてしまっていることです。

私たちは「哲学化されたキリスト教概念を入れ換えて、思いを『神様の意志に向け』心を刷新しなければ」なりません。

この違和感のある言い方を心に留めて、本書をお読み下さい。

第1部
現代プロテスタント教派の霊性欠如

——それは入信初心者への矯正書である「ガラテヤ人への手紙」を信仰の本質であるかのように誤解したことから始まった

第1章
十字架を背負った日本のキリスト教
——「ガラテヤ人への手紙」をめぐる、使徒パウロと改革者ルターの「主張」の違い

キリストの十字架の死による罪の赦しの教理

この世に対するキリスト教の救霊の定理は、「イエス・キリストの十字架の死による人類の罪の赦し・贖い」であり、現在の日本のキリスト教でも、福音伝道として行われている内容は、「そのイエス・キリストを救い主として信じること」と、パウロが「ガラテヤ人への手紙」で書いている文脈と一致しています。

「ガラテ」2：16　人は律法の働きによってではなく、イエス・キリストを**信じる信仰によって義とされることを**知ったので、私たちもキリスト・イエスを信じました。それは、私たちが、律法の働きによってではなく、**キリストを信じる信仰によって義と認められるため**です。なぜなら、律法の行いによって義とされる者はいないからです。

これは、16世紀にルターが主張した「プロテスタント教理」をその通りに実行していることです。これは未信者に対しての「救いの招待」としては全く正しく、信じた人の「罪が赦される」ことを教えています。

しかし、一旦キリスト信仰者になったならば、この入信定理にいつまでも留まっていてはならないのです。

この状態に対して、パウロは《「ヘブル」6：1　ですから、私たちは、キリストの教え〈救霊教理〉の**初歩の段階**（＝十字架の死による罪の赦し）の**論じ合いを後にして前進し**、**霊的成熟という面で完全**〈完成〉**を目指し**て着実に進もうではありませんか》と勧告しています（終末期が目前に迫る現在では、警告と捉えるべきでしょう）。

その目標値は、クリスチャン一人ひとりの霊的成長として、《聖霊のバプテスマを受け「神の義」とされて神の子となるはずの事実を、**理性において**〔**契約による法的根拠である**〕と**納得して、それを自分の体質**（霊性）**にまで及ぼさなければならない**》ことです。これが「キリストの身丈」です。そして、ここに至るための**知識と実行手段が「奥義」**です。

「エペソ」４：13　私たちが皆、信仰の一致と神の御子キリストに関する知識の一致とに達し、完全な人になって、キリストの満ち満ちた身丈にまで達するためです。

「ガラテヤ人への手紙」から理解できる通り、〈福音を信じて救われたガラテヤ人が、救いの完成のためとして「神様との関係性の証拠」を求めた〉ように、現在の日本の教会でも一旦救われた人に対して、「杯によるイエス・キリストとの血の契約という神様との絶対的関係性の保証」が、「キリスト教の本質」であるとして習得させ、その信者の身体には「イエス・キリストの血が流れていること」（「ルカ」22：20、「Ｉコリ」11：25）を分からせなければなりません。

＊＊この「血の契約」が、霊的成熟という面で完全〈完成〉を目指すための必須要件です。なぜなら、これが唯一絶対の、「神様との霊的関係」の法的証拠だからです（この真理については、別著『「天に携挙されるクリスチャン」になるには』［幻冬舎メディアコンサルティング刊、古山パウロ誉主吾著］で詳しく解説しています）。

これが「信仰の完成」に近づくことですが、約２０００年前に、パウロの宣教で「福音と奇跡」を信じたガラテヤ人は、ユダヤ人にせ兄弟によって「割礼で信仰が完成する」と勘違いさせられてしまいました。だからパウロは「ガラテヤ人への手紙」で、その間違いを厳重に戒めているのです。割礼は霊性において人を「義にする」ことはできず、神様から「義とみなされる」だけであり、つまり、厳密な正しい関係性が成立するのではないからです。

「ガラテ」３：２　これだけをあなたから聞きたい。あなたが御霊を受けたのは、律法を行ったからなのか。それとも信仰をもって聞いたからですか。　３：３　あなたはそんなにも愚かなのですか。御霊で始まったあなたが、今、肉（割礼）によって完成されようとしているのですか。

ガラテヤ人は、信じたことへの根拠となるものを求めました。この霊的希求は正しいものです。しかし、にせ兄弟に割礼がそれだと惑わされ、無知が故に間違って割礼を受けてしまいました。

＊パウロは「割礼というユダヤ教の古い契約のしるし」によるのではなく、主イエスの「血による霊的基準」を教えようとするのですが、その時「割礼を否定するため」の言葉遣いに、「契約論」を使うことができませんでした。その理由は後述します。

その結果、「ガラテヤ人への手紙」から読み取れるイエス・キリストの血の働きは、「十字架で流された贖罪の血」に解釈が限定され、狭められてしまっています。

全部で14と言われるパウロの手紙（書簡）の各テーマを総合して正しく理解すれば、「ガラテヤ人への手紙」の論点・主旨は「割礼を否定することだけ」であり、「（十字架を）信じること」の目的とは割礼への霊的対抗手段だ、と書いているのが明らかになります。

＊これは信仰初心者への教えであり、（ルターがローマカトリックに対抗するために拡大解釈した）「救いの本質論（プロテスタント教理）」ではないのです。

日本のキリスト教会の多くでは、信者となった人々への教えとして、「正しい神様との関係性＝義の筋を通す霊性」が論理的根拠として説教されず、聖日礼拝で毎回のように「キリストの十字架の贖い」しか聞かされません。そして列席者は、罪を赦された者であるはずなのに、さらに憐れみを乞い願っています。

これは教会が「信じた人を霊的に成長させる義務」を怠っているのであって、従って、力強い信仰への強固な礎がクリスチャンの魂の中に構築されてこないのです。だから日本の教会では、入信した人々の多くが失望し、教会から去っていくのです。

神様は、人との霊的関係性として、人に「義であること（罪がないこと）」を要求しています。神様は罪とは一切関わりを持たない方だからです。その現れが「信仰」という言葉で表されているものですが、神様の視点からは、「人の霊の正しさの度合い」として、第1から第3の義に段階を設定しています。

それは信じる者一人ひとりが、「自由意志によって何をどこまで信じきれるか」、つまり神様への信頼度の尺度でもあり、そしてその段階ごとに「罪の概念が異なっており」、その「不義の内容」が霊的段階ごとに厳しく設定されていくのですが、現在のキリスト教では、この知識を持つまでの霊的基盤ができていません。

本書は、この3段階の「人の霊の正しさ」を明確に分類しています。そして、そのレベルごとの自意識として、神様への「**義の筋を通す**」立場の違いを霊的成長として明らかにしています。この区分を知らないことが、初歩に留まる信仰知識です。

■第1の義

この世（罪の世界）に対して福音として示された、神様の愛と憐れみの結果。イエス・キリストの十字架の死で贖われた「**全人類の**」霊的立場。全ての人々が負わされていたアダムの原罪（神への背反）の咎《とが》からの解放と赦し。

被造物である人との霊の関係性を取り戻すために、神様が「**憐れみ**」によって一方的に修復した、《**信仰によらない全人類の霊の**［**無罪性**］の立場》。

すなわち、誰であっても直ちに神様のもとに立ち返れるための「**平等な前提条件**」です。《神（創造主）の基準として、人を「**信仰以前ながら**、〔サタンの支配からの解放（罪がない者）〕とする霊的関係性」》。

それは「マタイ12：31節」の聖霊を冒瀆すること以外、どんな罪も（霊の上で）赦されることの根拠。――全てを自由意志の結果とするため。――しかし、キリストの働きを信じない（聖霊を冒瀆する）ならば、最後の審判で裁かれる立場です。

《なお、この世的犯罪は、加害者は全て結果責任を負わなくてはなりません。それが「律法が永遠に全うされること」です。人類愛だからといって社会システムが悪を赦したり、刑罰を減免したりするのは、神様の意志（等価賠償）に逆らう罪です。

加害者の罪を赦せるのは唯一、被害者のアガパ愛による「**犯人を赦します**」との意志表示によってのみです。ここを多くのクリスチャンが勘違いしています》。

イエス・キリストは、次のように「律法の権威・有効性」を宣言しています。正しさの基準は永遠に変わらないのです。

「マタイ」5：18　あなたがたに断言して言うが、天地が滅びる時まで、律法の中の一点一画でも決して消え去ることはない。それまで全部が成就されます。

では、なぜ「第1の義」なのでしょうか？　それは「原罪を背負った**サタンの支配下のまま**」では、人は自由意志でイエス・キリストに近づけないからです。必ずと言って良いほど、サタンが試練で攻撃してくるので、信仰に入ること自体が非常に困難な挑戦になるからです。

そして、その入信のための**霊の戦い**では、通常、罪の支配者であるサタンに勝てません（旧約時代の清めの儀式は一時的な「みなしの義（罪が覆い隠されだけ）」であり、常に「悔い改め」が必要だったのです）。

従って、誰でも信仰告白（意志だけ）によって、簡単に神様の陣営に入れるようにするために、〔イエス・キリストの十字架の死による原罪の贖い〕によって、《**信仰以前の段階**で、**人類全ての人々**》が「第1の義」とされているのです。

これが神様の**公正・公平な論理性＝憐れみによる条件設定**（十字架の死）であり、この世に対する「福音の呼びかけ」の救霊定理です。

創造神はどんな人の自由意志をも徹底的に尊重されるので、キリスト教をキリスト教たらしめるためにこそ、絶対必要な「全人類平等の霊的基礎・**無原罪の前提条件**」なのです。

次の**段階**として信仰に入る／入らないのも、その人個人に任せられており、定められた運命や予定された人選なのではありません。洗脳や強制で信じさせるのではありません。さらに背く者がサタンの支配下に戻るのも、その人の自由（意志）です。

この「**全人類の霊の立場**が無原罪にされた事実」を証明するのが、歴史的時系列表現である西暦元号がBCからADへと変化したことです。

信じたクリスチャンだけが「救われる（次の第2の義）」という、巷の解釈は正しいけれども、それならばこの地球規模の**時代呼称の変化**にはなり得ません。

ですから、神様の意志として、「この世への福音の本質」が、**個々人の信仰以前の取り扱い**であることも、はっきりするのです。

■第2の義

第1の義の立場を原点として、そこから**個々に霊的覚醒で始まる信仰の世界**。《十字架の死による罪の赦しと贖いを達成したイエス・キリスト》を、**救い主と信じて告白した者が置かれる**、「神様の陣営につく者として新生した」霊的立場です。

しかし、パウロが霊的幼児と指摘している〔罪の赦しだけを信じる初心者信仰」として＝「罪の赦し」の信仰告白と「イエスの名によるバプテスマ」だけで、まだ聖霊を受けていない信仰レベルの霊性であり、プロテスタント教理の主流派です（なお、水のバプテスマは霊的関係性の構築にはならず、不適切な儀式です）。

十字架の目的は「罪の赦し」であって、**聖霊を受けることへの論理的根拠が備わっていない**ので、「信じたレベルに比例した祝福を契約」としている神様が、その救霊基準通りに「罪の赦し」に置いて下さった立場。従ってサタンに勝利すると約束された勝利者にはまだ到達していないと言うべき状態です。

＊「あなたの信じた通りになるように」が信仰の定理です。だから、「救われた者の行動＝神の義」を実行できるようになるためには、「信じる」内容が「十字架による罪の赦し」から、「神の子とされる論理性」に変わらなければなりません。

そして、**信じるためには学んだ知識の納得性があることが必須要件**です。その知識を熱心に聖書から学び取らねばなりません。

その納得性とは、「**神様から発生した論理的な根拠であること**」です。人の知性だけでどんなに崇高な概念を語っても、神様の保証がないなら、簡単にサタンに惑わされます。

それが「アウグスティヌスの**哲学化**した教理解釈」です。哲学とは、神の概念を除外した人間学理論です。従って、信仰を学ぶ学問体系ではないのに、キリスト教教理を論じようとするから、その根本的矛盾の中で「暗示的教理」にならざるを得ず、その結果、サタンの罠に陥るのです。現代キリスト教は、少なからずこの「危険な罠」を正しい教えとして勘違いしています。

■第3の義

「血の契約」の論理性によって、自らイエス・キリストの**血の兄弟**（代理者）として、「神の義」と「イエスの名」によって、奇跡と呼ばれる結果を起こす霊的立場をとる自意識＝「聖霊のバプテスマ」を受けている成長したクリスチャン。

聖霊が「契約による祝福」として授けられるから、「マルコ16：16〜18節、主イエスの遺言」を実行する意志を持つ者。《「血の契約」を根拠として最後の審判では、主イエスと共に**裁く者として**席に着く。これが**裁かれないことの霊的根拠**「黙示録」3：21、20：4》。

――霊・肉における勝利者です。

「ヨハネ」３：18　**彼（イエス）を信じる者は罪に問われない。**しかし、信じない者は、神の独り子の名を信じなかったので、すでに罪に定められている（最後の審判での判決）。

５：24　絶対に確かなこととしてあなた（がた）に言う。「私の言葉を聞いて、私を遣わした方を信じる者は、**永遠の命を得、裁きを受けることなく、死から命に至るのです**」（第３の義の本質）。

「Ｉコリ」６：２　あなたは、聖人が世界を裁くということを知らないのですか？　そして、**世界があなたによって裁かれる**はずなのに、あなたには小さな事柄を裁く資格はないのですか？　６：３　私たちは**天使たちをも裁く者である**ことを知らないのですか？　それなら現世に関わることは、それ以上に当然です。

「黙示録」３：21「私もまた勝利して、父と一緒に御座に座ったように、勝利する者には、私の座に共に座ることを与えよう」。

20：４　私は多くの座を見、彼らがその上に座り、裁きが彼らに委ねられているのを見た（後略）（携挙されたクリスチャンの居場所であり、彼らは裁判官です）。

クリスチャンはこのうち、２～３の義のどの段階に自分がいるのか、「自分が造り上げた信仰」をしっかりと認識して、さらに「キリストの身丈にまで」成長を目指さなければなりません（この３段階の義については、別著『天に携挙されるクリスチャン」になるには』〔幻冬舎メディアコンサルティング刊〕で詳しく解説しています）。

ここで言いたいことは、《教会の現状》として、未信者を信仰に導く伝道アプローチとしての、「十字架の働き〔第１の義〕」は正しい認識だけれども、一旦イエス・キリストを信じた人〔第２の義〕にとっては、次の霊のステップ〔聖霊の働きを実現する第３の義〕に引っ張り上げる「**神様の意図としてのキリスト教**」ではないという現実です。

この「第２の義」に停滞して、「第３の義」に至っていないことが**霊的幼児**であると、パウロは《ヘブル５：12～６：３節》で苦言を呈しているのです。

それは「十字架の罪の赦しと贖い」の教理段階では、クリスチャンに〔「神の義」を実践する信仰を、自分の喜びとして行うところまでに、「聖霊の力を実践する権威」を授けられない〕からです（別著『パウロの目からウロコ』シリーズ第４巻『「義」と「神の義」の違い。』参照)。

＊＊十字架の目的は「罪の赦し」であって、神様が聖霊を下さるその保証と根拠が備わっていません。だから「十字架は初歩の教え＝入信のため」なのです。聖書から救いの実践の知識を学んで成長しなければなりません。

連綿と続いてきたキリスト教が、このように「入信条件の知識しかない」から、聖霊を受けたら「イエス・キリストと同じ働きをし、さらに大きなわざをなす」と約束されている聖書を信じきれないでいるのです。

「ヨハネ」14：12　絶対に確かなこととしてあなたに言います。私を信じる者は、私の行うわざを行い、またこれらよりも**さらに大きなわざを行います。私が父のもとに行く**からです。

それどころか、**聖書を霊的に読み解かない結果**として、「現代には奇跡は起きない」とか、「医療が発達したので、癒しは不用だ」などと、神様の「永遠の救い」に背く告白をして憚《はばか》らない不義を主張するのです。これはサタンに惑わされた偽キリスト教です。

その態度は、十字架の意義〔罪の赦し・贖い＝第１の義〕だけを、いつまでも後生大事に抱え込んでいるのであって、敬虔《けいけん》さを示そうとして罪の悔い改めのつもりで、いつまでも「私は罪多き者です」と告白することが正しいとさえ、刷り込まれていたりします。

しかし、この態度が〔**的外れ**〕であり、その**真理を摑み取っていない解釈**が、すなわち「十字架の贖いがまだ自分に及んでいないとする霊的間違いになる」と悟って**いないことにおいて、割礼を受ける間違いと同じ**であり、パウロが「ガラテ３：１　愚かなガラテヤ人」と手紙に書いた知識レベルと一緒です。そして、この**状態**が、「**アウグスティヌスの呪縛**」なのです。

＊クリスチャンならば、霊的立場が第２の義になっているのだから、悔い改めの内容が「第３の義に至らない自**分自身の未熟さ**」に焦点を定めなければなりません。

ガラテヤ人は自分たちの信仰の「完成への根拠を求め」ましたが、逆にユダヤ教の「割礼という古い根拠」

を、にせ兄弟に掴まされてしまいました。

この霊的意味は、〔確信ある信仰＝第3の義〕に行き着くべきだったのに、無知が故に〔第1の義以前にふり戻された〕ことです。天の恵みから落ちました。だからパウロは何としても、ガラテヤ人から「割礼意識」を取り除かねばならなかったのです。

――このパウロの本旨をルターは読み取りませんでした。むしろ彼はローマカトリックを告発する自分の主張のために、「信じる」という言葉だけを武器として強調したのです。

日本に宣教されたキリスト教各宗派の教会は、未信者を信仰に導く言葉「憐れみ」「選び」などの概念（神様からの一方的働きかけ）を根拠としていて、「十字架の死と罪の赦し」に終始しています。そして「神様との霊の関係性」について、「頼りすがること（憐れみを求めること）」と勘違いしていて、

＊「祝福の根拠は契約である」との、その論理性（法的根拠）を教えていません（他方、ユダヤ人は唯一神との契約論（ユダヤ教と律法）の中で育っています。時代後れになったとはいえ、それなりの論理的知識を持っています）。

この原因は、日本のキリスト教が偶像礼拝と同じ信仰レベル（単なる心の拠り所）に堕ちていて、「全能神の絶対的権威」をその通りに認めていないからです。

そもそも日本人は、創造神である唯一神を知らない異邦人だから、「イエス・キリストを信じたのだから、それ以上何があるの？」として入信レベルに留まり、さらなる救霊の真理の論理性を追い求めようとしないのです。

すなわち、神様が望んでいる霊の交わりに、「自分の意志で参加する契約」という信仰の本質に気づいていないのです。

つまり、現代のプロテスタント教派キリスト教は「入信レベルの初心者教理」を本質だとして、「罪の悔い改めに留まる霊的勘違い」をしているため、「神の子にされた権威を使う者」としての「信仰の行動をしていない」から、「福音宣教が成功しない」のであり、「リバイバルが実現できない」のです。

これは昔のガラテヤ人にも劣る霊性レベルです。まがりなりにも彼らは「信仰の完成のため」に、「神様の霊的保証の根拠」を希求したのです。しかしその時代と地域性故に、ユダヤ人から割礼に騙され、正しい霊の関係

性に至るどころか、反対に恵みから落とされました。

「ガラテ」5：3　そして、割礼者になろうとする全ての人は、律法全体を守る義務があることを、私は改めて証《あか》しします。5：4　律法によって義とされようとするあなたは、キリストと疎遠になり、恵みから堕落したのです。

（義、すなわち霊的立場についての知識がないと、この表現の意味を理解できません。これについては、第4章で霊的に分析します）

この霊の関係性の緊急事態を打開するために、パウロが矯正の手紙「入信初心者への教理」を書いたのです。ですから、「ガラテヤ人への手紙」は、霊的幼児を守るための矯正文書です。従って、その内容は割礼を拒絶させるために、キリスト教をやさしい言葉で解説しているのであって、救霊真理としてクリスチャンを成長させるための本質論なのではありません。ましてや、ルターの主張「信じるだけ」の、プロテスタント教理の原理を支える霊的目的ではないのです。

「義」とは、神様と人との霊的関係性が確立していること、その緊密さの度合い。

イエス・キリストの働きと、人の側の「救いへの自己認識」を、マトリックスにして関係性を見る。
これら全てが「血の契約」による義務と祝福である。それを3つの「義の立場の認識」で表す。

<table>
<tr><th>対象者</th><th>義の自己認識</th></tr>
<tr><td>イエスの言葉を信じた者たち

→ 11 弟子</td><td>人間同士の互恵を超え、イエスを神の子として信仰告白した。</td></tr>
<tr><td colspan="2">**悔い改めの告白**</td></tr>
<tr><td>全人類の立場の回復。霊的「死」から解放されている。信じる、信じないにかかわらず、霊的立場が「救いの前段階」に置かれている。（信じない者はサタンの支配に留まる）</td><td>「**第１の義**」として、全ての人が「救い」へ進むための「準備段階」に置かれている。クリスチャンは入信根拠として〈**悔い改め**と**罪の赦し**〉を認識すること。</td></tr>
<tr><td colspan="2">**新しく生まれ変わった者**
（過去がない霊的人格になる根拠）</td></tr>
<tr><td>イエス・キリストを**信じて告白した者**は、血の契約者とされる。「神の義」となった者とされ、「イエスの名」を使う権能を、契約の祝福として授けられる。「清い者」だから神様に栄光を帰す働きを期待される。</td><td>主イエスの血が自分に流れる、新生した人格が「**第２の義**」である。サタンに勝利する権威を与えられた者として「神の義」であると認識するのが、**信仰義認**。
＊ルターの主張
〈罪意識〉からは脱却しなければならない。</td></tr>
<tr><td colspan="2">**キリストとの共同相続人**
（**三一性**によって聖霊の働きを体現する者）</td></tr>
<tr><td>主イエスの血が自分に流れていると、**「血の契約」を正しく理解**しているクリスチャン。
↑
この知識がない者は正しく求め［られ］ないから、「契約の恩恵」を受け損ねてしまう。</td><td>血の契約の**義務**により、死んだイエス・キリストに代わって、**自分がキリストの行動**をしなければならない立場に置かれる。
これが**信仰の行い**［聖化］であり、その自意識が「**第３の義**」である。
＊ヤコブの主張</td></tr>
<tr><td colspan="2">▶ **実現の主体者（自己責任）**

▶ **「キリストの身丈」に至った知識と霊性の行動**（奇跡の体現）</td></tr>
</table>

付表　神様・主イエス・人との「義」の関係性

<table>
<tr><th>神様の立場</th><th>イエス・キリストの働き</th></tr>
<tr><td rowspan="2">1
アブラハムとの血の契約により、その義務として独り子イエスをこの世に生まれさせ、全人類の代表者として、血の贖いをさせた。
全人類が救われるのを「望んで」おられるから。
（人への公平な対応）</td><td>人の子として生まれ、福音を宣べ、多くの奇跡を行い、過越しの前夜に「血の契約」を弟子たちと交わした。
生前</td></tr>
<tr><td>死の目的
十字架上で人の罪に対する生贄として殺され、その流された血によって、全人類の罪の贖いを達成した。原罪の赦しと、罪を犯す前のアダムの立場への回復をなしとげた。『完了した』。
（創世３：15 預言の実現）</td></tr>
<tr><td>2
全能の力により、イエス・キリストを死から蘇らせ、サタンの支配を無力にした。
イエスを天に挙げ、全ての権威の上に置き、神の右に座らせた。</td><td>復活と天での存在
死から蘇り、天に上り神様の右に座り、全ての権威の上に立つ者となり、サタンの活動を封じる権能を「信じる者」に与える。
弟子たちとの血の契約によって、神様と人との「契約の仲介者」となった。
天においてとりなしをして下さっている。</td></tr>
<tr><td colspan="2">三一性（三位一体説ではない）</td></tr>
<tr><td>3
イエス・キリストを主と告白する者に聖霊を授け、「キリストとの共同相続人」として、血の契約の恩恵を授けて下さる。（個別の関係性）</td><td>天から、霊の賜物と権威を送り続けている。
↓
信じる者の自由意志を尊重するので、強制せず、その人の「救いへの認識レベル」に従って、その限度まで公正に対処される。
↓</td></tr>
<tr><td colspan="2">『信じた通りになるように』聖霊（実現させる力）を与える
（人の意志が主体）

しかし、
クリスチャンへの期待値は</td></tr>
</table>

歴史の事実

ここでパウロが「ガラテヤ人への手紙」を書いた背景を調べましょう。詳しくは第2部で聖書を解析し、立証します。

パウロは第1回伝道旅行でアジアと呼ばれたガラテヤ地方（現在のトルコ西南部）を巡回したのですが、まず、ここに住むユダヤ人に伝道しました。この時パウロの説教〔旧約聖書の預言から解き明かしたイエス・キリスト〕を「信じたユダヤ人」と、それに「反発したユダヤ人」の2派に対応が別れました。

この時、パウロは「ギリシャ語」で伝道したので、その地のユダヤ人以外の人々でも彼の話は理解できました。

しかし、ユダヤ人以外の「**異邦人**と呼ばれた人々」は、その宗教的背景が偶像礼拝であり、ユダヤ教の本質すなわち契約など知る由もありません。それなら何によってパウロの福音を信じたのでしょうか？　それはパウロが起こした**奇跡によって**です。

「使徒の働き13章〜14章」が、その伝道旅行の記録ですが、ガラテヤ人がパウロの奇跡に驚いている記述があります。お手許の聖書で内容をご確認下さい。

パウロによる**奇跡**という超人的な出来事を見て、ガラテヤ地方の人々はイエス・キリストの救いを信じました。異邦人のこの信仰は極めて感情的な受け入れであって、「論理的な裏づけ」などはありません。従って、一時的な熱狂としての信仰だったでしょう。

しかしその熱狂が冷めると、自分の信仰が本物かどうかを裏づけたくなるのが自然な成り行きです。それが「信仰の完成を目指した」ことです。ガラテヤ人は自分の信じているものを、「**神様が確実に実現してくれるかどうか**」の**裏づけ**を必要としました。

だから異邦人信者は、その信仰の裏づけとなる根拠を求めて、「神様との関係性の**保証・証拠**」を探し始めたのです。そしてユダヤ人の「割礼」に騙されてしまいました。

＊当時のガラテヤ地方伝道では、ユダヤ教の全能神の律法による割礼が、唯一の〔神様との関係性の証拠〕でした。それ故に、ユダヤ人にせ兄弟の言うことに従ってい

くしかなかったでしょう。だからパウロが驚くほどに、「**そんなにも急に救いの真理から外れた**」のです。

「ガラテ」１：６　私は、あなたが、キリストの恵みのうちにあなたを召して下さった方（神、その教え）に、**そんなにも急に背を向け、別の福音に移っていく**ことに驚いています。　１：７　それは別のものではありませんが、あなたを悩ませて、キリストの福音を曲げてしまおうとする者たちがいるのです。

＊従ってパウロは、そんなガラテヤ人の考えを矯正するために「**信じることだけ**」を要求しました。しかし「**信じる**」というのは、人の側の行動条件であって、「神様との関係性」を《**神様が保証する根拠**》とはなりません。

そのためにパウロは、「神様からの働きかけ」を意味する言葉を使って、**神様が**「**その関係性を保証している**」と、〔異邦人への教理〕としたのです。これなら誰でも安心して信じることができるからです。これが霊的**幼児への乳**（入信初心者レベル）です。

福音を初めて聞く異邦人は、「救い主である神との関係性」など、ヤハウェ（ジェホバ）と呼ばれるユダヤ教の神が、どんな性質で人に対して何をしようとしているのか、また、何を要求してくるのかなど、何一つ分かっていないのです。

そこへ、その神と、神の子であるイエスを信じなさいと言われても、まず「偶像の神々の一つ」としか感じられません。

だからこそ、偶像礼拝でなくするためには、**確信できる根拠**が必要なのです。それが何なのか、日本のキリスト教にも通ずる「入信論理」を説き明かしましょう。

そんな中でガラテヤ人に信じた信仰を確実に保たせるには、〔神様のほうから「あなたを**選んでいる**」〕とする〔**神様からの働きかけ**による救い〕をきっかけにして、「それを信じなさい」と言うしかありません。

神様から「差し伸べられた救い」を、ありがたく「頂戴する」受け取り方でしか、異邦人には**信仰の根拠として確信する方法**はありません。

そして、この手続き論なら、誰であっても「それなら信じてみようか」と福音を受け入れられるし、信仰に入った人々にとっても、「神様が保証する関係性」を確信することができて、「**割礼要求に振り回される**」**ことがなくなります**。

＊＊この約２０００年前の、ガラテヤ人に対する「割礼否定へのパウロの苦肉の説明の仕方」が、後の神学者らによって、「パウロの神学」として勘違いされていったのです。

例えば、「選び＝予定説」としたカルヴァンなどです。入信者が神によって予定／選別されていたものなら、それは究極の「運命論」なので、人の「魂が解放される自由・心の平安」を救霊真理とする、神様の意図と真っ向から対立する解釈・主張なのです。

「ヨハネ」14：27　私（イエス）は、あなたに平安を残し、あなたに**私の平安を与えます。**私があなたに与えるのは、世が与えるのとは違います。あなたは心を騒がせてはならず、恐れてはなりません。
16：33　私がこれらのことをあなたに話したのは、**あなたが私にあって平安を持つため**です。あなたは、世にあっては艱難《かんなん》があります。しかし、勇敢でありなさい。私はすでに世に勝ったのです（勝利者としての平安です）。

しかし、アウグスティヌスは彼の信仰告白として、「ですから、私たちの心は、あなたのうちに憩うまで、安らぎを得ることができません」と公言しました。つまり、主イエスの言葉を信じる信仰者であるとしながら、「**救われているかどうか**は神の意志（運命）なので」、人は自分からそれを知り得ず、**死ぬまで心に平安を得られない**と言っているのです。

――この主張は、〔**救いの根拠**は「人間の」自由意志ではなく、「**神の**」**自由な選びと予定である**〕として、神の**絶対性のみ**（人からの霊の交わりを否定）を概念とした哲学（神学もどき）を論じ、「**人との霊の関係性を否定している**」ことです。

すると、クリスチャンは自分の信仰が神様に認められ、受け入れられているのかどうか、絶対に確信を持てません。それ故に神様・主イエスに対しての自分の立場を、「隷属者とし」、いつも顔色を窺いながらビクビクしていなければならないのです。ルターの『奴隷意志論』です。

この心理状態は「信じている」と言っても霊の立場では救われていません。だからその人は、抱えた矛盾を矛盾でなくするために、**自らを洗脳して**「信じるとする」ことの殻の中に閉じこもる〔間違った行動に囚われる〕ことになります。**解放された自由・平安**からは正反対のメンタリティです。

神様・主イエスは、この霊的状態を「偽善」として対処されますが、当人は《神の意志は人智では悟り得ない》として、「信仰者であるとする思い込み（洗脳）」を強烈に持ち続けようとします。そうしないと精神に異常をきたすからです。

現代キリスト教プロテスタント教派は、このトンチンカンな精神分裂症的解釈を、「最大の教師」「教会博士」アウグスティヌスの思想として構築してきたのです。

＊本書は、誰であっても「信じています」と言うのなら、《救われていることの確信への根拠を、「神様からの保証として持っている」かどうか》を、信仰の本質論として述べています。この「神様との霊的関係性を持つ」ことが、キリスト教の奥義なのです。

プロテスタント教理キリスト教が明治時代から日本に宣教されて以来、その「教理解釈」が包含する「霊的理解の欠落」によって、神様の「人類の魂の救済計画」を正しく解釈できない宗教となって現在に至っています。

神様の意志〔義の筋を通した論理性〕に反するものは、全て罪・パラバーシス、または過ち・パラプトーマです。

＊この結果に至った本来の原因こそ、「キリスト教教理が神様との霊の関係性の確立を自意識の中で根拠としていない」からです。

しかし、この重大欠陥について現代キリスト教自体が無知であり、それ故、語られるはずがなく、イエス・キリストを信じるほとんどの人々が「気づいていません」。だから、力のない信仰態度に終始するのです。

本書はこの入信初心者レベルを「プロテスタント教理の欠陥」として、聖書に基づいて解釈していきます。

霊的幼児のキリスト教
――パウロの言う「初歩の教え」と「霊的成熟」の差

「ヘブル」６：１　ですから、（信じている）私たちは、**キリスト**の教え〈**十字架の贖い**と罪の赦しの教理〉**の初歩の段階**（第２の義）の論じ合いを後にして前進し、**霊的成熟という面**（第３の義）で**完全**〈完成〉**を目指して**着実に進もうではありませんか。もう一度、死んだわざ〔律法・形式主義〕の悔い改め〈放棄〉や、神にあなたを立ち返らせた信仰、６：２

洗礼の教義、按手の教義、死者の復活の教義、および永遠の裁き〈霊の死〉の教義などについて、いつまでも基礎的なことを**繰り返さない**ようにしましょう（神様の救霊の意志に対して、これらに留まるのは正しくないからです）。

6：3　**神**の許しがあるならば、〔今は**さらに高い教え**（**奇跡を実践する霊的立場・第3の義**）を目指して〕進もうではありませんか（幼児性から抜け出す必要性）。

「ガラテヤ人への手紙」に対するルターの解釈そのものは、**信仰に入ることについて**の「正しい認識」です。ですからプロテスタント教派のクリスチャンは、「求道し入信した時」以来、ずっと繰り返し「**信じること**」が「キリスト教である」と教え込まれてきています。

それなら〔キリスト教の本質〕とは、〔イエス・キリストの十字架の死で**罪が贖われたこと**／死から甦ったことを、**ただ信じるだけ**〕なのでしょうか？

クリスチャンとして誰もが、教え込まれた「信仰として解釈している内容」を〔正しい〕として疑いません。その態度こそ「信仰だから」です。そしてその〔今、信じていることを正しいとする〕のだから、〔自分こそが善／疑うことは悪である〕との自己認識になります。それは人の宗教に対しての普遍的態度です。

しかし、価値判断の中心に神様を据えていないと、人間的な善意識〔哲学〕によって、霊的判断基準から逸脱し、「自己認識の独善性」に陥ってしまいます。これは神様の視点からは「悔い改めるべき罪」です。

この時、厳密にその「善（義と言っても良い）」を捉えると、ルターを起点としたプロテスタント教理で**教えられた知識の範囲に留まっており**、それは〔神様の救いの基準〕から見れば「キリストの身丈に全く届いていない」ので、その中身は一部分でしかなく「**信仰に入ったこと＝初心者レベル教理**（霊的幼児）」に過ぎないのです。

＊神様が「魂の救い」として準備して下さった「聖霊とその祝福として奇跡を起こす権威」を、100％理解できていない（信仰の根拠としていない）から、「聖書をただ書かれた言葉」としか認識せず、〔**信じている**〕と言いながら確信がない故に、イエス・キリストの働きによる〔霊的祝福・マルコ16：15～20節〕を、自ら再現する**行動に出ない**（不履行な）ので、当然、「福音宣教の実が結ばれない」のであり、個人にも教会にも「御言葉の

約束が実現しない」結果になります。

それどころか、その「信じている」信仰を、「頼りすがって主イエスがしてくれる／してもらう」と解釈しているならば、自分の魂・精神に自由がなく、逆に世の中で**一番哀れな存在になる**のです。なぜなら「祈り求める願望」の実現に向けての自分の意志の関与がなく、さらに聖霊の働きもないので、〔結果は人まかせ〕でしかないからです。

言いたいことは、「義務としてなすべきこと」、すなわち信仰の行い「イエスの名で〔問題に向かって〕命令すること」をしないので、それ故に望む結果〔解決した祝福〕を「自分が実現できない」ことです〔聖霊の助けによって自分で問題を解決できるのが信仰です〕。

「Ｉコリ」15：19　もし、私たちがこの世の人生においてのみ、キリストに（「信じている」として）単なる**希望を置いているだけ**なら、私たちは、**全ての人の中で一番哀れな者**です（「求める祈り」を頼りすがることと勘違いしている霊的幼児を指しています）。

主イエスが指示する「信仰の行い」は、次の通りです。

「マルコ」16：15　そしてイエスは、彼らに言われた。「全世界に出ていって、全ての被造物（人々）に福音を宣べ伝えなさい。16：16　信じてバプテスマを受ける者は、救われ、信じない者は裁かれ罪に定められます。16：17　また、**信じる人々**には次のようなしるしが伴います。すなわち、私の名によって**悪霊を追い出し、新しい異言を話すようになる。**16：18　彼らは**蛇を退治し**、もし何か**致命的なものを飲んでも決して傷つかず**、彼らが**病人に手を置けば、病人は回復します**」。16：19　そのように主イエスが彼らに語られた後、天に挙げられて神の右に座られた。16：20　そこで、彼らは出て行って、至る所で宣教した。主は彼らと共に働き、伴うしるしによって御言葉を確証して下さった。アーメン。

キリスト教信仰とは、全能の神様と信仰者との、「**お互いに相手を祝福する義務**」なのであって、イエス・**キリストの血を介した契約関係**としての「実行責任」が伴っています。それをただ「イエスを信じて**頼りすがる**」

のを信仰だと勘違いしているから、祝福が実現しないのです（別著『パウロの目からウロコ』シリーズ第2巻『キリスト教は人生のビジネス契約。』参照）。

「異邦人への使徒パウロ」が、聖霊の働き（奇跡）を実現しながら、「私に倣う者になって下さい」と、彼の「各手紙全体で霊的成長を求めている」のに対して、現代キリスト教が「信仰初心者レベルを、それが全てだと信じている」ことが、（霊的に正しくない状態・的外れです）。

例えば、「現代に奇跡は起きない」などと思い込んで／信じ込まされていませんか？　そして、聖書といえども誤謬《ごびゅう》があるなどと公言して、不信仰な態度を貫いているのです。これはクリスチャンが神様・主イエスを「嘘つきにしている」決して赦されない大罪です。しかし、この霊的反逆に気づいていません。

その原因は、ルターが「信じるだけ」を「信仰の本質」と主張したことが始まりであって、（何を信じているのか）の中身が「罪の赦しだけ」で、神様の「救霊の原則」からは、（祝福を実現させられない幼稚な初心者レベル）に留まっているからです。それは、

1．「ガラテヤ人への手紙だけ」を元にして、「十字架の贖いを信じる」とする、

2．「救いの概念がイエス・キリストだけ」の中に留まっていることであって、

3．聖霊こそが助け主である、その神の三一性《みいっせい》の本質を悟らず、

4．「聖書に書かれた言葉の解釈を、《異邦人であるが故の霊的未熟さ（旧約聖書を知らないこと）によって》勘違いして」いて、

5．「全能者である神様の性格・権威・正義を正しく理解していない事実」であり、

6．自分の「信仰の根拠が不明確なまま」でいるのに、それが分からず「自分は正しい」としていることです。

7．だから「自分を吟味する」意味をはき違えています。

ルターはドイツ人（異邦人）であり、ユダヤ教（旧約聖書）の霊的価値（ユダヤ人の存在理念・神様との契約）を体感していません。異邦人は、キリスト教の知識をイエス・キリストの十字架から教えられるので、ユダヤ人にも増して旧約聖書から「血の契約の概念と知識」を学ばないと、ユダヤ人が持つ神認識（救霊計画の全貌）にまで至らないのです。

だから、現在のプロテスタント教理は、**〈神様との契約〉が第一原則になっていません**。イエス・キリストばかりを絶対視する「キュリオス論」が横行しています。

聖書の御言葉（全能の神の視点）に基づいて〈自分を吟味する〉なら、神様に対してとんでもない**不義**（神様に対する義務の不履行）が明らかになるのですが、〈自分の信仰レベルを正しい〉としている限り、「吟味＝教理解釈の不足を正すこと」を行う気が起きるはずがありません。それが吟味を「罪の悔い改め」だけに誤解してしまっていることです。

聖餐式での吟味とは

典礼に定められている聖餐《せいさん》式の吟味の本来の目的は、自分が「第３の義に達しているか」どうか、その未達事実を反省するためであって、十字架で流された血をありがたがるためではありません。それは、パウロが指摘した卒業すべき過去の霊的初歩レベルです。

その式辞で述べられる定型文（十字架の死による贖い）は、その通り正しく間違いではありませんが、霊的幼児の認識（第１の義）として過去のことであり、だから「吟味」が「罪の悔い改めと初歩の信仰（第２の義）」の対比になってしまうのです。

ほとんどの教会の聖餐式は、次のパウロの説諭に合致していません。

「Ｉコリ」11：28　しかし、人は自分自身を**〈キリストの救いを実現する者としての資質を備えたかどうか〉吟味**（**内省**＝キリストの代理者になっているか？）して、その上でパンを食べ、杯を飲みなさい（聖餐式の目的は「血の契約の象徴」です）。
11：29　主の**からだ**（**イエス・キリストとの血の契約**）**を認識せずに**、飲み食いするならば、その飲み食いが（**クリスチャンであると自認しながら第３の義に未達である**）自分を裁くことになります（十字架の死による贖いは、第１の義として過去のことであり、この聖句の目的ではありません）。

この時、〈第３の義であるはずの〉自分を吟味するための「判断基準」は何でしょうか？

それは「神様が定めた救いのルール＝イエス・キリストとの血の契約による相互祝福義務」を、１００％達成しているか否かです。

「Ⅰコリ」11：30　それ故に、あなたがたの中には、弱って病気の者が多く、死んだ者が大勢います（神の子であるとの立場の自己認識を持たず、癒しなど奇跡の顕現を求めないから当然です）。

11：31　しかし、もし私たちが（このような霊的未熟な）自分自身を裁く（悔い改める）なら、（不義として）裁かれることはありません。

11：32　しかし、私たちが裁かれている（祝福されない）のは、主によって**訓練されている**のであって、その訓練は、私たちが、この世と共に罪に定められることのないためです（かろうじて義に加えられる）（この節の前提が「裁かれている私たち」ですが、それは自己吟味していないからです）。

つまり、天の父なる神様・主イエスに栄光を帰す**結果を自分が実現したか否かであって**、自分が今「信仰として信じていること（罪の赦しだけの不十分な知識と態度）」**だけではありません**。その先の「キリストの身丈に届いていない未達部分」**を明らかにすること**です。

＊天の父なる神様は、旧約聖書創世記の「アダムの原罪」事件以来、人類との関わり方を、一貫して「血による贖いと赦し＝命懸けの真剣さ」を論理的・法律的な根拠としています。ですから、独り子イエスを「罪人として死なせて」まで、世の人々の「**いのちを＝イエスの血で贖っている**」のです。

クリスチャンなら、この神様の創世以来の永遠不変の論理を、旧約聖書から学び取って「自分に当てはめ、自分の信仰レベルを吟味しなければ」なりません。しかし、こう言われても「ピンとこない」のが実情です。

なぜなら、ルターの解釈から展開されてきた「プロテスタント教理」の元となった、パウロの「ガラテヤ人への手紙」では、「信じること」について、「イエス・キリストの十字架の死」しか書かれていません。しかしそれが今、「神の子にされること」の解釈に繋がっているのです（論理の飛躍ですが、これも哲学した結果として、神様の意志を探求していないからです）。

つまり、「ガラテヤ人への手紙」は、割礼を否定する目的のために、あえてユダヤ教ひいてはキリスト教の根源である全能の神様（との関係性）を前面に出していないので、「異邦人には《パウロの信仰の本音》が理解しにくい」のです。だから、どうして良いのか分からないままです。

そもそも旧約聖書から引き続く、永遠の〔神様の視点・筋を通す正義〕を学ぶことすら教えられていません。読み方によっては「割礼を否定すること」が、むしろ、神様との関係性を無視して良いようにすら解釈できるのです。これが「十字架を仰ぎ見ることだけ」のキュリオス論に教理化されていきました。

従って、【ルターが「ガラテヤ人への手紙」だけを元にして、「信じるだけ」と宣言したことを根本教理としている現在のプロテスタント教派】が、〔核心のない欠陥教理になってしまった〕のです。

現在のプロテスタント教理が【核心＝第一原則を見落とした欠落教理だからこそ、人の解釈によって多くの分派（ルーテル、ホーリネス、メソジスト、改革、長老、福音、バプテスト、アセンブリー、その他など）に分裂・分派して】、それぞれが異なる主張を「救い（の実現）に一番近いもの」としています。

それらの教理解釈は、救いへの手段として「それぞれは正しい教え（方法論）」ですから、ここで否定するものではありません。ただ〔完全ではなく「部分的＝十字架を論拠とする奇跡を起こせない入信原理」〕なのです。

そんな霊的レベル（第2の義）なのに、教派ごとに神学校を造り、〔その限定した解釈で牧師を造り上げ、信者を囲い込んで〕しまっています。これが神様の視点からは、正しくない現実です。つまり、自分はクリスチャンであるとしながら、〔神様の視点（救いの根本原理）を知らない〕ので、その基準で自身を吟味できない初心者で留まり続ける結果になります。それが日本のキリスト教界全体にまで及んで顕れている現象です。

ここで本書が、従来の教会・教理・礼拝などを否定しているのではないことを、誤解がないよう念頭に置いて下さい。

むしろ、「隣人への愛を行うこと」を、各教派・教会が有言実行されている現実に対して、「さらに上位概念として〔神様との密接な霊的関係性を築いていただく〕ために、その欠落している事実」をお知らせするものです。それが「第3の義」です。

各教派が主張しているのは、イエス・キリストに従う者として「自分が教わった一面」を信じた、部分ごとの教えです。前述の通り、「**それぞれは正しい**」のですが、「救いの根源・本質の**裏づけが**、血の契約になっていない」ことが、天の父なる神様と主イエス・キリストに対して「霊的に正しくない」のです。

しかし、「神様の視点・判定基準」を知らない霊的幼児なら、自分が「霊的に不正である状態」に気づくことはできません。そして「吟味の意味」を取り違えるのです。

＊この状況は、寓話として語られる「盲人たちが象の各部分を触って、それぞれに象とはこんな生き物だ」と表現しているのと同じです。

象の一部分だけに触れた盲人たちは、それぞれ自分の体験（触った部分）のことしか語れません。そして、彼らが「**触って知った事実の知識**」を持ち寄っても、「生きた象の全体観・存在理由・価値観」を知ることは不可能なのです。決して象使いにはなれません。

キリスト教として何が象なのか？　それは聖霊の**力**を**発揮**して、「マルコ」16：17～18節の主イエスの指示を、そして〔さらに大きなわざ〕を奇跡として実現することです。

「マルコ」16：17　そして、信じる人々にはこれらのしるしが伴います。すなわち、私〔**イエスの名**〕によって悪霊を追い出し、新しい異言で話すようになり、16：18　彼らは蛇を退治し、たとい毒を飲んでも決して害は及ばず、また、彼らが病人に手を置けば病人は癒される（主イエスに祈り求めるのではありません）。

この通り、【「ガラテヤ人への手紙」へのルターの解釈を教理の根拠にしてきたプロテスタント各教派】も、父なる神の理念であるキリスト教の「**救いの全体像**（生きた象）」に対して、それぞれの教理解釈が「部分的（盲人たちの個別の体験）である」と自覚しなければなりません。

ですから、**新約・旧約聖書全体から**、神様の「**筋が通った救霊論**」を「**学び直す**」**必要があるのです**。それは、パウロが「エペソ人への手紙」で次のように書いて、クリスチャン一人ひとりに霊的成長を求めている通りです。

「エペソ」４：13　私たちが皆、（全能の神様への）①信仰の一致と、②神の御子に関する知識の一致とに達し、完全な大人として、③**キリストの満ち満ちた身丈**

にまで達するのです。

救いの要素は、正しく3つに分別されています。①全能の神様が「信仰の根源・対象」であり、②御子イエスに関する知識は「祝福の実現手段」です。③「キリストの身丈までに達する」とは、自分がキリストの権威を発揮する代理者・代行者になることであって、すなわちキリストを礼拝するのではなく、**祝福実現の主体者になることなのです。**

従ってその手始めとして、「勘違いの大元」である「ガラテヤ人への手紙」を、〔**神様の視点**〕**を定規にして**、正しく解読し直さなければなりません。

著者**パウロの目的は、ユダヤ教の割礼を否定し、拒絶させることでした。**キリスト信仰の本質を教えているのではありません。

ルターの目的は、**ローマカトリックの霊的不義を糾弾することでした。**この時、「信じる」と対であるべき「信仰の行い」を教理からカットしたのです。「ヤコブの手紙」をわら屑として破棄しました。彼のこの戦術から発生したプロテスタント教派が欠落教理になるのは当然です。

プロテスタント教理の欠落

この彼らの目的を捉えた上で、それでは何がキリスト教教理の欠落なのか〔象の正体〕を明確にするのが本書の目的です。しかし、何を根拠に《プロテスタント教理に欠けがある》と言えるのでしょうか？

＊パウロが書いた「ガラテヤ人への手紙」は、イエス・キリストへの信仰に入ったばかりの〔異邦人＝全能の神様との関係性（血の契約）の知識がない〕人々に向けて、「**やさしく解説している入門書**」として理解しなければなりません。

そして、そのパウロの「信仰入門教理」を、**ルターが**ローマカトリックへの武器として、「信仰の**本質と取り扱ったこと**（ルター個人の戦術としては間違ってはいません）」によって、さらに**後世のウィルヘルム・ブセット**らによって〔主イエスのみを礼拝対象とする**キュリオス論**〕になっていったのです。

キュリオス論とは、ルターが解釈した「イエス・キリストを信じる」とすることのみに《救いの焦点を絞り込んでいった極端な解釈》であり、**旧約聖書以来不変の、**

全能の神様との霊的関係を枠外として扱う「**勘違い学説**」なので、霊的に正しくありません。

その原因は、私たちが〔**ユダヤ教から引き続く救霊の本質が契約であること**〕を知らない異邦人なので、

1．唯一神の真理を知らないが故に、

2．「十字架で死んだイエス・キリストによる罪の赦しと贖い」だけを、「本質・根拠としてしまった間違い」であり、

3．現代においてはむしろ「サタンの惑わしに嵌《は》められた錯誤」と判定すべきです。

すなわち、霊的に異邦人である私たちは、イエス・キリストを信じた後から、唯一なる全能の神様についての知識を学び、祝福の根拠を「天の父なる神様」に確定しなければならないことです。これが絶対条件なのに、その完成要件が抜けているのが「キュリオス論」です。

「エペソ」4：13　私たちが皆、〔全能の神様への〕①信仰の一致と、②神の御子に関する知識の一致とに達し、完全な大人として、**③キリストの満ち満ちた身丈にまで達する**のです。

「キュリオス論」は、キリストの満ち満ちた身丈にまで達するための2つの要件のうち、①全能の神様への信仰の一致がないのです。ですから、正しくない教理です。

そして現代のプロテスタント教理は、そもそもスタートとして「ガラテヤ人への手紙」を教理根拠としているので、多かれ少なかれ、このキュリオス論の影響を受けてしまっています。

それは象の鼻に触った盲人が、「象とは細長いくねくねと曲がる身体の生き物だ」と言い張るのと同じことです。〔**部分的には正確に語っていますが、全体を表していません**〕。

それなら、〔正しい部分的解釈〕に分派している各教派を「集合させれば」良いのでしょうか？　そんなことはありません。各部分の知識〔イエス・キリストの働き〕をどんなに組み合わせても、「象という生き物」の存在目的〔神様の救霊論理と権能・概念〕に至れないのです。

なぜなら、「神の三一性」の1／3面を主張しているだけだからです。この霊的基準によって、「エキュメニカル運動は不完全」だと判定されるのです。

しかし全てのクリスチャンが、信仰の根拠を「血の契約」に刷新し、神様との霊的関係性を根拠とすれば、自分の霊的立場が「第３の義」となり、真正キリスト教として統一への流れが自ずとわき起こるでしょう。

この時、各教派の主張は、「祝福実現のための手続き（方法論）の違い」に過ぎなくなるからです。

キリスト教は、〔イエス・キリストの名によって得た祝福の結果によって、天の父なる神様に栄光を帰し賛美する〕のであり、全能の唯一神を崇めて礼拝するのです。

しかし、日頃の私たちクリスチャンの認識と行動は、「イエス・キリストのこと」しか頭にありません。なぜなら私たちの生まれ育ちが、「異邦人」なので、基本的に全能なる唯一神について無知・無理解だからです。

私たちはこの「知的・霊的レベルの低さ」を悔い改めて、「霊の生まれ変わり」をやり直す必要があるのです。ここで言う生まれ変わりの必要性とは、決して「水のバプテスマ」のことではありません。

「古い人は過ぎ去って新しい者になる」とされるのは、「罪の悔い改め」を超えて「イエス・キリストとの血の契約」でなければ達成しないのです。

主イエスの血を象徴する聖餐式の杯を飲むことで、イエス・キリストが「血の契約者」として、クリスチャンの身体の血と混ざり合って流れるから、その人は必然的に、「主イエス＋その人」という「過去のない生まれ変わった義の者」になります。

これが「イエスのバプテスマ」「イエスの名によるバプテスマ」「イエスにつくバプテスマ」であって、主イエスとの霊の関係性が「法律的裏づけのある堅固なもの」になるのです。

この神様の認証を、自分の信仰の根拠として「信じる」のです。

＊現代プロテスタント教派は、その手続きとしての、聖餐式の意義を認識し直さなければなりません。十字架の死（罪の赦し）を追悼する儀式ではないのです。

そして、主イエスと一体になったクリスチャンならば、「自分の身体の中に共存している血盟者イエス」を礼拝するのではありません。

かえって「神の子にされた自分の内にいる主イエス」を信じて、そのイエスの名によって「天の父なる神様」

に栄光を捧げる礼拝をするのです。

新約聖書には多くの箇所で「私の名によって……」と書かれていますが、それはイエス・キリストを拝むことではありません。

イエス・キリストは弟子たちに向かって、自分を「**道である**」と証言しています。この真理は、「道であるイエス・キリスト」を通してでなければ、全能の神様との霊的繋がりが成立しないことであり、また、礼拝対象がキリスト自身ではないことを明確にしているのです。

道とは、通過してある目的地（神様）に至るためのものであり、礼拝対象ではありません。

「ヨハネ」14：6　イエスは彼に言われた。「私が**道**であり、真理であり、いのちです。私を**通して**でなければ、誰一人**父のみもと**（霊の目的地）に来ることはありません（到着できない）」。

これが〔新しい契約としてのキリスト教〕です。神の独り子イエス・キリストの働きには感謝し尽くせないのですが、仲保者イエス・キリストを拝む（キュリオス論）のではありません。主イエスを通して（イエスの名によって）、**父なる神様を礼拝する**のです。

ここでは厳密に峻別した教理を述べています。第３の義となって奇跡を体現するリバイバルのためには、この真理を理解していただく必要があります。

＊それは正しい信仰として、救いにおける、天での「神・御子キリスト・聖霊」の三一性の真理と、「天の父なる神様」と「仲保者イエス・キリスト」と「生まれ変わって義となった人」との、地上での〔霊の関係性の構築〕の知識（クリスチャンの霊の三一性）がまるで欠如しているのを認識することです。

英語欽定訳聖書「ヨハネ第1の手紙」

Ⅰ Jo5：7　For there are three that bear witness in heaven : the Father, the Word, and the Holy Spirit; and these three are one.

「Ⅰヨハ」5：7　天で証しをするものが3つあります。父と言葉（独り子）と聖霊です。これら3つは1つです。

5：8　And there are three that bear witness on earth: the Spirit, the water, and the blood; and these three agree as one.

5：8　地で証しをするものが3つあります。霊と水と血です。これら3つは1つとして認められます。

イエス・キリストとクリスチャンとは、この対句によって神様から地上での霊的同位体と認められるのです。この真理は、神の三一性そのものが、あなたの信仰によってあなたに実現していることです。「イエスの血」によって「神の霊の宿る宮」となり、「聖霊の臨在」が当たり前でなければならないのです。

このように、「血の契約」によって、霊的立場が「義の人」に変えられるのです。

ここで横道にそれますが、広く使われている日本語聖書では、「ヨハネ第1の手紙5：7～8節」が正しく翻訳されていないので、「神・御子キリスト・聖霊」の三一性の真理を学んでおきましょう。それは世に言われている「三位一体論」ではありません。注意深くお読み下さい。

キリスト教の真理は、「子なるキリスト・イエス」を救い主と信じることですが、その「救い」を企画し準備して下さった「①全能なる神」と、「②ことばなる神」を人の子イエスとしてこの世に生まれさせた「③聖霊の働き」を、［霊の3つの本質］として理解し、しかもそれらが統一された「権能の顕れ方が異なる一つの存在」であると、その［三一性］を正しく信じなければなりません。

私たちは、この「人に顕された神の姿」を、「三位一体」という言葉で聞かされているのですが、聖書にはこの単語はありません。この言葉は、2世紀にカルタゴのテルトリアヌスが初めて用いたとされていますが、その後、教会は「ニケア会議」でこの解釈を、「アタナシウス信条」として公認したのです。

そして5世紀に、またもアウグスティヌスが、15巻に及ぶ著作によって、「神の三一性」についての彼の解釈を発表しましたが、その時「三位一体論」が造り出されました。

それは神、子なるキリスト、聖霊を「ペルソナ・位格」として、それぞれに独立性を与え、かつ権威の序列としながら、しかも「一つの神」であるとしたのです。ここに本来の［三一性］から外れる論理矛盾が発生しています。

それは、「位格」という「必然的に上下関係を造り出す定義」によって、［全能の神の内面に序列］があるとせざるを得ない論理になるからです。

ですからこの解釈論は、真理ではなく仮説です。なぜ「仮説」なのかと言うと、「三位一体論」の「３つのペルソナ・位格」が、「独立性を持たなければならない必然性は？」と、「唯一の神」でありながら「なぜ三位格でなければならないのか？」という疑問に対して、「聖書・御言葉による、霊的で論理的な証明」ができていないからです。

そのため、「独立性」と「一体性」について、論争がわき起こったのですが、解決できるはずがなく、だからこの欠陥を隠すために、「人の理性では理解できず、ただ信じるしかない」とまで言って、正常な思考をさせないようにしているのです。

これが「三位一体論」の矛盾が引き起こす混乱と惑わしです。

『キリスト教大辞典改訂新版』（教文館）の４５２ページにある［三位一体］の【教義的理解】では、冒頭に「〈trinitas〉は厳密には三一または三一性であって、三位一体という訳語がすでに特定の教理的立場を示していることは上に見た通りである」と書いています。

従って私たちが今、「三一性」を確認しようとする時、既に［アウグスティヌスの三位一体論］の土俵に上げられてしまっていて、「反論の根拠でさえ」「三位一体論の枠から抜けられない」でいるのです（三神論や様態論など）。そして、異なる解釈は［異端］として排斥されるまでに、刷り込みを受けてしまっています。

それならば、普遍性のある「三一性に基づく三位格解釈」はどうあるべきなのでしょうか？　キリスト教信仰において、神様が教えている真理は非常に単純なものです。教理論争を巻き起こしてまで、言い争わなければならない「難解さ」は決してありません。「霊の導き」に従うなら、素直な納得性があるのです。

A．ヨハネ１：１　初めにことば（ロゴス）があった。**ことばは神と共にあった。**ことば（言葉なる神・キリスト）は神であった（天における神としての同一性）。

B．ヨハネ４：24　**神は霊ですから**（神と聖霊の同一性）、

C．ヨハネ10：30　**私**（子なるキリスト）と（天の）**父**（神）**とは一つです**（神とイエス・キリストとの同一性）。

D．ヨハネ１：14　**ことば**（ロゴス）は**人**（キリスト・イエス）となって、私たちの間に住まわれた。

この4つの御言葉だけでも、神、子なるキリスト、聖霊の同一性が証明できます。だから、これら3つの「位格と解釈されたもの」は、間違いなく［同位同格］なのであって、［一神〈全能の神〉］の［本質］の現れ方が役割として異なっているだけなのです。

なおのこと、「独立した三位格」の集合なのではありません。

聖書に書かれた①神（意志）による、②主イエスの「約束の言葉」は、全て③「聖霊」によって実現するのです。「聖霊」は、全能の神の［実現する力］です。そしてその成就において、3つのうちのどれかが「独自・単独で働いた」とは、聖書のどこにも書いてありません。従って「独立性」を定義したことが根本的な誤りだと言えます。

「三一性」を模式図として表現するなら、一本の［三角柱］であって、それぞれの面が「神」、「子なるキリスト」、「聖霊」に対応するのです。人に対してある一面が顕現している時、他の二面は人からは見えませんが、しかし確実に唯一神として存在するのです。

ですからその全体像は、「本質的に分離・分割できない一本の柱」であって、それが［全能の神］です。これが誰でも納得できる論理的な［神の三一性］です。

しかし、この模式図が「実体」を表しているのではありません。［霊の世界］に「実体」はないからです。ただ「人の子となった［ことばなる神］だけ」が、一時期に「実体〈肉体〉」を持ち、この世で神の愛を実行し教えました。

あらゆる先入観を除く解釈根拠は、「神の三一性」でなければなりません。

［全能の神］の「役割・機能」が3つの側面を持つのです。それは、創世記1：2節からの「天地創造」の記述で理解できる通り、「全能の神の3つの役割・機能」が一体となって働いたからこそ「万物が造り出された」のです。

「創世」1：2　やみが大いなる水の上にあり、神の霊［実現する力］は水の上を動いていた。　1：3　その時、神［全能者の意志］が「光よ。あれ」と［ことばなる神］によって仰せられた。すると光が［霊・実現する力によって］できた。

神（御心）、子（ことば［命令］）、聖霊（力）は、創世記（過去）から黙示録（未来）まで一貫して、協同して

働かれていて、それこそが唯一の［全能者］であることを、この世に知らしめているのです。これが「三一性」です。

　それぞれが位格として独立した存在であるとする解釈の可能性は、聖書では見つかりません。「三位一体論」という主張自体が不正な捏造《ねつぞう》です。

　話題を救いへの理解に戻します。

　十字架で死んだイエス・キリストを救い主として拝むのは、信仰の入り口です。なぜなら「十字架の死の霊的意義」は、〔全人類の原罪の赦しと贖いのためのいけにえ〕であり、死んだイエス・キリストを甦らせ天に挙げたのは、**全能の神様の働き**だからです。イエス・キリストは「父の御心のままに行った」のです。この本質を信仰の核心に据えなければなりません。そして、クリスチャンは主イエスの指示を実行するのです。

　従って、プロテスタント教理キリスト教を信じるクリスチャンならば、〔天の父なる神様を（血の契約者である）**主イエスの名によって礼拝する**〕のです。この霊的認識によってのみ、信仰者として《神様から「神の子（第2の義）」に認められます》。

　しかし「ガラテヤ人への手紙」では、「3：26　あなたがたは皆、キリスト・イエスに対する信仰によって、神の子どもです」と書かれています。だから皆、気軽に「神の子にされた」と言うのですが、結果がそうであっても、**そうなる霊的根拠が書かれていません**。

　従って現在、「ガラテヤ人への手紙」を**信仰の本質**の書とする説がありますが、その教理解釈には、上に述べた通り、「救いにおける神・御子キリスト・聖霊」の三**一性の真理**と、「天の父なる神様」と「仲保者イエス・キリスト」と「生まれ変わって義となった自分」との、〔**霊の関係性の構築**（血の契約）〕の知識がまるで欠如しているのです。この点からも「ガラテヤ人への手紙」は、霊的幼児への教えなのです。

　なぜなら、パウロがこの手紙を書いた本旨は、当時の**異邦人**にはそう知らせて「**まず確信を持たせ**」、その自意識によって「**割礼を拒絶しなければならなかった**」からです。この必然性は聖書で当時の伝道旅行を調べなければ理解できないので、第2部で詳細を解説します。

　だから今、キリスト教の真理と解釈している内容が、2000年来の歴史において、全能の唯一神が定めた

〔永遠の救霊定理＝血の契約〕から外れてしまい、自ら聖霊の働きが実現しない力のない宗教に成り下がっているのです。しかも、この「霊的欠落」が神様の前に正しくないことにすら気づいていません。

さらに日本人は、その民族性・文化によって、間違って「神様・主イエスの憐れみに頼りすがるのが信仰」だと捉えているのです。

その大きな原因として、広く使用されているある聖書が、【イエス・キリストが召使いのように何でも頼みごとを引き受けてくれる】と、解釈できる文章に誤訳されていることがあります。

NKJV John 14：14　If you ask anything in My name, I will do it.

誤訳例：あなたがたが、私の名によって何かを「私に」求めるなら、私はそれをしましょう（私に［原典にはない単語］）。

その結果、イエス・キリストが自分の代わりに働いてくれるかのように教え込まれ、何でもかんでもイエス・キリストにおんぶに抱っこで頼み込むのが「求める祈り」だというふうに、捉えてしまっているのです。これがまさに霊的幼児ですが、その原因は、ルター神学による日本人翻訳者の「誤訳による」のです。

しかし、正しい翻訳文は次のようになります。それは一般的宗教概念である［憐れみにすがって、助けを乞い願うこと］ではありません。

「ヨハネ」14：13「そして、「私（イエス）の名」によって、あなたが〈立ちはだかる問題に向かって解決を〉求める（要求する）ことは何でも、私はそれ（解決結果）をしましょう（現実にする）。父が子において栄光をお受けになるようにします。

14：14　あなたが、「私の名＝イエス・キリストの権威を行使する代理権」によって、何か（＝はっきりと望む結果）を、［問題そのもの・解決をはばんでいる者］に求める（要求する）なら、私イエスはそれ（はばんでいる霊的障害をどける）をしましょう（望む結果をあなたが現実にする）。

＊＊この2節には、「イエス・キリストに祈り求める」意味はありません。あなたが主役です。しかし、誤訳聖句によってこの教えを「イエス・キリストにおんぶに抱

っこで頼りすがる」方法論とするから、日本のキリスト教が「力のない霊性に欠ける宗教」になるのです。英語圏ではあり得ない主イエス・神様への不正です。

「頼りすがる」とは、物乞いが施しを求める態度・行為です。お互いに１００％の信頼が存在する間柄ではなく、求める側では「与えられればラッキー」と、半信半疑の行動です。

キリスト教信仰では願う心に一点でも疑いがあれば、その祈りが神様に届くことはありません。その人の信仰「**義の自己認識**（の低さ）」が、キリスト教そのものをいわゆる偶像礼拝の他宗教と同じレベルに貶めてしまうのです（信頼＝絶対性根拠の欠如だから）。

逆に、神様との霊の交わりに確信があれば、それなりの違う祈り方（契約に基づく法的な要求）と行動に出られるはずです。

「ヘブル」11：1　信仰とは、望んでいる事柄（実現させたい具体的**願望**）**を保証し**、目に見えないもの（それが現実になった**未来の結果**）**を確信させる**ものです（だから、先取りの感謝の祈りをしなければなりません）。

神様も主イエスも、クリスチャンが祝福を受けることを望んでいるのだから、信じる者の側で「確信に基づいた求め方」を、**定められた手段**として行わなければならないのです。

それが「第３の義に成長したクリスチャン」の信仰態度なのであって、人の側でも神様との霊の関係性を、**〔義の筋を通した論理性＝血の契約〕に根拠を置かなければならないこと**です。

頼りすがる依存を卒業し、神の子の立場（自由意志）の行動で、〔イエスの名〕を使う者になるのです。

第２章　私たちが「プロテスタント神学」と解釈していること

「ガラテヤ人への手紙」の言葉遣い

現代キリスト教が、〔「イエス・キリストの十字架の死で罪が赦され、そして義の立場に置かれる」として「十字架救済論」で信仰が完成する〕としているのは、パウロが書いた「ガラテヤ人への手紙」の文脈と内容が、〔「神様の憐れみによって、独り子イエスの死で罪が赦され、神様との関係性が成立した」と解釈できる言葉遣い〕だからです。

この教理解釈となった原因は、パウロがガラテヤ人〔異邦人〕に対して、

A．**救いの根拠として〔異邦人に「神様からの霊的保証」を「確信させる」ため〕に、**

B．**ユダヤ人がこだわる「割礼」を否定しながら、**

C．「しかし新しい**別の関係性の確立として**」何かを教え込まねばならなかったためです〔割礼拒否への拠り所・納得性〕。

なぜならこの時、ガラテヤ教会はユダヤ人にせ兄弟によって、①〈そんなにも急に〉、②〔割礼で「信仰が完成する」〕と、③**惑わされていた**、からです。

「ガラテ」１：６　私は、あなたが、キリストの恵みのうちにあなたを召して下さった方〔神、その教え〕に、そんなにも急に背を向け、別の福音に移っていくことに驚いています。

３：３　あなたは、そんなにも愚かなのですか。御霊で始まったあなたなのに、今、肉〔**割礼**〕**によって完成されようとしているのですか。**

この文脈によれば、パウロは「割礼を否定した」その言葉に続いて、次に《異邦人に「信仰の本質・真理を教えたはず」**とする推察が順当**》であり、誰もが持つ期待です。

従ってこの観点に基づいて、ルターは「ガラテヤ人への手紙」がキリスト教の真理であると拡大解釈してしまいました。その他の神学者たちも、「選び」が救いの真理であるかのように論じました。

そして、私たちもそのように「プロテスタント教理として」教わってきました。

この解釈を概念としてまとめるなら、「イエス・キリストと十字架に全ての焦点を合わせて判断基準とし、信仰の核心に置いたこと」。これがキュリオス論です。

＊「ガラテヤ人への手紙」は、確かに「信じること＝イエス・キリスト」です。異邦人であるが故に【「唯一である神様との霊の関係性」の知識を持っていないという意味での、信仰初心者のガラテヤ人】を矯正するために書いた手紙を、ルターはそれが「信仰の本質」だと解釈したのです。

ルターは腐敗したローマカトリックに抗議するために、この手紙の「信じることだけ」を論点として取り出しました。この時、彼が「信じるだけ」をキーワードとしたのは、〔不義典礼を「止めさせる」という目的〕のためです。

するとこの意図は、パウロが「割礼を止めさせること」を目的とした、「ガラテヤ人への手紙」とぴったり一致したのです。

従って、彼の宗教改革のためには、「ガラテヤ人への手紙」が唯一無二の武器になりました。不義典礼を棄てて「聖書に立ち返る信仰」を教理とし、それを「信じるだけ」とパウロの論法を真似たのです。

しかし、その時の主張があまりに強烈であったので、〔十字架の働きを信じること〕だけが真理であるとされてしまいました。この主張は、腐敗に対する宗教改革としては正しい論理でしたが、〔キリスト教信仰の全てではない〕のです。

ルターもパウロも二人とも、その目的は不義行為を棄てて「霊的真理に立ち返れ」というものです。しかし、パウロの主張は「信仰初心者が迷わないための初歩の教え」でした。ですから、それを引用したルターのプロテスタント教理もまた、「初心者レベルの基準」にしかなりません。

神様の視点（本来のキリスト教真理）からは、〔「信じるだけ」は「信仰の行い」を欠いた部分的・片手落ち〕なのです。

（なお、「片手落ち」は、差別語ではありません。双極に対し、一方の要素が欠落していること＝「片方が抜け落ちていること」であり、「片手がない人」ではありません。昨今の無闇な言葉狩りは無知によるもので、日本語文化の劣化そのものです。

「言葉とは人が思考するための道具」であり、持っている語彙（知っている言葉）でしか脳で考えられないのであって、あらゆる事象・抽象を適切に「一言で」伝える表現として、どんな言葉もその存在に意味があります。語彙の豊富さは文化度のバロメータです。しかし、差別表現になるのは、使う人が恣意的に悪意を持たせるからです。ですから、聖書には「悪い言葉を口から出してはいけない。エペソ４：29節」と書いてあります）。

本論に戻ります。

パウロが「ガラテヤ人への手紙」で、「イエス・キリストだけを信じる」と書いたのは何を伝えたかったのでしょうか？　彼がこの手紙で教えたかったのは、信仰の完成のために「**根拠とすべきものは何か**」であり、それは決して〔**割礼ではない**〕**ということ**です。これがメインテーマです。

なぜなら、神様の視点（霊的判断）からは、**割礼は**「キリスト教救霊の真理」に対して、**逆に**「**不義**」になるからです。だから、クリスチャンは**割礼を受けてはなりません**。

＊＊新約聖書時代の現代では、誰であっても「古い契約＝**割礼を受ける**」なら、〔**イエス・キリストの死と血の贖いを**「**なかったことにする逆戻り**」〕であり、神様の人類の原罪救済計画の完成への段階＝十字架による「律法からキリスト教への霊的変化」を、**無視している不義**になります。

つまり神様には、キリストを信じない人と同じ霊的状態として見え、不義に定められるのです。ですから「割礼を受けた人」は、その霊的間違いを心から〔悔い改めなければ〕なりません。最後の審判の時に、「知りませんでした」という言い訳は、神様には通用しません。学ばなかったという自由意志の結果として、「**義**」について〔**知らないことへの責任**〕を問われます。全世界に福音を宣べ伝えよ、との指示の根拠です。

神様の救霊計画の旧約時代と新約時代とを、**霊的に厳密に峻別**しなければならないのです。しかし、旧約聖書そのものを否定してはなりません（旧約の学び＝別著『パウロの目からウロコ』シリーズ第２巻～第６巻参照）。

ルターも異邦人であり、〔ユダヤ人がこだわる**割礼が契約の証拠であることとの重い意味**〕に対し、パウロが「何を伝えたいのかの本質＝**割礼は不義であること**」を摑めなかったのでしょう。

「ガラテヤ人への手紙」が書かれた時代のユダヤ教勢力と、ルターの生きた時代のそれとでは、背景にあるユダヤ教の影響力が全く違うからです。

　何度でもくどいほど言いますが、パウロが「信じるだけ」と書いたのは、「**割礼を拒絶する**」ための対処手段なのです。そしてその時、異邦人の「信じること」の中身が、「甦って天に挙げられたイエス・キリスト」ではなく、「**十字架の死**」に焦点が当てられました。

なぜなら、十字架だけが異邦人が「**神様の憐れみ**（神様の方から関係を造ってくれたもの）」として、「実感できる唯一の**公認された事実**」だったからです。

「信仰の完成」とは、教理を納得して受け入れ、それを確固とした「動かされない根拠」とすることですが、偶像礼拝的ガラテヤ人の感性には、それが「十字架の死」であると、ぴったりと当てはまったのです。

　確かに旧約聖書では、「神様（主）の**憐れみ**」が多数表現されています。しかも神様自身の宣言です。新約聖書は、パウロの時代にはまだ編纂《へんさん》されていないので、ここで引用するのは適切ではありません。

「出エジ」34：6　主は彼（モーセ）の前を通り、宣言された。「主、主である神は、**あわれみ深く**、恵み深く、寛容で、善とまことに富んでいる。　34：7　幾千代にもあわれみを保ち、不義と背信と罪とを赦す者、罰すべきは必ず罰して報い、父の不義を子や子の子、三代、四代に至るまで行う」。

「詩篇」103：8　主は**あわれみ深く**、恵み深い。怒るのにおそく、**あわれみに富んで**おられる。

「ヨエル」2：13　だから、あなたの着物ではなくあなたの心を引き裂け。あなたの神、主に立ち返れ。**主は恵み深く、あわれみ深く**、怒るのにおそく、親切で、災いを思い留まって下さるからだ。　2：18　主はご自分の地をねたむほど愛し、ご自分の民を**あわれまれた**。

　つまりパウロは、当時のユダヤ教聖典解釈から「**憐れみ**（神様の恩寵）」によって「独り子イエスの十字架の死」で「罪の赦し」が与えられたことを、「**信じる**＝神様との関係性の成立」という、異邦人が「素直に救いを受け入れられる方式」にしたのです。

　これが「ガラテヤ人への手紙」で、彼らに「**割礼を拒絶させたやり方**」でしたが、これは教理としては、「信仰の行いの部分が抜けている欠陥論」です。しかし歴史を経るうちに、「パウロの神学（新約聖書の基礎）」として解釈されてきました。

そしてルターが16世紀に、この手紙の「信じるだけ」を本質としてプロテスタント教理を打ち立てたのですが、だから当然、「信仰の行いの部分が抜けている欠落」を引き継いでいるのです。

＊＊現代キリスト教としてプロテスタント教派が日本にも宣教されてきましたが、その多くは御言葉のしるし（奇跡）を伴わない「学問としての知識」でした。しかし情緒的な日本人は、〈霊的関係の論理性〉よりも、自分の感覚で納得できることだけを受け入れているのです。

そして日本人も異邦人であるが故に、そもそも《全能の神様との関係性を知らないので》、ストレートに「十字架の死」を「救われることの根拠」にしています。

未信者から信仰者になる入信の段階には、この〈罪の赦しの定理〉はそのまま当てはまります。全くその通りであり、信じなければならない根本真理です。しかしこの教理は「初心者レベルの信仰」です。

なぜなら、「十字架の死そのもの（罪の赦し）」を救いの根拠として受け取っていても、「聖霊のバプテスマ（神の子とされた霊的立場）を受けられない」ので、「信仰の完成（天の祝福を受け取る立場）の実現」には程遠いからです。

その霊的原理を具体的に言うと、イエス・キリストの十字架の死は「罪の赦しまでの根拠（第１の義）」であり、そこまでの知識だけでしかないからです。

次の段階「信仰によって救われる（第２の義）こと」の論理性において、その根拠（血による贖い）が「なぜ必要なのか」、納得できるものとして教理に含まれていません。

だから、「十字架の死を信じて、信仰が完成した」と**短絡的に勘違いしているのです**（別著『パウロの目からウロコ』シリーズ第５巻『アダムの原罪とは何か。』参照）。

＊イエス・キリストは〈全能の神の力によって〉死から甦って天に挙げられており（「エペソ」1：19～20節）、その神の右の座から「聖霊のバプテスマを授けて下さる」のですが、キリスト教の教理として、この「聖霊のバプテスマ」までを「**信じて受け取らなければ**」ならず、そしてその霊的根拠が「**主イエスとの血の契約**」で

あることを納得することが、「**霊的ステップアップ**」です。

それが「サタンの攻撃さえ跳ね返す強固な**神様との霊的関係性**（第3の義）」のことです。しかし［死からの甦りから聖霊のバプテスマに至る］までの教えは、異邦人には直ちに受け入れ難い「**抽象概念**」です。

従ってパウロが警告している通り、クリスチャン歴の長い人でもその霊的成長が滞ってしまっています。それが現在のプロテスタント教派全体の置かれている状況です。

「ヘブル」5：12　あなた（がた）は（年数を経た）今では、教師であるべきなのに、実際には**【神の御言葉の第一原則**（霊的真理）**】**を再び教えてくれる人を必要とし、堅い食物ではなく（かみ砕かれた教えとして）乳を必要とするようになっています。　5：13　乳を飲むだけの人は皆、義（すなわち救霊の本質、つまり神様の意図、思考、行為の各面）で、**教えのことばに熟練しておらず**、それゆえ〈まだ話すことができない〉幼児のようなものです。

霊的幼児に留まるのは、神様についての**知識が欠落**していて正しくないので、**神の御言葉の第一原則**の「欠落を満たすよう」警告しているのです。アウグスティヌスの呪縛［哲学ベース神学］の中では、「神様との霊的関係性の知識を得られない」ことを、再度、心に留めて下さい。

既に述べた通り、イエス・キリストの昇天以後～現代には、「水のバプテスマ」を救いの根拠とするのは間違いです。ヨハネが主導した「水のバプテスマ」は、信仰から離れたユダヤ人が「**悔い改めて神を主とする信仰心**（ユダヤ教）に立ち返る」ための、旧約聖書時代の手段でした。イエス・キリストを信じることとは直接の教理関係性はありません。

そしてキリスト教は、「イエスの十字架の死」によって「全人類の原罪が取り除かれた」ので、その「第1の義」の前提条件状態から、「飛躍した霊的立場（第2の義）」として、その先にあるのです。

つまり、「信仰によって、（過去から切り離されて）新しく生まれ変わった人（第2の義）」になるためには、「イエスの名によるバプテスマ」であり、さらに「信仰の完成（第3の義）」を目指して「聖霊のバプテスマ」

を求めなくてはなりません。
これに対して「水のバプテスマ」は、罪の悔い改めですから、その人の「罪の部分」が消えたとはいえ、自我／人格そのものが「過去のない新しい人」に変えられるのではないのです（別著『パウロの目からウロコ』シリーズ第7巻『「洗礼」＝水のバプテスマの意味。』参照）。

＊ですから霊的成長、つまりパウロが「**信仰の完成**」と表現した目標は、ルターが本質として解釈した「十字架で死んだイエスを**信じるだけ**」では、決して到達できません。

ですから現代プロテスタント教理は、異邦人のルターが「ガラテヤ人への手紙」を独自に解釈し、「信じるだけ」を主張したことから始まって、「パウロの神学と解釈された霊的間違い」に陥っています。それが「**初歩の教えに留まっている**」ことであり、すなわち当然に霊的幼児のままでいる結果です。

それは日本語聖書の翻訳間違いによっても明らかです。一例を挙げてみます。

「ヘブル」5：12　あなたがたは年数からすれば教師になっていなければならないにもかかわらず、「**神のことばの初歩**」をもう一度誰かに教えてもらう必要があるのです。

ここで引用した新改訳聖書第2版ならびに3版では翻訳が間違っており、パウロの本意が伝わりません。英語欽定訳聖書【NKJV】では、the first principles of the oracles of God であり、単語列では「神の権威ある言葉（神命）の第一原理・原則」なので、「**神の救霊の真理の言葉**」がパウロの伝えたい真意です。

The first は「最も重要・第一とすべき」ことであり、「初歩レベル」のことではありません。Principles も「原理・原則・信念」などと訳すのが正しく、初歩を意味する言葉ではありません。日本人の大半は誤訳によって惑わされています。

なお、「霊的救いの真理」は、〔死から甦って天に座するイエス・キリストを信じて、神の義を実行する者になる〕ことです。しかし、パウロはこの事実をガラテヤ人の矯正に際して、言及していません。

それは「信じる」という目的に対して、「十字架の死」という**歴史的事実が証拠**として**存在する**のに対して、「死からの甦りと昇天」はその具体的証拠がなく、当時の公式発表では「墓から死体が盗まれた」ことになっているので、信じる者は「昇天の事実」を**抽象概念**として、（無理やり）言葉だけで納得するしかありません。

＊ガラテヤ人クリスチャンが「割礼に惑わされている時」に、この「**抽象概念**」を納得しなさいと言っても、信仰初心者の彼らの教理解釈がさらにメチャクチャに混乱してしまうだけです。だから、パウロは対応に苦慮しました。

「ガラテ」4：19　私の幼な子たちよ。（一度信じたのに割礼に戻ってしまった第**1**の義の）あなた（がた）のうちにキリストが形造られる（第**2**の義）まで、私は再びあなた（がた）のために**産みの苦しみ**をしています。　4：20　私は今、あなた（がた）と一緒にいて、そして**こんな**（**怒りの**）**語調でなく話せたら**と思います。それはあなた（がた）に対して**いくつかの疑念があるから**です。

「十字架の死」から「抽象概念」の理解へ

全能の神様が人類を祝福しようとして定められた「救いの第一原則」は、《全て契約による》のであって、始祖アダム以来、人の側の「信じるという自由意志」に応えて、その人を「神の陣営」に加えて（選んで）下さるのです（別著『パウロの目からウロコ』シリーズ第2巻『キリスト教は人生のビジネス契約。』第7篇「旧約聖書の有効性。」参照）。

ですから、主イエスはその原則通り、「最後の晩餐」と呼ばれる食事の後、「**杯を象徴として血の契約**」を弟子たちと交わしました。

そして主イエスの昇天以降では、イエス・キリストを信じた人は「**パンと杯という象徴**」による霊的手続きによって、「**イエス・キリストと血の契約を交わしたことになる**」のです。その再確認をするのが**聖餐式**です。しかし現在、この本当の意義が忘れられ、その式辞が表す通り、「**十字架で死んだイエスの追悼**」になってしまっています。

この原因は、私たちが「**救いが十字架の死により完了した**」と**誤解しているから**です。そしてここで霊性の成長が止まっています。このように「救いの原理・根拠」を、「**神様からの憐れみ**」「**神様の選び**（予定説）」とする解釈に立つなら、神様との関係性を正しく理解していないと判定されてしまいます。

＊この根本的勘違いこそ、ルターが「ガラテヤ人への手紙」のテーマを「信じるだけ」と主張したことに端を発した解釈間違い（**入門教理を本質としてしまったこと**）の結果です。

イエス・キリストの十字架の死を信じることは、**信仰のスタート**であり、そこで完成しているのではありません。霊の成長をもってして自分の義を「神様の霊的判断＝神の義」に高めていかなくてはならないのです。

このように書くと、クリスチャンを自称する多くの方々は、「自分は聖化に向かって日々努力している」と言います。しかし、多くの人々が「義の成長」について勘違いしていて、「主イエスに頼りすがる入信レベル」から一歩も前進していません。

「聖霊（イエスの名）による力強い働きをする」のではなく、「信じること」をイエス・キリストに「**すがり求める救い**」だと勘違いしているからです。

この「ガラテヤ人への手紙のパウロの言葉」を、表面的に「十字架の死と救い」と解釈し、それを教理にするなら、それは「キュリオス論」であり、正しいキリスト教ではありません。

なぜなら『**聖霊のバプテスマを受け取る論理正当性**』に至って**いない**からです。だから、「**神が選んだ**」とするカルヴァンの「予定説」などにしがみつくのです（別著『パウロの目からウロコ』シリーズ第４巻『「義」と「神の義」の違い。』参照）。

＊ここで、多く改革派クリスチャンなどが信奉する、「カルヴィニズム」の張本人カルヴァンの霊的本質を明らかにしておきましょう。ここで「自分をどう吟味する（悔い改める）か」が、**奥義を摑めるか否かの別れ道**になります。

カルヴァンは、彼の信奉者たちによって、「神聖政治を行った」とされていますが、その実態は「反対派を抹殺する恣意冤罪（魔女狩り）と火刑」による恐怖政治であり、50人以上が犠牲になりました。その極端な事件が、ミシェル・セルヴェという神学者を、異端者として弾圧し、積年の恨みによって、ことさら残忍な火刑で処刑したことです。

この歴史的事実は、彼が「殺人者である」ことを証明していて、神様の視点＝霊的基準では、間違いなく「サタンの手先」であり、その彼が「天に挙げられる」ことは絶対にありません。

しかし、そんな彼が、聖職者・神学者とされ、彼の思想が「改革派」に引き継がれているのです。それなら今、あなたがキリスト教として「信じている」ことが、本当に神様・主イエスの御心に沿っていますか？　旧約聖書「創世記」を作り話だとする「サタンの罠に囚われ」たりしていませんか？（別著『パウロの目からウロコ』シリーズ第６巻『創世記の正しい霊的理解。』参照）。

■信仰への神様の保証

ここでは「**信じること**の意味が何か？」を問うているのですが、この点でパウロの言っている「信じること」の中身を、《ルターが解釈した結果を教理としたプロテスタント教派》全体が**勘違いしていて、そこには**「**信仰への神様・主イエスからの保証がない**」のです。だからその論理的確証がない故に、リバイバルの起こりようがありません。

＊ちなみに「聖霊のバプテスマ」はこれを堅く信じ、奇跡を体現・実行する信仰の先達によって、「手を置いて祈りを導いてもらう」必要があります（使徒の働き８：12～19節）。

しかし現代に至るどの時代でも、主イエスが行った聖霊の働き（奇跡）を否定する教理の教会においては、「聖霊を受ける」のは非常に困難です。その信仰を導く牧師自体が「聖霊の働きを心底では信じていない」のですから、「その牧師」から聖霊を授かれるはずがありません。

また、既述の通り、「水のバプテスマ」は当時のユダヤ人の「悔い改め」のためですから、主イエスの「十字架の死と甦り」以降においては、そもそも存在する霊的**落差によって**「聖霊を受けること」には**繋がりません**（使徒の働き18：24～19：７節）。

しかし、この真理が分からず、「水のバプテスマ」で「聖霊を授かる」と、キリスト教そのものが勘違いしているのです（別著『パウロの目からウロコ』シリーズ第７巻『「洗礼」＝水のバプテスマの意味。』参照）。

「ガラテヤ人への手紙」の言葉遣いに戻ります。

パウロは、ユダヤ人にせ兄弟に惑わされて割礼を受けてしまったガラテヤ人クリスチャンに向けて、そして未だ割礼を受けていないクリスチャンには、今後割礼を受けさせないために、「ガラテヤ人（異邦人）に「割礼拒絶の根拠を教えて」」います。それが「ガラテ３章～６章」に書かれています。お手許の聖書でご確認下さい。

＊＊この手紙でパウロは「割礼を拒絶するため」に、信仰の本質を「（ユダヤ教の）契約」から、キリスト教が「**約束である**」と**言い換えて**います。

なお、「約束」という言葉は、それを破ったら必ず罰せられるまでの強い意味合い（法的拘束力）はありません。旧約聖書では、「律法を守らない＝契約の義務を果たさないなら＝呪われる」と、厳しい結果が定められているのですが、それを知らない異邦人には馬の耳に念仏だからです。

「ガラテ」３：14　このことは、（創世17章での、契約による義務としての）アブラハムへの祝福が、キリスト・イエスにある異邦人に臨むためであり、その結果、私たちが（信仰によって**御霊の約束を受けるため**）です。　３：15　兄弟たち、私は人間のやり方で話しているのです。人の契約であっても、それが確認されれば、誰もそれを取り消したり、付け加えたりすることはできません（ましてや神様との契約は、絶対に守られるべき権威を持つものです）。
３：16　さて、（神様の側の契約の義務である）**約束**は、アブラハムとそのひとりの子孫に対してなされました。神は多数の「子孫たちに」とは言わず、ひとりをさして、「あなたの子孫に」と言っておられます。それがキリストです（**アブラハムと契約を交わした時の神様の義務**を「**約束**」と表現しています）。
３：17　これについて私が言うのは、先に神がキリストにおいて確認された契約は、４３０年後にできた律法によって取り消されたり、その約束（契約による祝福）が無効とされたりすることがないということです（イエス・キリストを生まれさせるための契約の効力は、人への律法を超越するものだから）。
３：18　もし相続が律法によるものであるなら、それはもはや約束によるのではありません。しかし、神は約束によってアブラハムに相続の恵みを与えたのです（アブラハムの子孫としてイエス・キリストをこの世に生まれさせ、全人類の罪の贖いを成し遂げさせたこと）。

＊ここでパウロは「相続」という事例を使って、（信仰によって約束の御霊を受ける）ことの根拠を、法律的な強制力をもつ「契約の義務」から、一段和らいだ「**約束**によって与えられた恵み」と言い換えているのです。

この目論見は、（ユダヤ人にせ兄弟の主張「信仰は契約であり、その**完成の証拠が割礼**である」とする赦されない霊的間違い」から、ガラテヤ人の意識をそらさせ、異邦人にとってのキリスト教を「約束を信じる」という、『ゆるやかな関係性を基準にさせる』ことです。

なぜなら、この時代には「神様との契約はユダヤ民族だけの特権」とされており、パウロの目的「ユダヤ教の割礼を排除する」ためには、異邦人に《同じ神様との契約による関係性」を説諭することができなかった》からです。

＊契約を根拠とすると割礼を否定できなくなるのです。パウロ自身が矛盾に悩み（ガラテ4：20節）、キリスト教を分解して教えていくことになります。それが彼の他の13の手紙です。
本書はキリスト教の「神様との霊の関係性＝信仰の根拠」が「血の契約」であると主張していますが、なぜ《ユダヤ人のパウロ》が「ガラテヤ人への手紙」で、「契約」を言葉にしなかったのかをさらに解明します。彼自身の弁明が、次の引用です。


「使徒」22：3　「（パウロと呼ばれる前の）私（サウロ）は確かにユダヤ人で、キリキヤのタルソに生まれましたが、この町（エルサレム）でガマリエルの足もとで育ち、先祖の律法の厳格な教育を受け、きょうのあなたがたと同様に神に対して熱心な者でした」。22：4　「私はこの道（イエスの教え）を迫害し、男も女も縛って牢屋に入れ、死にまでも至らせました。22：5　これは、（ユダヤ教の）大祭司も、長老たちの全議会も証言してくれます。この人たちから、私は兄弟（迫害に同調する同志）たちへ宛てた手紙までも受け取り、ダマスコへ向かって出発しました。そこにいる（イエスを信じる）者たちを鎖で縛り、エルサレムに連れてきて処罰するためでした」。22：6　「さて、私が旅を続けて、正午頃にダマスコの近くに来ると、その事件が起きました。突然、天からの強烈な光が私の周りを照らし出しました。22：7　そして、私は地面に倒れ、『サウロ、サウロ、なぜ私を迫害するのか』と言う声を聞いたのです」。22：8　「そこで私は、『主よ、あなたはどなたですか』と答えました。すると彼は、『私はあなたが迫害しているナザレのイエスである』と言われたのです」。

サウロと呼ばれていた青年時代のパウロは、人一倍律法の学びに熱心であり、ユダヤ教の宗教理論が「神である主とアブラハムと彼の子孫との血の契約（創世17：1

〜14節）」であると確実に理解していました。

そしてその［神様との契約によって成立した関係性］の証拠が、「割礼（包皮を切って血を流した傷跡）」であるのを、日々の生活の中で体感することで、子どもの時からユダヤ人としての自意識・優越思想を確立し、その〔選民意識〕を行動に移していたのです。

＊なお、「割礼」は生まれて8日目の赤ん坊に施す儀式であり、本人の自由意志によるものではありません。だから、霊的な本質において「信仰ではない」のです。さらに律法を守ること、すなわち良い行い自体は信仰がなくてもできることです。従って「律法を守るその生きざま」では、神様の側では「義とみなす」扱いしかできません（旧約聖書ヨブ記の主人公ヨブは、この「律法を守る全《まった》き善行」によって「義とみなされて」いましたが、霊的には「懲罰の神を恐れていて」その実質は不信仰だったのです。だから神様は、彼を不信仰の支配者サタンに渡さざるを得ませんでした）（別著『パウロの目からウロコ』シリーズ第3巻『あなたこそ現代のヨブである。』参照）。

しかし、成人した本人の意志で「神を愛し信仰する」なら、ユダヤ教徒であっても「信仰の行いによって義認（旧約聖書で約束された祝福）」されます。

育った環境による「割礼があること」が、本人のキリスト信仰によって霊的に意味を持たなくなるのです。これが旧約聖書から新約聖書への移行と同じ霊的取り扱いです。

そのサウロがダマスコへの途上で、天上のイエスから直接に啓示を受けて、キリスト信仰者に変えられました。それはユダヤ教の「律法＝行いによるみなしの義・人間社会レベルの祝福」を受けることから、《旧約聖書で預言されていたメシヤ＝ナザレ人イエスを》「契約の仲保者として信じること」で、今度は神様から「神の子として扱われる霊的立場の回復と義認」をされたということです。そして彼は「異邦人への使徒」に任命（選びの器）されました（使徒9：15節）。

ユダヤ人にとっては、神様との霊的関係性は必ず「契約」です。そしてその結果は、「信仰による祝福」か「不信仰に対するのろい」かの二者択一です。

そのパウロにとって、この「キリスト者」への変化は「神様との契約の関係性」において、その手続きの場所（認識根拠）が、「肉体の割礼」から「心（霊）の割礼」に変わっただけです。

旧約聖書でも「心に割礼を受けよ」と、〔**信仰を要求して**〕いるのを知っているからです。

「エレミ」4：4　ユダの人とエルサレムの住民よ。主のために割礼を受け、**心の包皮**を取り除け（生まれて8日目の割礼「律法」ではなく、自由意志の「信仰として神様との霊の関係を成立」しなさい）。

9：25　「見よ。その日が来る」と主は言われる（絶対に実現することの宣告）。その日、私は、**包皮に割礼を受けている**全ての者を、割礼を受けていない者と共に罰する（神様と契約を交わしているとしながら、その義務（律法）を守っていないから。すなわち、神を主としていない不信仰の故）。

9：26　「エジプト、ユダ、エドム、アモンの民、モアブ、および最も遠い隅にいる者、荒野に住む者は皆、割礼を受けていない。これらの国々は皆、割礼を受けておらず（神との契約が成立しておらず）、イスラエルの家も皆、心に割礼を受けていない（形式だけのものに成り下がっていて**信仰ではなくなっている**）からである」。

「ローマ」2：29　しかし、内面的には一つのユダヤ人です。割礼とは、文字（律法）ではなく、御霊による心の割礼であり、その栄誉は人からのものではなく、神からのものなのです。

「ピリピ」3：3　御霊によって神を礼拝し、キリスト・イエスを喜び、肉（割礼）に確信を置かない私たちのほうこそ、割礼の者なのです（これは約2000年前の布教当時、異邦人がユダヤ人に対して「対等に渡り合うため」の言い方です。現代にはふさわしくありません）。

「コロサ」2：11　あなたはキリストにあって、人の手によらない割礼を受けました。肉の罪のからだを脱ぎ捨て、キリストの割礼を受けたのです。

パウロ自身の信仰観として、神様とアブラハムとの契約に基づいて始まった「**割礼**＝ユダヤ教（旧約聖書）」の真理と、イエス・キリストとの「**杯による血の契約**」を信じることによる「**心の割礼**」とは、全く同じ意味〔**神様との関係性の回復・成立**〕なのです。

すなわち、主イエスの名によって、天の父なる神様から「祝福を受け取る契約」です。

ですから、現代にクリスチャンとなった私たちも、神様との霊の関係性を「**心の割礼＝血の契約**」であると、〔パウロのように正しく認識〕しなければなりません。

この救いのコンセプト（概念）を「信じる」のです。

パウロは「ガラテヤ人への手紙」だけでなく、他にも13の手紙を書いているので、これらによって彼の持つキリスト教解釈「神様への信仰の根拠」を学び取る必要があります。新約聖書全体から「神の義」の知識を得なければなりません（別著『パウロの目からウロコ』シリーズ第４巻『「義」と「神の義」の違い。』参照）。

――なお、ここで引用したローマ書、ピリピ書、コロサイ書は、パウロの第２回伝道旅行で開拓伝道したギリシャ地域教会への手紙であり、「割礼について肯定的に論評」していて、「ガラテヤ人への手紙」とは全く異なる視点（「義」に成長すること）で書かれているものです。一方、ガラテヤ書は「割礼を否定するため」に書かれた手紙です。

しかし私たちは、ルターがこだわった「ガラテヤ書解釈（信じるだけ）」や、カルヴァンら神学者たちによって考え出された（４福音書と異なる「パウロの神学」とされた解釈）で、「神様との霊的関係＝信仰の根拠」が「憐れみと選びによる関係」であるなどと教えられてきてしまっています。

これが多くの神学者たちによって引き起こされた「神様との関係性への心もとない認識」、すなわち「勘違い」なのです。

（契約によらなければ、確固とした根拠になり得ない）のだから、私たちは直ちに刷り込まれた間違った考えを修正し、神様・主イエスに対して悔い改めなければなりません。

具体的には、「憐れみ・選びなどを根拠とする初歩の教理」を卒業し、「血の契約を我が身に当てはめる」ことです。この自意識が「心に割礼を受ける」と表現された意味であり、「第３の義」に成長することです。

しかし、２０００年前のガラテヤ人には聖書などあるはずはなく、見聞きした福音と奇跡に対する根拠（真理として信じきれるもの）の求めようがなく、その当時にはユダヤ人の割礼しか「神様との関係性を証拠立てるもの」がなかったので、「にせ兄弟に惑わされて」しまいました。

ですからパウロは、「聖霊の働きと主イエスとの関係を教える」ことについて、第一に「それはユダヤ教の割礼ではない」と否定しなければならなかったのです。

この状況はパウロ自身の信仰観が、「信じることだけ=行為を否定したルター説」だったからなの**ではありません。「割礼**（ユダヤ教）**はキリストの救い**（神の子とされる天の祝福）**にあずかっていないもの」**だからです。

この真理によってパウロは次のように書いています。

「ガラテ」5：2　確かに私パウロは、あなたに言います。もしあなたが割礼を受けても、キリスト（罪の赦しと贖い）はあなたに何の益ももたらしません（ここでは割礼の存在意義に対してのキリストの働きを、「永遠の赦し」として限定して解釈しています）。

5：3　また、私は再び証ししますが、割礼を受けるようになった全ての人は、律法全体を守る義務があります（より優れた恵み「永遠の赦し」を効果がないものとするから）。

5：4　律法によって義と認められようとしているあなた（がた）は、**キリストから離れ、恵みから落ちてしまった**のです。

聖霊によって与えられる天からの祝福を、信仰で受け取る立場でありながら、行いによって達成しようとするのは人の考えであり、神様の定めた恵みのルールから外れていることです。すなわち、聖霊の賜物を受けた〔天の立場（神の子）〕から、〔律法の罪意識に囚われた立場〕に落ちるのです。

これを霊的に分析すると、「割礼に戻る」とは〔十字架の死による全人類の原罪の赦しと贖い〕という、イエス・**キリストの働きを否定することと同じになります**。だから、神様の救いの計画に反逆する罪に定められる結果に至ります。

従ってパウロは、必死でガラテヤ人をいさめているのです。しかしパウロは、「割礼を否定するため」だからこそ、本来の神様との関係性「契約」をダイレクトに**表現することができませんでした**。

とにかく、**割礼派のユダヤ人に「口をはさませない論拠」を構築しなければならなかった**のです。このことでパウロの精神は疲れ果てていました。

「ガラテ」6：17　これからは、誰も私を（割礼問題で）悩ませてはなりません。私は、主イエスの刻印を身に帯びているからです。

この文節表現は、キリスト教の真理を教えようとした結果とは解釈できません。むしろ真理から外れた間違いを正すために疲れ果てたと、この言葉の背景を霊的に見分けて、「ガラテヤ人への手紙」を初心者レベル教理として、解釈し直さなければならないのです。第２部で当時の情勢を俯瞰し、この解釈を証明します。

パウロへの主イエスの直接啓示

再び、パウロへの直接啓示を引用します。彼の信仰者としての立場が、旧約聖書から離れ、異邦人へのキリストの使徒とされる召命を受けたことが書かれています。

「使徒」9：3　彼が旅をしているうちに、ダマスコの近くに来た時、突然、天から光が彼の周囲を照らした。　9：4　それで彼は地に倒れ、「サウロ、サウロ。なぜ私を迫害するのか」という声を聞いた。9：5　彼が、「主よ。あなたはどなたですか」と言うと、お答えがあった。「私は、あなたが迫害しているイエスである。あなたが杭を蹴るのはつらいことだ」（天からの直接啓示です）。9：6　そこで彼は、震え上がり、驚いて、「主よ、あなたは私に何をさせたいのですか」と言った。すると主は彼に言われた。「立ち上がり、街に入りなさい。そうすればあなたがすべきことが告げられるであろう」。　9：7　彼と共に旅をしていた者たちは、声は聞くが誰も見えず、言葉を失って立っていた。9：8　そこでサウロは地面から起き上がり、目を開いたが誰も見えなかった。しかし、彼らは彼の手を引いて、ダマスコに連れていった（目が見えなくなったのはサウロだけでした。主の威光はサウロだけに集中したようです）。
9：9　彼は3日間、目が見えず、食べることも飲むこともなかった（見えるものに邪魔されず瞑想に集中することを求められていたからでしょう）。

パウロはこの直接啓示で、何によって新しいキリスト教の真理を知り得た（体験した）のでしょうか？　彼は目が見えず食事も取らなかった3日間で、（迫害していたイエスというナザレ人が、旧約聖書で「預言されていたメシヤ・救い主」だった）と悟りました。

ユダヤ教のそれまでの解釈では、メシヤとは「ローマ帝国の圧政を排除して、ユダヤ国を再興する大王（ダビデ王の再来である為政者）として」出現するはずだったからです。

ここで大きく「メシヤ観」が逆転して、彼の勘違いが修正されました。刷新されたのです。その経緯が次の「使徒の働き」の記述です。

「使徒」9：10　さて、ダマスコにアナニアという確かな弟子がいた。主は幻の中で彼に、「アナニア」と呼ばれた。すると彼は、「主よ、ここにいます」と言った（主イエスは特別の目的のために、霊性に優れた信仰者を、〔選んで〕用いるのです。この場合でも人の信仰が先にあっての取り扱いです）。9：11　そこで主は彼に言われた、「立ち上がって、まっすぐと呼ばれる通りに行き、ユダの家でタルソ人のサウロという者を訪ねなさい。見よ、そこで彼は祈っています。9：12　彼は幻の中で、アナニアという人が入って来て、自分の上に手を置き、それで視力が戻るのを見たのです」（サウロ自身も次に何が起こるか知らされています）。9：13　そこでアナニアは答えた、「主よ、私は多くの人から、彼がエルサレムのあなたの聖徒たちにどれほどの害を加えていたかを聞きました。9：14　そしてここでも、彼はあなたの名を呼び求める者たちを全て縛る権威を、祭司長たちから授けられているのです」。9：15　しかし、主は彼に言われた、「行きなさい。彼は**私の名を、**異邦人、王たち、イスラエルの子らの**前に運ぶための、私の選びの器**だからです」（サウロは神への熱心さ（信仰）の故に、〔使徒職に**選ば**れ〕ました）。9：16「私の名のために、彼がどれほど多くの苦しみを受けなければならないかを、私は彼に示すから」。9：17　アナニアは自分の道を行き、その家に入り、彼に手を置いて言った、「兄弟サウロ、あなたが来る途中に、道で現れた主イエスが、あなたが**視力を得て、聖霊に満たされるよう**にと、私を遣わされたのです」。9：18　するとサウロの目からうろこのようなものが落ち、彼はたちまち視力を取り戻した。そして起き上がって**〔聖霊の〕バプテスマを受け**た。9：19　そこで、食べ物を受け元気になった。それからサウロは、ダマスコで何日か弟子たちと一緒に過ごした。

このように奇跡を体験し、アナニアによって〔聖霊のバプテスマ〕を授けられてサウロは劇的に変えられ、「神の子とされた霊的立場・聖霊の力を受け」て、キリストにあって生きる者に〔**生まれ変わり**〕ました。

《この一連の出来事が、「ガラテヤ人への手紙」の冒頭で、「**召命を受けた使徒である**」ことを、にせ兄弟たちに主張している**霊的背景の事実**です》。

そして、この実体と根拠は、「アブラハムから始まった祝福を子孫として受け継ぐため」の**血の契約**なのです。だから、キリスト信仰は「**心に割礼を受ける**（血を流す）」のです。

＊神様が定められたこの「祝福のための契約システム」は、人類が存在している限り「不変」です。それが契約であることを復習しましょう。

「創世」17：1　アブラムが99歳の時、主はアブラムに現れて言われた、「私は**全能の神である**。あなたは私の前を歩いて、罪のない者であれ。17：2　私**（全能の神）**は、私の**契約を、私とあなたとの間に立てる**。私は、あなたを非常に多く増やそう（**絶対的な権威による保証**です）。

17：7　私は、私の契約を、私とあなた（アブラムから名前を変えたアブラハム）との間に、そしてあなたの後のあなたの子孫との間に、代々にわたる永遠の契約として立てる（**神様**が**永遠**と言っています）。私があなたの神、あなたの後の子孫の神となるためである（人が神を神として信仰の関係性を保つのは、契約による義務関係なのです）。17：8　また、私は、あなたとあなたの後の子孫に、あなたが寄留している土地、カナンの全地を永遠の所有地として与える。そして私は彼らの神となる」。

17：9　そして神はアブラハムに言われた、「あなたについては、あなたとあなたの後の子孫とで、**代々にわたって（永遠に）私の契約を守らなければならない**。17：10　これは、私とあなた、およびあなたの後の子孫との間で、あなたが守るべき私の契約である。あなたがたの間の**男の子どもは皆、割礼を受けなければならない（血を流すことが契約の条件**です）。17：11　そして、あなたがたは包皮の肉に割礼を受けよ。それが私とあなたがたとの間の契約のしるしとなる（現在では、イエス・キリストが**全人類の代表として血を流した**ので、その憐れみと働き〈第1の義〉を信じ〈第2の義〉て「聖餐の杯を受ける」ことで「**血の契約**」**が成立するとされました＝心の割礼**です）。17：12　あなたがたの中の男子は皆、代々にわたり、生まれて8日目に、割礼を受けなければならない。家で生まれたしもべも、外国人から金で買い取られたあなたの子孫ではない者も。17：13　あなたの家に生まれた子も、あなたが金で買い取った者も、必ず割礼を受けなければならない。そうすれば、**私の契約はあなた（がた）の肉の中にあって**、永遠の契約となるであろう」。

＊＊この（ユダヤ教徒の）割礼条件はイエス・キリストの十字架で流された血によって**終了しました**が、「永遠の契約」なので、その手続きが「イエス・キリストとの**血の契約**」**に変わりました**。これが異邦人にも及ぶ仲介者としてのイエス・キリストの働きです。

新約聖書時代には、イエス・キリストを**信じることが**「**心の割礼＝血の契約＝聖餐式**」として、この条件を満たすのです。しかし、「旧約聖書（ユダヤ教）の契約＝神様の祝福の手段」を「**第一原則**（最重要根拠）**として**」知っていなくては、「**キリスト教の救霊理論そのもの**」と正しく繋がりません。

異邦人が「十字架で死んだイエス」と聞いても、そこに至るまでの《原因の発端と経緯は分からない》のです。従ってパウロは、「救われた**結果を信じるしかない**」と、入信初心者のガラテヤ人に「確信とする」ように教えたのです。

アブラハムとの契約は、「創世」３：15節で、全能の神がサタンに向かって「女の子孫がおまえの頭を踏み砕く」と宣言したことを実現させるために、《その時からイエス・キリストをこの世に生まれさせるまで、イスラエル民族を霊的に清く保たせる必要があったから》です。そして、人の子イエスが誕生・成長し、〔全人類の罪の贖い〕のために十字架で死んで、〔その死から甦り天に挙げられ神の右に座られた〕ことで、その目的を達しました。

そして今度は新約聖書時代として、そのイエス・キリストを**救い主と信じる**ことで、「**子なる神イエスと血の契約を交わす**」**ことになると**、**神様が定めた**のです。

かつての迫害者サウロは、アナニアの導きで「聖霊を受けました」。そして、パウロという**新しい人に生まれ変わった**のです。これが新約聖書時代の「**血の契約**」です。

現代のクリスチャンの誰もが、この霊的立場の変化を自己認識として持たなければなりません。

＊＊しかし、この〔**信仰の根拠**〕が、「ガラテヤ人への手紙」に対するルターの解釈によって、現在のプロテス**タント教理からすっかり抜け落ちて**しまっています。

パウロが「イエス・キリストの十字架の死による福音」を、「信じるように」と「ガラテヤ人への手紙」に書いたのは、「ユダヤ教の割礼を禁止するため」に、「契約にまつわる言葉」を一切使わなかったからです。

第3章
パウロの言う「霊的成熟」とは

新しい霊的段階。第3の義

「ヘブル」5：12　あなたは（年数を経た）今では、教師であるべきなのに、実際には**【神の御言葉の第一原則（霊的真理）】**を再び教えてくれる人を必要とし、堅い食物ではなく（かみ砕かれた教えとして）乳を必要とするようになっています。

6：1　ですから、私たちは、**キリスト**の教え〈罪の赦しの教理〉の**初歩の段階**（十字架を信じる第2の義）の論じ合いを後にして前進し、**霊的成熟という面**（第3の義）**で完全**〈完成〉**を目指して**着実に進もうではありませんか。もう一度、死んだわざ（律法・形式主義）の悔い改め〈放棄〉や神（にあなたがたを立ち返らせた）信仰、6：2　洗礼の教義、按手の教義、死者の復活の教義、および永遠の裁きの教義についてなど、基礎的なことを**繰り返さない**ようにしましょう。（パウロの主旨：これらのことは、あなたがたが**もうずっと久しい以前から完全に知っていなければならないことばかりです**）（だから、これらに留まるのが**霊的に未熟なのです**）。6：3　神の許しがあるならば、（今は**さらに高い教え（奇跡を実践する霊的立場）**を目指して）進もうではありませんか（幼児性から抜け出す必要性）。

「神の御言葉の第一原則（救霊真理）を知り、霊的成熟という面（第3の義）で完全〈完成＝キリストの身丈〉を目指して着実に進もうではありませんか」と言うパウロの勧告を具体的に解釈しましょう。

＊万物の創造者である神様は、人との霊的関わりとして、「信仰者であることの**証明を血に求めて**」います。これが救いの「第一原則」として絶対的な法則です。旧約聖書では、それが「割礼の傷で流れた血」でした。しかしキリスト教では、実際に血を流すのではなく、イエス・キリストの**血の働き**を事実として信じることです。

現代キリスト教は、この「血の働き」を「十字架で流された血」と捉えていますが、それは入信初心者の理解です。その原因は前章で述べました。

【主イエスと11弟子は、磔刑《たっけい》の前夜木曜日の「最後の晩餐と呼ばれる夕食」の際、主イエスはパンを裂いて、自らが「過越《すぎこ》しの羊」であることの象徴とし、本来なら翌日のユダヤ教の「過越しの祭」を、主イエスの権威で〔前倒しして〕終わらせました。

キリスト・イエスを信じるなら、聖餐式のパンが現代の「**過越し**」です。そしてそれより重要な意義として、「**パンを食べること**」は、**イエス・キリストの教えを真に信じる者であることを皆の面前で公に証明すること**なのです。

それは、ヨハネ6：47〜71節までの《いのちのパンの譬《たと》え》が本当の信者を選び出す「ふるい分け」だったことによります。この結果、12弟子が残ったのです。そしてこの結果を元に、次に杯を交わし、実際に「**血の契約**」を成立させました。

主イエスの昇天以降は、その指示された聖餐式の杯の「象徴としてのイエス・キリストの血」で、「血の契約」を交わす霊的事実となり、信じる者一人ひとりの身体に主イエスの**血が混じって流れる**のです。】

しかし、**象徴**による儀式なので、ここでも「**抽象概念**」ですが、その実体は〔互いに命懸けで助け合う血縁関係〕として、「血の兄イエス・キリスト」と「血の弟妹クリスチャン一人ひとり」が、霊的な一体者に変わるのです。肉体的には不変でも、「イエス・キリストの血が流れる新しい身体」に**霊的に生まれ変わる**のです。これが「**信じること**」の本質であり、第一原則です。

＊＊「血の契約」ほど親密で絶対的な関係性は他にありません。この新しい霊的立場を自分の信仰の根拠・第３の義にするのです。

「ヨハネ」6：37　父が私にお与えになる者は皆、私のところに来ます。そして私のところに来る者を、**私（イエス）は決して捨てません。**

「ヨハネ」14：18　私は、**あなたを捨てて孤児にはしません。**私は、あなたのところに戻ってくるのです。

「ヘブル」13：5　〜〜〜。それは主ご自身が、「私は決してあなたを離れず、あなたを捨てない」と言われたからです。

この主イエスの声明の根拠は、「血の契約」だからです。この契約は**双方ともに相手の血が流れ合う**ので、死なければ解消しない「終身契約」です。しかし、主イエスは天で永遠に生きています。従ってクリスチャンが死んでも、その子孫に祝福を受ける権利が続くのです。実例を旧約聖書で証明しましょう。

旧約聖書ダビデとヨナタンの契約

「Iサム」18：1　さて、ダビデがサウル王と語り終えた時、ヨナタンの魂はダビデの魂と結び合い、ヨナタンは彼を自分の魂のように愛した。　18：2　サウル王はその日、ダビデを召しかかえ、もう父の家へ帰らせまいとした。　18：3　ヨナタンは、自分の魂と同じほどにダビデを愛したので、彼とダビデは（**血の**）**契約**を結んだ。　18：4　ヨナタンは自分が着ていた上着を脱いでダビデに与え、彼の武具、すなわち剣と弓と帯に至るまでもダビデに与えた（ヨナタンはサウル王の王子なので、その**地位と権威**を、ダビデに同等に与えたのです。これが血の契約を交わした証拠です）。

「血の契約」によって、ヨナタン王子は「ヨナタン・ダビデ」という人格になり、羊飼いダビデは「ダビデ・ヨナタン」という、二人とも死ななければ切れない血縁関係になったのです。

「Iサム」20：8　「それゆえ、あなた（ヨナタン・ダビデ）はこのしもべ（ダビデ・ヨナタン）にやさしく接して下さい。あなたは主に誓って、このしもべと**契約を結んで**おられるからです（「主に誓った契約」は、自動的に命を懸けた意志＝「**血の契約**」です）。20：14　あなた（ダビデ・ヨナタン）は、私（ヨナタン・ダビデ）がまだ生きている間、主の優しさを私に示すだけでなく、私が死なないようにしなければなりません。　20：15　しかし、主が地の面からダビデの敵（サウル王に従う人々）をひとり残らず断ち滅ぼす時も、あなた（ダビデ）の恵みをとこしえに、私（ヨナタン）の家から断たないで下さい」（血の契約の論理に基づく当然の要求）。　20：16　そこでヨナタンはダビデの家と契約を結び、こう言った。「主がダビデの敵の手にその［血の責］を要求されるように」と（**血の契約の再確認**。この時点以降、サウル王家とダビデの社会的地位が逆転していきます）。

「Iサム」20：32　ヨナタンは父サウル王に答えて言った。「なぜ、ダビデは殺されなければならないのですか。彼は何をしたのですか」　20：33　すると、サウル王は槍をヨナタン（・ダビデ）に投げつけて打ち殺そうとした。それでヨナタン（の霊）は、父がダビデを殺そうと決心しているのを知った。

■王となったダビデの契約の義務

旧約「Ⅱサム」９章に書かれた、ヨナタンの子メフィボシェテへの、ダビデ王の祝福の行動の根拠が「血の契約」です。ダビデは青年の時期にサウル王の子ヨナタンとの血の契約によって、「ダビデ・ヨナタン」という人格に変わっているから、相手の「血の兄弟ヨナタン・ダビデ」の死後、当然の義務として彼の子メフィボシェテを自分の子と同等に待遇したのです。

「Ⅱサム」９：１　さて、ダビデは言った。「サウルの家に、生き残っている者はまだいるか。私はヨナタンのために、その者に恵みを施したい」（これは**単なる善意ではありません。**ここでのダビデとヨナタンとは「血の兄弟＝二人の同一人格（Ⅰサム18：１〜４節）」だからです。「血の契約」で読み直してみましょう）。

９：１　**ダビデ・ヨナタン**はサウルの家に、生き残っている者はまだいるか。私は死んだ**ヨナタン・ダビデのために**、彼の子に（**ヨナタンに代わる親として**）恵みを施したい」（ダビデの身体に流れるヨナタンの血が、ダビデに当然のこととして、そうさせるのです）。

「Ⅱサム」９：７　そこでダビデは言った。「恐れるな。私（ダビデ・ヨナタン）は、あなたの**父ヨナタン（・ダビデ）のために**、必ず**あなたに恵みを施す**。そしてあなたの祖父サウルの地所を全部あなたに回復させる。あなたはいつも**私の食卓**でパンを食べなければならない」。

９：13　メフィボシェテはエルサレムに住み、いつも（ダビデ・ヨナタン）**王の食卓で食事をした。**彼は両足が不自由であった（彼は父ヨナタン・ダビデの「**契約の恩恵**」を与えられ、ダビデ王家の一員としての待遇を得ました）。

＊このようにイエス・キリストを信仰する人が、自分の信仰の根拠を「血の契約」とするなら、誰であってもその人の内にイエス・キリストの血が流れているから、死ぬまで天からの「祝福は途切れない」し、死んだ後も、その人の子孫に「契約の恩恵」が続くのです。

これが「生まれ変わりの本質」であり、この関係性以上に確実な信仰の保証（祝福の確約）はありません。これがキリスト教の奥義です。

＊しかし、この祝福を「契約として正しく知らなければ」、祝福を受け取ることすら思いつきません。（個人の）無知による結果であり、キリスト教理解が霊的幼児の実態です。

メフィボシェテが自分を「死んだ犬のような私（「Ⅱサム」９：８節）」と表現しているのは、父ヨナタンとダビデ王との「血の契約による恩恵」を知らなかったからです。

もし、メフィボシェテが父とダビデ王との契約を知っていれば、自分から名乗り出て、望むものを堂々と求めることができたのです。この態度がクリスチャンの成長であり刷新です。

「神の子とされた者」なのだから、天からの祝福を、当然の権利として主張できるのが、「正しいキリスト教」です。

しかしそのためには、クリスチャンは「血の契約」を正しく理解して、その契約に基づく祝福を、「神の義」として知識に蓄えなければなりません。

そして次に、心から信じて契約の義務を果たさなければ、その効力は発揮されません。「信じるだけ」では、祝福を受け取れないのです。

この時、「信じる意味」を「十字架の死を救いの根拠にしている」のなら、入信したての初心者レベルで留まっていて、「血の契約に基づく主イエスとの一体性の確証がない」こともはっきりするのです。

＊使徒パウロは、クリスチャンがこんな状態でいるようにと、「信じるだけ」と手紙に書いたのではありません。後世のプロテスタント教理に欠落があるのです。

新約聖書時代の救いの定理

救いの本質は、聖霊のバプテスマによって「天の権威を既に受け取っていて、それを行使できる霊的立場であるとして、その行動に出ること」です。具体的には生前のイエス・キリストと同じことをするべく、与えられた聖霊によって、「イエスの名によって○○を命じる」という権威を使い、サタンの仕業を滅ぼして、その結果によって、「天の父なる神様に栄光を帰しほめたたえること」です。

これが「救いの真の教理（象という生き物）」であり、主イエスが十字架による死から甦ってのち、天に昇る前、弟子たちに「成すべきこと」として、具体的に指示しました。

「マルコ」16：15　そして、主イエスは彼ら（11弟子）にこう言われた。「全世界に出ていって、全ての被造物に、福音を宣べ伝えなさい。16：16（聞いた福音を）信じてバプテスマを受けた（心を一新して全く新しい色に染めかえられた）者は、救われます。しかし、信じない者は罪に定められます。16：17　そして、信じる人々（クリスチャン）にはこれらのしるしがついて来ます。すなわち、**私の名によって**悪霊を追い出し、新しい異言で話すようになり、16：18　彼らは蛇を退治し、たとい毒を飲んでも決して害は及ばず、また、彼らが病人に手を置けば病人は回復します」（**主イエスに祈り求めるのではありません**）。16：19　そのように主イエスは彼らに語られた後、天上に受け入れられ、そして神の右に座られた。16：20　そこで、**弟子たちは出ていって**、至る所で宣教し（**福音を宣べ伝え**）た。主は彼ら（福音を受け入れた人々）と共に働き、御言葉に**伴うしるし**（**奇跡**）をもって、御言葉を確かな（信じるべき）ものとされた。

牧師やクリスチャンが宣べ伝える福音には、**奇跡**「イエスの名によって悪霊を追い出し、新しいことばを語り、蛇をも掴み、たとい毒を飲んでも決して害を受けず、また、病人に手を置けば病人は癒される」**が伴うことが約束されている**のに、この「主イエスの遺言とも言える真理」を、プロテスタント教派の多くは**否定**しているのです。

この原因こそ、信仰として「信じる内容」が、第2の義（十字架レベル）に留まっていて、聖霊を受けていないからなのです。

それでいながら「御言葉を信じなさい」と説教して、《奇跡を否定する**自分を義と信じて**》います。これほどの偽善（神様に対する背信）は他にありません。

イエス・キリストを救い主として信じていながら、その主イエスの指示に背を向け、〔半信半疑〕だから「行動に移さず」「**人間レベルの認識**」で「**信仰を完成しよう**」としているのが「**悔い改めるべき勘違い**＝パラプトーマ」です。

＊繰り返しますが、「自分は正しいと思い込んでいる人」は、自分自身の吟味に思い至ることはなく、なおさら「**信仰としていることへの勘違い**」に気づいて「悔い改める」ことからは程遠く、だから祈りが届かないので

す。これが霊的落とし穴です。

「霊の状態を吟味し、悔い改めて信仰告白すれば、直ちに救われる」のが、真理です。十字架上の犯罪人の一人は、そのようにしてイエスと共にパラダイスに移りました。

＊＊キリスト教の本質は「祝福の契約」として、神様とクリスチャンとが、〔主イエスを仲介者として〕〔お互いに相手を祝福する義務〕です。言うなれば「**勝利のビジネス契約**」であり、創世記の「創造時のアダム以来」変わらない「**神様との霊の関係性の法的根拠**」です。

そしてこれは、**親子の関係性**（信仰による友）であると**神様が取り扱っている**ので、人の側で、物乞いのような態度で、天の祝福を「願い乞い求める」のではありません（創世18：17～33節の、主（である神）の言葉とアブラハムの態度とを学んで下さい）。

「イエス・キリストにすがり求める宗教」解釈から卒業しなければなりません（別著『パウロの目からウロコ』シリーズ第2巻『キリスト教は人生のビジネス契約。』参照）。

旧約聖書では、全能者を神と表現するか、主と呼ぶかで、「**その人の信仰の有無**」を明確に書き分けています。「**神**」「**神である主**」「**主**」と3つの呼び名が出てきますが、旧約聖書はそれぞれの呼び名によって、人との霊の関係性を正確に使い分けているので、その言葉遣いの意図を理解しなければなりません。

「創世」1：1～2：3＝「**神**」、「創世」2：4～3：24＝「**神である主**」、「創世」4：1～＝「**主**」、と主語が異なっていることの霊的意味に注目すべきです。この主語の違いは、書かれた時代が異なるとか著者が異なるなどの、不確かで不毛な、人間的解釈を超えた真理を教えているからです。

1．「神」とは、宇宙の創造者、全知全能で全てのものの上に立つ支配者として、**絶対的権威で人に接する時**の姿。創造のわざは「神」でなければできない。信じる人も信じない人も、その言葉には人の意志にかかわらず、必ず従わねばならない。「言葉」によって無から有を生じる権威。また霊の裁きの姿が典型。しかし現在では、世俗の不信仰者・無神論者もが使う一般的呼び名。

2.「主」とは、「神」を信じ自分の主と受け入れて信仰を守る人に対して、「神」がその人の言い分を対等の立場で聞いてくれる姿。信仰を持つ人だけが持てる関係。創世記18：16〜33節までの、アブラハムが主に譲歩を願った時の姿。

3.「神である主」とは、表面上は「神＝主」ですが、本質は、人に対して上の意味での「主」でありながら、別の一面では「神」としての権能・厳しさで臨んでくる時の呼び名。創世記2：4〜3：24節で、アダムの言い分を「主」として受け入れながらも、「神」としての権能を振るわなければならなかった必然性からの呼び名です。

旧約聖書の文脈で、人々が全能の創造神を何と呼んでいるかで、その文脈での霊的背景を正しく知ることができるのです。

殊に旧約聖書「ヨブ記」は、3章以降ヨブが全能者を「神」と呼んでいることを、《彼は真の信仰者ではなかった》として、霊的に読み解かなくてはなりません。彼は一度も「（主に対して）助けを祈り求めていません」。彼が信仰者になったのは、42章に入ってからです（別著『パウロの目からウロコ』シリーズ第3巻『あなたこそ現代のヨブである。』参照）。

新約聖書に戻ります。

神様の側では、「祝福を実現する力は、イエス・キリストを救い主と信じ、告白した時点で与えられるよう」準備しています。神様はこの真理を「神の義」として、誰に対しても公正・公平に準備していて、それを「信仰＝自由意志で受け取るように」しています。だから、それを聖霊（の助け）として受け取り、それを「使えばよい」だけです。否、むしろ「使いこなさなければならない」のです。それが主イエスの願い・目的です。

しかし、人それぞれが、何を「信仰の根拠」とするかの霊的レベルによって「受け取れない」場合が多くあります。「十字架の死と罪の贖い」を信じている（第2の義）だけでは聖霊を受けられないでしょう。

なぜなら、ほとんどのプロテスタント教派では、信仰を導き洗礼を授ける牧師自身が「悪霊を追い出さず、病気を癒さず、異言を異端扱いする解釈に立ち、奇跡＝聖霊の働きを否定している」からです（別著『パウロの目からウロコ』シリーズ第4巻『「義」と「神の義」の違い。』

参照)。

さらにキュリオス論では、この「聖霊を授かること」についての霊的根拠に、「論理的な神様の裏づけ」がないのです。だから、その根拠を「憐れみによる」としか言えません。

この状態が「象である生き物」の正体を知らないことです。だから「信じている」としながらも、「確信を持って行動に出る（象使いになる）」ことができません。

天の父なる神様は、クリスチャンが「象使いになって自在に霊的権威を行使（象の力で現実に）する」のを待ち望んでいるのです。

しかしこの時、神様・主イエスに（象となって働いてもらう）のではありません。「憐れみを乞い求め、すがりつく祈り」こそ、この霊的間違い（自分の代わりに神様を働かせること）を犯しているのです。これが現代キリスト教の〔根源的解釈間違い〕です。

＊クリスチャン自身が〔象の力を内包する権威者〕になっているのだから、クリスチャンはその「与えられた力・聖霊〔イエスの名〕を使って、自分で祝福を実現する」のですが、日本ではそのような〔力強い「勝利者としての」教理になっていません〕。

〔力強い信仰〕とはどういうことかを、聖書はきちんと教えていますので、ここでその実例を調べましょう。マタイ、マルコ、ルカの3福音書に「長血の女性」として、このテーマが書かれています。

まだ主イエスが生きている時（ユダヤ教律法下で）の出来事ですが、ここから「信仰の本質」を摑み取らなくてはなりません。マルコの福音書を引用します。

「マルコ」5：24　そこで、イエスが彼と共に行かれると、大きな群衆が彼に従い、殺到した。　5：25　ところで、ある女が12年の間長血をわずらっていた。　5：26　この女は多くの医者からいろいろひどいめにあわされた。彼女は持っているものを全て使い果たしたが、よくなるどころか、ますます悪くなった。　5：27　彼女はイエスのことを聞くと、群衆の中をかき分けてイエスのうしろにやってきて、その衣に触れた（「癒されること」を信じた命懸けの信仰の行動です。憐れみを求めに行ったのではありません。なぜなら）。　5：28　「あの方の衣に触れさえすれば、私はよくなる」と、彼女は言っていたからである（周囲に信仰告白をしていました。それを実行したのです／英語欽定版

５：28　For she said, "If only I may touch His clothes, I shall be made well."）。

５：29　すぐに彼女の血の源が枯れて、彼女は苦悩が癒されたことをその身に感じた（着物に触るという「信仰の行い」で、**彼女自身が「癒し**を現実にした」のです）。

５：30　イエスも、直ちに、自分のうちから**力が外に出て行ったこと**（ルカ８：46）**に気づいて、**群衆の中で振り向いて、「誰が私の衣に触れたのか」と言われた。

主イエスが癒しの意志を持つ前に、**女性がその力を引き出した**のです。この奇跡には主イエスからの「憐れみという権威の意志」は存在していません。

「マルコ」５：31　しかし、弟子たちは主イエスに言った、「あなたは、大勢の人があなたに押し迫っているのを見ていながら、『誰が私に触れたのか』と言っています」（弟子たちは目前の状況（押し迫る群衆）しか理解できていません）。　５：32　そしてイエスは、このこと（霊力の引き出し）をしたその女を見ようと見回した。　５：33　しかし、その女は恐れおののきながら、自分の身に起こったこと（奇跡）を知って、イエスの前に来てひれ伏し、全ての真実を話した。

主イエスが「癒しを授ける意志を持つ前」に、女性自身が「着物に触れれば癒される」という信仰を実行したのです。その結果、主イエスからの聖霊の力で女性の出血の原因は消滅しました。ここでは、主イエスの意志はまだ働いていません。それなのに、この女性の身体は癒されたのです。これが「癒し（奇跡）を信じる**力強い信仰**」です。

しかしこの時、この癒しの結果が「永続する保証」はありません。女性が勝手に癒しを引き出したことに対し、「もはや再び出血することはない」と、彼女の信仰では確信できないのです。なぜならこの時には、未だ聖霊が降っておらず、信仰者といえども自分で「癒しを保つこと」への保証がないからです。

＊**霊的働き**である「癒しの保証」には、その**権威の根源**である主イエスの**関与が必要**です。だから主イエスは「その**保証を与えよう**」と、「霊力を引き出した者」を知る必要がありました。ですから周りを探したのです。弟

子たちには、この霊的背景が分かりませんでした。

一方、女性が「恐れおののいた」のは、レビ記によれば、「汚れた者」と扱われる立場だったからです。主イエスの着物に触るために、「長血の女性」が人々を「かき分け押し退けていった時」、群衆が女性の素性（長血の汚れ）を知れば、「律法による処罰」を叫び出すことが確実だったからです。

レビ記にはそのような女性に触った（触られた）ら、その人は「夕方まで汚れる」と定められていました。だからこの場合、「長血の女性に触られた群衆の者」は、その対処として「水浴び」をしなければならなくなるのです。

「レビ」15：25　もし女が、その定期的な不浄の時以外に何日も血の漏出がある場合、あるいはそれがいつもの不浄の期間を過ぎている場合、その汚れた漏出の日々は全てその定期的な不浄の日と同じである。彼女は汚れた者となる。

「レビ」15：19　女に漏出があり、その体からの漏出が血である場合、その女は7日間隔離されていなければならない。誰でも彼女に触れる者は**夕方まで汚れた者とされる。**

「レビ」15：11　また、漏出を病む者が、水でその手を洗わずに、**誰かにさわるなら、さわられた人は自分の衣服を洗い、水を浴びなければならない。その人は夕方まで汚れた者とされる。**

この女性がすり抜けていくために押し退けられた多くの人々は、自分が汚れた者にされたと知るや、怒り心頭で襲いかかっていたことでしょう。女性はこの危険を冒してまで、命懸けで信仰の行い〔必ず主イエスの着物を掴むこと〕を貫いたのです。

しかし主イエスは、その行動と「癒された結果」に対して、次のように言いました。

「マルコ」5：34　そこで、主イエスは彼女に言われた。「娘よ。**あなたの信仰があなたを救ったのです。安心して行きなさい。**あなたの患難は癒されます」。

主イエスは、「三一性に基づく権威」によって、彼女に「癒しの保証を与え」ました。それはそうする必要があったからです。癒しが現実になったことに「主イエスの意志が係わっていない」ので、彼女が「**癒されたこと**

を確信してその癒しを保つ」には、主イエスの確認印がいるのです。その保証の言葉が「あなたの信仰があなたを救った」です。

＊当時の信仰では、まだ《聖霊を受けていない》ので「必ずこの霊的保証によらなければ」なりませんでした。それを本人と共に、周りにひしめく群衆にも告知したのです。だからこの女性は安心して帰れるようになりました。

ですから、本来あるべきプロテスタント教理〔御言葉によって立つ〕キリスト教の「力強い信仰」は、神様・主イエスの憐れみを根拠にするのではなく、この「長血の女性」のように自分の行動で「霊的権威を実現する」のです。成長したクリスチャンなら、〔聖霊が既に受けた保証〕なのだから、堂々と「第3の義」を行動で表し、「奇跡を実現する／できる」のです。

これが先に寓話として挙げた、クリスチャン本人が「象使いになって自在に霊的権威を行使（人の限界を超えた力で現実に）する」ことです。

＊現代のキリスト教では、願い求める「希望を実現する」には、クリスチャン自身が、「イエスの名」によって「実現を阻んでいる障害」に向かって「なくなれ」と「命令をする」のです。そしてそれが「現実になった」と、先取りの感謝を捧げるのです。

これをできると信じるのが第3の義であり、〔聖霊のバプテスマを受けて神の子とされている者〕です。この自意識を持つクリスチャンへと自己変革していくのが、「キリストの身丈にまで成長する」ことであり、リバイバルへの刷新です。

＊＊ではなぜ、リバイバル（霊的幼児からの脱却）が求められているのでしょうか？

それが本書のテーマの起因として、西欧プロテスタントキリスト教そのものが、「聖霊のバプテスマ」と「血の契約」とを軽視・無視して、「唯一神との霊的繋がりによる権威ある立場という福音の本質」から外れてしまっているからです。

この霊的状態の不正（欠落）を、〔パウロが「ガラテヤ人への手紙」であえて言及しなかったために、ルターが見落とした「信仰の本質の後の半分」〕です。

それはイエス・キリストを仲介者とした〔全能の神様と自分との霊的立場の関係性〕を、〔論理的な信仰の根

拠にする」ことです。

すなわち、クリスチャンが「第3の義」の自己認識を持つことが、**霊的復興**です（別著『パウロの目からウロコ』シリーズ第2巻『キリスト教は人生のビジネス契約。』参照）。

現代の私たちは、その欠落している論理的知識を、自**らが聖書全体から学び取らなくてはなりません**。神様が天から憐れんで恵んでくれるのではないからです。ガラテヤ教会がそうであったように、「霊に飢え渇く者」として、自ら「真理を求める」行動に出なければなりません。神様はその行動に対して応えて下さるのです。

この重要性を主イエスは、「神の国とその義とを**まず第一に求めなさい**」と教えています（自由意志による行いと、神様の栄光となるその結果です）。

＊これが、**プロテスタント教派全体に対して刷新を要求されている**ことです。そして目を上げれば、大きく宗教としてキリスト教に分類される全ての教派に当てはまる**霊的根拠の欠落**です。

個人的には、「キリストの身丈にまで霊的成長するため」の、**絶対的根拠を確保する**ことです。それがイエス・キリストとの「**血の契約**」です。

全ての教会は、「そんなことはない。ちゃんと聖霊を求めている」と言います。しかし表面的な態度はそうであっても、今祈っている内容は「半信半疑」だと言わざるを得ません。祈り求めながらも**その願いが実現した結果までを確信していない**からです。

逆に「奇跡を否定すらして」います。その原因は「信仰の根拠となるべき神様との霊的関係性」を、自身の不動の信念として構築していないからです。つまり、祈りの概念・本質を全く勘違いしているのです。信仰告白として「**願いが叶った結果**」を言葉として口から出していません。

「ヘブル」11：1　信仰とは、望んでいる事柄（実現させたいのに人間の努力では達成できない**解決**）を**保証し**、目に見えないもの（それが現実になった未来の**結果**）**を確信させる**ものです（人間の力で解決できることには、信仰を使う必要はありません）。

＊このように心の底からの全人格（いのち）を懸けた信仰になっているでしょうか？

ここで求められているのは、成長したクリスチャンとして「神様に向かって目と目を合わせて直訴できるまでに、その祈りに筋が通った主張ができる自分の第３の義」です。

微塵も「罪意識があってはなりません」。ここで言う意味は、「マイナスの告白」を絶対にしないということです。だから聖書には、「悔い改めた罪は忘れて、なかったことにして下さる」と約束されていて、「神の子である自意識」を要求されているのです。キリスト教は神様／人双方の「筋の通った論理性」で貫かれています。頼りすがる宗教〔哲学化教理〕なのではありません。

約２０００年前に、イエス・キリストは自分の生命を犠牲にして、全人類に負わされていたアダムの原罪の咎を贖いました。これが全人類の霊の立場「第１の義」です。そして、福音としてこの事実を信じる者を「神の子」という霊的立場「第２の義」に置いて下さるのです。

この霊的レベルを、パウロが「信じなさい」と「ガラテヤ人への手紙」で教えています。つまり、「入信の根拠を与えている」のであって、「割礼を否定する」ための対抗策でした。あくまで「入信初心者への教え」です。

しかし、ルターが「信じること」として、この「第２の義」を本質としてしまったので、プロテスタント教理のほとんどの教派で『病気の癒し、悪霊の追い出し』など、イエス・キリストが「しなさい」と指示している霊的働きを否定しています。さらに『異言の祈り』も否定し、「自己認識に罪人意識を引きずっている」のです。

これが聖書の言葉を「権威が伴う契約とその義務」と捉えていない初心者レベルの証拠であり、それこそが《自分に当てはめて実行しようとしない「霊的幼児」》なのです。

聖書に書かれた約束の言葉「ロゴス」を、心からの信仰の言葉「レーマ」として告白しなければ、「御霊の賜物」を実現できません。これが、霊的祝福が実現しないことの原因です。

神様が定めた「救霊のルール・やり方」に従わないで、自分勝手に考えた福音解釈の「取り違え」が、当然の結果として、現在のキリスト教が聖霊の満たしに至らない「霊的祝福の欠如」を招いてしまっているのです。

これほどの「信仰に対する自己矛盾」があるでしょうか？　そして神様・主イエスの霊の権能を否定する「不

義＝罪」に気づいていないこと自体が、現代キリスト教の「福音を実現させない構造的欠陥」です。

＊プロテスタント教派の教会で信仰に入った人なら、ほぼ全て、この「必ず悔い改めなければならない教理解釈の勘違い」の中にいながら、その事実を知らずに信仰としています。それが「永遠不変の神様と自分との霊の関係性の正しい知識」の欠落です。

ユダヤ人以外の〔異邦人〕ならば、クリスチャンを自称する人であっても、ほぼ全てこの知識の「欠落状態」にいて、神様との正しい関係性に自分を置こうとしません。

「それは旧約聖書の時代のことだろう」と思い込まされているから、「神様についての正しい知識」を信仰の根拠とすべき必然性を感じないのです。だから、そのように「気づいていないこと自体」によって、自分を吟味することの意味が全く摑めておらず、従って「悔い改めないこと＝自分を義とする罪」に直結しています。

＊ここでは、日本に宣べ伝えられたキリスト教教理が、神様の定めた救いへの《論理性の欠落》の故に、「救いの本質＝聖霊の働き」が日本のキリスト教に顕現していないと結論づけておきます。

本書は、キリスト教界全体が、この「霊的真理を摑んでいないこと」を、「プロテスタント教理の欠落」として、聖書に基づいて解読していきます。その理由は、「御言葉＝神様の約束」こそ信じるべき真理である、とするプロテスタント教理を信じる筆者自身の吟味＝悔い改めのために、その定規とすべきことを明らかにすることが目的だからです。

「信じる」とは

神様は人に自由意志を与えているので、その人が《何を正しいとして信じるのか》に干渉しません。そして信仰の内容についても、その人が「（実現すると）信じているところまでを限界として＝受け取る祝福の質量レベル」と決めて、その人に対応して下さるのです。全てその個人の意志に帰結する定理なのであって、これが『信仰の原理』という、公正・公平な神様の絶対的ルールです。

従って、神様の約束として「今のあなたがどうであっても、そのままのあなたを受け入れて下さる」という聖書の言葉は正しいのです。しかしこれは、入信のための

「招きのレベル」であって、この言葉にしがみついているなら、成長は望めません。

＊誰にも横並びに、均等・平等な結果が、自動的に与えられるのではありません。

この意味は、「その人が受ける祝福（の限度）は、その人自身が信仰として信じているところまで」ということであり、「人が自分から刷新を求め、霊の成長（神様との霊の緊密さ）を実現していかない限り、よりすぐれた祝福（求める結果）は得られない」という、論理性が導き出されます。

つまり「**何を**」自分の信仰の根拠にしているかが、「**神様が定めた救いの第一原則**」に適合していなければならない、ということです。

具体的には、イエス・キリストの「十字架の死による罪の贖い」を、「救いの根拠」だと認識しているなら、その霊的祝福は「罪の赦しに留まる」のであって、「聖霊の力を受けた神の子とされた者」にはなれません。**神様との契約の知識を根拠にしていないから当然なのです。**

霊的祝福を受け取りたいなら、真剣に［**全能の神様の霊的側面全て**］を正しく学んで、そして主イエスの言行に倣って、奇跡の実現を信じきらなくてはなりません。これがキリストの身丈にまで成長する「奥義」であり、パウロがクリスチャン一人ひとりに求めている成長「第3の義」です。

キリスト教は神様との契約なのだから、クリスチャンの側が「イエスの名」で信仰の行いをした時に、それに対して、天では神様の「契約の義務」として霊的祝福を発動して下さり、それが地上で実現するのです。

この時、神様・主イエスに「求める祈り」として、「下さい、下さい」と物乞いのように頼りすがるのではありません。御言葉の約束を心から信頼して、［主イエスを真似て信仰の行動に第一歩を踏み出す］のです。

主イエスがどのように問題解決をしたか、4福音書からそのやり方の本質を学び取らねばなりません。

＊「**自分を吟味する**」とは、「罪の悔い改め（初歩の段階）」ではなく、「信じていることは何なのか？」を突き詰め、［救霊の本質すなわち神様の視点・要望に対して**不到達・未熟さを知る**］ことです。

霊的意味において、「正しくあろうとする者」は、その根底に「真理を求める心」があります。だからその真理を定規にして、吟味ができるのです。

しかしここで、「私は今信じていることで満足している」と、自分を正しい者として主張するならば、それは「神様の意志に逆らっている不義」を告白しているのです。神様の偉大さより自分の考えの限界を正しいとするからです。その人は「自分を吟味」できません。

その代表格が、「リベラル解釈」として人間の感覚・知識を正しいとし、霊的真理の事実を否定する教派とその自称クリスチャンです。

それであっても神様は、イエス・キリストを信じるとするその人の告白を、言った通りに実現させてくれます。「奇跡を信じないと言う人」には、言った通りに「奇跡は起こりません」。これが神様の正義です。だから日本のキリスト教は、「奇跡を顕現できない」のです。

＊＊一読するだけでは、神様の愛と正反対の「冷たさ」ですが、誰の意志をも主体として尊重し、その人の「信じているところまでを祝福する」のが、「全能の神様の契約」によるからこその「法的根拠」であり、その「限界」はその人が告白する言葉で「自分から」決めているのです。

こうした天の父なる神様の対応に対して、「何で神は……」と不満を口にすることは、さらに不義を重ねる結果に陥ることになります。自己吟味しないことによる非常に危険な状態です。

しかし、そんな不信仰とみまがう信仰レベルであっても、神様は神様の義の筋を通して、「愛し」「憐れみ」「赦して」「受け入れて」下さいます。イエス・キリストがとりなして下さるからです。

イエス・キリストを信じる人には、〔血の契約によってその人の身体にイエス・キリストの血が流れている〕から、主イエスは「その人・イエス」として、神様との霊の繋がりを通して、「私イエスに免じて、未熟さを赦して下さい」と願って下さるのです。

これが血の兄イエスが、血の弟妹クリスチャンに対して与える祝福の義務ですが、いつまでも十字架の入信原理に留まっているなら、いずれ限界に達するでしょう。その前に自己吟味して「幼児性に留まっている信仰」を悔い改め、奥義への扉を開かれることをお勧めします。

この霊的働きの根拠こそ「血の契約」です。

重ねて言いますが、その人の「受け取る霊的祝福」は、原則としてその人が〔信仰として信じている範囲まで〕です。

＊そしてこの時、信じることの根拠である「神様との霊

の関係性」には霊的段差があり、「**罪の赦し**＝憐れみ（による施し）」とする第2の義ではなく、イエス・キリストとの「**血の契約**」を信じる論理性（第3の義）でなければ、「奇跡＝天の祝福」を受け取れません。十字架を卒業しなければ霊的幼児から成長できません。

「ヨハネ」14：6　イエスは彼に言われた。「私が道であり、真理であり、いのちです。私を通してでなければ、誰一人（その霊が）父（なる神）のみもと（霊の目的地）に来ることはありません」。

仲介者イエス・キリストとの「**血の契約**」によって、「**神の子に生まれ変わる**」から、神様を「天のお父さん」と呼べる**親子の関係**が成立するのです。

◎「私が道であり、」とは、行き着くべき目的地は「神様との霊的関係性の構築」であり、「私を通してでなければ、」とは、「イエス・キリストによらなければ行き着けない」のであって、しかし「イエス・キリストを礼拝対象とするのではない」ことです。

◎「真理であり、」とは、「私を通してでなければ、誰一人父のみもとに来ることはありません」＝イエス・キリストとの「血の契約」を信じることでしか、全能の神様を父とする霊的関係性が成立しないことです。

◎「いのちです」とは、イエス・キリストに全人格を懸けた生きざまとなることを、要求されることです。その結果、父なる神様から「**永遠のいのちが保証される**」のです。この確信を持てるのが、唯一「血の契約」を根拠にすることです。

「ルカ」22：20　同じように、夕食の後、杯も取って言われた、「この杯は、あなた（がた）のために流された、**私の血による新しい契約である**」（同「Ｉコリ」11：25）。

キリスト教とは、仲介者イエス・キリストとの「血の契約」であり、その「神様との契約の義務」を果たさなければならないのです。

人類の始祖アダム以来の、全能の神様の〔**不変の救いのルール**」を知って、「**血の契約**」**を信仰の根拠とすることが**、イエス・キリストを「救い主と信じるだけのプロテスタント教理」の、欠落している教理構造を完全なものにするのです。

象という生き物を触って「部分的な正しさ」を語る盲

人たちが、その判断を寄せ集めても「生きた象・有機体としての働き」を立証することはできません。むしろ、間違った結論に至ることになります。

〔救いの根拠を「**憐れみによる**」と主張する〕のは、第1の義の根拠であり、それは「盲人が得た部分的信仰」です。憐れみでは「施し」が回答になりますが、それには「確信を持てない不安・疑問」がつきまとうからです。

「マタイ」15：14「彼らを放っておきなさい。彼らは盲人を手引きする盲人です。そして盲人が盲人を導くなら、両方とも溝に落ちるでしょう」。

この主イエスの警告は、現在の多くの教派に分裂してしまっているキリスト教が、エキュメニカル運動として「統一教理を出そう」としても、霊的な視点からは的外れになるだろうという預言です。

盲人に比喩された当時のパリサイ派の学者が、**現代のキリスト教牧師たち**です。なぜなら、彼らの〔部分的教理〕説教を聞いた信者たちも、「その部分的なものを〔それが全部（真理）だ〕と思い込まされる」ので、真のキリスト教を信じたことにならないからです。福音に伴うしるし（奇跡）を実現できません。

しかし「生きた象」を知っているなら、「各部分」の働きを正しく理解できます。

つまり、〔イエス・キリストとの「血の契約」を信じることでしか、全能の神様を父とする霊的関係性が成立しないという真理（象の象たる存在）〕を、「信仰の根拠とする」ことによって、各教派がそれぞれ違いを主張するのは、「神に従い隣人を愛せよ」との神様の視点において《実行手段の違い》に過ぎなくなり、『教理の欠落ではなくなる』のです。

聖霊の働きが生きた象の力であり、それをクリスチャンが自分のものとして使うなら、その結果が「奇跡」となるのです。そして神様・主イエスに栄光を捧げることで「義が完成」します。

このような〔真理を知れば〕、誰もがその部分的教理に留まることへの葛藤と戦わなければなりません。むしろ、真理に従って霊の成長を求め始めるはずです。

殊に〔人の「霊の」生命を扱う牧師〕は「**必ず真理に立たねばならず**」、そのためには〔自分が所属する教派の部分的教理〕だけに留まっていてはならないのです。

ここでも「盲人が盲人を導いて両方ともが溝に落ちる」譬えが当てはまります。その教会では全員が、鼻だけを触った結果として「象とはくねくねと曲がる身体の生き物」とする部分的知識を、それが全てだとする結果（不義）に陥るからです。聖霊の力が発揮されない「勘違いの信仰」です。

だからこそ、「キリスト教を正しく教え導けない」牧師・教師には、「ヤコブ３：１節の、格別厳しい裁きが待っている」と警告されているのです。ですから、不足部分が何であるのかを知って「悔い改めて」、真理を求め直さなければなりません。

そうすれば、現在多くに分裂・分派している各教派がエキュメニカル運動（盲人たちの集まり）としてではなく、自ずと真理に立って補完し合い、〔全能の神様を礼拝する純正キリスト教として〕霊的祝福を実現できることになります。

そのようなキリスト教になれば、宣教の御言葉に〔しるしが伴う〕から、「福音を実証できて」、信じる人が多く起こされることになります。そして、その働きをしたクリスチャンは「リバイバルを体験する」のです。

第4章
「恵みから落ちる」とは

「ガラテ」5：2　確かに私パウロはあなたに言います。もし、あなたが割礼を受けるなら、キリストは、あなたにとって、何の益もありません。　5：3　そして、割礼者になろうとする全ての人は、律法全体を守る義務があることを、私は改めて証しします。　5：4　律法によって義とされようとするあなたは、キリストと疎遠になり、恵みから堕落したのです。

使徒パウロのこの警告は「義」、すなわち神様との霊的関係性としての、人の霊的立場についての知識がないと、この表現の意味を理解できません。ここでの「恵みから落ちる」とは、[割礼を受けるなら、ユダヤ教と同じ霊的レベル（第1の義）になってしまうこと」です。

キリスト教の恵みの立場

パウロは、「ガラテヤ人への手紙」で、異邦人クリスチャンに対して、「割礼を受けたなら」「（天の）恵みから落ちる（霊的関係が切れる）」と警告しました。

キリスト教における「恵み」とは、聖餐式の杯によって主イエスと交わした「血の契約」に基づいて、その「契約上の対等の立場」で「相手を祝福する義務」を「果たすこと（信仰の行い）」によって、クリスチャンが受けられる「霊的祝福」が現実になったことです。

神様との約束によって「神の子となった義の人」が当然のこととして受けるものです。

一方ユダヤ教では、人の霊の立場が神様と「対等ではないしもべ」なので、割礼と律法を守ることによって、神様の「憐れみの施し」として与えられる祝福になります。このようにキリスト教とユダヤ教とでは、人の霊の立場において「格差」が厳然と存在します。

だから、「本来の恵みを受ける立場」から、自分で落ちてしまうのです。

・キリスト教＝清い者、神の子とされた義の立場。義認された者。
・ユダヤ教＝原罪の下に居るため、罪人の自意識で、しもべとして悔い改めを常に要求される立場。割礼によって**義と**みなされる。しかし創造神を主として、心から信じるなら、主の側から**義認**される。

この違いをパウロ自身の体験から証明しましょう。パウロは、かつての自分「サウロ＝キリスト者を迫害するユダヤ教パリサイ派」の立場から、逆に被迫害者として「生命を狙われる者」になり、実際にガラテヤ地方への宣教において、ルステラの町で「石打ちの刑」に処せられました。

＊だから、彼自身のその体験（迫害者、被迫害者、死んで霊の交わりを得て、その死からの甦り＝臨死体験）によって、救いとは「天にある神様との平安な関係」であり、他方、生命を狙うまでの迫害をするユダヤ教狂信者が主張する教えは「霊の救いに届かない地のもの」であると断罪することを、**自分の体験から導き出して、「比較すること」が自由にできました。**

＊ですから「ユダヤ教に戻ること」を、「（天の）**恵みから**（地に）**落ちる**」と表現したのです。しかしこれは、「救いの霊的根拠」を知識として知らなければ、その意味が分かりません。

異邦人への伝道で、「（割礼によって）恵みから落ちる」と言っても、その深い意味は彼らには通じません。なぜなら、やっと偶像礼拝を捨ててキリスト信仰に入ったばかりで、「神様と霊的関係性がどうあるべきか、教理として全く分かっていない」からです。

むしろ、「律法主義に留まるユダヤ教徒・にせ兄弟」にこそ、この警告の言葉が（有効）なのです。彼らは既に**割礼**によって、「神様との契約の関係性を知っている」からです。

旧約聖書の救いと、新約聖書への移行

旧約聖書の時代は、神様は人類を「**憐れまなければ**」なりませんでした。その原因は、全人類がアダムの原罪によって、全能者である神様との「霊的関係が切れて」いて、サタンの支配下に置かれていたからです。

そんな人類を「創造の当初の状態（エデンでの霊的関係）を取り戻すため」に、神様はイスラエル民族を興して、あえて言えば、主権者からの一方的な「憐れみ」で「霊的な関係」を回復・成立させる、「祝福の手続きを整えて下さった」のです。

その方法が「律法を守る行い」で、「義とみなされる」取り扱いです。

「霊的義」ではないのに、「みなす（罪を覆い隠す）」という「憐れみ」の判断で、「神様との関係があるもの」として認知して下さったのです。「信仰がなくても律法を守る行い」で、それなりの祝福がありました。旧約聖書ヨブ記では「守りの垣」として表現されています（なお、ヨブは自分を立派な信仰者だと思っていましたが、噂によって神様を「厳しい懲罰者として」認識し、むしろ対立した感情で懲罰を恐れて「律法を完全に守っていた人」でした。しかし、その本質は霊的に不義であり、「主に信頼を寄せる真の信仰者ではなかった」のです。だから、サタンからの苦難が降りかかりました。さらに、その苦難を神からのものと誤解しているので、救いへの祈り「取り去り克服する勝利」を一度も求めていません。それが、彼が信仰者ではなかったことの証明です）（別著『パウロの目からウロコ』シリーズ第3巻『あなたこそ現代のヨブである。』参照）。

＊＊しかし新約聖書時代では、イエス・キリストの十字架の死によって、「全人類に負わされていたアダムの原罪の咎が取り除かれ」たので、全能神の前に〔霊的罪がない者＝罪を犯す前のアダムの立場〕に、全ての人が回復されました。

神様は「救いの前提条件・第1の義」を整えたのです。

この〔神様との関係性・第1の義〕によって、人は誰でも自分の自由意志を、神様の前で述べ立てることが赦されるようになったのです（神様は罪とは一切関わりを持たないからであって、それまでのユダヤ教では「神様を主として礼拝する時」には、いけにえを捧げてその血で罪を贖い、罪のない者とみなされる必要がありました）。

この旧約時代を終わらせるために神様は、独り子イエスを全人類の身代わりとして、十字架に掛けて死なせて「罪の贖い」を永遠に完成させ、人の霊の立場を「罪を犯す前のアダム」の状態に戻したのです。

これは信仰の有無にかかわらず、全人類が置かれた「第1の義」の立場です。

その結果、神様の側では「人を憐れむ」ことの一義性が失われたので、〔ユダヤ教〕の必然性がなくなり、人との「契約による対等な互恵関係」を〔キリスト教〕として定めて、〔自由意志で《救いを選び取りなさい》〕と人の前に置かれました。これが「契約したこと〈祝福〉を信じる信仰」です。

＊ですからキリスト教は、「憐れみにすがる」のではありません。「憐れむ」とは、立場または自意識において、上位の者が下位者に対して持つ、「格差を前提とした慰め」です。

旧約聖書では、霊的関係において神様の〈天の立場〉と、人の〈地上の原罪を持つ肉体〉という『落差』が厳然と存在していました。

だから神様はユダヤ教で、「憐れみ〈全人類の原罪の赦し〉」を実行されたのです。

そして次に、その「愛と憐れみの結果」を成し遂げたイエス・キリストを信じる者を、「第２の義」と認めて「神の子として扱って下さる」のです。しかし、この「憐れみの結果」を信じない者は、その自由意志で罪の世界に逆戻りしサタンの支配に入りますが、それはその人の責任です。このことも神様は公正・公平に扱われます。

ここで、私たちが勘違いしている《信じるとする「拠り所」》を明らかにします。

「①十字架で死んだイエス・キリスト」と、その「②死から甦り天に挙げられたイエス・キリスト」とでは、信仰対象として文字通り『天地の差』があります。

①「十字架で死んだイエス・キリスト」を崇めているなら、それは「罪を赦されたこと」だけが霊的事実ですから、告白する言葉が地上での「罪の悔い改め」で終始することになります。神の子とされた祝福を受け取る信仰の根拠にはなりません。

＊＊全人類の罪を背負って「いけにえの羊とされたイエス・キリスト」は、十字架の上で息を引き取る時、神様から縁を切られて、「エリ、エリ、レマ、サバクタニ」と叫んでいます。「我が神、我が神、どうして私をお見捨てになったのですか」という意味であり、これはイエス・キリストが全人類の罪を引き受けるための絶対条件でした。

それは独り子イエスが、死というサタンの支配の下に一旦置かれなくてはならない「霊的必然性」です。サタンの支配下に置かれた全人類の、その罪を背負った代表者になるには、〈無原罪でありながら神性を持たない普通の人間〉でなければ、サタンに対して神様の正義が通らないからです。

ですから、「十字架で死んだイエス」のその時の霊的立場は「釈迦や親鸞、空海などと同じ単なる宗教指導者」だったのです。〔死んで葬られた時にはその霊的立場が「罰せられるべき全人類の代表者」であり、神の子ではなかった〕ので、礼拝する対象を「十字架で死んだイエス」と勘違いしてはなりません。

そして、人間として死んだナザレ人イエスは、**自分の力で〔死から甦ったのではありません〕**。

創造神が持つ権能

しかし神様は、**ご自分の全能（5つ）の力**（のうち4つ）**を結集させて**、イエス・キリストを死から甦らせました。その力の種類は、次の5つです。

1. イスクス、生まれながらに持つ力
2. クラトス、結集した強さ
3. エナゲイヤ、実際のエネルギー
4. デュナミス、内蔵し秘めた力
5. エグズージア、全能者の地位に伴う権力

「エペソ」1：19　また、信じる私たちに対する神の**力**（デュナミス）の大きさは、その**強い**（イスクス）**力**（クラトス）の働き（エナゲイヤ）として、どんなに優れて偉大なことでしょう。1：20　神は、その偉大な4つの力をキリストのうちに働かせて、**キリストを死者の中からよみがえらせ**、天上においてご自分の右の座に着かせて、1：21　この時代だけでなく、来るべき時代においても、あらゆる公義（国家）、権力、威力、主権（＝サタンの支配）、また、名づけられるあらゆる名よりも上に、はるかに高く置かれました。

②そして、「死から甦り天に挙げられたイエス・キリスト」は、全能の神様の右に座して、全権を与えられているので、天から信じる者に聖霊を授けて下さるのです。ですから私たちは、《**天に凱旋したイエス・キリストを信じる**》のであって、それならば、生前の主イエスが「神の子として」弟子たちと交わした「**聖餐の杯・契約」を根拠とすべき**なのです。

このように論理的に理解できる関係性によってこそ、自分の理性に納得させられるのであって、決して「憐れみ」と「十字架で死んだイエス」ではありません。

＊＊ですからキリスト教は、〔主イエスと「血の契約を交わしたこと」を信じる〕のであって、それは「互いに祝福し合う対等な義務関係」として、主イエス（血の兄）を通して天の（父なる）**神様を賛美し礼拝するので**す。

神様は義の筋を通す方なので、信じる者の告白する言葉を実現されます。

神様の霊的取り扱いでの「**憐れみ**」**の時代は過ぎ去りました**。「神の子とされたクリスチャン」は、主イエスと同じことができるからです。だから「与えられた権威＝イエスの名で求めること」を、人の自由意志でするように「聖霊のバプテスマ／その働き」によって「その権威」を保証しています。

「霊の賜物」を授けられたクリスチャンは、神様・主イエスに向かって「下さい。下さい」と、物乞いのような態度で「憐れみを求めるように祈る」のではありません。

そうすると、パウロがこの「キリスト教の血の契約の真理」を「**憐れみによる恵み**」と「ガラテヤ人への手紙」に書いているのが、**彼自身の大変な〔霊的間違い〕**になります。

主イエスは、この間違いを良しとしているのでしょうか？　それとも何か別の意図があるのでしょうか？

このような疑問に私たちが突き当たるのは、今ここで「真理を追求している」ことに対して、**これまでの「キリスト教解釈がずれている」**からです。**ルターはこの「ガラテヤ人への手紙」だけを愛して**、「信じること（とその内容）」をキリスト教の真理だとしてしまっています。**パウロの信仰と教理が間違っているのではありません**。

ルターについては、彼の「ガラテヤ人への手紙への偏愛」が正しくありませんでした。この「ルターの解釈（信じるだけ）」が、「**契約をあえて無視するキリスト教**」になったのですが、この論理体系に立って論評することが、そもそも間違っているのです。

では、なぜパウロは後世の私たちが勘違いするような書き方をしたのでしょうか？

彼は異邦人の**知識レベルの低さに合わせて**、「初心者への入門教理」を人間的表現で書いて教えたのです。

＊＊「ガラテヤ人への手紙」で、「**憐れみ**」「**選び**」「**恵み**」という言葉を使っているのは、異邦人が「神様との

関係性」の知識が薄弱でも「信仰に留まれるよう」にするためであって、その人間的な感覚レベルで「確信を持たせ」「**割礼を否定すること**」を目的としているからです。

これらの言葉には「神の子とされる霊的保証・根拠」が含まれていませんが、まず「割礼拒絶のためだ」と私たちが解釈するならば、**パウロの主張は当時の論点として正しい**のです。パウロは他の手紙では、きちんと「神の義」として信仰の要件を説明しています。

＊ただ、ルターが〔「ガラテヤ人への手紙」だけにしか教理を求めなかったこと〕を**私たちが妄信した**のが原因です。ルターの「行為否定論理」は、ローマカトリックの不正行為を糾弾するためであって、キリスト教の本質を主張したものではありません。

ですから現在のキリスト教で、信じることを「**憐れみにすがる**」と説教しているなら、その牧師は逆の意味で、ガラテヤ教会でにせ兄弟が「割礼を強要している」のと同じく、〔旧約聖書に戻る〕という、救いの**本質を取り違えた〔霊の間違い〕を犯している**ことになるのです。

パウロが「**恵みから落ちる**」と表現したことの本質が、現在の教会にも潜伏していて、クリスチャンの成長を妨げているのです。

従って、誰でもクリスチャンを自認するなら、言われたこと、教えられたことを鵜呑みにするのではなく、聖書の通読とより深い解釈の掘り下げを行って、自分で真理を学び取って〔神様とのより深い関係〕に成長していかなくてはなりません。

それが、第1の義、第2の義、第3の義の霊的段階であり、『聖化』の本質です。

第3の義とは、聖霊のバプテスマを受けて得た「御霊の賜物」を実行して、奇跡と呼ばれる結果で「神様・主イエスに栄光を帰す者」になった霊的立場です。

しかしそれは、神様が「聖化」として清めてくれるのではありません。

あなた自身が自分の意志として、「十字架にすがること」から「神の子とされた者」に、心を入れ替えなければなりません。**これが「刷新」**です。

「初心者レベルの信仰」として誤解や勘違いをしていたことから直ちに離れて、新しい霊的知識によって〔自意識を刷新〕するのです。「**義**」は自意識の持ち方の問題なのです。

別の角度から。

旧約聖書の始祖アダムからイエス・キリストへの系譜は、神様の「人類救済計画・創世３：15節」に基づき、アブラハムと「血の契約」を交わし、彼の子孫イスラエル民族をその「救い主の血統」として、律法を与えて「**義とみなして**」、守りの垣（ヨブ記）を巡らして、彼らをサタンの攻撃と霊的な堕落から守ってきた経緯です。

そして時至って、〔救い主キリスト〕として乙女マリアからイエスを誕生させたのです。

旧約聖書時代（ユダヤ教）では、人類はアダムの原罪の咎を背負わされたままの「霊的立場」とされており、ユダヤ教徒が神様に何かを祈り求める時には、必ず〔神様に対して罪を持たないいけにえの動物〕を捧げて、その血を流し、「その血で罪を覆って見えなくされる」ことが必要でした。その規定がレビ記に長々と書かれています。

ユダヤ教の時代では、ユダヤ人は「霊的罪（アダムの原罪を背負わされていること）」を持っている者なので、「**自分は罪人です**」という**自意識を常に持っていなくてはなりませんでした。**

これが「律法の抑圧」であり、キリスト教を信じて罪を贖われた後もなお、「私は罪人です」と告白することが信仰深い敬虔《けいけん》さであると「勘違い」される原因にもなってしまっているのです。日本の多くのキリスト教会では「悔い改め」を本旨としていることがありますが、それがこの「ユダヤ教に基づく勘違い」の証拠です。

一方、キリスト教では、独り子イエスの十字架の死によって、「全人類の原罪」の咎が赦され、贖われて「罪のない霊＝第１の義」になっているので、その立場を元にして、今度は「**甦って天に挙げられたイエス・キリスト」を救い主と信じて、**「自分は神の子とされたとする自意識＝第２の義」に変えなくてはなりません。

しかしこのイエス・キリストの働きを認めず、霊において逆らう人は、自分の意志で自らを「罪人の立場・サタンの支配下」に戻ることを選んでいるのです。

この新しい神様の取り扱いを「**信じるだけ**」で、神様は受け入れて下さるのです。この真理はルターが解釈した通りです。そして「信じる者」には誰にでも公平に、「**霊の賜物」として「神の義」が与えられる**ことが、〔神様の側の契約の義務〕として**約束されて**います。

しかし、その「神の義」を受け取る側の人間が、何を信じてどこまでを自分のものとするのかはその人次第であって、〔霊の救いの実現度〕**はそれぞれ、その人の信仰レベル**（自由意志）**に任されているのです。**

神様の天からの祝福は、人の思いをはるかに超えて膨大なものですが、ここでその人の信仰レベルが〔祝福の量を自分で限定してしまう〕のです。

天の父なる神様は公正・公平なので、クリスチャンの祈り＝「口から言葉で告白した通り（信仰の限界）」までを、〔祝福する限界〕としています。これが「あなたの**信じる通りになるように**」と教えられた、キリスト教の本質〔契約〕です。

神様は誰の自由意志をも尊重しているからこそ、クリスチャンの〔霊的認識の限度〕までその願いを叶えて下さるのです。だから、人智を超えてできる限り多くの祝福を実現するために、その限界値「**キリストの身丈**にまで成長しなさい。エペソ4：13節」と勧めています。

天の祝福を実現するための「神の義」は、新約聖書全体にちりばめられて書かれているので、何回も聖書を通読しないと、把握するのが困難です。なぜならその原因は、パウロが「**信仰の根拠理解が決して割礼論に流れていかないように**」、あえて「契約」に関係ない人間関係としての説明をしているからです。

ですからパウロの手紙を表面的に読むなら、それはただ回りくどい文章としか感じられませんが、しかし霊の定規を当てて解釈すると、「神様との霊の関係性」が明確に理解できるのです。

ここで何がキリスト教の真理であるのかを問い直すと、それは「ただ信じること」ではなく、「契約の義務として、信じる人に与えられた「神の義＝**天の権威**」を行使して、サタンの攻撃・仕業を打ち壊す行動を、「信じる者が**行わなければならない**」絶対的な、「神様への**義務の履行**」**が伴っている**（第3の義）ことです（ヤコブの手紙の真理）。

クリスチャンは、その〔契約の義務を履行するために与えられた立場「神の義」と、「その権威＝イエスの名」〕を、イエス・キリストの代理者として行使して、「目の前の問題」に向かって自分が「イエスの名」で命令して（だから聖霊が力を出して下さり）、その「祝福への邪魔者」を消滅させて解決するのです。

これがキリスト教＝〔天の権威を行使する立場〕であって、「**神様との義の関係性**」が、ユダヤ教との決定的な〔**天と地の霊の立場の違い**〕になっているのです。
だからパウロは、この〔天上の権威を使える祝福（福音）〕から、〔律法（割礼）〕へと、「霊の救いの**格差を滑り落ちてしまう**のか？」と、〔その**愚かさ**〕を嘆き、怒っているのです。

「ガラテ」5：4　律法によって義と認められようとしているあなたは、**キリスト（による天の権威）から離れ、恵み（の霊的立場）から落ちてしまった**のです。　3：3　あなたは、そんなにも愚かなのですか。御霊で始まったあなたなのに、今、肉（**割礼**）によって完成されようとしているのですか。

「肉によって**完成**するのか？」とは、信じ始めた初歩段階から、自分の信仰を**論理的に確証できる段階**に至るのに、「割礼がその手段か？」と反問しているのです。
「割礼」は無論、旧約聖書での「神様との契約のしるし」ですが、それはイエス・キリストの死と復活による「全人類の原罪の赦し」を保証したものではなく、また、人の子イエスをキリストと信じて救われたことの「確証にならない」から、新約聖書時代には**ユダヤ人、異邦人を問わず**、誰にとっても「**割礼は意味のないもの**」に変わってしまっているのです。

「ガラテ」5：6　キリスト・イエスにあっては、割礼も無割礼も何の役にも立たず、愛によって働く信仰があるだけです。
6：15　キリスト・イエスにあっては、割礼も無割礼も何の役にも立ちません。新しい創造だからです（自分自身が生まれ変わったことの自意識）。
「Ｉコリ」7：18　召された時割礼を受けた者であったなら、無割礼の者にならないようにしなさい。また、割礼を受けていない時に召された者がいるなら、その者は割礼を受けてはいけません。　7：19（信仰の前では）割礼（肉の証拠）は無に等しく、無割礼も無に等しいのです。神の戒めを守ることこそが大切なのです。

だからクリスチャンになった者が、そんな意味のないものにこだわり、また、後戻りするのが「**恵みから落ちる愚かさ**」です。
しかしながら、この「**恵みから落ちる愚かさ**」を正しく**認識するためには**、キリスト教とは「主イエスとの血の契約」であることを「信仰の根拠」にして、「**自分が**

主イエスと血の繋がりを得た兄弟姉妹である」と、論理的に認識することが絶対に必要なのです。

この契約という事実を踏まえるからこそ、その法的拘束力によって「神の子であり天に国籍のある者」として〔天の恵みに留まれる〕のです。

この確信に対して、キリスト教教理を2000年来の「憐れみによる取り扱い」として単純にありがたく受け取っているだけなら、その偶像礼拝的な〔神様との関係性に確信のない恵み〕を求め続ける努力をサタンが妨害してきて、その信仰を取り去ってしまうでしょう。

ルターが主張する「信じるだけの内容〔十字架の死と罪の赦し〕」では、サタンの攻撃を跳ね返すまでの〔聖霊の助けについて、堅固な論理性を根拠にできていない〕からです。

それは旧約聖書〔特に創世記〕をきちんと勉強しないと、キリスト教が「法的拘束力を持つ論理的な契約である」ことが理解できないからであり、これこそ2000年前にパウロが直面し「困惑したパラドックス」です。

この時パウロは、決して「旧約聖書と契約」には触れられなかったのです。信仰の根拠、すなわち「神様との霊の関係性」をユダヤ人と議論すると、当然の結果として、「契約ならば割礼がその証拠だ」と、割礼派に軍配が上がってしまうからです。

「ガラテ」4：20　私は今、あなたと一緒にいて、そしてこんな〔怒りの〕語調でなく話せたらと思います。それはあなたに対していくつかの疑念があるからです。

「ガラテヤ人への手紙」は、「割礼を否定すること」がメインテーマでしたが、その文面では究極の本質〔血の契約〕に言及していないのです。従って、私たちはこの手紙の意図を「信仰初心者への教理」として、霊的に正しく理解しなければなりません。

そして、なおのこと「割礼に戻る」ことについては、「イエス・キリストの死による贖い＝第1の義」をも否定することになり、それはとりもなおさず「キリストを信じない世俗の人々」と同じ霊の立場に立つことになるのです。

この霊の判断基準からすれば、「恵みから落ちる」のは「信仰者から信仰者でなくなる」ことに等しいのです。この霊の基準に照らせば、ユダヤ教の信者であっても、「イエス・キリストを信じない者」として「不信者」の立場になります。

神様は、全人類の「霊の立場の回復（第1の義）」のために、独り子イエスを十字架で死なせ、そして甦らせました。この出来事によって、「割礼は存在目的を失った」のです。

そんな新約聖書時代に、あえて割礼を受けることは、〔神様の愛と憐れみによる人類救済計画の完成・十字架の目的〕を否定していることになり、これほどの神様への冒瀆はないのです。

異邦人のガラテヤ教会は、当然にこの「（旧約聖書の）歴史と本質」が分かっておらず、彼らはにせ兄弟に惑わされてしまいました。

ガラテヤ教会は、自分の信仰の確信「神様との関係性」を求めて、〔自分から「割礼に流れた」〕のです。この自発的な「キリストから離れる（恵みから落ちる）動き」に対してこそ、パウロは、「どこまで無知なのか」と怒らざるを得ない心境だったのです。

手紙では伝えきれないキリスト教の本質

「ガラテ」4：20　私は今、あなたと一緒にいて、そしてこんな（怒りの）語調でなく話せたらと思います。それはあなたに対していくつかの疑念があるからです。

ここでパウロが苦悩しているのは、「ガラテヤ人への手紙」では、伝えたい教理を確実に伝えられないからです。顔と顔を合わせて直接に教えたいと望んでいる内容は、「否定した割礼ではなく」、次の新しい〔神様との霊の関係性の構築〕として、〔キリスト教の真理は、血の契約であること〕です。しかし、この真理を言葉にできないからです。

そして「血の契約」そのものの理解は、「噛《か》んで含めて説明しないと誤解してしまうもの」です。現代においてもその実態は変わりません。生理的拒否反応を示す人もいます。

本質的に持つ「神様と人とを対等にする不条理さ」と「結合の強さ・逃れられなさ」を、〔神様の愛として理性的に納得〕できないので、それを受け入れる決断に踏み切れないからでしょう。

次に重要なポイントは、信じることへの〔保証としての「契約にする」〕には、普通の契約が役立たないことです。なぜなら、人の心変わりで「止められる」からです。

　しかし、神様は決してそんな心変わりはしないので、「信仰として一旦契約が交わされた」なら、人の側から「破棄できないように」しなくてはなりません。神様は侮られるような方ではないからです（「ガラテ」6：7節）。人はそのいのちを懸けて信仰しなければならないのです。

＊それが主イエスとの対等な立場としての〔血の契約〕であり、**人に対しての神様の側からの「絶対的保証」になる**のです。

　主イエスとの「血の契約」は、そのクリスチャンが死ななければ終わらない「親密な関係」です。〔生まれ変わって神の子とされたクリスチャン〕には、主イエスの血がその人の血と混ざって流れていて、決して再分離ができない状態だからです。

　第2回伝道旅行では、パウロはこのような「甦ったイエス・キリストとの血の契約」による、霊の関係性を語り教えて、**彼らの信仰の根拠を確立させた**と推察します（第2部で詳細解説しています）。

「ガラテヤ人への手紙」に書かれた、「十字架で死んだイエス」のままの教理では、「天からの祝福を受け取る霊的立場」にならないからです。

「使徒」16：1　それから、パウロはデルベに行き、次いでルステラに行った。～～～。

16：4　さて、彼らは町々を巡りながら、エルサレムで使徒と長老たちとが決めた守るべき命令（割礼否定）を人々に伝えた（そして、信仰の核心・根拠となる血の契約をさらに教えたはずです。それでなければ、ガラテヤ諸教会の「信仰の完成にならない」からです。その結果として）。16：5　こうして諸教会は（割礼否定の）**信仰を強められ**、日に日に人数を増していった。

　しかし現在のキリスト教そのものが、ルターの霊的理**解不足「信じるだけ**（初歩の教え）の第2の義」の上に**構築されて**いて、――この教理そのものは正しいけれども――**神様・主イエスが期待する**「第3の義」に至っていないと捉えるべきなのです。

　この主張は、ある論説が「パウロが4福音書と違う福音を語り出した」と主張することに対して、それが霊的間違いだから、パウロの全ての手紙で彼が教えることと整合し、「キリスト教の真理・本質」を探り出した結果です。

パウロの信仰とその行動は、主イエスの「奇跡と遺言」に重なっています。つまりパウロは、**キリストを着た者**（職業伝道師）として、全く同じ権威を発揮し、「**主イエスを兄とする弟**（神の子にされた者）**として**」福音を伝えているのです。この霊の立場は決して神の養子なのではありません。

＊クリスチャンが自らを「養子だとする認識」なら、それこそ「天の恵みから落ちて」いるのです。その「勘違い・パラプトーマ」を悔い改めなければなりません。その根拠を次章で示します。

第5章
新しい契約であるキリスト教
――「ガラテヤ人への手紙」解釈の誤解を修正する

「信じること」の霊的差異を知る

神様は新約聖書時代として、ユダヤ教徒ばかりでなく、全世界の霊的に異邦人と分類される人々さえも「救いに招き入れ、親しい霊の関係性を成立させる契約」とするために、「イエス・キリストを信じること」を新しい救霊ルールとしました。

＊ここでの「信じること」は、パウロが「ガラテヤ人への手紙」で「信じるだけ」と主張した割礼否定のこと、さらにはルターが義認の要件として言った内容ではありません。さらにその上を行く真理（堅い食物）です。

全能の神を「天の父なる神様」として、霊的な親子関係を構築する救霊真理を実現するために、その仲介者イエス・キリストの、十字架以上の霊的働きを〈理性的に納得し自身の体質にする〉ことです。

現代の私たちが約2000年前のガラテヤ人と〈知識の上で〉異なる点は、私たちは宣教されたキリスト教と新約聖書によって「イエス・キリストが死から甦って天で神の右に座している」ことを疑っていないことです。

パウロの宣教時代では、「イエス・キリストの死からの甦り」は、言葉で伝えられたイメージとして信じ難いものであったはずです。

この点において、私たちはイエス・キリストの福音の霊的祝福を受けやすい状況に置かれています。そして日々、聖書を読んで信仰への知識を求めています。

その目的は、自分の信仰への「神様の保証を得て、揺るがない根拠とする」ことですが、それなのに当時のガラテヤ人とは逆に、現代人は自分の知性に軸足を置いていて、霊的感性が著しく鈍化しているので、主イエスの言葉を〈自分の信仰人生を委ねきる確信〉として受け入れられず、だから「神様と自分との霊的関係性」を確立できないのです。

それを具体的な形で明確にしましょう。

＊あなたが信仰に入った時の救いの解釈は、「十字架による罪の赦し」でした。これは「世に対する招き」として、入信時には全く正しい教理です。

従ってあなたの信仰は、〔十字架の死による罪の贖い〕を根拠として、天に向かって「憐れみを求める宗教」として始まり、イエス・キリストに「頼りすがる教理」と、その態度になります。これが「知り得た知識の限界として霊的初心者＝第2の義」です。

この霊的レベルでは、「マルコ」16：15～19節の主イエスの指示（御言葉に伴うしるしとして奇跡を顕現させること）を実現するのは極めて困難です。むしろ、奇跡を否定する教派が主流にさえなっています。

そして頼りすがるのを信仰としているなら、それは霊的幼児であって、まだ「聖霊のバプテスマ」を授かっていません。

ですから、あなたの願望が叶えられること（祈りと結果）について、《絶対的確信が得られない現実》に直面します。そしてそれは当然に、御言葉の約束の成就に疑いを生じさせます。

なぜなら「十字架による罪の赦し」を信じるだけでは、**神の子とされること**への知識がなく、《**聖霊の働きを実現する「神の子」の霊的立場に至っていない**》からです。

これは、パウロの布教初期にガラテヤ人教会のクリスチャンが持っていた「救霊の知識」と同じです。

自分の信仰を堅固なものにするためには、自分が確信できる「**神様の側からの証印**」が必要です。この確信を得るために、パウロは「ヘブル人への手紙」で、クリスチャンが初歩の教え（キリストの十字架）から卒業し、霊の成長をするよう求めているのです。

「イエス・キリストの十字架の死による罪の贖い」を福音として聞いて、それを信じてクリスチャンになるのですが、その時の「信じた内容」は言うまでもなく「罪の赦し」です。これは信仰のプロセスとして全く正しいのですが、しかしその後に続く「祝福の約束」について、「絶対にその通りだ」と確信できる証拠を摑むことができません。

なぜなら、「罪の赦し」を根拠として信じている第2の義レベルだからです。

あの当時、主イエスや使徒パウロの伝道では、御言葉に伴う**奇跡が起き**たので、それを体験した人々はその御言葉（救い）を信じることができました。彼らは奇跡の体験を「神様の関与の証」としたのです。

しかしそれでも、救霊の事実として確信できることは、実際の事件である「イエス・キリストの十字架の死」だけです。天の創造神を「主とする**関係性の論理**」は摑めません。

これに対し、ユダヤ人は元々ユダヤ教の唯一神との「契約による関係性」を、生活の中で「律法と割礼」という現実の規律として知っています。従って、イエス・キリストの働きを信じたユダヤ人は、すぐさま主イエスが「天の父」と呼んだ唯一神との関係性を理解できました。それは、肉体に刻まれた**契約のしるし**「**割礼**」があるからです。

従って、彼らの常識としては、「信仰の完成」のためには異邦人にも「割礼を受けさせるべきだ」との考えに至るのは当然でした。そして実際に、ガラテヤ教会ではその通り、異邦人信者に「割礼で信仰が完成する（神様との関係性が構築できる）」と惑わし要求してきたのです（パウロが「にせ兄弟」と指弾しているのは、キリストを信じたユダヤ人で、しかし救霊の根拠をまだ「割礼に置いている」旧態から刷新できない人々です）。

＊パウロはこの霊的間違い（イエス・キリスト以前に逆戻りする不正）を必死で止めさせるために、「ガラテヤ人への手紙」を書きました。この手紙の目的は、徹頭徹尾「**割礼拒絶**」です。ユダヤ人のようには「神の真理の知識」を知らない信仰初心者のガラテヤ人に、「その救いの真理（第一原則）」**を教えているのではありません**。

そしてその内容をさらに探ると、いかにして「ユダヤ人の割礼をガラテヤ人が拒絶できるようにするか」、パウロが苦慮して言っている「信じること」が、《「契約の**概念を持たせない**」ようにするため、「**イエス・キリストの働き**」を「**約束として受け入れるだけ**」と、一段和らいだ表現にしたこと》が判明します。

ですから「ガラテヤ人への手紙」の文面には、キリスト教の真理、すなわち「契約」という言葉が使われていません。なぜなら、神様との関係性「契約」に関わる言葉を使うと、たちまちユダヤ人の反撃を受けて、異邦人信者の「割礼拒絶」は負けてしまうからです。

当時では、神様との関係性の議論でユダヤ人の割礼に勝てる論理はありませんでした。

そのためパウロは、あえて割礼に繋がる文言を忌避して、「イエス・キリストだけに的を絞って、その**約束を信じるだけ**」と書いたのです。

その骨子は、「十字架の働き（罪の赦し）と、その根拠としての神様の憐れみ」ですが、《福音を信じて義とされた救霊の結果に対して、割礼を受ける》なら、そのクリスチャンが「神の子とされた霊的立場・第２の義」から、まだ「原罪が赦された者」でしかない［霊の関係性・第１の義］に戻るという、天での取り扱いの警告なのです（天の恵みから堕ちるのです。「ガラテ」５：４節）。

なぜなら、イエス・キリストの働き（新しい契約）が、「割礼という古い契約」を過去のものとして葬り去ったのに、その割礼を受けるのは、**イエス・キリストを否定することになる**からです。その行為は自由意志の結果として天で扱われるので、パウロは必死で割礼を止めさせようとして、「緊急対策として手紙で指示を書き送った」のです。

そして約５００年前に、ルターが「ガラテヤ人への手紙」の文脈から、「**信じるだけ**」を定理として取り出してローマカトリックに挑戦した「プロテスタント宣言」を、次にそれが真理の全てであるとして「プロテスタント教理」に発展させたのです。

従って現代のプロテスタント教派では、「信じること」の教理解釈が、パウロが苦心して「**契約を想起させないように約束と言い換えた教え**」がキリスト教である、と誤解されて広まってしまったのです。

つまり「信じること」の内容が、「神の神託の第１とすべき真理・原則＝契約」ではなく、「イエス・キリストの十字架の死による罪の赦し」だけに狭められたものなのです。

ですから、現代日本のキリスト教がその伝来以来、ユダヤ教の影響がなかったものであっても、「イエス・キリストが礼拝対象」になり、**本質である**「**神様との関係性**」**がなおざりに**なってしまい、「信じること」が「十字架にすがりつく教理」で終わっているのです。

それなのにキリスト教神学界では、「ガラテヤ人への手紙」を［信仰の本質を教えるいのちの書］などと拡大解釈し、自らが「教理の欠落」に陥ってしまっています。

その教理の霊性が、「イエス・キリストを救い主と信じているのに、それ以上何があるの？」という人々の反応です。

＊それでは何が、あなたの霊における「信仰の根拠＝神

様の保証」なのでしょうか？　そしてそれを手に入れて〔神様が保証する霊的立場〕を根拠にするには、どうすれば良いのでしょうか？

聖書の主イエスの言葉は、**あなたとの個人的な関係性を保証**しています。それならあなたの主イエスは、どのようにその約束を実行してくれるのでしょうか？

「ヨハネ」6：37　父が私にお与えになる者は皆、私のところに来ます。そして私のところに来る者を、**私は決して捨てません。**

「ヨハネ」14：18　私は、あなたを捨てて**孤児にはしません。**私は、あなたのところに戻ってくるのです。14：20　その日には、私が父におり、**あなたが私におり、私があなたにおる**ことが、あなたに分かります。

この約束を正しく受け取るには、自己認識の霊性において、「私は神の義・神の子とされた勝利者である」という告白でなければならず、そしてその「霊の関係性の根拠」を、自分の意志と手段によって構築したと確信する自意識に刷新することです。

そのためには、「イエス・キリストを信じたら神の子とされる」その論理と手段の正当性を、正しく知識として学んで、自分の言葉（レーマ）にしなければなりません。

イエス・キリストの「**憐れみ**」にすがっても手に入りません。

1．自分の意志とは、イエス・キリストを救い主と信じて信仰告白し、全能の唯一神に帰依することへの、あなたの「命懸け（真剣さ）の**決意**」です。

2．そしてその手段は、聖餐式による杯で「血の契約」を交わした者として、〔主イエスの血と自分の血とが混ざり合うから〕「過去のない〔主イエス・あなたという〕新しく**生まれ変わった人格**」であると、あなたの**霊的立場の認識を一変させる**ことです。

現代において、救いの認識が「悔い改めと罪の赦し」に留まっているなら、その霊性レベルは「新しい人に生まれ変わっておらず」、ユダヤ教の信者と変わらないのです。

＊キリスト教は、神の独り子イエス・キリストと人類が、「血の契約を交わす」ことによって、神様の祝福の意志（サタンに勝利すること）を、この世で実現する協同体制なのであって、その契約の義務を果たすために

「聖霊」が権威を帯びた道具として〈信じる者〉に論理的に与えられるのです。これは契約による関係性だから、サタンの介入を許さない「**法的根拠になる**」のです。

　神様・主イエスが「しなさい」と指示している**信仰の行い**とは、「契約の義務」としてあなたが自分の身体で聖霊の働きを実現し、「義と認められて祝福を受け取る」ことです。この神様の救霊の知識に従って、「聖霊を祈り求める」から、聖霊が授けられます。

　この原理を幼児のように素直に信じて、自分の信仰を刷新して下さい（第3の義）。

　その結果、主イエスの代理・代行者として「イエスの**名」を武器として用いる勝利者**になります。イエス・キリストにすがりついて、「何かをしてもらうため」に祈り求めるのではありません。

　しかしこの点で、極めて多くの牧師・教師たちが「求める祈り」の本質を勘違いしていて、霊の関係性を「頼れ、すがれ」を教理として説教しています。それは既述の通り、「**私**（イエス）に求めなさい」と誤訳された日本語聖書で刷り込まれた、根本的な「解釈間違い」です。

「罪の赦し」はキリスト教のスタートですが、その先に「イエス・キリストの代理者」としての働きをする義務が待っています。ただ「潔められる」だけでなく、「聖霊のバプテスマ」を受けて、この義務を果たさないと、神様・主イエスからは「義」と認められません。

＊＊この新約聖書時代の〔**実行を伴う救霊システム**〕を信じて、**第3の義**の自己認識を確立するのです。パウロが「ガラテヤ人への手紙」で、割礼を拒絶するために主張した「信じること＝**第2の義**」とは、霊的レベルと内容が全く異なっていることを、しっかりと知る必要があります。「ガラテヤ人への手紙」への過大評価を修正すべきです。

　それでは、神様が「新しい契約」と言っているキリスト教を、霊的に学び直しましょう。本書は「かみ砕かれた教え」として、「プロテスタント教派の欠落している第一原則の真理」をお知らせしています。

1．まず、パウロが指摘した通り、キリストの初歩の教え（イエスの十字架の死と罪の赦し、贖い）の論理性を十分学んだ上で、そこから卒業しなければなりません。既にクリスチャン全員が入信以来、聞かされ続けていることですが、しかし厳密に主イエスの生前の働きと死の意義とを分別して理解していなくてはなりません。

2. その上で、主イエスが生前に実行した「業《わざ》」、すなわち奇跡と呼ばれる霊的祝福」を、今度は自分が主イエスの代理として「同じ奇跡をなすべき立場」になったとする自己認識に刷新しなければならないのです。それが「新しく神の子に生まれ変わる意義」であり、その手段が「主イエスとの血の契約」であり、具体的には聖餐式の杯を「血の契約」の象徴として行うのです。

3. そうすれば、主イエスの血があなたの身体に流れて、「天の権威が備わった霊性」を発揮できるクリスチャンとして天で取り扱われます。そしてそれが「神の子とされた立場」であり、主イエスとの「血の契約」が神の三一性の定理によってあなたと神様との霊の関係性を「切っても切れない親子関係」にするのです。

4. この霊の関係性が、神様を天の父とし、兄たる主イエス、弟妹のクリスチャンの「神の家族」です。そして主イエスの血による家族は、決して神の養子なのではなく、必ず実子の取り扱いです。神様が契約による法的立場を認めて下さるからです。だから実子として行動しなければなりません。人の側で「養子にこだわる」なら、それは初歩に留まる教えの知識であり、かえって神様の取り扱いを否定する不信仰になります。

5. 「血の契約」による神様との霊的関係性の構築こそが、あなたの信仰を保証する絶対的な根拠なのです。

すなわち、クリスチャンになった根拠を「血の契約」に置かなければ、正しい教理解釈とその行為義認に至らず、霊的権威の顕現（奇跡）を起こせません。

この因果関係を逆に捉えるなら、「血の契約」と言うからには、「二者間の同意事項」として、神様との霊の関係性の証拠となるものが「神様から提示・指示されている」必要があります。

A. それが旧約聖書時代のユダヤ人では、「割礼」というアブラハムの時代からの肉体上の「血を流した傷跡」です（厳密には、彼らの信仰の「霊的保証」には至りません。だから彼らは「契約の民とされながら」、不信仰に対する罰が多くくだりました）。

B．異邦人には、「信じる」という精神的行為に対して、現実的に神様から与えられた証拠（歴史の事実）となるものは、「イエス・キリストの十字架とその死」しかありません。甦りも全く正しい事実ですが、それは信じる者が（概念として）受け取っても、証拠として提示できるものではありません。

従ってパウロは、「「十字架の死」によって成し遂げられた業（罪の赦し）」を「信じて根拠とする」よう、ガラテヤ人に指導したのです（第2の義レベル）。

C．しかし生前の主イエスは、最後の晩餐と呼ばれる食事の後、11弟子と杯を交わして、それが「血の契約である」と宣言しました。これがキリスト教の二者間の合意であって、これ以上確実な法的確証は他にありません。ですからキリスト教では、聖餐式を行うことが「主イエスとの血の契約」の象徴であり、《主イエスと**その人との「血が混じり合って流れる」から、過去のない新しい人に生まれ変わる**》ことの根拠となるのです。

D．そして主イエスの契約の義務として、クリスチャンには、主イエスの代理者となるための「天の権威・聖霊」が与えられます（第3の義レベル）。そして今度は、それがクリスチャンの契約の義務となり、「福音の証拠として顕現させること」を神様・主イエスは求めているのです。

E．この「血の契約」によって成立した「神様との霊的関係性」と、「そうすることが喜びとなる契約の義務」とが、自分の信仰の根拠になるのです。その結果は、「御言葉（救いの約束）をどこまで心から信じて行動するか」、**個人個人の自由意志に任されています。**

奇跡を含んだ御言葉の約束を実現できない信仰解釈は、最後の審判で「なまぬるい信仰」と判定されるばかりでなく、「神様の約束はウソだと主張する霊的反逆」と同列のものとして断罪されるでしょう。

信仰の原理では、「口にする言葉が現実になる」のだから、実現しない望み（祈り）を「なぜ、神は〜〜〜」と、神様のせいにすることは決して赦されません。定められたやり方に従って契約の義務を行わない故の結果（呪い）は、当人に帰されるものです。

「**霊性が欠落したリベラル解釈**」や、「**聖書にも誤謬《ごびゅう》があると主張すること**」など、《**人の感覚レベルで判断すること**》がその原因です。

＊＊「血の契約」を根拠とすれば、主イエスは当然に、

日々の生活の全ての場面において、**常にあなたと行動を共にしています**。だから、次の主イエスの言葉は正しいのです。

「ヨハネ」6：37　父が私にお与えになる者は皆、私のところに来ます。そして私のところに来る者を、**私は決して捨てません**（一旦混ざった血は死ぬまで一体です。それどころか、死後も霊は天で共に過ごすのです）。

「ヨハネ」14：18　私は、あなたを**捨てて孤児にはしません**。（甦って天に上った）私は、あなたのところに（天の権威を携えた霊として）戻ってきます（神の**三一性**によって、主イエスの血が流れるあなたは神の宮となり、聖霊があなたに宿ります。これ以上の**霊の連帯と結束の保証**は他にありません）。

14：19　いましばらくで世はもう私を見なくなります。しかし、あなたは私を見ます。私が（甦った霊として永遠に）生きるので、あなたも（霊が）生きるからです。

14：20　その日には、私が父におり、あなたが私におり、私があなたにおること（「血の契約の原理」）が、あなたに分かります（そして、死んだら主イエスの血と共に、霊は**必ず天に上ります**。つまり、天国に移される**保証**でもあるのです）。

この「血の契約の**論理性**」によらなければ、神様が期待する本来の、サタンに勝利する力強い信仰にはなり得ません。

イエス・キリストの血が自分の身体に流れていると知れば、「何に対しても恐れはなくなり、どんなことでもできる人」として「信仰の行い」ができるようになり、この霊の忠実さによって実際に奇跡が起きるのです。

＊キリスト教は、イエス・キリストの「十字架で流された血による罪の贖い（第１の義）」を、信じるという意志決定（信仰告白）で、神様・主イエスに「義と認められる（第２の義）」のですが、しかしこの状態では、信じる者の側からの「神様との霊の繋がり」を救いの根拠として実感することはできません。

「血の契約」を根拠とすることで初めて、イエス・キリストの**代理者**（第３の義）となり、「イエスの名」で命令して**天の権威を行使するから**、サタンに勝利する**約束**が正しく実現するのです。

イエスの十字架（罪の赦し）に頼りすがる霊的幼児の

ままであってはなりません。救いの根拠が「十字架＝罪の赦し」だけであれば、その霊性は人が受け取る立場として、まだ受け身の関係性です。従って、能動的な信仰の行いの原動力にはなりません。

歴史的解釈として、神様から選ばれて信仰に入ったとする「予定説」など、勘違いの受動的関係論が広がっていますが、それが「救いの確信」として正しいかどうかは、最後の審判の時まで結果は分かりません。

救いから漏れて、「こんなはずではなかった」と地団駄を踏む大勢がいることが預言されています。聖書を学び直して奥義を掴んで下さい。

全能の神様との霊の繋がりを「法的根拠」としなければ、「神の子とされた力強い信仰（第３の義）」になり得ません。それなら、どうすれば良いのでしょうか？

それは既に繰り返し述べてきた通り、イエス・キリストを仲保者とする「血の契約を結ぶ」ことです。しかしそのためには、まず「自分を吟味する」ことが要求されます。

＊＊そして、どこか〔正しい教理で礼拝し、奇跡を肯定・希求する希有な教会〕で霊的知識を学び直し、自分の強い意志を持って決断する勇気が必要です。なぜなら、あなた自身の信仰告白として、「私の救いの根拠は血の契約を交わしていて神の子にされているからです」と、はっきり言えなくてはならないからです。それは告白する言葉が現実になるという信仰の原理が、厳として存在するからです。

そのためには、自分が知らないことは何なのかを知り、その欠落部分を新しい知識「神の子とされる論理性」で充填しなければなりません。

本書では「十字架の意義」を否定しているのではありません。キリストの初歩の教えとして基礎にするべき事実の教理です。ですから、十分に理解し体質とした上で、そこから卒業することを述べています。

具体的な理由は、救いの根拠を「十字架に置いている教会」では、罪が赦されたこと以上の確信を持てないからです。あやふやな知識では「義」の態度に至りません。さらに言うなら、「知らないこと」はそもそも思考として意識に上がることはなく、当然、告白の言葉になることはあり得ません。

ですから、あなたが成長し刷新するためには、〔奇跡〔病気の癒し・悪霊の追い出しなど〕の顕現がある、聖霊が働く教会〉を探し出し、そこで自己吟味と聖書の学びを続けなければならないのです。これが勇気ある決断の意味です（なぜなら、このような真理の追求に目覚めると、多くの場合、「教会の秩序〈十字架にすがる解釈〉を乱す者」とされて、その教会から追い出されるからです）。

聖餐式は「血の契約」の再確認

神様は、ユダヤ教で要求していた肉体での実際の流れた血（割礼）ではなく、新しく「主イエスとの**血の契約**」を、聖餐式の「パンと杯」で〔**象徴として**〕行わせています。これは「憐れみに感謝する儀式」ではなく、「**契約を結ぶこと／結んだことの再確認**」です。

「ルカ」22：19　それから、パンを取り、感謝を捧げてから、裂いて、弟子たちに与えて言われた。「これは、あなたがたのために与える、私のからだです。**私を覚えてこれを行いなさい**」。

■1．主イエスの「パンの譬え」の本旨は何か？

1－A．ここでのパンの意味は、旧約聖書での「過越しの羊」と同じ役割として、全人類の「罪の贖い」への犠牲を象徴するものです。従って、「4福音書」に書かれた「最後の晩餐と呼ばれる」食事の記述は、実際のユダヤ教の「過越しの祭り（金曜日）の日」ではなく、その前日の木曜日の夕食の後に、〔**主イエスが主催した、自分自身を羊とする「過越しの儀式」**〕です。

ここで主イエスは、《神様との霊の関係性について、キリストを信じること》が「新しい信仰」であることの宣言をし、**彼の権威でユダヤ教の過越しを終わらせている**のです。

そして翌金曜日のユダヤ教の過越しの日に、その規定通りの午後3時（羊がほふられる時間）、全人類の罪のいけにえとして十字架の上で息を引き取りました。

なお、4福音書の記述を横並びにすると、日付の数え方で整合できないとみられる箇所がありますが、当時のユダヤ教の祭りの規定、律法、ヘブル語の原意を定規とすれば矛盾となりません（別著『パウロの目からウロコ』シリーズ第8巻『十字架上のイエスの言葉。』第30篇「「最後の晩餐」と「過越しの食事」の関係。」参照）。

「マタイ」26：26　また、彼らが食事をしている時、イエスは**パンを取り、祝福して後、これを裂き、弟子**

たちに与えて言われた。「取って食べなさい。これは私のからだです」。

主イエスは、翌日に十字架で（過越しの羊として）死ぬ自分を予感し、パンをその象徴として11弟子に食べさせました。ですから弟子たちは、ユダヤ教伝統祭の前日に**過越しの儀式を終えています**。

この主イエス主催の「**過越し（パン）**と（血の）**杯**」で、旧約聖書（律法）の時代が終わり、**キリスト**（聖霊の働き）の**時代に入る**のです（紀元がＢＣからＡＤに切り替わる霊的根拠です）。

従って現代では、この**パンを食べる儀式**は、「十字架の死による罪の贖い」を追体験し、神様の前に立てる立場（潔い者）であることの再認識を意味します。

さらに現代クリスチャンにとって、そのパンが「過越しの祭り（羊を食べること）＝裁きを過ぎ越される（罪の赦しの）**象徴**」の儀式になります。

なぜなら、過去にユダヤ民族がエジプトを脱出した時の、神様の愛を忘れない記念の霊的意味を、永遠の掟として引き継いでいるからです。

「出エジ」12：14　この日は、あなたがたにとって記念すべき日となる。あなたがたはこれを【主】への祭りとして祝い、代々守るべき**永遠の掟**としてこれを祝わなければならない（聖餐式が、この永遠の掟を守ることです）。

１－Ｂ．パンの第２の意味は、「血の契約」を交わす当事者として［**ふさわしい信仰の真剣さを求めている**］ことです。霊の感受性を研ぎ澄まさなければ理解できない信仰の試練です。

ヨハネの福音書６章の記述は、５０００人の給食の奇跡に始まって、弟子イスカリオテのユダの脱落予告で終わっています。これは「弟子の霊的訓練」と、「真の信仰者の絞り込み／選り分け」を記録したものです。

そこで残った**本当の信仰者のみ**を直弟子として、最終的に「血の契約を交わすため」に、**厳しい選抜テストを**行ったのです。

なぜならその文脈の途中で、主イエスが自分を「天からのパン」に譬えて「いのちのパン」と言い、「自分の肉を食べ、血を飲まないと天に入れない」とまで、人の常識では納得できないことを宣言しているからです。これを信仰として納得できない者は離れ去りました。長くなりますが、その聖句を列記しますので、あなた自身に当てはめて吟味して下さい。

「ヨハネ」6：29　イエスは答えて言われた。「あなたがたが、神が遣わした者（イエス）を**信じること、**それが**神のわざ**（天からの祝福）です」。

6：30　そこで彼らはイエスに言った。「それでは、私たちが**見てあなたを信じるため**に、しるしとして何をして下さいますか。どのようなことをなさいますか。　6：31　私たちの先祖は、荒野でマナを食べました。『彼（モーセ）は彼らに天からパンを与えて食べさせた』と書いてあるとおりです」。

6：32　イエスは彼らに言われた。「まことに、まことに、あなたがたに告げます。モーセはあなたがたに**天からのパン**（永遠の霊的いのち）を与えたのではありません。しかし、私の父は、あなたがたに天からまこと（霊的いのち）のパンをお与えになります。

6：33　というのは、**神のパン**は、天から下ってきて、世に**いのちを与える者**だからです」（主イエスのことばは、霊的感性をもって「**レーマ**（**自分のものとなった言葉**）として」聞かねばなりません）。

6：34　そこで彼らはイエスに言った。「主よ。（飢えることがないように）いつもそのパンを私たちにお与え下さい」（霊的欠格者は、言葉を「**ロゴスとして**」しか理解できません）。

＊ここで実際のパン（実体）を求める聴衆と、主イエスが語る「霊的いのち（救霊概念）」とが、認識のずれとなって広がり、信仰として受け取るべき教えに、ユダヤ人の反発が生じ始めました。

「ヨハネ」6：35　イエスは言われた。「**私がいのちのパン**です。私に来る者は決して（霊に）飢えることがなく、私を信じる者はどんな時にも、決して（霊に）渇くことがありません。

6：36　しかし、あなたがたは私を**見ながら信じようとしない**と、私はあなたがたに言いました」。

6：37～40節省略。

6：41　ユダヤ人たちは、イエスが「**私は天から下ってきたパンである**」と言われたので、イエスについてつぶやいた（もはや信じていません）。

6：42～46節省略。

6：47　「**まことに、まことに**（神の正しさによって）、あなたがたに告げます。《（イエスを）**信じる者は**

永遠のいのちを持ちます（救霊の第一原則です）。
6：48　私はいのちのパンです》（キリスト教救霊原理（生きること）の究極の譬えです）。　6：49　あなたがたの先祖は荒野でマナを食べたが、死にました。
6：50　しかし、これ（自分）は天から下ってきたパンで、それを食べると**死ぬことがない**のです（イエス・キリストを通して**霊的に**神様と繋がるから）。
6：51　私は、天から下ってきた生けるパンです。誰でもこのパンを食べるなら、永遠に生きます。また私が与えようとする**パンは**、世のいのちのための、**私の肉です**」。
6：52　すると、ユダヤ人たちは、「この人は、どのようにしてその肉を私たちに与えて食べさせることができるのか」と言って互いに議論し合った（彼らは霊的感性を全く持っていません。信じることの譬えとして理解できないのです）。
6：53　イエスは（信じようとしない）彼らに（再び譬えで）言われた。「**まことに、まことに**（**神の正しさ**によって）、あなたがたに告げます。**人の子の肉を食べ、またその血を飲まなければ**、あなたがたのうちに、いのちはありません。　6：54　**私の肉を食べ、私の血を飲む者は、永遠のいのちを持っています**。私は終わりの日にその人をよみがえらせます。
6：55　私の肉はまことの食物、私の血はまことの飲み物だからです。　6：56　私の肉を食べ、私の血を飲む者は、私のうちに留まり、私も彼のうちに留まります。
6：57　生ける父が私を遣わし、私が父によって生きているように、私を食べる者も、私によって生きるのです（**霊の世界の真実**を語っています）。　6：58　これ（私）は**天から下ってきたパン**です。あなたがたの先祖が食べて死んだようなものではありません。この**パンを食べる者は永遠に生きます**」。　6：59　これは、イエスがカペナウムで教えられた時、会堂で話されたことである。
6：60　そこで、**弟子たちのうちの多くの者**が、これを聞いて言った。「これはひどいことばだ。そんなことを誰が**聞いておられようか**」（去った者の証言。聞くには聞くが悟れない真理）。
6：61　しかし、イエスは、弟子たちがこうつぶやいているのを、知っておられ、彼らに言われた。「このことであなたがたはつまずくのか。　6：62　それでは、もし人の子がもといた所に上るのを見たら、どうなるのか。

６：63　**いのちを与えるのは御霊**です。肉（実際の食べるパン）は何の益ももたらしません。私があなたがたに**話したことばは、霊であり、またいのち**（に至る**信仰の譬え**）です。

６：64　しかし、あなたがたのうちには信じない者がいます」。――イエスは初めから、信じない者が誰であるか、裏切る者が誰であるかを、知っておられたのである――。

６：65　そしてイエスは言われた。「それだから、私はあなたがたに、『父の御心によるのでないかぎり、誰も私のところに来ることはできない』と言ったのです」（予定説ではありません。信仰者の霊性を受け取るのが、父なる神の御心です）。

６：66　こういうわけで、**弟子たちのうちの多くの者が離れ去っていき**、もはや**イエスと共に歩かなかった**（キリスト信仰への試練／霊的ふるい分けの結果が出ました）。

＊ここまでの記述の通り、多くの信者たちが抜け落ち、かなりの弟子たちもイエスの元を離れ去りました。この霊的必然性は、これからキリスト教を確立・布教していくためには、「真の信仰者」だけを集めなければならないからです。

こうして主イエスが必要とした「真の信仰者」の霊の選抜は、

１．「これ（イエス）は天から下ってきたパンです」

２．「また私が与えようとするパンは、世のいのちのための、私の肉です」

３．「**私の肉を食べ、私の血を飲む者は、**永遠のいのちを持っています」

という、世の常識で受け入れられない言葉によって、それを**霊的感性で理解した信仰者のみ**が選び出されたのです。それが**12弟子**でした。

「ヨハネ」６：67　そこで、イエスは**12弟子**に言われた。「まさか、あなたがたも離れたいと思うのではないでしょう」。　６：68　すると、シモン・ペテロが答えた。「**主よ**。私たちが誰のところに行きましょう。**あなたは、永遠のいのちのことばを持っておられます**。　６：69　私たちは、あなたが神の聖者であることを信じ、また知っています」。

最後の晩餐で、主イエスが「これは私のからだです」と言ってパンを裂いた時、11弟子は「ヨハネ６：59節カペナウムの会堂で話されたことば」を思い出したに違いありません。
そしてあの時の「パンの譬え」は、**このこと**（「血の契約」を交わすのにふさわしい真の信仰者の選別）だったのかと納得できました。

「ヨハネ」6：70　イエスは彼らに答えられた。「私があなたがた12人を（**霊性に優れた信仰者として選んだ**）のではありませんか。しかしそのうちのひとりは悪魔です」。
6：71　イエスはイスカリオテ・シモンの子ユダのことを言われたのであった。このユダは12弟子のひとりであったが、イエスを売ろうとしていた。

この「パンを裂いた後」、さらに、杯を「私の血による新しい契約です」と差し出されて、彼らは、主イエスとの「血の契約」を交わしました。この順序は、まず真の信仰者であることが条件なのです。

＊＊パンを食べることが象徴する「主イエスの働きを信じる**こと**」によって、「血の契約」を交わす**必要要件**（真実の信仰）**を満たす**ことになり、次に主イエスの**血を象徴する杯**を交わして、実際に主イエスとの「血の契約」**が成立し**、「**霊の関係性が一体化**（確立）」したことを体験したのです。
この事実こそ、絶対に揺るがない「**信仰の根拠**」になりました。

現代キリスト教においては、聖餐式の「パンを口に入れる意味」は、「主イエスの過越し（罪の赦し）」より先のものとして、むしろ主イエスが譬えた言葉通り、「《主**イエスは天から下った神の子である**》**と信じること**の証し」として認識するのが適切です。
従って現代では、このパン**を食べる儀式**は「十字架の死による罪の贖い」よりも、神様の前に立てる立場（信仰者）であることの再認識を意味します。

「マタイ」26：26　また、彼らが食事をしている時、イエスはパンを取り、祝福して後、これを裂き、弟子たちに与えて言われた。「取って食べなさい。これは**私のからだ**です」。

このパンは、翌日午後3時に十字架で（過越しの羊として）ほふられるイエスの身体の象徴です。だから11弟子は前日に過越しの儀式を終えたのです。

そして現代のクリスチャンにとっては、聖餐式が「パンの譬えで**選別された信仰者**」であることを公示する儀式になります。

この主イエス主催の「過越し（パン）と（血の）杯」で、旧約聖書（律法）の時代が終わり、キリスト（聖霊）の時代に入るのです。「創世記」で予告された女の子孫キリストを生まれさせるための、ユダヤ人のためのユダヤ教の存在目的は終了しました。

■２．そして杯が血の契約の象徴 ——イエスの血が「契約」であることの本人証言

「マタイ」26：27　また**杯**を取り、感謝を捧げて後、こう言って彼らにお与えになった。「皆、この杯から飲みなさい。26：28　これは、**私の契約の血です**。罪を赦すために多くの人のために流されるものです」（「血の契約」を明言しています）。

「マルコ」14：23　また、**杯**を取り、感謝を捧げて後、彼らに与えられた。彼らは皆その杯から飲んだ。14：24　イエスは彼らに言われた。「これは**私の契約の血です**。多くの人のために流されるものです」（「血の契約」を明言しています）。

「ルカ」22：20　食事の後、**杯**も同じようにして言われた。「**この杯は、あなたがたのために流される私の血による新しい契約です**」（「血の契約」を明言しています）。

この**杯**（血）の意味は、「十字架で死んだ生命の象徴」であると共に、「契約の成立＝信仰に対する**恵みの確約**」を保証するものです。

これこそユダヤ人ばかりでなく、全世界の人々（異邦人）が「信じて救われる」ために、神様が準備した新しい段階です。「４福音書のイエス・キリストの働き＝奇跡」を福音として聞いて、それを「**信じることで血の契約への道が整えられた**」のです。

このように聖餐式で「パンと杯」を受ける儀式を行うのは、「血の契約」のためです。パンと杯を「口に入れる」ことが、すなわち二者が**一体に成ることの象徴**であり、主イエスとクリスチャンとが**霊的に一体化**して、「神様・主イエスとの切っても切れない**絶対的な関係性の確立**」を自他共に宣言することなのです（別著『パウロの目からウロコ』シリーズ第２巻『キリスト教は人生のビジネス契約。』第６篇「新約聖書は契約です。」参照）。

＊「血の契約」を結べば、主イエスとクリスチャンとが「切ろうにも切れない絶対的な霊の関係性」が成立します。なぜなら、お互いの血が相手の身体に流れ合い、その一度混ざり合った二人の血は、二度と分離できないので、そのクリスチャンが死ななければ終了しない血縁関係になるからです。否、死んでもその子孫にまで祝福が及ぶ契約です（ヨナタンの子メフィボシェテへの祝福）。

これが神の家族、すなわち「天の父なる神様、長兄イエス、弟妹クリスチャン」となる法的根拠です。だから、天の祝福を「**子として当然のように**」受け取る霊的立場になります。

この「契約によって関係性を成立させた」とする**自己認識こそが、自分の信仰の根拠**です。自分で自分を奮い立たせる必然性が顕れるからです。「主イエスに頼りすがる」という、「主体性の欠如」は、神様の意志にそぐわない態度（不義）です。

クリスチャンとして「義を貫く」なら、自分の意志で契約を結んだとする自意識を持たなければなりません。なぜなら、「契約には義務が伴う」からであり、クリスチャンとして神様・主イエスに栄光を帰す働きを「信仰の行い」として果たす**義務を、明確に知る必要がある**からです。

「血の契約」を信仰根拠に据えると、「**聖霊のバプテスマ」を易々と受けることができます**。地上で主イエスと霊的同位体になるのだから、三一性の真理によって神の宮となり、聖霊が当然にクリスチャンの身体に留まらなければならないからです。

この論理性に従って聖霊を求めて下さい。これが第3の義の段階です。そして奇跡と言われる結果を生み出す信仰に成長するのです。

この自意識が「**新しく生まれ変わる**」ことであり、過去のない新しい人に「バプテスマ（染めかえられる）」事実です。ここには「罪人意識」があってはなりません。既にそれは捨て去っているはずです。

＊＊ここで「救いの第一原則」に対して、クリスチャンの側で応ずべき「人の第一原則」を明確にしておきましょう。

この「**血の契約による新しい霊的人格**」を、本人の信仰として対外的に証明するのが、いわゆる「**洗礼名**」です（日本人へのイメージとして例に挙げましたが、欧米におけるミドルネームのことではありません）。自分が「神の子である」と、霊と言行を一致させるためには、「名は体を表す本質」に自分を従わせなければなりません。これが自分自身に対する「信仰の行い」です。

その「聖霊の賜物に基づく名前」が、神様に対する**その人の義の筋の通し方**として、第**3**の義に成長するためには**必須な自己認識**（アイデンティティ）です。

しかしプロテスタント教理の中に、この「**新しい呼び名の重要性**」は全く含まれていません。だから、自分が「過去のない新しい人に生まれ変わった人」であると、誰に対しても、〔**神様にもサタンに対しても**〕、筋が通った正当性を表明・証明できない霊的立場に居ざるを得ません。

この**自己認識の不当性**が、信仰が成長しない主要原因の一つです（別著『パウロの目からウロコ』シリーズ、第7巻『「洗礼」＝水のバプテスマの意味。』第24篇「洗礼名の必要性。」参照）。

従って、霊的新生者を自認するなら、その義の筋を通すために「**新しい名前**」で呼ばれることを主張しなければなりません。

その本質は「イエス＋あなた」という、過去と絶縁した新しい人格だからです。罪を包含した肉体で生まれた時からの名前では、「**神の宮となったあなた**」の神様に対して義の筋が通りません。

新しい名前の霊的意義は、サタンに勝利する霊的権威を付与された人間の証明です。従って、**サタンに対してこそ知らしむべき霊的立場**です。体（実質）は名で伝えられるのです。

新約聖書では、弟子たちをはじめ多くの信仰者たちが、受けた賜物を表す新しい名前で呼ばれ直しています。ですから、誰でも「信仰の行い」の第一にすべきことが、生まれ変わりを証明するための「新しい名前」に変わることです。

＊主イエスは弟子たちの名前を、霊的賜物に合わせて新しく「呼び変えて」います。

漁師シモン↓ペテロ、ヤコブと兄弟ヨハネ↓ボアネルゲ、取税人レビ↓マタイ。聖書にはその他、バルナバのいとこヨハネ↓マルコ、迫害者サウロ↓パウロなどが書かれています。

名前を変えなければならないのは、信じる者が血の契約によって、「**主イエス・その人**」という新しい人格に変わるから、それを本人に強く意識づけさせ、それまでの古い（死んだ）自分とは次元の異なる新しい人生に歩み出させ、賜物を現実にするためです。

　霊的論理性からは、「血の契約」と「新しい名前」は、セットであるべきです。古い自分から「過去のない新しい人」になったとして、「クリスチャンの国籍は天にある」と信じるなら、天国人としての「新しい名前」を誰に対しても堂々と名乗り、また、そう呼ばれるのが「義」です。

＊＊神様・主イエスに対して、自分の「義」を貫かなくてはなりません。この確信が「奥義」です。

　この〔霊的な新しい立場の自分〕に対して、その時のあなたの態度がどうであるかで、神様の栄光が顕されるかどうか（あなた自身の信仰）が評価されます。

　「ルカ」9：26　もし誰でも、私と私のことばとを恥と思うなら、人の子も、自分と父と聖なる御使いとの栄光を帯びてくる時（空中再臨）には、そのような人のことを恥とします（携挙されることはない）。

　人からの評価を気にして、自分の信条（信仰による義の立場）の告白を恥じるなら、神様・主イエスもその人の態度を恥じると書かれています（「神の子」として生まれ変わった者である「新しい人格・自意識」に刷新されていないからです。それが、神様・主イエスに「恥をかかせる罪」になるのです）。

　このように、神様に対して「自分の義の筋を通し」、人に対しては「新生の実証をする」ことの積み重ねにより、「信仰の完成」に近づくのです。

神様・主イエスに忠実であろうとするなら、まず「新しい名前」とそれにふさわしい行動「聖霊の力の顕現」を示さなくてはなりません。

「憐れみ」を強調する聖書

　しかし聖書を読み返すと、ここまでの説明とは全く相反する事態が見えてきます。

　パウロは、彼の多くの手紙でも、神様の定めた「人間（の霊）との関係性成立ルール」が「血の契約」であるとは一言も書いていません。むしろ、「憐れみと選び」を懸命に説いていきます。

　そしてイエス・キリストの言行を記録した３つの福音

書も、「憐れみ」こそ祈り求めるもののように書かれています。

「マタイ」９：13　『私は**あわれみ**は好むが、いけにえは好まない』とはどういう意味か、行って学んできなさい。私は正しい人を招くためではなく、罪人を招くために**来た**のです」。

９：27　イエスがそこを出て、道を通っていかれると、二人の盲人が大声で、「ダビデの子よ。私たちを**あわれんで**下さい」と叫びながらついてきた。同20：30～31節。

14：14　イエスは舟から上がると、多くの群衆を見、彼らを深くあわれんで、彼らの病気をいやされた。

15：22　すると、その地方のカナン人の女が出てきて、叫び声をあげて言った。「主よ。ダビデの子よ。私を**あわれんで**下さい。娘が、ひどく悪霊に取りつかれているのです」。マルコ10：47～48節、ルカ18：38～39節。

17：15　「主よ。私の息子を**あわれんで**下さい。てんかんで、たいへん苦しんでおります。何度も何度も火の中に落ちたり、水の中に落ちたりいたします」。

「マルコ」１：41　イエスは深く**あわれみ**、手を伸ばして、彼にさわって言われた。「私の心だ。きよくなれ」。

５：19　しかし、お許しにならないで、彼にこう言われた。「あなたの家、あなたの家族のところに帰り、主があなたに、どんなに大きなことをして下さったか、どんなに**あわれんで下さったか**を、知らせなさい」。

６：34　イエスは、舟から上がられると、多くの群衆をご覧になった。そして彼らが羊飼いのいない羊のようであるのを深く**あわれみ**、いろいろと教え始められた。

９：22　「この霊は、彼を滅ぼそうとして、何度も火の中や水の中に投げ込みました。ただ、もし、おできになるものなら、私たちを**あわれんで**、お助け下さい」。

「ルカ」17：13　声を張り上げて、「イエスさま、先生。どうぞ**あわれんで下さい**」と言った。

18：13　ところが、取税人は遠く離れて立ち、目を天に向けようともせず、自分の胸をたたいて言った。「神様。こんな罪人の私を**あわれんで**下さい」。

これらの出来事は全て、イエス・キリストが生きている時、すなわちまだ世界が旧約聖書の時代であって、その霊的背景は「まだ人々の原罪が十字架で取り除かれていない」のだから、その罪人に対する神様の側の救いの手段は、「**憐れみ**」で対応するしかありません。

従って生前の**イエス・キリストの救いのわざは「憐れみ」によるのです。**そしてイエスのもとに癒しを求めて集まった人々は、「癒しを信じる」とはいえ、聖霊を受けていない条件下なのだから、「乞い願う求め方」しかできないのです。

このようにイエス・キリストが十字架の死による「**血の贖い」を成し遂げる前には、**神様の人々への対応は「**憐れみ**」でした。

そしてイエス・キリストによって原罪が取り除かれた新約聖書時代にも、永遠に不変である神様の**憐れみそのものは変わることはありませんが、**しかし救いの手段「**血の契約**」を交わす箇所が、「割礼の傷で流す血」から「イエスの血を象徴する杯を契約と信じる信仰」に変わったのです。

「ローマ」11：25　兄弟（たち）。私はあなたに、ぜひこの奥義を知っていていただきたい。それは、あなたが自分で自分を賢いと思うことがないようにするためです。その奥義とは、イスラエル人の一部が頑なになったのは異邦人の完成のなる時までであり、11：26　こうして、イスラエルは皆救われる、ということです。こう書かれているとおりです。「救う者がシオンから出て、ヤコブから不敬虔を取り払う。　11：27　これこそ、**彼らに与えた私の契約**である。それは、私が（彼らの罪を取り除く時＝十字架の死による赦し）である」。

11：28　彼らは、福音によれば、あなた（がた）の故に、神に敵対している者ですが、選びによれば、先祖（アブラハム）たちの故に、愛されている者なのです。

11：29　神の賜物と召命とは変わることがありません。　11：30　ちょうどあなた（クリスチャン）が、かつて（信じる前）は神に不従順であったが、今は、彼ら（イスラエル人）の不従順の故に（**キリストが十字架で死んだので**）、**あわれみ**（**原罪の赦し・第1の義**）**を受けている**のと同様に、

11：31　彼らも、今は不従順になっていますが、それは、あなたの受けた**あわれみ**（**受け入れられた信仰・第2の義**）によって、今や、彼ら自身も**あわれみを受ける**（**信仰者に変わる**）ためなのです。

11：32　なぜなら、神は、**全ての人をあわれもう**（愛

し慰めたい）として、全ての人を不従順のうちに閉じ込められたからです。

「ピリピ」２：27　ほんとうに、彼は死ぬほどの病気にかかりましたが、神は彼を**あわれ**（信仰者への慰め）**んで**下さいました。彼ばかりでなく私を**あわれ**（信仰者への慰め）**んで**、私にとって悲しみに悲しみが重なることのないようにして下さいました。

「Ⅱテモ」１：16　オネシポロの家族を主が**あわれ**（信仰者への慰め）**んで**下さるように。彼はたびたび私を元気づけてくれ、また私が鎖につながれていることを恥とも思わず、１：17　ローマに着いた時には、熱心に私を探して見つけ出してくれたのです。１：18　――かの日には、主が**あわれみ**（信仰者への慰め）を彼に示して下さいますように――彼がエペソで、どれほど私に仕えてくれたかは、あなたが一番よく知っています。

「ユダ」１：20　しかし、愛する人々よ。あなたがたはそれぞれ、自分の持っている最も聖《きよ》い信仰の上に自分自身を築き上げ、聖霊によって祈り、１：21　神の愛のうちに自分自身を保ち、永遠のいのちに至らせる、私たちの主イエス・キリストの**あわれみ**（信仰者への慰め）を待ち望みなさい。

＊「憐れみ」「憐れむ」の意味合いが、イエス・キリストの十字架によって霊的に変化しています。それを正しく把握しないと、現代においても「信じること」が、ユダヤ教に後戻りさせられてしまうのです。

・旧約聖書時代の「憐れみ」＝罪の状態からすくい上げられること
・新約聖書時代の「憐れみ」＝信仰者への慰め

再び「ガラテヤ人への手紙」を見直す

なぜパウロは、神様との関係性の本質を「血の契約」という直接的な言葉で表現しなかったのでしょうか？　それこそ何度も言うように、ユダヤ教の「**役目を終えた割礼」を拒絶するため**でした。

当時のガラテヤ人・異邦人の感性を、彼らの立場で考察してみましょう。

パウロが第１回伝道旅行で回ったガラテヤ地方は、ユダヤ人も多く居住していましたが、ギリシャ文化の影響圏であり、そこに住む異邦人は偶像礼拝する人々だったので、神様と「契約する論理性」が理解できません。

彼らにとって神とは単に「頼りすがるだけの対象＝偶像」だからです。しかも全面的に信頼しているのではありません。偶像礼拝であるが故の限界（人間が造り出した霊的無力物＝運を天に任す）という信仰認識レベルです（「使徒」13章〜14章、ギリシャ神話の神としての受け入れ態度）。

そんな彼らがパウロの起こす奇跡を見て、また、福音を聞いてイエス・キリストを信じたとしても、彼らの信仰レベルでは「信じることへの保証」としての「**神様との関係性**」の**確証がない**のです。しかし、居留ユダヤ人には「アブラハムとの契約」という保証があり、「割礼という物的証拠」がありました。

この時、ガラテヤ人たちは「**確証のない心もとなさ**」を**確信に変える**ために「割礼」に目が行ってしまったのです。彼らは「信仰の完成に向け」**根拠を求めていた**からです。

このガラテヤ人の霊的背景を正しく把握しないと、「ガラテヤ人への手紙」の本旨と、パウロの態度の理由が分かりません。

「ガラテ」３：３　あなたは、そんなにも**愚か**なのですか。御霊で始まったあなたなのに、今、肉（割礼）**によって完成されようとしている**のですか。

「ガラテ」４：20　私は今、あなたと一緒にいて、そしてこんな（怒りの）語調でなく話せたらと思います。それはあなたに対していくつかの疑念があるからです。

このようにパウロは、間違った方向に確信を求める彼らに、「愚かなガラテヤ人」と怒りを表し、「割礼では信**仰は完成しない**」と彼らを矯正しているのです。

なぜなら「肉体の割礼」は、神様との関係性の証拠ではあったのですが、それは「**律法によるみなしの義**」であって「**霊的義認**」の証明にはならず、「**聖霊を受ける新しい契約**」と何の関わりもないからです。

だから、イエス・キリストを信じる信仰には全く「役に立たない」ものなのです。ましてや「完成させる」ものではありません。

ですからパウロは、ガラテヤ人が（目的と勘違いした割礼を受けること）を絶対的に拒絶させるために、（「契約」をイメージする言葉を意図的に使いませんでした）。

「神様との関係性」を「**憐れみ**」「**恵み**」「**選び**」による

として、神様からの「一方的・主導的な取り扱いで成立するかのよう」に、彼の手紙によってキリスト教を異邦人に教え始めました。

実際には、信じて告白するという、人の側の行動によって「神の義」とされます。それが「神の子とされる」ことであり、この自己認識が「第2の義」です（別著『パウロの目からウロコ』シリーズ第4巻『「義」と「神の義」の違い。』参照）。

＊パウロのこの本心は、異邦人に「割礼ではないもの」で「信仰への確証」を植えつけて、そしてユダヤ人割礼派クリスチャン（にせ兄弟）の主張する「古い割礼」を教会から排除しなければならないということです。そのためにこそ、「契約」という割礼と背中合わせの言葉を使わなかったのです。

その代わりとしてパウロは、「憐れみ」「恵み」「選び」などの言葉を用いました。

これは異邦人にとっては、神様のほうから「憐れんで」「恵みの対象に選んでくれた」ことを、「ただ信じれば良い」のであって、ユダヤ人のように「なぜ、救われるのか？」とか「自分の信仰の根拠は？」などと、「信仰の本質（神様との霊の関係性）」を疑問に感じたり追求したりする必要がなくなりました。

この「信じるだけで良い」教理は、異邦人がそれまで知らなかったユダヤ教の《「神様との契約」という「確証」》を持たない彼らにとって、それ以上の要求をされない宗教になりました（入信時には正しい根拠です）。

しかしそれは当然に、〔「神様との契約という関係性」による保証がないもの〕になりました。彼らが普段から文化としていた偶像礼拝と同じに、「霊的根拠のない宗教」にならざるを得ないのです（クリスチャンの霊的成長には繋がりません）。

従って、「約束を信じるだけ」の異邦人が祈り求める願いは、表面的に主イエスの名によった祈りであっても〔実現の保証がなく〕、「全ての結果を神に委ねる／任せる」ものになるから、結局「おんぶに抱っこ」で「頼りすがる」ことしかできません。

そして、悪い結果になっても「神のせい」にしてしまうのです。これは「神様との関係が正しくなく」、いわゆる「偶像礼拝」と同じ態度であって、〔聖書で教えるキリスト教ではない〕のです。

＊一方、割礼を主張するユダヤ人（にせ兄弟）にとっても、もはや「神様との契約という本質」から外れた〈約束レベルの宗教〉に対して、「割礼を強要する**意味と必要性**」がなくなりました。「契約でない」のなら、「**割礼という手続き**」は無用／**不適切**だからです。

「創世」17：10　次のことが、私とあなたがたと、またあなたの後のあなたの子孫との間で、あなたがたが守るべき私の契約である。あなたがたの中の全ての男は**割礼を受け**なさい。17：11　あなたがたは、あなたがたの包皮の肉を切り捨てなさい。それが、私とあなたがたの間の**契約のしるし**である。

この規定によって、ユダヤ教信者でない無契約の男（異邦人）に「割礼させること」が、逆に神様に対して「ユダヤ人の不正」となります。ユダヤ人にこの認識を持たせることによって、異邦人への割礼要求はなくなりました。

＊「契約」という信仰の本質を「約束」と言い換えることで、パウロの「**割礼要求を排除する**」**戦略は成功した**のです。

そして、この「血の契約を論拠としない**異邦人対策**」**がパウロの主張**であり、「初心者レベルの救霊論」なのに、ルターを原点として（正統な教理とされて）現在のキリスト教にまで至り、「**霊的幼児クリスチャン**」を生み出し続けているのです。

誤解されたパウロの説得方法と言葉遣い

しかし、この「契約による霊の関係性」をあえて隠した、「ガラテヤ人への手紙」に書かれた「初心者レベルの言葉」に対して、今度はパウロが、あらゆる人間関係の譬えを引いて「神様との契約」に基づく「信仰者の立場」を「神の義」**として教え**、「**聖霊を授かるキリスト教にしなければ**」ならなくなりました。

それがパウロの第2回、第3回の伝道旅行です。**ガラテヤ地方教会にその都度訪問しているの**は、「割礼否定」の**初心者対策で抜かしてしまった本質部分を教え直**す霊的必然性があったからです。「ガラテヤ人への手紙のテーマ＝信じるだけ」に対し、**欠落した**「**神の義の論理**」**を教えるため**だったはずです。

誰であっても福音を聞いた人なら、「聞いたことを信じるに足るものとする保証」を必要とするのは当然で、それが御言葉に伴う奇跡（救いの体験）であり、また一方では矛盾のない論理（神様との「義」の関係性）の知識です。車の両輪のように双方が均等に必要なのです。

ガラテヤ人は、パウロの福音と共に体験した奇跡に感動して信仰に入りましたが、その「信仰を保証する神様からの根拠」がありませんでした。

キリスト教とは、旧約聖書で預言された「アブラハムから続く血の契約の次の段階」と書けば、ユダヤ人なら一気に解決する「信仰根拠の確立」なのに、異邦人には「聞いたことのない話」だから、前後の脈絡がないものとして全く理解できない結果になります。

この状態は、現在の日本人にも当てはまる本質です。キリスト教とはユダヤ教を基礎としている新しい契約で、「初め（創世記の時点）に神様が定められた「救いのルール」があった」と知らないからです。

日本人も典型的な偶像礼拝する異邦人ですから、「ガラテヤ人への手紙」の霊的レベルが当てはまります（別著『パウロの目からウロコ』シリーズ第2巻『キリスト教は人生のビジネス契約。』第7篇「旧約聖書の有効性。」参照）。

信仰の確信は、「聖書の御言葉を自分の（心からの言葉レーマ）」とすることです。そのためには、自分で聖書（書かれた言葉ロゴス）を熟読して御言葉を咀嚼《そしゃく》し、理性で納得しなければなりません。誰かから聞いたことで（分かったつもり）では、神様の目には不十分なのです。

だから今、多くのクリスチャンが、ルター個人に端を発する「信じるだけ解釈」を、本質論として「惑わされて」いるのに、それが分からない霊的幼児なのです。

しかしこの説明は、旧約・新約両聖書を手にできる現代の私たちだから言えることであって、パウロが生きていた当時では、［モーセの律法と割礼厳守］が一般ユダヤ人の慣習として伝承されていただけです。そして、異邦人はユダヤ人から「犬」と蔑まれ、ユダヤ教の神殿に入ることもできなかったと、聖書が教えています。

そうであればこそ、その時代背景からして、キリスト教とはユダヤ教の「アブラハムの契約」から続く「神様の祝福を受け取る契約」なのに、その「救いの根拠」を知らない異邦人には、「契約によらずに祝福が与えられるように」、「別の信仰の根拠」を教えなければならなかったのです。

それが神様の〔**憐れみ**（一方的な意向）〕によって、信仰に入る人が〔**選ばれて**（特定の人として）〕、〔**恵みを賜る**（ありがたく受け取る）〕ものとして解釈できる言葉でした。

＊ですから「ガラテヤ人への手紙」の主旨は、初心者教理であり、**救いの完成論なのではありません**。しかし、ルターはそこから「**信じるだけ**」を武器（本質論）として取り出し、ローマカトリックに挑みました。そして、カルヴァンはこの解釈を進めて、「**予定説**」に哲学教理化しました。

しかし本書は、パウロの「ガラテヤ人への手紙」は「異邦人の信仰根拠からユダヤ教の**割礼を排除すること**」だったと主張しています。パウロが「**憐れみ**」「**選び**」「**恵みを賜る**」などの表現を使わざるを得なかった、その原因です。

そして２０００年後の「割礼の強要の恐れが全くない」現在において、私たちはそのパウロの書いた〔**契約論**〕を想起させない文脈〕から、神様と救いの本質の知識〔**契約論**〕を得なければならないのですが、残念ながらそうはなっていません。

それはこの「ガラテヤ人への手紙」の言葉遣いが、**そもそも本質論ではないのだから当然の結果であって**、この「手紙」の取り扱いを間違えているのです。

①「割礼否定論」が、ルターによって「信仰の本質」だとして拡大解釈され、
②さらに〔「間違ってパウロの神学」として教理化され、
③（正統なキリスト教として）全世界に伝承されてきてしまった〕からです。

パウロ個人の信仰は、ユダヤ人として「割礼を受けていて、〔神様との霊の関係性が血の契約である〕ことを百も承知して」いて、だから誰であってもイエス・キリストへの「信仰の完成（根拠とするもの）」は、血の契約（二者がお互いに相手の身体と一元化する親密な関係）であると**ことを別の言葉で教えよう**としています。それが「**神の義**」です。

パウロの神学教理は、甦ったイエス・キリストが自分の身体に「血として流れているから、**過去のない新しい人に生まれ変わった**」とする自己認識です。

「血を流す意義」の**ユダヤ教の知識があるからこそ理解できる**「**契約論**」です。そして、**契約によって**「**聖霊が**

授けられる」のです。

だから「信仰の完成」とは、「聖霊の力によって」主イエスの指示を自分のこととして行うのです。「キリストの身丈まで」とは、「主イエスの代理・代行者になること」です。

しかしパウロは、決してガラテヤの異邦人に「契約論」を展開しませんでした。彼らには「救われた結果を信じる」ことを条件のように書き、人間的な「改悛《かいしゅん》」が方法論となったのです。そのため、「ガラテヤ人への手紙」だけを読むならば、霊の本質が抜け落ちた「信仰の入門レベル」にしかなりません。

しかしパウロはその後、第2回、第3回伝道旅行で、ガラテヤ地方教会を再・再々訪問しています。それは当初惑わされたガラテヤ人クリスチャンに、「確信とすべき第一原則＝神の義・血の契約」をきちんと教え込んだことに間違いありません。

＊日本のキリスト教は、それが伝えられた当初から、受け入れ方が偶像礼拝の文化土壌であったことにより、手紙に書かれたガラテヤ教会と同じ結果になっています。

元々「神様との霊の関係性」がなく、八百万《やおよろず》の神に「頼りすがる」のが宗教だと認識しているアミニズム民族ですから、「自分の霊の立場」が「神の子とされること」の霊的原理が理解できません。

具体的には、主イエスを兄とする神の家族の一員として、弟、妹なのですが、この霊的立場を自己認識していないから、「憐れみ」「選び」「恵みを賜る」ものとして「受け身で伏し拝む宗教」となるのです。

むしろ、日本人の民族性にぴったりはまったと言うべきです。

その典型が、礼拝などの祈りで「私は罪有る者です」と、敬虔さのつもりで悔い改めばかりを強調する「うなだれた態度」です。

これは「憐れみを受け取る」ためにこそ口にされる言葉であり、罪人であることを前提とするユダヤ教レベルに留まる霊的勘違い・パラプトーマです。

キリスト教では、自己卑下はむしろ「祝福を受け取っていない証」として神様・主イエスは受け取ります。「言った通りになる」のが信仰だからです。この勘違いこそが悔い改めるべきクリスチャンの罪です。

神様の霊の基準では、イエス・キリストを救い主として信仰告白したら、「義の立場」に置いて下さるのです。従って、その「神の子とされた恵み」を自意識として告白する者にならなくてはなりません。罪の赦しのレベルから信仰を成長させなければなりませんが、この時「神様との関係性」を正しく認識していないと、霊的には何も達成できません。

〔「憐れみ」によって「選ばれた」〕のを、救いの根拠としているなら、神様からは「義の人」と扱われません。自分ではクリスチャンを自認していても、ユダヤ教に後戻りした「義とみなされる人」になります。

なぜなら、「信じる人」を神様が予定して「選んでいた」のなら、それは「絶対的な運命論」として、人の自由意志を否定することになり、〔「人の信仰をみて」神様がそれを「義と認め」、良しとする論理性〕を踏み外しているからです。

「あらゆる囚われ「悪」」から解放された自由によって、「信じた通り「善」になるように」が、神様の対応（真理）です。

＊キリスト教とは、自由意志によってイエス・キリストを救い主と信じて、〔主イエスとの血の弟妹〕として新しく生まれ変わり、「聖霊を受けた神の子」としてイエスの名（天の権能）を使って、自分で祝福を実現する「力強い勝利者としての霊的立場を得ること」です。

この「救霊原理」の霊的力学は、いわゆる世に言う宗教＝「神でないものへの神頼み、気休めの祈り、悟り」とは、根本的に相容れない異次元の霊的取り扱いです。思考回路を完全に切り換えなくてはなりません。

この「信仰の根拠」を、パウロは「神の義」としてバラバラに分解して教えなければなりませんでした。それら全ては、「血の契約によって成立した霊の関係性」ですが、契約として説き明かせなかったからです。私たちはこの根拠を確信し、自分の信仰としなければなりません。

そのためには旧約聖書（特に創世記）の内容を、「神様が定めた法則」としてしっかり理解し、基礎知識にしなければなりません。なぜなら、その時神様は〔全能の神である〕と宣言し、その立場（被造物は従わなければならない権威）でアブラハムと契約しているからです。

信仰によって現代のクリスチャンは、「アブラハムの子孫」として祝福を受け取らなければならない立場です。

「創世」17：1　アブラムが99歳になった時、主はアブラムに現れ、こう仰せられた。「**私は全能の神である。**あなたは私の前を歩み、全き者であれ」。
17：7　「私は、**私の契約**を、私とあなたとの間に、そしてあなたの後のあなたの子孫との間に、**代々にわたる永遠の契約として立てる。**私があなたの神、あなたの後の子孫の神となるためである」。

人類救済計画のスタートとして、神様はアブラハムの信仰態度を受け入れて彼と契約を交わし、その証拠として「**割礼を受けさせ**」ました。この「**血を流した契約**」**が祝福を受け取る条件として**、「**永遠に定められ引き継がれている**」のです。

全人類は今でも、この時の〔全能の神の契約〕には従わなければならない立場に置かれています。この「神様が定めた条件」を、キリスト・イエスが全うして、「信じる者を〔**血の契約を交わした義人**〕と認めて」、《肉体の割礼の存在意義を終了》させました。現代の信仰者には「**パンと杯による聖餐式**」として引き継がれたのです。

そしてクリスチャンは、御言葉を学ぶことで「聖霊が与えられる霊の段階」に引き上げられるので、主イエスの期待に応えて「聖霊を求めなければなりません」。

＊だから現代において、《「信じるだけ」という教えを是として》、「何を信じるのか？」と仮説の問いをするにしても、「血の契約を交わした間柄（神の子とされた主イエスの弟妹）である第2の義」を信じるのであって、「十字架の死で罪が贖われたこと・第1の義」では、信仰として不十分（まだ養育係の下にいること）なのです。

「ガラテ」3：24　こうして、律法は私たちをキリストへ導くための私たちの養育係となりました。私たちが信仰によって義と認められるためなのです（律法では義と認められない）。
3：25　しかし、信仰が現れた以上、私たちはもはや養育係の下にはいません（罪の悔い改めは養育係の教えでした）。

イエス・キリストを信じる信仰によって、クリスチャンは律法を全うする者とされます。しかし、パウロの言い方では「十字架で死んだイエス」を信じることになっています。従ってここでもまた、ガラテヤ人へのパウロの教えが矛盾に思えてきます。

それは「キリストの十字架の死」を信仰の根拠にしていて、「**死から甦って天に上った**イエス・キリスト」ではないことです。なぜなら「十字架の死（罪の贖い）そのもの」では、まだイエス・キリストが甦って天に上っておらず、天からの祝福「聖霊のバプテスマ」に至ることができないからです。

＊＊しかしこれも、「異邦人が割礼を拒絶できる根拠として、《**事実としての歴史的事件**》を証拠として、パウロが与えたもの」と理解すれば、矛盾とはなりません。

しかし／だから、それが「**ガラテヤ人への手紙**」の**霊的限界値**（初心者への矯正書）です。

第6章
神様の「選び」の第一原則とは
――割礼に代わる「神様との関係性」の根拠

「選ばれた」と言うパウロの目的
――異邦人が信仰を保つための初歩の教え

パウロは、彼の多くの手紙でクリスチャンに対して、「選ばれた者」と書いていて、「何か特権を与えられた関係」が、「予定されていたか」のように解釈できる表現をしています。パウロはなぜ、「選び」「選ばれた」と強調しているのでしょうか？

パウロの手紙から、そのキーワードの文節をリストアップします。聖書の学びでは1節だけを元に解釈してはならないので、できる限り多く引用します。

「ガラテ」1：15　生まれた時から私を**選び分け**、恵みをもって召して下さった方が、

「ローマ」1：1　神の福音のために**選び分けられ**、使徒として召されたキリスト・イエスのしもべパウロ、

8：33　神に**選ばれた**人々を訴えるのは誰ですか。神が義と認めて下さるのです。

9：11　その子どもたちは、まだ生まれてもおらず、善も悪も行わないうちに、神の**選び**の計画の確かさが、行いにはよらず、召して下さる方によるようにと、

11：5　それと同じように、今も、恵みの**選び**によって残された者がいます。

11：7　では、どうなるのでしょう。イスラエルは追い求めていたものを獲得できませんでした。**選ばれた者**は獲得しましたが、他の者は、頑なにされたのです。

11：28　彼らは、福音によれば、あなた（がた）の故に、神に敵対している者ですが、**選び**によれば、先祖たちの故に、愛されている者なのです。

16：13　主にあって**選ばれた**人ルポスによろしく。また彼と私との母によろしく。

「Ｉコリ」１：27　しかし神は、知恵ある者を辱めるために、この世の愚かな者を**選び**、強い者を辱めるために、この世の弱い者を**選ばれた**のです。

1：28　また、この世の取るに足りない者や見下されている者を、神は**選ばれ**ました。すなわち、有る者を

無い者のようにするため、無に等しい者を選ばれたのです。

「エペソ」1：4　すなわち、神は私たちを世界の基の置かれる前からキリストのうちに**選び**、御前で聖く、傷のない者にしようとされました。

「コロサ」3：12　それゆえ、神に**選ばれた**者、聖なる、愛されている者として、あなた（がた）は深い同情心、慈愛、謙遜、柔和、寛容を身に着けなさい。

「Ⅰテサ」1：4　あなた（がた）が神に**選ばれた**者であることは私たちが知っています。

「Ⅱテサ」2：13　主に愛されている兄弟たち。神は、御霊による聖めと、真理による信仰によって、あなた（がた）を、初めから救いに**お選び**になったからです。

「Ⅱテモ」2：10　ですから、私は選ばれた人たちのために、全てのことを耐え忍びます。

「テトス」1：1　神のしもべ、また、イエス・キリストの使徒パウロ……私は、神に**選ばれた**人々の信仰と、敬虔にふさわしい真理の知識とのために使徒とされたのです。

パウロの手紙から、リストアップしましたが、「選ぶ」「選ばれる」とはどんな意味なのでしょうか？　言うまでもなく**神様との「特別な関係性」**を表しています。

聖書は全て、全能の神様イエス・キリストを信じる人々に向けて書かれた書物ですから、その関係性を表した言葉「**選ぶ**」「**選ばれる**」を「信じる者の立場」から正しく解釈しなければなりません。ここにリストアップした手紙の文面・文脈も、クリスチャンが対象です。

このように主張する根拠は、神様に対する「**人の側で各自の霊的立場の違い**」によって、「**神様の選びの目的**（対象者の義のレベル）**が異なる**」ことを、明確に知る必要があるからです。

■「選びの第一原則」を捉える

キリスト教の教理解釈として、信仰の根拠を「**救われた**（信仰に入った）**のは選ばれたから**」と、一言で短絡的に定義づけるのは正しくありません。それならばどんな意味を見つけなければならないのでしょうか？

それは「人の義の3段階」にそのまま対応した、3段階の選びの違いです。

「義の3段階」で、「選びの目的1.」と「選ばれた者

2．」の相関を、「神様の意図3．」を基準として分類してみましょう。

A．第1の義の「選び」
目的：アダムの原罪によって人間が「負わされていた原罪（霊的罪）」の「贖いと赦し」として、「全人類の霊の立場」を回復するため。原罪がある者は全能の神との正しい関係を絶対に持てない、〔厳然としたルール（神様の性質）がある〕から。そのため、神様の側から「原罪を犯す前のアダムの霊的立場に全人類を置く（戻す）こと」（なお、「アダムの原罪」は、「木の実を食べたこと自体」ではない。別著『パウロの目からウロコ』シリーズ第5巻『アダムの原罪とは何か。』参照）。
誰を：信仰以前の原罪下にある全人類が「選びの対象者」。全能の神の「（不義に対する）憐れみ」による、公正・公平・平等な網羅的取り扱い。しかし、全ての人が対象であることは当章の「選び」の定義（個別性）に当てはまらない。
意図：イエス・キリストの十字架の死による「原罪の赦し」で、人類全ての人を同じ霊的スタートラインに立たせるため。誰一人も「救いのチャンスから漏らさないため」に、《信仰の有無によらない、神様からの一方的前提条件の構築＝第1の義》。次の「第2の選び」＝「原罪がない者」の信仰を、《主としての立場で受け取るために必要な要件》を神様の側が満たしたこと。

B．第2の義の「選び」
目的：イエス・キリストを救い主と信じた者の信仰を受け取って、《その信仰者を神の子として祝福するため》、人の信仰が先にあることが絶対条件。
誰を：自由意志によって「イエス・キリストを救い主と信仰告白した者」が「選ばれた者」と言われる。神様が先に予定していて選んだのではない。特に異邦人クリスチャンが、《それまで知らなかった唯一なる全能の神様》との関係性を確信できるようにするための言葉。すなわち入信初心者の信仰解釈根拠。
意図：霊的に「選び」の意味が、キリスト信仰を条件とした互恵契約となる＝御言葉を信じることが絶対条件。聖霊のバプテスマを受け取るべき立場にすること。しかし、まだ聖霊を受ける条件は満たしていない。

Ｃ．第３の義の「選び」

目的：神様が自身の栄光を顕す結果（神の意志の実現）を必要とする時、純粋な信仰者をその実現の働きに用いるため。イエスの母マリア、旧約聖書のノアやモーセ、多くの預言者など。**名指して使命を与えること**。

「出エジ」33：17　主はモーセに仰せられた。「あなたの言ったそのことも、私はしよう。あなた（の信仰）は私の心にかない、あなたを**名ざして選び出したのだから**」。

誰を：「神の義」を自分に与えられた天の権威として認識し、そのように行動しようとする**成長した信仰者が特定者として選ばれる**。要件に合致するから選ばれるのであって、「無作為のえこひいき」ではない。

意図：「聖霊の働き」による霊的祝福を実現し、福音が信じるに足る約束（正しくは契約）であると世に知らしめること。その結果によって、御言葉に疑いをはさむ者を黙らせる権威を示すため。

第１から第３の選びまでのどのフェーズであっても、〔「選びという言葉の意味」として、選ばれた結果〕は、〔**神様が選んだ**〕のであって、人の側からの「能動性」は全く含まれていません。人の霊的立場がどうであろうと、「**選ばれた**」のは**神様の意志によるのです**。

なぜこんな当たり前のことを、問題にするのでしょうか？　それは章の冒頭で述べたように、「救われたのは選ばれたから」「信仰に入ることの根拠」を、「救われたのは**選ばれたから**」と、人がその救霊原理を解釈間違いしているからです。この考えを悔い改めなければなりません。

《**人の信仰が先にあって選ばれる**》のです。クリスチャンならば、世にはびこるこの勘違いを正して「義の自意識」を修正しなければなりません。

なぜなら、「神の選び」を選考基準としていると、必ずと言っていいほど、クリスチャンが不信仰者を裁く不義に至ってしまうからです。

「選び」の構成要素の洗い出し

「選び」を一般論として、その要素を分解すると、

①特定の権威の立場にある人が、

②自身の目的達成のために、
③一定の選別基準を定めていて、
④多くの候補者・応募者の中から、
⑤その基準に適格である人を、
⑥選り分けること
となります。

この結果、権威者によって「選ばれた者」と「選ばれなかった者」とに二分されます。

ここで問題になるのは、「**選びの結果**」とは権威者の**意志と決断によっていることであり**、「**選ばれるのは運命**」のように捉えなければ、論理の筋が通らないことです。なぜなら、その人の実力がどうであったにしろ、《**その人の意志が及ばないところ**》で、権威者によって《**選別が決定される**》からです。

「選びの概念」について述べていますが、これをキリスト教の霊性要件に当てはめた場合、**信仰に入ることがその人の立場として**、《**定められた運命**》なのでしょうか？

「第2の義」に基づいて「選び」を論じています。なぜなら、「選ばれて信仰に入ったと解釈する**予定説**」を根拠とするクリスチャンが多いからです。

もう一点、「選ばれる」ためには、「選ばれる立場にある（候補）者」が「その目的に応募している」ことが前提条件として挙げられます。

キリスト教では徹頭徹尾、人の自由意志による行動を求めており、「選ばれる人の意志」を重んじるこの条件は重要です。すると、ここで何か引っ掛かりませんか？

パウロが異邦人に向けて「あなたは選ばれた者です」と言った時、その福音を聞いていた異邦人は「キリストの救いに応募していた」のでしょうか？　パウロの手紙の文面はそのように受け取れるでしょうか？

もしそうなら言葉の意味は合致しますが、異邦人は福音を聞くまで「神イメージ」が間違っていて（偶像礼拝であったし）、当時のユダヤ教では多く、「厳しい裁きの神」という神認識（畏れる対象）でした。中には（福音を聞いても）神を信じないとする考えを持った人もいるのです。

そんな時、「あなたは選ばれました」と言われて、冒頭に挙げた神様からの6つの条件がそのまま自分に当てはまったとして理解できるでしょうか？

このような疑問が出るのは「第2の選び」の意味を、「**信仰に入るために選ばれたと間違った論理を刷り込ま**

れて、**勘違いしている**」からです。

「④多くの候補者・応募者の中から」とは、ここでは自由意志で決意して求めた行動だったかどうかですが、そうではなく「信仰を持つ以前に**神の憐れみによる一方的な選び**」であるなら、「応募していない」のに「あなたを選んだ」と言われる場合もあり得て、それなら「何が何でも（その人の意志にかかわらず）従う行動を取らなければならない」ことになります。

するとその人は、表面的に神に従う行動をしていても、内面ではどういう霊性なのか分かりません。それは、「天の権威」で人をがんじがらめに束縛していることであって、自由意志の対極です。全てを運命として受け入れる価値観で生きる人となり、自由意志で行動するという**概念**が間違いになります。

『神の選び』とはそれほど権威のあるものですが、そんなことが起こり得るのでしょうか？　それなら「予定説の選ばれた人」は、「信仰に入ることが運命づけられていた」として受け取らざるを得ないものになります。人（の意志）は神の奴隷の立場となります。

キリスト教は人の魂を自由にすると教えられながら、実は「操り人形」として束縛の中でしか生きられない人間の立場にさせられていることになります。こんな矛盾を正しい教理として信じますか？

そして、信仰そのものが『**神のえこひいきの結果**』と**定義されることになります**。なぜなら、《信じていない人々の世界（この世）から、特定の人が「信仰者になるはず」として選び出される》のだから、前提そのものが霊的不信仰という「選びの基準が適用できない状態」で選ぶのは、「恣意による」不公正な結果にしかならないからです。

■勘違いの解消へ

こんな解釈になってしまうのは、アウグスティヌス以来の霊的汚染によって、私たちが神様の性質を誤解しているからです。

神様は「**信仰がある者**」としか**関係を持ちません**。つまり、**人が信仰心を持つことが先**なのです。

この必須要件、すなわち**信仰**〔第**1**の義から第**2**の義への**自由意志による移行**〕を人に満たさせるためにこそ、独り子イエスを十字架で死なせたのです。

この「**神様が定めた前提条件**」の下で、「選び」「選ばれた」ことを吟味しなければなりません。

＊ですから、パウロが彼の手紙の中で「**選ばれた者**」と書いた背景には、その読者のほうで「応募に相当する何かの意志表示をしたから」だと解釈しなければなりません。

それは「パウロの言葉を聞きに集まって」「福音を受け入れた」その行動が、「救いを求める応募だった」のであり、神様はその「信じる決意」によって、その人を「**信仰の合格者**」として「選んでいる」のです。つまり、「応募の意志＝福音を受け入れた事実」が先にあっての「選び」です。

そもそもパウロの書いた多くの手紙を読む人々は、**既に「クリスチャンになっている人」**です。

ですから、そのクリスチャンに向かって「あなたは選ばれた者です」と言うのは、選んだ神様に対しての、その人の立場〈**神様との関係性が成立していること**〉を告げていることになります。これこそが「ユダヤ教の割礼」に変わって主イエスが与えるものであり、信仰初心者の確信「**第2の義**」として、パウロが目的とした「**選び**」の意味です。

まさに信仰初心者の異邦人には「信じたこと」への、この「神様との霊の関係性の確証」が必要なのです。誰であってもクリスチャンを白認する人に持たせるべき知識です。

神様の目的「人の霊の救済」に対して、その条件「信じること」を満たした人が、「選定基準に合格」して「選ばれた」のです。

＊＊つまり、「ガラテヤ人への手紙」の文脈は、「第2の義」となっていることへの確証の言葉です。この「**選ばれた者**」という関係成立の自己認識によって「**割礼を否定させる**」のです。しかし神様の救済計画を、「**選びとして運命論的に**」納得させようとするのではありません。

ここでの「選びの関係性」は、「信仰という選定要件」を介した、神様とクリスチャンとなった者との間の結果です。

《**未信者をクリスチャンにするために神様が「選ぶ」**》ことは絶対にありません。**既に述べた「選定要件にそもそも合致しない」**からです。

ですから、未信者・不信者に対して「入信を勧める」宣教伝道では、誤解を避けるために、「選び・選ばれた」という言葉を使うことはやめるべきです。神様は「**自由意志で決意した信仰者**」を**選ぶ**（＝神の子と認める）のです。

■約２０００年前の状況

パウロは、キリストの**福音**を聞いて信じたガラテヤ教会の異邦人が、〔そんなにも急に**割礼を強いられ受け入れたこと**〕に抗議して、直ちに手紙によって、このような「**選び・選ばれた者**」という言葉で、〔神様との霊の**関係性の成立**〕を教えなければなりませんでした。手紙を読んでいるのは、ガラテヤ地方の〔既にクリスチャンになったとはいえ、**救いの根拠を理解しきれていない入信初心者**〕です。この前提の事実条件から外れて解釈してはなりません。

＊それはユダヤ人が神様との関係性を、「割礼」という証拠として肉体に持ち、それによって自らを〔**選ばれた民・選民**〕と意識していたことに、**直接的に対抗するための戦略**でした。

具体的には異邦人が「自分も神様に**選ばれて**、救いへの**関係性ができている**」と主張することで、にせ兄弟に向かって「**割礼を否定させる論拠**」としたのです。

福音を受け入れるまで「**偶像の神**」しか知らなかった異邦人だから、「**神様との関係性**」は神様の側からの「（憐れみとして）**差し伸べられた手段・選び**」としなければ、「**関係性の成立**」と「**その保証の根拠**」を確信で**きない文化レベルだから**です。

（余談ですが、割礼そのものは、本人の信仰を保証するものではありません。ユダヤ民族のアイデンティティだったけれども、契約〈律法〉を守るという信仰面では彼らは堕落してしまいました。公正な神様は「信仰には祝福を、背きには呪いを置く」とし、ユダヤ民族に信仰で祝福を受け取るよう指示しています。しかし、彼らは不信仰だったので、神様は「裁きの神」にならざるを得なかったのです。ユダヤ民族に旧約聖書の神イメージが「裁きの神」として蔓延したのは、彼らが不信仰だったからです。この結果を神様は、「肉に割礼のある者を罰する」とまで宣言しています）

異邦人の霊性に話を戻します。

ユダヤ教徒として育てられていない（霊的視点での）異邦人には、このように「**選ばれたとする論理**」でしか、「神様との関係性」を確信させられません。そして、これこそ**入信初心者への教理**です。

まず、「救い」には第**1**、第**2**、第**3**の義の３段階あるのですが、それを混同して「世に対する憐れみによる第1の義（十字架の罪の贖い＝信仰以前の前提条件）」によって、「霊の関係性が成立する＝**選ばれた**（第２の選び）」と短絡して解釈するのが間違いなのです。

なぜならキリスト教の真理に対して、**旧約聖書の神様の意図**（人との霊的な関係性）**と働き**（その確立の手段＝割礼の目的）**の違いを正しく理解できていないから**です。ここから全ての「**異邦人故の勘違い**」が発生しました。

これが約２０００年前には異邦人への伝道の体系でしたが、歴史を経た哲学化神学解釈によって、現代にまで「パウロの神学」として主流の立場を占め、それが日本にキリスト教として伝えられたのです。

ここで「**ガラテヤ人への手紙**」**に限定**して、パウロの「**選び**」の主張を分析すると、それが２つあることが分かります。いずれにしても、「神様との関係性」として〈**神様の意志が働いていること**〉を明確にするためです。

しかし彼の主張は、そのどちらも「信仰に入るために**選ばれた**」と言っているのではありません。

１つ目は、パウロ自身の立場を、彼に対立する者ユダヤ人クリスチャン（割礼派にせ兄弟）に向かって、「エルサレム原教会の大使徒たちと同等以上に、主イエスから**召命されてその地位を与えられた使徒**」であることを、証明するためです（第３目的を主張）。

第１回伝道旅行の際に、元迫害者サウロであったパウロに対して、「救いの福音への使徒」**とされたこと**に疑念を表明する者たち（エルサレム原教会の長老にしか権威を認めない自称正統派）に、「天からの召命によってその権威を持っている」ことを、「カウンターパンチ」としてぶつけているのです。それを確認しましょう。

「ガラテ」１：１　**使徒**となったパウロ……私が**使徒となった**のは、人間から出たことでなく、また人間の手を通したことでもなく、イエス・キリストと、キリストを死者の中からよみがえらせた**父なる神によった**のです。～～～。

１：11　兄弟たちよ。私はあなたがたに知らせましょう。**私が宣べ伝えた福音は**、**人間によるものではありません**（聖霊の働きを主張）。　１：12　私はそれを人間からは受けなかったし、また教えられもしませんでした。ただイエス・キリストの啓示によって受けたのです（天から授かったもの）。
1：15　けれども、生まれた時から私を（選び分け、恵みをもって召して下さった方）が……。

この「使徒職権威の強調」は、「ガラテヤ人への手紙」だけに見られる書き方です。

この言葉遣いになった原因は、ガラテヤ地方への第1回伝道旅行におけるパウロの立場が、ユダヤ人たちに正しく受け取られていなかったからです。

従ってここでの「選び」は、信仰そのものについての言及ではありません。


これに対し、エルサレム会議での「異邦人への対応決議書」を携えた第2回伝道旅行と、それ以降に書かれた他の手紙では、パウロは穏やかな挨拶を送っています。

それは、「割礼否定指示」がエルサレム原教会の権威（の助け）によって、伝道先の異邦人・ユダヤ人たちに浸透していったからです。

＊この表現の違いが霊的に明らかにしている意味は、「ガラテヤ人への手紙」の書かれた時期が、パウロが第1回伝道旅行を終えてアンテオケに戻った時から、あまり間を置かない時期（そんなにも急に「ガラテ」1：6節が根拠）であり、その後、かなり長い期間（「使徒」14：28節）を経た後に彼がエルサレムに上り、ペテロを中心とする長老たちと「異邦人への割礼」について論争した、**エルサレム会議より《はるか以前》**だという歴史的経緯です。
すなわち、パウロが**最初**に書いた手紙であり、**絶対に**（ある解釈で流布されているような第2回伝道旅行より後に書かれたもの）**ではありません**。

ペテロやヤコブ、バルナバをけなして教会に混乱を招き、分裂させるのが目的ではないからです。さらにはパウロが、エルサレムと決別して別のキリスト教を始めたのでもありません。しかし、この解釈を正しく証拠づけるためには、「ガラテヤ人への手紙」の記述の時系列の矛盾を霊的に謎解きしなければなりません。

その謎は（2：1～10節）が、間違いなくパウロ自身によって、**かなり後の第2回伝道旅行の際にガラテヤ教会で「元の手紙」に追記された**文章であろうことです。

第2部「『ガラテヤ人への手紙』の謎を解く」14章で詳しく述べています。

２つ目は、異邦人初心者に「信仰に入ったことの確信」を与えるため、「神様との関係性の構築」として、しかもそれが「神様の主導＝選びである」として納得させ分からせるための「方便」です。割礼（古い契約論）を否定しつつ、しかし神様との霊の関係性の知識を、〔根拠として与える〕ためには、『選ばれた』という神様主導の教理としなければなりませんでした。

「選民意識を誇るユダヤ人」に対して、異邦人がユダヤ人にせ兄弟の割礼強要を拒絶するためには、「割礼に匹敵する根拠」が必要だったからです（異邦人クリスチャンへの第２の義の目的。「信じることが第２の義である」との自己認識を確立させること）。

これこそが、「ガラテヤ人への手紙」だけに特有の初心者教理＝〔キリストについての初歩の教え〕です。

＊しかし、パウロの他の書簡を含め新約聖書では、「選び・選ばれた」ことの意味が「霊的に異なって」います。そうであっても、確かに神様が選ぶのであることを教えています。

その目的・意味は、成長したクリスチャンは「第３の義」の霊的立場ですが、その自意識によって「神様の栄光を顕す行い」を希求する信仰者の、その信仰の純粋さが神様の目にかなうから、神様が自らの意図を実現させるために「選ぶ」のであって、実際に「祝福の結果」を実現するため（第３の義の目的）です。

これが〔神のことばの第一原則・真理〕です。すなわち「選ばれたこと」を根拠として、「信仰の行い」で応える責任を分からせるためです（別著『パウロの目からウロコ』シリーズ第４巻『「義」と「神の義」の違い。』参照）。

「選ばれる」にこだわる霊的幼児

パウロは自分が開拓伝道したガラテヤ教会に、ユダヤ人にせ兄弟（クリスチャンもどき）の「割礼強要」が入り込んでくるのを絶対に防止しなければならず、彼らの「ユダヤ教律法と割礼＝優越性の論理と証拠」に対抗して、異邦人の信仰を「キリスト教として」正しく堅持させるために、神様との関係性について「神に選ばれている」という言葉を用い始めました。

当時の異邦人クリスチャンに向かっては、パウロはこう言わざるを得なかったのです。

＊イエス・キリストを救い主と信じる者への「霊の取扱い」を、「選び・選ばれた」という「神様の意志（による主導、選びの条件①〜⑥）」と解釈できる言葉を用いました。そして、信じない者との違い・差を異邦人に分からせたのです。こうしないと「偶像礼拝していた異邦人」には、「神様との関係性の成立」が理解できないからです。

この時パウロは、「信じてクリスチャンになった者に選ばれた」と言っているのであって、「信仰に入るために選ばれていた（予定説）」と言ったのではありません（私たちの誤解であり、ここに固執するなら「不義」になります）。

＊誰であっても「神様に選ばれている」と言われた時、言われた人は、「神様の恩寵《おんちょう》により、恵みを与えられる関係に加えられた」と、《神様が主導したとの潜在論理》を根拠として、「関係の成立」を感覚的に素直に納得することができます。

これこそ初めて信じたガラテヤの異邦人に、「神様との関係が成立していること」を納得させるのに最適な言葉でしょう。「信じること」と「選び（神の権威）」を結びつけることで、当時の彼らが福音を聞いて得られた「イエス・キリストを信じる信仰」を、自らの意志で堅固にする勇気を与えられるのです。

＊これが御言葉の知識を十分に持っていない初心者への教えそのものです。

とにかくパウロは、開拓伝道した異邦人に向かって「割礼」を想起させる言葉）を、一切使うことができませんでした。否、使わなかったと言うべきでしょう。

それは同時にユダヤ人に対しても、「（血の）契約という、「神様が定めた救いのルール」」について、「その証拠が割礼だ」と、彼らが異邦人に向かって「割礼を押しつける口実」を絶対に与えないためでした。

救霊についての（ユダヤ教の）論理的基礎知識が皆無に等しい異邦人に、「契約」という本質の言葉を使うと、ユダヤ人クリスチャンが必ず「割礼」を持ち出してきて、神様との関係性の「教理の欠落を満たそう」としてくるからです。そして、論争になれば彼らの実際の証拠（血を流した傷跡）には勝てません。

従ってパウロは、この「**選ばれた**」という言葉を「イエス・キリストとの**関係性**」として、頻繁に用いたのですが、その結果、現代の私たちは「キリストを信じた者」が「神の何か特別な意志」によって、あまたの人々の中から「**選ばれて救われる**ことが**あらかじめ定まって**いた」と、「第**2**の義の立場」を神が定めた**運命のよう**に解釈し論じています（カルヴァンの「予定説」などの刷り込みです）。

パウロの多くの手紙は、異邦人に向けて、**表面的**に**《そう解釈できるように書かれている》**からです。しかし彼はそんなことを言っているのではありません。私たちが大いに誤解・勘違いしているのです。その一例を示します。

「エペソ」１：４　すなわち、神は**私たちを世界の基の置かれる前から**キリストのうちに**選び**、御前で聖く、傷のない者にしようとされました（予定説が正しいように読めますが、この1節だけで判断してはなりません。その解読は次の通りです）。

パウロはこの前後3～5節で、神様の愛の計画の**遠大**さを**表現**しているのであって、すなわち神の**永遠性をべ**ースにした私たちへの**対応**の**認識**です。それは神様が、「親子としての霊の交わりをする関係」として、人を創造されたことに対し、アダムの原罪によって分断されたそれを、イエス・キリストの血の贖いで回復させるからです。

これが御心なのであって、ここでも「人の信仰の有無」で判断しなければなりません。「選び＝神の一方的な意志＝予定説／運命論」とするのが間違いです。前節から読み直しましょう。

「エペソ」１：３　私たちの主イエス・キリストの父なる神がほめたたえられますように。神はキリストにおいて、**天（時空を超越する世界）にある全ての霊的祝福**をもって私たちを祝福して下さいました。

１：４　すなわち、神は私たちを世界の基の置かれる前（旧約聖書創世1：1節）から**キリストのうちに選び**（＝信じる者として受け入れ）、御前で聖く、傷のない（霊的に義となっている）者にしようとされました（予定説・運命なら、「します」という表現でなければなりません。しかし、祝福の実現は人の意志（信仰）によるのだから、神様も「しようとされた」との「準備段階」までを表明しているのです）。

1：5　神は、ただ御心（人類救済計画・創世3：15）のままに、私たちをイエス・キリスト（の血の贖い）によって（信じる者を）ご自分の子にしようと、愛をもってあらかじめ（救霊計画＝創世3：15〜旧約聖書全体〜イエス・キリストまでを）定めておられたのです（個人個人の入信とその時を予定しているのではありません）。

神様は本当に、その人の生きざまを〔生まれる前からどうなるのかを定め〕て、その通りになるようにレールを敷き、**そうなるように**運命を負わせているのでしょうか？

人の側から入信を「神様が**選んだから**」とする論理を述べ立てるなら、それは〔全能の神に絶対に従わなければならない隷属の立場〕に自分を置くことでなければなりません。なぜなら、被造物である人間なのだから、それが「創造神の意志であるなら」、全人類が「**従わなければならないのは必然**」だからです。

神様に対する「義の筋を通す論理性」を判断基準にして下さい。あいまいな理解でいてはなりません。確信がない信仰は、神様の口から吐き出されます（黙示録）。

すると、**純粋な信仰初心者**であればあるほど、「神の操り人形」の自意識になります。手足に繋がれた紐で動かされながら、しかも「人は自由意志を与えられている」と神様の性質を語るなら、これ以上の「論理破綻」はありません。しかし、牧師はその予定説を「信じなさい」と言うのです。

正常な神経の持ち主なら、こんな「矛盾解釈を教える教会」から逃げ出すはずです。

しかし「**第3の義**」**を悟った信仰者**ならば、「操られている」のではなく、その「選び」を、自らの信仰が神様・主イエスに受け入れられた結果として、喜びのうちに自発的な「信仰の行い」に出るのです。

他方で、世の中の不信仰者たちは「自分は神から選ばれていないから信じられない」という屁理屈を、極めて正当な反論としてぶつけてくることになります。

そして多くの牧師は、このサタンの挑戦を霊的に正しく論破することができません。

「予定説」の裏返しとして、この勘違い解釈が、神様の正義を否定することになります。

不信仰を神様のせいにすることは絶対に赦されないので、「選び・選ばれた」の解釈に、〔信仰に入ることを運命論として結びつけてはならない〉のです。信仰者でありながら真理への無知によって、不義を自分で造り出すのです。

この「不正の原因を神様のせいにすること」こそ、アダムが犯した原罪そのものです（別著『パウロの目からウロコ』シリーズ第5巻『アダムの原罪とは何か。』参照）。

＊「神様の選び」を、矛盾がないものとして受け入れるには、クリスチャンが「自分が選ばれたこと」を、〈自分の信仰が神様・主イエスに受け入れられた〉のだと、〈信じたことを先に持ってこなくては〉なりません（第2の義の自意識）。

そうすると冒頭に挙げた6つの条件に合致し、今度は「選ばれた者」として、神様・主イエスに対して「何を成すべきか」が、「自問する言葉である」ことが、自ずと明確になってくるのです。もはや主イエスに頼りすがる態度はあり得ません。

パウロが用いた「選ばれた者」という言葉を、2000年後の現代では「霊的に解釈」しなければなりません。

しかし、私たちが2000年前の「異邦人の知識レベル」のままでパウロの手紙を読むなら、それは〈「神様が選んだ」とする論理が、心の平安と祝福を与える神様の意志を装いながら、かえって「神様に疑問を投げ掛けるサタンの企み」に陥ること〉を調べましょう。

「エペソ」1：4　すなわち、神は私たちを世界の基の置かれる前からキリストのうちに選び、御前で聖く、傷のない者にしようとされました。

パウロはこのように書いていますが、この1節だけを《人間の知識レベルで読むならば》「（生まれる前から）選ばれた」とは、全能の神が「何かの基準で選別」して、その人だけを恣意的に扱っているとしか解釈できません。そして当然に、「選ばれる人」と「選ばれない人」が出てくるわけですが、この解釈を正当化するためには、「予定説」にならざるを得ません。

選ばれなかった（と考える）人からすれば、「えこひいき（差別）」された結果としか捉えられません。これが公正・公平で、義なる神様の姿勢でしょうか？

さらには「私が憐れもうと思う人を憐れむ。出エジ33：19節」とまで書かれています。それなら「えこひいき」するのも、創造主である神様の勝手なのでしょうか？

人の肉的感覚では、聖書が教える「公正・公平さ」に疑問符を付けざるを得ませんが、何が正しいのでしょうか？　「選び」から漏れたと考える人、すなわち信仰を持たない人にとって、次の御言葉が大きな「つまずきの石」となります。

「Ⅱ歴代」19：7　今、主への畏れがあなたがたにあるように。忠実に行いなさい。私たちの神、**主には、不正も、えこひいきも、**わいろを取ることもないからです。

「ローマ」２：11　**神にはえこひいきなどはない**からです。

他方、神様は人に自由意志を与えて創造したと、その目的と人の立場を認識するのが正しい理解でもあるので、そこには「**選ばれた＝特定者＝えこひいき**」となって、大きな矛盾が生じてしまいます。どちらが正しいのか？　それとも両立し得る「神の論理」があるのでしょうか？　または、ここで「人智を超える神の意志」として、（素直に）思考を放棄するのが正しいのでしょうか？　それは「暗示を受け入れ、洗脳されている」ことです。信仰ではありません。

このような疑問が生じるのは、信仰を持ったこと＝第2の義において、「**選ばれた**」ことを「**神様の主導による**」とするからです。そしてその原因は「選び・選ばれた」という言葉自体が、「**権威の行使とその結果としての分別**」を定義としているからです。

ですから、信仰を「**選ばれたことによる**と理解する人」は、その「選別された結果」を「自由意志でそのように行動した」**かのように、思考をねじ曲げ**（られ）ていることになります。神様の義の性質と救いの真理に対して、これ以上に倒錯した教理解釈があるでしょうか？

この気づかない勘違い解釈の霊的状態は、「パラプトーマ」という不義であり、直ちに悔い改めて赦しを求めなければならない危機なのです。

それではなぜ、このような解釈になるのでしょうか？　それはパウロが「割礼（契約のしるし）を否定するため」に、異邦人に向けて用いた言葉「**選び・選ばれた**」には、**人間の側の主体性が含まれない**からです。

その原因は、パウロが意図した異邦人の信仰根拠の構築のために、その要素を「**天からの関与としてクローズ**

アップするため」だったからです。さらには、神様との関係性を正しく「契約によるもの」と書いていないからです。

しかし、クリスチャンのほうで、「選ばれた」という言葉を自分の心に引き当てて、「選ばれた者」として自分の霊の立場（関係性）を正しく認識して行動するならば、それは「神様の選び」に沿った恵まれたものとなります（第3の義の自意識）。

＊ここでの「選び」の意味の違いは、「自由意志」で「主を愛する行動に出る」か出ないかを、神様が「見ておられる」ということであって、「選び」がクリスチャンの信仰の後にくるのです。

神様は全てその人の自由意志の結果を受け取っているのであって、「選びのレベル」も、その人が「何にどのような信仰を持っているか」によるのです。そして、その信仰レベルに神様は一切口出ししません。

神様の偉大な計画であっても、その実現をいつと予定しているのではありません。人の側の条件が整うことで、神様の計画が実現するのです。旧約聖書では、

「創世」15：16　そして、四代目の者たちが、ここに戻ってくる。それはエモリ人の咎が、その時までに満ちることはないからである。

「黙示」6：10　彼らは大声で叫んで言った。「聖なる、真実な主よ。いつまで裁きを行わず、地に住む者に私たちの血の復讐をなさらないのですか」。6：11　すると、彼らの一人ひとりに白い衣が与えられた。そして彼らは、「あなたがたと同じしもべ、また兄弟たちで、あなたがたと同じように殺されるはずの人々の数が満ちるまで、もうしばらくの間、休んでいなさい」と言い渡された。

とあるように「人の側の霊的条件が整わなくてはならず」、その時まで全能の神・主は待っているのです。ですから、【「エペソ」1：4　神は私たちを世界の基の置かれる前からキリストのうちに選び、……】をもって、ある人の無信仰だった時点を起点として、「あなたが信仰に入るために神様が選んだ」と説教する「予定説」に立つ教理解釈は、霊的に正しくありません。

そうすると次の、神様の一方的な意志の御言葉が再び「公平性に欠け」、矛盾しているように思えます。

神様の意志とは
――聖書読み解きのコツとその実習

「出エジ」33：19　主は仰せられた。「私自身、私のあらゆる善をあなたの前に通らせ、**主の名**で、あなたの前に宣言しよう。私（主である神）は、**恵もうと思う者を恵み、あわれもうと思う者をあわれむ**」（「ローマ」9：15節）。

ここで旧約聖書の神様は、「主」と名乗っています。主とは「信仰者の意志を受け取る立場」としての神・全能者であって、この文章の実態は「モーセの信仰を受け取った対応」なのです。前節から読み直すと、モーセの**申し出を受け入れている**のが分かります。

「出エジ」33：16「私（モーセ）とあなたの民（イスラエル民族）とが、**あなた（主）のお心にかなっていることは、一体何によって知られる**のでしょうか？　それは、あなたが私たちと一緒においでになって（共におられて）、私とあなたの民が、地上の全ての民と（霊的祝福において）**区別されることによる**のではないでしょうか」。

33：17　**主は**モーセに仰せられた。「あなたの言ったそのことも、私はしよう。**あなた（の信仰）は私の心にかない**、あなたを**名ざして選び出した**のだから」。

33：17　So the Lord said to Moses, "I will also do this thing that you have spoken; for you have found grace in My sight, and I know you by name."（英語欽定訳聖書）

私訳：私の目にあなたが義であったので、私はあなたの名前を知った（選んだ）のだから（モーセの信仰が先にあって、それを神様が用いられるから、指名したのです＝第3の選び）。

ですから聖書を読む時は、1節だけに焦点を当てるのではなく、前後の文脈の中で意味を捉えなくてはなりません。そうすると、ここでは神様が信仰者モーセに対して「彼への対応が、あらゆる善、恵み、憐れみ」だと明言（宣言）しているだけです。

「出エジ」33：18　すると、モーセは言った。「どうか、**あなたの栄光を私に見せて下さい**」。33：19　主は仰せられた。「私自身、私の**あらゆる善をあなたの前に通らせ**、主の名で、あなたの前に宣言しよう

（主の権威で実現させる）。私は、**恵もうと思う者を恵み、あわれもうと思う者をあわれむ**」。

このように神様は、（信仰者への祝福を宣言している）だけなのであって、ここで「えこひいき」として捉えるのが不信者の態度です。主は「これこそ主の栄光であるとモーセが感じられる祝福」を与えると、彼に約束しているのです。

そもそも神様には、不信仰者との関係を云々するつもりも必要性もありません。ですから、「選び」「憐れみ」などの意味を、人の感性で「えこひいき」と関連づけるのが間違いなのです。次に新約聖書ではこうあります。

「ローマ」９：11　その子どもたちは、**まだ生まれてもおらず、善も悪も行わないうちに**、神の**選び**の計画の確かさが、行いにはよらず、召して下さる方によるようにと、９：12「兄は弟に仕える」と彼女に告げられたのです（創世25：23節　預言として告げられていても、永遠の神様にとっては既知の事実の告知です）。９：13「私はヤコブを愛し、エサウを憎んだ。（マラキ１：２、３節）」と書いてあるとおりです。９：14それでは、どういうことになりますか。神に不正があるのですか。絶対にそんなことはありません（「えこひいき」と感じられるがそうではない。が本意）。９：15　神はモーセに、「私は自分のあわれむ者をあわれみ、自分のいつくしむ者をいつくしむ」と言われました（出エジ33：18～19節の引用）。９：16　従って、事は人間の願いや努力によるのではなく、**あわれんで下さる神**によるのです（ここでの文章表現は、15節に引用した旧約聖書の**説明として**であって、信仰者への神様の愛の対応です）。

このパウロの主張を表面的に捉えると、神様は「愛する」のも「憎む」のも勝手であって、それが「不正ではない」ことになります。人の感性では、これこそ「えこひいき」の典型であり、神様の実態が「公正・公平でなくなる」のですが、それは**私たちが「聖書の読み方を間違えている」から**です。

それでは、この大矛盾と疑問をどう解読すればよいのでしょうか？　神様はその答えを十戒で明らかにしています。それは「**信仰の有無**」だけです。

「申命」５：９　……あなたの神、主である私は、ねたむ神、私を憎む者（不信仰者）には、父の咎を子に報い、三代、四代にまで及ぼし、5：10 私を愛し、私の命令を守る者（信仰者）には、恵みを千代にまで施すからである。

ここでも、人の側の「信仰（神様を愛すること）の有無」に、神様がただ対応しているのであり、神様が「生まれる前から予定し、運命づけ」ているのではありません。神様はこの宣言をその通りに、（筋を通して）実行しているのです。

その実例が「創世記25章」に、イサクの子エサウとヤコブの双子の兄弟の違いとして書かれています。神様がヤコブを愛したのは、彼が生涯を「**信仰者として主に従った**」**から**です。一方、エサウは「全くの不信仰者」だったから、その不信仰に対して報いを受けたのです。

彼らの母リベカに対する預言も、彼ら二人の（将来における）信仰の有無の結果です。

「創世」25：21 イサクは自分の妻のために**主**に祈願した。彼女が不妊の女であったからである。主は彼の**祈りに答えられた**。それで彼の妻リベカはみごもった（イサクの祈りと行動が妊娠の**起点**です。世の初めから予定していたことではありません）。

25：22 子どもたち（双子）が彼女の腹の中でぶつかり合うようになった時、彼女は、「こんなことでは、一体どうなるのでしょう。私は」と言った。そして**主の御心を求め**に行った。

25：23 すると主は彼女に仰せられた。「二つの国があなたの胎内にあり、二つの国民があなたから分かれ出る。一つの国民は他の国民より強く、**兄が弟に仕える**」。

聖書の記述では、「未来の状況」の表現になっていますが、**神様の無限永遠性による認識**は（人間の感覚としての過去の）**既成事実**でもあるのです。

ここで「未来」「過去」という言葉は、人間の有限の知覚による分類であって、神様には時間・空間に縛られる束縛はありません。それが神様の永遠性・遍在性です。

すなわち、人の言葉（知性）では「神様を正しく完全に知る」ことはできないとし、この点において神様を畏怖するのです。

パウロが人の知覚レベルで「選ばれた者」という言葉を使い、「神様との関係性」を述べた時、神様はこの

「選び」をどう認識しているのでしょうか？

　全能者として、〔永遠の過去から永遠の未来まで〕を、無限存在者として支配している神様の、その視点からすれば、全ての人について「瞬きの時間にも満たない人の一生」を〔既に知って〕います。それは、人の「生まれる前からその生涯、死、死後の霊の状態」までの全てを「既知の事実」として分かっていることです。

　神様の永遠性は時間を超越している（過去も未来もない）から、その特質によって〔人間にとっての未来をも既成の出来事として把握している〕という単純な事実です。

　そして忠実な信仰を貫いた人を、神様はご自身の計画の実行のために必要な時点で「導いて」「選び出す」のですが、「予定していた人選＝運命」なのではありません。

「忠実な信仰者ヤコブ」がその時点に生きていたからです。そして「信じない者・エサウ」が「選ばれない」のも、全く同じ条件下での神様の対処です。

　神様はこのように「公正・公平」に、人の自由意志に対処しています。しかし、人の感覚・思いを超える記述が次々に出てきます。

「マタイ」25：34　そうして、王は、その右にいる者たちに言います。『さあ、私の父に祝福された人たち。世の初めから、あなたがたのために備えられた御国を継ぎなさい』。

「ガラテ」1：15　けれども、生まれた時から私を選び分け、恵みをもって召して下さった方が、

「ピリピ」4：3　……この人たちは、いのちの書に名の記されているクレメンスや、その他の私の同労者たちと共に、福音を広めることで私に協力して戦ったのです。

「Ⅱテサ」2：13　……主に愛されている兄弟たち。神は、御霊による聖めと、真理による信仰によって、あなた（がた）を、初めから救いにお選びになったからです（「信仰による」のが「選ばれる」唯一絶対の条件です。神様のえこひいきではないし、予定された計画でもなく、自分勝手な気まぐれでもありません）。

「黙示」13：8　地に住む者で、ほふられた小羊のいのちの書に、世の初めからその名の書きしるされていない者は皆、彼を拝むようになる。

17：8　……地上に住む者たちで、世の初めからいのちの書に名を書きしるされていない者は、その獣が、

昔はいたが、今はおらず、やがて現れるのを見て驚きます。

21：27　……小羊の**いのちの書に名が書いてある者**だけが、入ることができる。

このように書かれた根拠は、**時間空間を超えて遍《あまね》く存在する神様の無限永遠性**によって、全てが「**既知**」だからです。

この**永遠性を定規**として解釈すると、神様にとっては全てを「（人間の知覚としての）過去の出来事」として認識できるので、「信仰に入ることにまつわる全て」や、人間にとっての「未来」も、「神様によって選ばれた故（予定）、または敷かれたレール（運命）」と解釈するのは正しくないのです。

従って、ある人がいつかの時点で、その人の自由意志によって「キリストを信じる」決心をした場合にも、神様には「それが**既に分かっているから**」、神様は「**私を愛する者**（人の信仰が先）を愛する」と言い、「生まれる前からの**選びの者**」と表現できるのです。

しかし、1秒先の出来事すら認知できない人間の感性・理性では、この〔神様の永遠性による『その人の一生が既知である』という事実〕がよく理解できません。

だから「**選ばれた者**」という言葉を聞いた時、人間的解釈によって「そのように**運命づけられた結果である**」とする判断になってしまうのです。

＊この解釈の根源は何でしょうか？　それは人の常識・感性によって、「神様の性質・特質」を〔**人の知識・感覚の範囲に限定してしまっている**〕ことであり、霊的判断では、神様より人の考えを正しいとする不義＝パラプトーマに定められてしまう**勘違い**なのです。

「**世の初めから**」という言葉からは、人の想像をはるかに超えた**神様の永遠性**こそを、確実に知る必要があるのです。

人の知識の限界、「予定説」の間違い

神様は、「あなたの信じる通りになるように」と、人の自由意志を絶対的に保証していて、どのような結果になることであってもその人の行動を赦しています（従って結果責任は本人に負わされます）。

その時、神様は「**どんな結果になるのか**」を**既に知っ**ていますが、だからといって強制的に「運命として」そ

の人の意志に逆らう方向に導くことはありません。

＊キリスト教教理の解釈の一つに、カルヴァンの「予定説」がありますが、これは「**選ばれる**」という言葉を、「**神様の意志として、既に定まって敷かれたレール**」であると理論化した解釈です。

先に述べたように、人には分からない未来の出来事も、神様にとっては「既知の事実」として分かっています。しかし、神様はその人に〔そのようになるように恣意的に〕特別の扱いをするわけではありません。

しかし、**予定説**では〔**神様の関与**（束縛）**があると定義**〕しているはずです。そうでなければ、「**予定説**」そのものが成立しません。

神様は人の取った行動の結果が、「益となるように」して下さいますが、それが「〔神によって〕予定された（レールが敷かれた）もの」ではありません。ここでも〔「予定」という人間の知性で限定された言葉〕を使わなければならないのが、人間の能力の限界です。

クリスチャンが主イエスに倣う者（神の子）として何かをする時、聖霊の導きを祈り求めるなら、それが与えられますが、その時、聖霊の（か細い）声を「聞いて従う」か、従わずに自分の考えを実行するかも、**その人の自由意志に任されています**。

ある時、「聖霊の導きである」と感じざるを得ない出来事に出合うことがありますが、それも普段からクリスチャンが信仰によって祈り求めている希望に対して、「祈りへの応答」が与えられた結果でしょう。

これを「第3の選び」としても良いと思いますが、神様には「予定しておく」必要は一切ないのです。

聖書に書かれた「時が満ちて」と表現されたタイミングは、**人の側で「霊的必要条件を満たしたことによる」**のです。

ここで全能の神様の「人類救済計画」の実施においても、それが「予定（神の関与）した日時ではない」ことを証明しましょう。

神様は〔主の立場〕でアブラム（アブラハム）に向かって、「子孫繁栄の約束＝血の契約」をしました。これは「第3の選び」であり、イエス・キリストを誕生させるユダの血統を造り上げるためです（「創世」15章）。

そして、アブラムはその実現に動いたのですが、その時、妻サライ（サラ）の不信仰によってエジプト人女奴隷ハガルに「子を生ませて」しまいました（創世16章）。この子がイシュマエル（アラブ民族の祖）ですが、「約束の子ではなく」、神様が本来求めていた子孫ではありません。この出来事を神様は予定していたのでしょうか？

　この出来事は、神様の計画といえども、〔いつと決められた日時〕ではないという証明です。サラの子「イサク＝約束の子」が生まれるまで、さらに14年待たなければなりませんでした。そしてそのためには、神様はもう一度、しかも今度は〔神の立場〕で、「契約を初めからやり直さなければ」ならなかったのです（創世17：1～22節）。

　もし全てを「予定説」で貫くなら、神様は主ではなく〔神、または神である主の立場〕になりますが、（将来にユダヤ民族と敵対するアラブ民族となる）不信仰の子イシュマエルを、なぜ生まれさせるのですか？　彼はキリストには全く関わりのない「血統」なので、「イサクの誕生後」、アブラハムの家から追い出されています。

　なぜ、この14年の無駄遣いをする必要があるのか？　また、〔全能の神様の救霊計画〕が、わざわざ「争いと苦難の歴史になるように設定された人間世界」という解釈にならざるを得ません。それなのに、「隣人を愛すること」を命じているのです。こんな矛盾を造り出すのが愛の神ですか？

　14年も計画実行が遅れたのは、「サライの不信仰（不妊だった過去の意識）」と、それに引きずられた「アブラムの信仰によらない常識による行為」でした。

「創世」16：2　サライはアブラムに言った。「ご存じのように、主は私が子どもを産めないようにしておられます（マイナスの信仰告白＝不信仰）。どうぞ、私の女奴隷のところにお入り下さい。たぶん彼女によって、私は子どもの母になれるでしょう」。アブラムはサライの言うことを聞き入れた（イシュマエルの誕生は、アブラムとサライの不信仰による行動の結果です）。

＊アブラムとサライは、自分たちを信仰者としながら、《主の指示を人間的にしか解釈できず》、主の意志〔イサクを誕生させること〕を台無しにし、14年も遅らせてしまいました。

　現代のクリスチャンも、アブラム夫婦と同じように「御言葉の約束を人間的に対処」するなら、自分では正しいと思っていた結果が、神様の御心から外れているのです。**奇跡を期待する天の父なる神様に対し、奇跡を否定する不信仰で行動するから**です。

それでも主は、人の自由意志を尊重して、全てその結果を受け入れています。「救い主イエスへの血統」とならない**不信仰による子イシュマエル**をも、アブラムの腰から出た（契約による）子として祝福していることがその表れです（「創世」16：10～13、17：20節）。

＊神様についての認識・知識を間違ったまま、「予定説」を主張し、それを「正しい」と勘違いしているなら、それが神様の尊厳と聖書の権威を貶めてしまう「パラプトーマ」という不義ですから、直ちに悔い改めて、正しい霊的解釈を求めなくてはなりません（別著『パウロの目からウロコ』シリーズ第2巻『キリスト教は人生のビジネス契約。』参照）。

神様は必ず、「信仰の行い」による結果を採用するのですが、それは**信仰者の意志がそうなった時期**なのであって、初めから「予定している」のではありません。

アブラムとサライは、いよいよ本当の老人99歳・老婆89歳になった時に、再び〔主である〕神様の指示を受けて、アブラハムとサラとに名前を変え、〔信仰によらなければ神様の約束が実現しない〕ところにまで刷新を迫られ、「信仰の行い＝夫婦の交わり」をしたのです。信仰の行いがなければ、**義の結果**は生じません。

「創世」17：16「私（**神**）は彼女を祝福しよう。確かに、彼女によって、あなたにひとりの男の子を与えよう。私は彼女を祝福する。彼女は国々の母となり、国々の民の王たちが、彼女から出てくる」（**神の立場での言葉**だから、必ず実現するけれども、それはアブラハムの信仰次第だから、いつとは言えません）。

17：17　アブラハムはひれ伏し、そして笑ったが、心の中で言った。「100歳の者に子どもが生まれようか。サラにしても、90歳の女が子を産むことができようか」（**マイナスの信仰告白**＝現代では奇跡を否定する教理）。

17：19　すると**神**は仰せられた。「いや、あなたの妻サラが、あなたに男の子を産むのだ。あなたはその子をイサクと名づけなさい。私は彼と私の契約を立て、それを彼の後の子孫のために**永遠の契約とする**」（永遠という言葉を実現させるために、神という**絶対的立場で指示**しています。**主**の立場だとアブラハム一人にしか有効でないからです。**だから現代にも、奇跡の契約は有効です**）。
18：9　彼らはアブラハムに尋ねた。「あなたの妻サラはどこにいますか」。それで「天幕の中にいます」と答えた。　18：10　するとひとりが言った。「私は来年の今頃、必ずあなたのところに戻ってきます。**その時、あなたの妻サラには、男の子ができている**」。サラはその人のうしろの天幕の入り口で、聞いていた。　18：11　アブラハムとサラは年を重ねて老人になっており、サラには普通の女にあることがすでに止まっていた。
18：12　それでサラは心の中で笑ってこう言った。「老いぼれてしまったこの私に、何の楽しみがあろう。それに主人も年寄りで」（まだ主の約束の言葉を信じていません）。
18：13　そこで、**主**がアブラハムに仰せられた。「サラはなぜ『私はほんとうに子を産めるだろうか。こんなに年をとっているのに』と言って笑うのか（信仰者として、絶対にそうなる「17章の**神の指示**だから」と信じるよう、念を押されました。人は絶対神には服従しなければなりません）。
18：14　**主に不可能なことがあろうか**。私は来年の今頃、定めた時に、あなたのところに戻ってくる。その時、**サラには男の子ができている**」。
そして、主（信仰対象である神）からの言葉を信じた妻サラは、夫アブラハムと共に「信仰の行い」に出たのです。その《夫婦の交わり》に対して、今度は次のような神様の義務が生じました。
「創世」21：1　**主**は、約束されたとおり、サラを顧みて、仰せられたとおりに**主はサラになさった**（それまで不妊だった胎を癒して、90歳の老女を母親にしたのです。この**全能の神様の奇跡**を信じないと、キリスト教「神の子の立場」に至りません）。
21：2　サラはみごもり、そして神がアブラハムに言われたその時期に、年老いたアブラハムに男の子を産んだ。　21：3　アブラハムは、自分に生まれた子、サラが自分に産んだ子をイサクと名づけた。
21：4　そしてアブラハムは、神が彼に命じられたとおり、8日目になった自分の子イサクに割礼を施した。　21：5　アブラハムは、その子イサクが生まれた時は100歳であった。

＊＊信仰者が「信仰の行い」をした結果（イサクの誕生）で、神様との「義」が成立する時が、「神様のタイミング」です。神様のほうで「予定（物事の主導）」をしているのではありません。

また、神様の「選び」についても、「選ばれた者」が先に信仰によって神様に心を向けているから、〔主との関係性として〕「選びの条件」に合格して、神様から「第3の選びに選ばれる」のです。

＊このように、神様の側で「予定していたこと」なのではありません。もしも予定されていたことなら、クリスチャンは神の操り人形（奴隷）になるのです。これは霊的に束縛された結果であって、自主性において神を信じない不信仰者よりも劣った状態です。

なぜなら「予定」とは、「選別の結果と時期」が決められていることだから、この教理を追求すると、「運命論」に行き着きます。そして、どんな結果からも抜け出せない束縛にいることが被造物である人間の必然になります。

すると、世の信じない人々は神様から「選ばれていない」ことになります。これを「霊的祝福の対象者ではない」との意味に取れば、全くその通りです。

しかし、それは「信じないという自由意志の結果」なのであって、そもそも「選びの条件」に合致する人物ではないので、神様が関与＝「予定して除外」しているのではありません。

そんな不義の人でも悔い改めて立ち返るなら、直ちにその瞬間に救われますが、それはその人が意志決定＝信仰告白した時です。主イエスは誰をも強制しません。

ですから、多くの礼拝・集会などの招きのメッセージの中で、「選ばれる」ことを「信仰に入ること」への「あらかじめ定められた導き」だと語るなら、〔全ての人々が救われてほしい〕と願っている神様があらかじめ「救われる人」を選別していることになるので、これほどの矛盾はありません。「予定説」は神様の摂理を踏み外しています。

神様は誰であっても、〔その人の自由意志で「救いを選び取ること」を希望している〕のであって、決して「信仰に入る者」を「予定して選別している」のではありません。

「ヨハネ」3：16　神は、まことに、その独り子をお与えになったほどに、世（全人類）を愛された。それは（全人類の中から）御子を信じる（自由意志で信仰告白する）者が、ひとりとして滅びることなく、永遠のいのち（霊の祝福）を持つためである（カルヴァンの「予定され選ばれた者」の意味はくみ取れません）。

3：17　神が御子を世に遣わされたのは、世を裁くためではなく、御子によって世が救われるため（第1の義）である（ここで言う「世」とは、信者・不信者全てを含んだ「人間社会」のことです。十字架の死によって全人類の原罪が赦され、世を「第1の義」の霊的立場とされました）。

誰であっても「予定説」に固執するなら、「主と信仰者」の契約関係としてではなく、「神が選ぶことと特定の人が従わなければならない定め」が公正・公平である論拠を、御言葉で証明しなければなりません。

否、神様の存在の「無限永遠性の論理」を正しく理解するのが正解です。

なぜなら、どんなに人間の知識で述べ立てても、それは「有限な理論」であって、神様の「無限大さに至ることはできない」からです。従ってそれはキリスト教（神様への信仰）ではなく、信じているのは（予定説を教理とした）カルヴァン教（アウグスティヌスの呪縛に囚われていること）なのです。

現代の私たちは、「第3の義」に成長すべく、自分の身体に流れるイエス・キリストの血が語りかける言葉を聞き、宿る聖霊の助けを得て、真剣に「霊的立場の構築と確信」を求めなければなりません。

これは決して、イエス・キリストに頼りすがることではありません。今までのキリスト教概念「信じるだけ」が、「教理の片手落ち」だったことを知り、「神様との霊的関係性が確立していなかった勘違い」を悔い改めなければならないのです。

これが「奥義に至る」ための必須条件です。

第7章 聖霊のバプテスマについて

神様の祝福の公平性と、受け取る者の自由意志

キリスト教会では、信者と公認されるために「水のバプテスマ」を受けることが典礼として行われてきました。そして「水のバプテスマ」を終えた時、「聖霊も同時に受けた」として、神様の霊の取り扱いを解釈しています。しかし実際には、その洗礼式で聖霊が臨在した経験を証言する入信者は非常に稀です。

はたして、入信の証しとして「水のバプテスマ」を受ける者は、誰でも自動的に「聖霊を授けられる」のでしょうか？

この疑問は、聖書に書かれた御言葉に基づいて行った典礼の実態として、「水の洗礼を受けて」クリスチャンと公認された人々が、全て「聖霊を受けたと分かる御言葉の証明を顕現させているわけではない」事実があるからです。

従って、洗礼式の列席者は聖霊の臨在を体験できないまま、「確証のない教理」を元にして、「半信半疑の信仰」を持ち続けることになります。

神様の祝福の約束、すなわち私たちが信仰として受け取るべき霊的賜物は、全て神様の立場として《公平・平等に人に受け取らせよう》と「天で用意されている」ものです。

従って聖書には、イエス・キリストを信じる者は誰でも受け取れるように、それらの祝福が「神の義として羅列されて」書かれています。

なぜなら、神様の意志は全ての人を等しく祝福したいからであり、イエス・キリストを信じた全員に受け取らせたいからです。ですから、聖書に書かれたその表現は「誰でも当然に与えられるもの」と解釈できてしまいます。否、むしろ人がそれを得るためには努力しなければならないという義務感が生じないよう、「招きの言葉として」そう表現されねばならない必然性によると解釈するのが妥当です（福音だから）。

「使徒」1：5「ヨハネは実際に水でバプテスマを授けたが、今よりそう遠くない日に、あなたがたは聖

霊のバプテスマを受けるからです」。
2：38　そこでペテロは彼らに言った。「悔い改めなさい。そして、皆一人ひとりが罪を赦していただくために、**イエス・キリストの名によるバプテスマを受け**なさい。そうすれば、賜物として**聖霊を受ける**でしょう」（決して「水のバプテスマ」ではありません）。
11：15　そこで私（ペテロ）が話し始めると、あの始めに私たちが受けた（ペンテコステ）と同じように、**聖霊が**彼ら（異邦人）の上に下ったのです。11：16「その時、私は主の言葉を思い出しました。『ヨハネは確かに水でバプテスマを授けたが、あなたたちは**聖霊が伴う（による）バプテスマ**を受けなければならない』と主が言われたのです。　11：17　それ故に、もし神が、私たち（ユダヤ人）が主イエス・キリストを信じた時、私たちに下さったのと同じ賜物（聖霊）を、彼ら（異邦人）にもお授けになったのなら、神に逆らえる私などがいたのでしょうか？」。

しかし私たちは、これらの聖句から「水のバプテスマ」を受けると、自動的、付随的に「聖霊も同時に授けられる」と解釈してしまいます。その原因は、《公平・平等という概念》を、日本文化独特の知的幼児性で「横並び・無差別に」と解釈してしまうからです。

そして、典礼としての「水の洗礼式」で「聖霊を授かった」と短絡させてしまうのです。

しかしこの時、聖書に書かれた《公平な祝福だから》**といって、無条件で横並びに与えられるものではありません。**

天での神様の準備は公平・普遍なのですが、人の信仰の霊的レベルが個々に異なることによって、それぞれに受け取る祝福に違いが生じます。むしろ、**個別に違う結果が「神様の公正・公平さ＝義・正しさ」**であることを確実に理解して下さい。

多くのキリスト教会では、新しく信仰に入った人を「信者として迎え入れる儀式」として、「水の洗礼式」を行っています。そして、教会員として公認することを目的としています。ですが、そこに至るまでの「信仰告白」は「十字架の知識による」だけなので、聖霊を受けるために「要求される義の知識と自意識（第3の義）」に至っていません。だから、入信を公認するための「水のバプテスマ」では本来、聖霊は受けられません。

従来の教理として『水のバプテスマを受けると聖霊も**同時に授かる』という解釈が間違いなのです。**第一に

「水の」ではなく、『イエスの名によるバプテスマ』でなければならず、次に「聖霊の働き・その力」についての知識を正しく得ている必要があります。

信仰の原理として、神様は人の自由意志を徹底的に尊重しているので、一人ひとりの個人的聖書解釈によって、その人が「何を祝福として信じているか」の通りに、その人を取り扱います。

つまり、その人が「聖書をどう読んでどう解釈しているか」で、受け取れる祝福を「その人自身が〔信仰範囲として〕限定してしまっている」のです。

御言葉の解釈を誤解しているのなら、「その〔間違った〕解釈に基づく信仰で確信しているところまで」の祝福しか受け取れません。神様は「あるべきその義に達していない」としながらも、その人の「信仰レベルを受け入れて」、そこまでを対応して下さるからです。

＊＊ですから〔神様の公平性〕とは、クリスチャン全員が「聖書に書かれた御言葉の約束」を、横並びに、また無条件に受け取れることではありません。

「罪の赦し〔第1の義〕の、愛と憐れみに頼りすがる甘ったれた信仰解釈」で聖書を読んでも、「神の義〔第2の義〕」を見つけることはできず、「水のバプテスマ」を受けても聖霊〔第3の義〕は与えられません。

これは神様の責任ではなく、その人／その教会の信仰内容〔教理解釈〕に、「義の筋が通っていない」ことが原因です。

例えば、「求める祈り」の場合、その根拠は「聖書の御言葉の約束によって、天の祝福の霊的権威を実現するために聖霊を与えて下さい」でなければなりません。そのためには、御言葉の約束を学び取って、自分の心の言葉にしている必要があるのです。

キリスト教は〔契約による祝福〔の義務〕〕なのだから、「何を契約したのか」、理性的に天からの祝福を逐一、具体的に知っていなくてはなりません。これが「神の義を自分の体質にする」ことであり、自由意志の結果としての信仰です。

他方、「窮状を訴え」ても解決は与えられないし、「何か証拠を見せて貰えれば信じます」と言うのは、〔心底では信じていない〕ことの裏返しの表明なので、聖霊は与えられません。サタンが使う惑わしの常套手段です。

神様との契約の祝福を〔「100％信じるのが先です」〕。これが神様の定めたやり方、すなわち「義の筋の通し方」です。

聖霊のバプテスマを受けること

＊（プロテスタント神学として）現在に教理化されているキリスト教解釈（信じるだけ）が、イエス・キリストを伝える４福音書と違っているように感じられるのですが、それは本来、私たちが「聖霊のバプテスマを受けた者」として、霊的判断に基づいて行動しなければならないのに、そうしていないからです。

新約聖書４福音書は、当時のユダヤ教社会＝旧約聖書時代（憐れみを求めなければならない霊的立場の人々）に対する、イエス・キリストの宣教が書かれたものです。ですから入信への勧誘であり、それはまだ聖霊が降っていない人々への教えとして捉えるのが正しい理解です。

福音を聞いた彼らには、霊的働き（奇跡）を行ったイエス・キリストに頼りすがるしか手段がありませんでした。しかし、「信じる者には聖霊が授けられる」と主イエスは宣言していますから、現在のクリスチャンは聖霊を受けなければならないのです。

それは私たちが、主イエスが生前に行われた奇跡に倣う働きをして、神様の栄光を顕すための「力の根拠」として、クリスチャンが救霊の法則に従って、「聖霊を授かることを願わなければならない」ことです。

しかしこれは、水のバプテスマと共に自動的に聖霊を授かるのではありません。ですから、現在の日本キリスト教の現状が、主イエスの言行に倣えず、奇跡を体現できないのは、私たちが「聖霊のバプテスマを受けていない」ことに原因があるのが明らかです。

聖書によれば、神様は、信じる者は誰にでも同じ祝福を与えようと天で準備しています。それは「聖霊のバプテスマ」も同じであり、等しい授霊のチャンスを人の前に置いています。

そして、クリスチャンが神様の栄光を顕すためには、〔聖霊が宿っていなくてはなりません〕。この証拠／結果が、奇跡と呼ばれるような霊的働きが現実となることです。

ところが、現代日本の私たちの多くは、「〔信じるだけの知識〕として入ってきたキリスト教」の故に、〔奇跡を行うのは異端である〕とまで、刷り込まれてしまっているのです。これはサタンの惑わしであり、「聖霊の働き」を否定している重大な不義です。だから、「聖霊のバプテスマ」を授けられない／受けられることのない哀れな状態です。

使徒パウロは、病気の癒し、悪霊の追い出し、死人の蘇生など、「聖霊の働き」を100％信じて行うことを彼自身の信仰としています。ダマスコの町で「聖霊のバプテスマ」を受けて、その力を実現する者に「生まれ変わっている」からです。

そして、ただ「信じるだけ」を主張したのではありません。「信じるだけ」では「生まれ変わった」ことになりません。その信じたことの「行動に出ない」からです。頭で信じても、結果を出さなければ信じていないのと同じです。ヤコブの警告「死んだ信仰」です。

＊「バプテスマ」とは、それまでの自分を「一新して」、自己認識を全く新しい状態に「染めかえる」ことです。その意味は、古い自分が残っていてはその「バプテスマ」は失敗だということになります。だから、求めるバプテスマの結果は、「それまでの自分とは全く違う存在」にならなくてはいけないことです。

それが霊的段差を、「第2の義（十字架の罪の赦しを信じる立場）」から「第3の義（神の子とされた権威ある立場）」に、名実共に1ステップ上がることです。

「使徒」2：1　五旬節の日になって、（信じて第2の義になった者）は皆、一つとなって集まっていた。2：2　すると突然、天から大風が吹き荒れるような音がして、彼らが座っていた家全体に響き渡った。2：3　また、炎のような舌が別れて現れ、それが彼ら一人ひとりの上に留まった。　2：4　すると、彼らは皆が聖霊に満たされ、御霊が話させて下さるままに、他国のことばで話し出した。（第3の義）。

聖霊とは、人が受けたものとしての、御霊の働き。御霊は、三一性の神性そのもの。神様の側の認識と表現。

この時の聖霊降臨は、主イエスから予告されていたとはいえ、全ての人にとって「突然発生した事件であり、初めての経験」です。それは「求めること」によらず、神様・主イエスの側から一方的に与えなければならないものでした。

しかし、新約聖書によって知識を正しく学べる現代では、クリスチャンの側から「求めなくてはならない最重

要の賜物」なのです。「天の権威を行使する立場」になるのだから、生半可な信仰態度では与えられません。物乞いのように、「イエス・キリストに頼りすがる」のを信仰としているなら、授けられないでしょう。

従って「聖霊のバプテスマ」は、通常言われている「悔い改めの水のバプテスマ（罪の赦し）」とは全く異なる霊的目的を持っており、イエス・キリストを救い主と信じる（第２の義の）人々に、第３の義への〔**意識改革**〕**が要求されています**。

これが「**神の権威あることばの第一原則**」を、初歩か**ら学び直すこと**となのです。

そのためには、「**神の子とされることとの論理性**」を「**血の契約**」として、新旧両聖書から正しく学び取らなくてはなりません。

聖霊を受けるとは、**真理の御霊**＝真理を**知ること**、すなわち救いの定理を自分に当てはめて**理解し実行すること**です。このためには、イエス・キリストの福音を「聞いて信じるだけ」では不十分であり、新約聖書・旧約聖書を正しく読み解いて、救いについての「全ての知識、知恵、勝利への手段、サタンの活動を封じる対処」など、神様との正しい「霊の関係性」を自分から確立し、（「助け主の力」を得て）御霊の賜物＝救いの真理がもたらす「**筋を通す義の結果**」を出すことです。

ここで、「聖霊に導かれて信仰に入る」のか、「堅い信仰への希求によって聖霊が与えられる」のかを論争するのは正しくありません。霊のレベルがそもそも違うからです。

「聖霊に導かれて信仰に入る」という認識は第２の義、「真剣な信仰（帰依）による求めで聖霊が与えられる」のは、第３の義です。

聖霊を受けるには、**血の契約の**「**絶対性**」を、神様との霊の関係として論理的に納得し、受け入れる**素直な理性**が必要であって、御言葉の約束の成就を、**レーマ**（自分の魂の言葉）**として告白する信仰**でなければならない**霊性**です。これが〔聖霊のバプテスマを受けて神の子となった者〕の自意識・第３の義です。

従って誰であっても、その人の人生が「天に向かうか地に留まるか」を左右するほどの、極めて重要な分岐点として「聖霊のバプテスマ」を授かるためには、「神様の意志を正しい教理として教え、かつ奇跡を実行する教会」で、正しく信仰の真理（聖霊の働き）を学び・体得することが唯一の道です。

しかし、現代キリスト教の宣教・説教に見られるような、聖書の御言葉を「書かれた言葉ロゴス」として聞かされる状況なら、「霊的な事柄を理解しない／できない信仰」にしかならないため、その人の信仰レベルに従って「聖霊のバプテスマ」は授からないでしょう。

神様から要求される「霊の自己認識」のレベルが、いつまでも入信初心者であってはならないので、「求めよ。さすれば与えられん」の約束に従って、今すぐ立ち上がって「聖霊を求める行動」を起こし、「聖霊とそのしるしを実現する牧師・教会」を探し当てる必要があります。

それは悪霊の追い出し、病気の癒し、異言の祈りなど、生前のイエス・キリストが行っていた祝福を実現するところであり、現代キリスト教の主流とされる教派からは異端として排斥される、霊的祝福を奇跡として実践し、聖書の正しさを証明する教会です。

ですから、神様に対する義の筋の通し方として、キリストの身丈にまで成長したいと望むなら、十字架を掲げるキリスト教会ならどこでも良いのではありません。

祝福を憐れみによる恵みだとして、「何かをしてもらうための助け主」を頼りすがって「乞い求める」教会ではダメなのです。この捉え方は「神様・主イエスを、自分の召使いにしてしまう霊的大罪」だからです。

普段の信仰生活で、勘違いや人間的しがらみに囚われているなら、自ら「聖霊を受けられるはずの霊的立場を放棄している」ことになります。

ここでも「あなたの信じた通りになるように」は、神様の正しい法則です。あなたの言葉が、自ら天の霊的祝福をさえぎっているのを分かって下さい。そして何を信じているのかは、全てその人が学び取った知識の範囲内でしかなく、知らないことは絶対に祈る言葉になり得ません。分裂した教派ごとの解釈論の限界を超え、霊的立場の正しい知識を蓄えて下さい。

御言葉による「聖霊のバプテスマ」の真実

「使徒」8：12　しかし、ピリポが神の国にまつわることとイエス・キリストの名（に伴う権威）について宣べるのを信じた彼らは、男も女も［イエスの名によるバプテスマ］を受けた。　8：13　それでシモン自身も信じた。彼はバプテスマを受けて、いつもピリポと一緒にいて、そして、行われた奇跡と多くのしるしを見て、驚いていた（奇跡を見て信仰に入っていますが、それでも聖霊を受けていません）。

８：14　さて、エルサレムにいた使徒たちは、サマリヤの人々が神のことばを受け入れたと聞いた時、**ペテロとヨハネ**を彼らのところへ遣わした。　８：15　二人は（サマリヤに）下っていって、（神のことばを受け入れた）**人々が聖霊を受けるように祈った**（福音を信じることと聖霊のバプテスマは別次元だからです）。

８：16　彼らは**主イエスの名によるバプテスマを受けていただけ**で、**聖霊がまだ誰にも降っていなかった**からである（聖霊の授け方を知らないピリポの信仰の限界）。

８：17　二人（ペテロとヨハネ）が彼らの上に**手を置く**と、彼らは聖霊（のバプテスマ）を受けた（この二人は聖霊を授けられる霊的レベル）。　８：18　使徒たちが手を置くと**聖霊が与えられるのを見た**シモンは、～～（聖霊を受けた**証拠が必ず現れます。**多くは異言）。

　これらの節から学ぶべき事実は、神様の定めたやり方です。牧師が「**①既に救いを受け入れた**信仰者である人々」に、「②聖霊の本質を**教えて**」＝知識を与えて求める動機を起こさせ、「③その**人々が聖霊を受けるように祈った**」上で、「④（聖霊を求める）彼らの上に**手を置く**」と、「**⑤彼らは聖霊のバプテスマを受け**」ます。「⑥聖霊を受けたら、**見て分かる証拠が現れる**」と、必要条件が書かれています。

「聖霊のバプテスマ」は、授ける牧師に奇跡（少なくとも異言）への言行一致が周知されていて、受けるクリスチャン（第２の義）の側にも《**奇跡を素直に受け入れる純粋さ**》が必要であり、かつ《**血の契約を主イエスと交わす決意**＝生涯にわたる**真剣さ**》を固めることと、より高い「救いへの教理理解・第３の義の基準」が要求されるのです。

従って、「悔い改めの水のバプテスマ」とは全く関係なく、ましてや同時に授かるものではありません。

＊キリスト教の本質は、「神の義（聖霊の働き）による契約の互恵」であり、入信時の「招き＝憐れみによるのではない」からです。この２段階の論理性をほぼ全てのキリスト教派が勘違いしています。

　そして授ける牧師も、直弟子ヨハネ、ペテロや使徒パウロのように、心底から主イエスに従い、「霊の救い」を伝えようとする、〔**真の信仰者でなければ聖霊を授けられません**〕。

「ヨハネ」4：22「あなたがたは自分の知らないものを拝んでいますが、私たちは自分たちが何を拝んでいるのか知っています。救いはユダヤ人のものだからです。 4：23 しかし、真の礼拝者たちが霊とまことによって父を礼拝する時が来ます。それが今です。父はこのような人々を礼拝者として求めておられるからです。 4：24 神は霊ですから、神を礼拝する者は、霊と真実によって礼拝しなければなりません」。

これらの節から要素を抜き出すと、「霊と真実」とは、「聖霊を受けていてその義を栄光として帰す第3の義」であると定義して間違いありません。

ですから、現代に「水のバプテスマ」で「聖霊が授かる」とする知識レベルではなおさら授かりません。別の実例が、日本の教会に当てはまります。

「使徒」18：24 さて、アレキサンドリヤの生まれのアポロという、地位あるユダヤ人がエペソに来た。彼は雄弁かつ**聖書**（**律法**）**に通じて**いた（ここで言う聖書はユダヤ教旧約聖書）。
18：25 この人は、主の道の教え（第1の義）を指導され、霊に熱心で、**イエスのことを正確に語って**教えていた（第2の義）が、ただ**ヨハネのバプテスマしか知らなかった**（アポロの信仰の限界。「罪の悔い改め」では聖霊は与えられない証拠）。
19：1 それはアポロがコリントにいた時のことである。パウロが上流地方を通ってエペソに来た。そして、何人かの弟子たちを見つけて、 19：2 パウロは彼らに、「信じた（第2の義になった）時、（アポロから）聖霊を受けましたか」と尋ねた。すると彼らは、「いいえ、**聖霊があるかどうかは、聞いたこともありません**」と答えた。 19：3 彼は彼らに言った、「では、あなたがたは何のために（アポロから）バプテスマを受けたのですか」。そこで彼らは言った、「ヨハネのバプテスマに」（割礼を受けたユダヤ人が必要としたもの）。
19：4 そこでパウロは言った、「ヨハネは確かに①**悔い改めのバプテスマを授け**、人々に、自分の後に来る者、すなわち②**キリスト・イエスを信じるように**、と言ったのです」（ヨハネのバプテスマは、**キリスト信仰と直接的関係がない**と教えています）。
19：5 これを聞いた（エペソ・異邦人の）人々は、主イエスの名によってバプテスマを受けた（第2の義の確立。再び水に浸かったのではない）。19：6　パウロが彼らの上に**手を置いた**時、**聖霊が彼らに臨まれ、彼らは異言を語り、預言をしたり**した**（第3の義、聖霊のバプテスマとその証拠）**。19：7　その人々は、皆で12人ほどであった。

アポロの説教で「聖霊が一切語られなかった」のは、「罪の悔い改め（イエスの十字架の死）」が説教の実質だったからであり、従ってその第2の義には「聖霊を授ける／受ける霊的背景がなかった」のです。

＊＊そして、聞く人の側では「聞かされないこと、すなわち知らないこと」は、そもそも意識に上らず**求める対象になってこない**から、（願い求める信仰の項目）になりません。

牧師・信徒双方の「**知識不足・霊的未熟**」で、「**聖霊を授かれない結果**」になるのです。

使徒パウロは主イエスから直接の召命を受け、「奇跡を起こす聖霊の力を自分のものとして使いこなして」いますが、それはアナニアという霊的に**純粋な指導者が**「**手を置いて祈る**」**という正しいやり方によったからです**（使徒9：10～20節）。

御言葉に沿う知識を実行する牧師でなければ、聖霊のバプテスマは祈られる相手に届きません。そしてこの時、「バプテスマを受けるクリスチャン」も、真剣に神様に栄光を捧げる働きをしようとする「第3の義への成長意志」によって「**聖霊を求めなければ**」なりません。

次の聖句は聖霊についても当てはまります。

「マタイ」7：7（聖霊を）**求めなさい。そうすればあなたに与えられます**。探しなさい。そうすれば見つかります。たたきなさい。そうすればあなたに開かれます（欲しいものをしっかり理解して、その意志を行動に移さなければなりません。そこで「聖霊が与えられない」なら、**自分から適切な教会を探しに行く**のです）。7：8　誰であっても、求める者は受け、探す者は見つけ出し、たたく者には開かれます（信仰の行動をするから、その結果を手に入れられるのです）。

「ルカ」11：13「もしあなた（がた）が、悪人でありながらも、自分の子どもたちには良い贈り物をする方法を知っているなら、あなた（がた）の天の父は、求める者たちにどれほど多く聖霊を与えて下さることでしょう」（聖霊についての正しい知識がないと求められません。無知につけ込まれてサタンに惑わされます）。

この霊的条件に照らして、日本のキリスト教の現状を見ると、元々西洋から伝えられた宣教内容が、「憐れみ」「選び」「恵みを賜る」表現を、〈本質として間違ってしまったルターの教理によって培われてきたもの〉であり、既にプロテスタント教理自体が「入信初心者レベルで霊的確信をもたらさないもの」であると判明します。

この原因は、ルターがパウロの他の手紙に書かれた教え「神の義を求めること」を教理に取り入れなかったからです。否、ルターはローマカトリックの腐敗と戦うのが目的だったのであり、そのためには十分だったけれども、私たちが取り入れるべき教理を勘違いしているのです。「血の契約」と「神の義」こそ、クリスチャンが「神様との関係性を自認する」手段であり、目的です。

しかし、現代の「十字架の贖いを信じること」を「キリスト教」だとして教え込まれている霊的状態は、当初のガラテヤ教会の信仰より劣ります。

ガラテヤ人は、奇跡を見て信じた自分の信仰の「信じることへの確証・神様との関係性」を求めましたが、それに対し、奇跡を否定する日本のほとんどの教会では、「信じること」が「憐れみによる恵みをただ伏し拝んでいる」だけで、自分の霊的立場を知ろう／正そうとしないからです。

結果としてガラテヤ人はにせ兄弟に惑わされましたが、そんな彼らを矯正する「ガラテヤ人への手紙」への、「マルティン・ルターの選択的解釈」に端を発して、逆に私たちが［キリスト教の真理・血の契約］から目をそらされ、真理が分からなくさせられているのです。

＊＊「ガラテヤ人への手紙」の文面から、それを「パウロの神学」として解釈間違いしてきた歴史的神学〈第2の義〉を卒業し、自己認識を第3の義に「染めかえて」、実際の「聖霊のバプテスマ」を受け取りましょう（第3の義への成長）。

神様は人との信仰関係において、「義の筋を通した契約として祝福を下さる」ので、人の側でも「義の筋を通す論理性」に立たなくてはなりません。単に主イエスの憐れみに頼りすがるのは、「求める祈り」の捉え方を間違えているのです。言ってみれば、旧約聖書ユダヤ教の霊的レベルと同じです。

１．「水のバプテスマ」で聖霊が与えられると教え導く教会が多数ありますが、それは「聖書の読み方を間違えている」からです。

２．アポロのような「霊性欠落・勘違い教理」を説教する牧師は、「聖霊のバプテスマを授ける権威を持っていない」と言うべきでしょう。

３．主イエスが行った聖霊の働き（奇跡）を否定する教理の教会においては、「聖霊を受ける」のはほぼ不可能です。なぜなら、「信じる」と言いながら御言葉の証拠を否定しているのであって、それを疑問として真理を問い正すと、その教会から追い出されるからです。

聖霊を受けるには「イエスの名によるバプテスマ（第２の義）」の次に来る「聖霊のバプテスマ（第３の義）」でなければなりません。そしてこの時、その洗礼を授ける牧師自身が、正しく聖霊を受けた者であり、霊の権威として「奇跡」「病気の癒し」「悪霊の追い出し」「異言の祈り」などを実現している信仰者でなければ、「聖霊を授けられない」厳然とした霊的要件があります。

「使徒」８：15　二人（ペテロとヨハネ）は下っていって、彼らのために聖霊を受けるようにと祈った。８：16　彼らは①主イエスの名によってバプテスマを受けていた（第２の義）だけで、②聖霊がまだ誰にも降っておられなかったからである。８：17　二人が彼らの上に手を置くと、彼らは聖霊を受けた（第３の義）。

普段から「神の義と奇跡」の「聖霊の働き」を、心から信じた告白をしていなくてはなりません。

この条件を満たした牧師が、「ローマ」10：９～10節に基づいて信仰告白した受洗希望者に、「手を置いて祈る」のが、「イエスの名によるバプテスマ」とそれに続く「聖霊のバプテスマ」です。もはや「水のバプテスマ」とは無縁であることを納得して下さい。

クリスチャンは聖書からそれらを正しく読み取り、自らの自由意志で「聖霊を求める必要がある」のです。万人のために書かれた聖書の記述は、「神様の意志として（洗礼を受ければ）誰にでも（自動的に）与えられる」ように書かれていますが、人の側の要件「心から信じて求める者」にしか与えられません。そのためには、御言葉の約束を正しく学ぶ必要があり、論理性を伴った知識として納得する自己改革をしなければならないのです。聖書に誤謬があるのではありません。

「奇跡」の記述を、単に書かれた言葉ロゴスとして扱うなら、聖霊も助けられません。クリスチャンを自称する人であっても、その聖霊の働きと力を信じない者には、聖霊は与えられません。ここで一人ひとりの「信仰（確信している中身）に比例した祝福の差」が明確に出てきます。「現代には奇跡は起こらない」と否定して憚らない人には、その「言った通り」に奇跡は起こりません。

そして、その信仰ではキリスト教の究極の目的『霊が天に挙げられること』の奇跡がその人に実現することはないと知るべきです。イエス・キリストの空中再臨という［奇跡のその時］になって、地上に残されて悔やんでももはや手遅れです。

「神の義」を実行するか否かが、神様の判断基準（第3の義）です。そして、クリスチャン一人ひとりの霊的レベルに正確に比例して対応するのが、「**神様の公平性＝あなたの信じた通りになる信仰の真理**」なのであり、結果が「横並びではないこと」で聖書を疑ったり、神様に疑問を向けたりするのが、「クリスチャンの陥る不義の罪」なのです。自分自身の「**信仰レベル**（義の3段階）」**を吟味するのが先です。**

＊ですから、イエス・キリストの昇天以後～現代には、「水のバプテスマ」を救いの根拠とするのは、霊的に間違った教理です。しかし、個人が「自分の信仰原点」としていても、それはその人の自由意志（信仰レベル）なので、神様は一切咎めません。ただ、霊の祝福を受け取り損なうだけです。

「十字架の死」は全人類の「原罪が取り除かれた」こと（第1の義）であり、誰でもそれを信じて主イエスの信仰に入る（第2の義）なら、それは「イエスの名によるバプテスマ」です。そしてさらに、「聖霊のバプテスマ（第3の義への成長）」を求めなければなりません。

＊この正当な「義の段階」を成長するには、**教え導く立場の牧師が**「キリストについての言葉」を、**正確に100％の信仰にして**、その「言葉（レーマ）と行い（御言葉のしるし）」で、**信者に聖霊の働きを体験させることが必須です。**

従って、それができない「牧師・教師には厳しい裁きが待っている」と、ヤコブ書で警告されているのです。

「ヤコブ」３：１　私の兄弟たち、あなたがたのうちの多くの者が教師（牧師）にならないようにしなさい。私たち（導く者）がより厳しい裁きを受けることを知っているからです。

その「告訴理由」は、牧師の語る内容が天井となってしまい、説教を聞く信徒を、堅固（完全）な信仰（第３の義＝キリストの身丈）に導けないからです。

その本質は神様の祝福を１００％受け取れないようにし、「信じて救われたと思っている人々」の神様への信頼を失わせていることです。罪の赦し／悔い改めで終始したり、リベラル解釈を正しいとし、病気の癒しや奇跡を否定したりする牧師からは、聖霊を受けられないと知るべきです。

＊＊ですから、クリスチャン自身が第３の義に成長するためには、自らの責任において「救いの第一原則」を真剣に学び取らなくてはなりません。

洗礼者ヨハネが主導した「水のバプテスマ」は、当時、律法から離れたユダヤ人を「悔い改めさせ、神を主とする信仰に立ち返らせる」ための手段でした。人の子イエスがまだ生きていた時の出来事であり、「イエスをキリストと信じること」とは直接の関係はありません。そして、その役目「キリストへの道を整えること」は２０００年前に終了しているのです。

主イエスの「十字架の死と甦り」以降においては、なおさら水と「聖霊を受けること」とは無関係です（使徒18：24節〜19：7節）（別著『パウロの目からウロコ』シリーズ第7巻『洗礼＝水のバプテスマの意味。』参照）。

聖霊（のバプテスマ）の性質

「ヨハネ」14：16　私が父に祈ると、父は**もう一人の助け手**をあなたがたに与え、その方がいつまでもあなた（がた）と共にいるようにして下さいます（仲保者イエスの働き）。　14：17　その方は、**真理の御霊**です。世は彼を見ず知りもしないので受け入れません。しかしあなたは知っています。その方はあなたと共に住み、あなたのうちにおられるからです。

15：26　しかし、私が父のもとから送り出す**助け主、すなわち父から出る真理の御霊**が来ると、その**御霊が**私について証しをします。

16：13　しかし、真理の御霊であるその方が来ると、あなたを全ての真理に導いて下さいます。御霊は自分の権限で話すのではなく、聞いたことを何でも話すのです。また、やがて起ころうとしていることをあなたに告げるからです。

「ｌヨハ」５：６　この方こそ、水と血によって来られた方、すなわちイエス・キリストです。ただ水（悔い改め）によってだけでなく、水と血（悔い改めとそれに続く血の契約）によって来られたのです。そしてこれを、証しをするのは**御霊**です。**御霊は真理**だからです。

「エペソ」４：15　しかし、愛をもって**真理を語る**ことによって、全ての点において、かしらなるキリストに成長することができます。

４：21　もし本当に、あなたがキリストに聞き、キリストから教えられたのならばです。まさしく**真理がイエスにある**のですから。

「ヘブル」10：26　もし私たちが、**真理の知識**を受けて後に、故意に罪を犯すならば、もはや罪のためのいけにえは残されていません。

「ヤコブ」１：18　父はご自分の意志で、**真理のことば**によって私たちを生み出されたのです。それは、私たちが被造物の初穂のようになるためです。

「ルカ」12：12　聖霊がその時々に、何を言うべきか教えて下さるからです。

「ヨハネ」14：26　しかし、**父が私の名によって遣わされる助け主、聖霊**は、あなたに全てのことを教え、私があなたに言った全てのことを思い起こさせるでしょう。

「使徒」６：10　しかし彼らは、彼が知恵と**御霊によって**語っていたので、それに対抗することができなかった。

「ローマ」８：２　なぜなら、キリスト・イエスにある**いのちの御霊の律法**が、私を罪と死の律法から解放してくれたからです。

「ｌコリ」２：13　この賜物について私たちが話すのは、人間の知恵が教える言葉ではなく、**御霊が教える言葉**によって、**霊的なものを霊的基準に比較しながら語っている**のです。

働き（助け主）。３つの務め

クリスチャンを

1. 祭司とする。霊の導き。霊の交わり
2. 預言者とする。知恵の言葉の教え
3. 王とする。天の権威による全てに対する勝利者

宿り

「ローマ」８：９　もし、本当に**神の御霊**があなたのうちに宿っているのなら、あなたは肉の中にいるのではなく、**御霊の中**にいるのです。もし、キリストの御霊を持っていない人がいれば、その人はキリストのものではありません。

８：11　しかし、イエスを死者の中からよみがえらせた方の御霊が、あなたの**うちに宿っている**なら、キリスト・イエスを死者の中からよみがえらせた方は、あなたの**うちに宿っているその御霊によって**、あなたの死ぬべきからだにもいのちを与えて下さるのです。

「Ⅰコリ」３：16　あなたは神の神殿であり、**神の御霊があなたに宿っておられる**ことを知らないのですか。

保証

「ヨハネ」15：26　しかし、私が父のもとから遣わす助け主が来ると、すなわち父から出る**真理の御霊**が、**私について証し**します。

「エペソ」１：13　キリストにあってあなたもまた、**真理のことば**、すなわち、あなたの救いの福音を聞いてから、この人を信じたことにより、**約束の聖霊で証印を押され**たのです（契約が有効になった）。

１：14　その聖霊は、私たち（血の代価で買い取られた神の民）の贖いに至るまで、**御国を相続することの保証**であり、神の栄光がほめたたえられるためです。

４：30　また、あなたは、贖罪の日のために**証印を押された**神の聖霊を悲しませてはなりません。

「Ⅱコリ」１：22　神はまた、確認の封印を私たちに押し、**保証として**、**御霊**を私たちの心に与えて下さいました。

助け（とりなし）

「ローマ」８：26　同様に、御霊もまた、私たちの弱さを助けて下さいます。私たちは、何を祈るべきかを知らないのですが、御霊ご自身が、言葉にできないうめきをもって、**私たちのためにとりなして下さる**からです。　８：27　さて、人の心を探られる方は、御霊の心が何かをよく知っておられます。なぜなら、**御霊は神の御心に従って**聖徒のために**とりなしをなさる**からです。

「使徒」20：28　あなた（がた）は自分自身と全ての群れとに気を配っていなさい。聖霊は、神がご自身の血をもって買い取られた神の教会を牧するようにと、あなた（がた）を群れの上に監督者として立てたのです。

真理に導く

真理とは神様との正しい霊の関係性＝救いの法則。

「Ⅰコリ」２：10　しかし、神は**御霊を通して**それらを私たちに明らかにされたのです。**御霊**は全てのことを、そう、神の深いところを探っておられるからです。　２：11　その人の内にあるその人の霊の他、誰が人のことを知ることができようか。それと同じように、**神の霊**の他には、誰も神のことを知らないのです。　２：12　さて、私たちがこの世の霊ではなく、**神からの御霊を受けた**のは、神から私たちに（自由に与えられているもの）を、私たちが知るためです。

２：13　この賜物について私たちが話すのは、人間の知恵が教える言葉ではなく、**御霊が教える言葉**によって、**霊的なものを霊的基準に比較しながら、語っている**のです。

「コロサ」１：８　また、**御霊によってあなたの愛を**私たちに宣言して下さった方です。　１：９　ですから、私たちも、これを聞いたその日から、あなたがたのために祈ることをやめず、**あらゆる知恵と霊的な理解とをもって、御心の知識に満たされるように**と、お願いしているのです。

「Ⅰテモ」４：１　さて、**御霊**は、後の世には、惑わす霊や悪霊の教義に心を寄せて、信仰から離れる者がいると明言しておられます。

天の権能にあずかる

「エペソ」３：16　父は、その栄光の富にふさわしく、**御霊を通して**、あなた（がた）の**内なる人を力強くして**下さいます。

２：18　このキリストによって、私たちは両者ともに**一つの御霊によって、父に近づく**ことができるのです。

第8章　クリスチャンが犯す霊的罪とは
――神様の性質を正しく知らないことが「不義・パラプトーマ」

旧約聖書・ユダヤ教の「裁きの神」

私たちがまずキリスト教の常識として教えられるのは、ユダヤ教・旧約聖書の神とは「裁きの神」であり、一方のキリスト教では「愛・憐れみの神」に変わったという、**神様の性質についての変節論**です。そして、イエス・キリストの愛にすがること（キュリオス論）を信仰基盤として礼拝に臨んでいます。

確かにイエス・キリストの十字架の死による「罪の赦しと贖い」という大きな働きを、クリスチャンは信じているわけですが、そのことによって人間に対する「神様の性質が変わる」のですか？　その「愛の神に変わったこと」を信じているのですか？

旧約聖書・新約聖書双方の、神様についての記述によれば、『永遠に不変』です。

そうであれば、「裁きの神」から「愛・憐れみの神」に変わったとする解釈が間違っているとしなければ、神様に対する信仰者の義の筋が通りません。

それ以上に、神様の性質を勘違いし、その告白を続けていることは、霊の視点では、神様の真実よりも自分の解釈を正しいとする不義になります。そして、その勘違い解釈を元にして、さらにサタンの惑わしを受けやすくなるので、とても危険な状態です。

ですから直ちに悔い改めて、正しい理解を求め、霊の関係性を正さなくてはなりません。

神様の本質は永遠に不変です。

「詩篇」102：27　しかし、**あなたは不変であり、**あなたの歳月に終わりはない。

「マラキ」3：6　私は【主】である、**私は変わらない。**～～～。

「ローマ」11：29　**神の賜物と召命は、取り消すことができない**（変わることがない）。

「ヘブル」1：12　～～～。しかし、**あなたは変わらず、**あなたの歳月は尽きません。

「Ｉペテ」1：23　あなたは、朽ちる種からではなく、朽ちない種から、**永遠に生き続ける神の言葉によ**

って、**新たに生まれ変わった**のです。
１：25　しかし、**主のことばは、永遠に続く**とあるからです。これがあなたに宣べ伝えられた福音の言葉です。

これら以外にも「**とこしえ**」という単語によって、そこに書かれた内容が「**神様の性質として永遠に変わらないこと**」を表現している箇所が多数あります。

それならば、神様に対して忠実な者であるべきクリスチャンならば、「変わったように見える神様の性質」を「**変わらないもの**」として、**解釈し直さなければならない**のです。そのためにはどうすれば良いのでしょうか？

当然の順序として、まず新・旧両聖書から神様の性質を拾い出さねばなりません。しかし、聖句引用は控え、性質のリストアップに留めます。

・万物の創造者。絶対的権威を持つ霊。
・「ことば」によって無かった事象を存在させる全智全能の方。
・永遠に変わらぬ一貫性を持つ方。
・罪とは一切係わりを持たない方。
・偏り見ることなく、公正・公平である（横並びという意味ではない）。
・自らの定めた規則に忠実で、偽ることは絶対にない。「神の言葉」は真実であり信頼できる。
・霊である神は、人に対して霊の義＝忠実さを要求する。霊性を成長させるために、愛する者を「訓練」する（試練ではない）。
・人の自由意志をどこまでも尊重し、その人が口にする言葉を実現させる。
・慈しみ深く、愛である方。祝福・癒しをもたらす方。
・怒るのに遅く、憐れみ深い《試練は〔信仰をなくさせるため〕にサタンがもたらすもの。神様はそこから抜け出す道を備えて下さる。憐れみ》。
・ねたむほどに、人を愛しておられる《偶像礼拝の禁止》。
・人の死後、厳しく霊的基準を当てはめてその人の信仰「義」を評価し、天での居場所が決められる《個々人の霊性に対する正当な判定を下す》。
・信仰者に対して、真実に祝福で応えて下さる。

この他にもあまたの、人智の及ばぬ宇宙の摂理があります。

旧約聖書は、救世主キリストが人間イエスとしてこの世に誕生するまでの、神様の「人類救済計画」が、ことの初めから書かれているもので、その時代時代に神様が預言者に霊感を与えて記録させた書物です。

その骨子は、将来に実現する救済計画〔「創世」３：15節　彼は、おまえの頭を踏み砕き、おまえは彼のかかとにかみつく〕を完遂させる神様の意志に対して、それを妨害するサタンの攻撃との狭間で、イスラエル民族が**信仰を保てなかった故に、苦難を味わわされた**ことと、彼らが**信仰に立ち返った時に奇跡によって救われている**ことが一貫して書かれています。

つまり、「創世」３：15節で、神様が女の子孫とサタンとの戦いを宣言して以来、サタンは女の子孫イエス・キリストが生まれないようにと、セツの子孫イスラエルの民にあらゆる攻撃を仕掛け、救世主キリストが人間としてこの世に生まれないように、多くの試練をもたらして苦しめ続けたのです。

このサタンの攻撃に対し、神様はイエス・キリストをこの世に誕生させる血統の民としてのイスラエル民族を〔守りの柵囲い〕の中にいさせるため、その条件としてモーセの十戒をはじめ、律法を定めて守らせるようにしました。

そうしなければ、サタン・悪霊の汚れが入り込んで堕落した民となり、神様の目的としている「聖なる血統」が守れなくなり、最悪イエス・キリストを誕生させることができなくなる可能性があり、その存在意義が失われるからです。

＊そうならないために、**背く人々に対しては**厳格に「**裁き**」を下して、律法に従う者になるようにしなければなりませんでした。

旧約聖書の多くの苦難の表現は、《**神から離れた不義の者が受けた報い**》です。一方、《信仰者には祝福を受け取らせて》います。

ここで、この神様のイスラエル民族に対する態度が、「**契約によるもの**」だと正しく背景を知らなくてはなりません。割礼の民（契約者）でありながら、不信仰（契約の義務を守らない者）だったから、「（サタンからの）契約の呪い」を報いとして受けてしまったのです。

つまり、人々が苦難に遭遇しているのは、**彼らが不信仰だったから**であり、その民に対する裁きが記録として書かれているのです。そして、信仰者が「とばっちりを被っている」のであって、神様は**人々の信仰の有無に正しく対処している結果**なのです。ですから、ここで信仰者には苦難から「逃れる道」を準備しています。

＊＊従って、「裁きの神」だけではありません。それも「信仰者が苦難を負わされたのではありません」。旧約聖書に書かれている多くは、イスラエル民族の霊的反逆に対するものです。ここに勘違いの根源があります。

言うまでもなく旧約聖書とは、初めになされた古い契約にまつわる記録であって、その目的はアダムの背反による原罪を負わされた人類を、神様がその咎から贖い出す「壮大な計画」に対して、神様の定めた律法を守ることによって、サタンの攻撃の被害を受けずに済むように、神様が自分の民を守るための基準でした。

その霊的必然性の背景は、アダムが神様への背反により、自分に与えられた地球上の支配権を持ったまま、サタンの支配下に移ってしまったので、サタンはその地上の支配権を我が物（法律的にサタンの所有物となった）とし、思いのままに人々に災難・苦しみ・試練をもたらすようになっていた（「創世」3：17節　土地は呪われてしまった）からです（別著『パウロの目からウロコ』シリーズ第5巻『アダムの原罪とは何か。』参照）。

時空を超越する神様には、アダムを創造した時点で、将来の人間たちがサタンに苦しめられる社会になるのは既知です。ですから、その状況を「不憫に思い＝憐れんで」、原因となっている「アダムの原罪」を取り除く救霊の措置（「創世」3：15節）を計画し、信仰者アブラムを選び出して、「名を変えたアブラハムとの契約」として具体的にスタートさせました。

＊しかし旧約聖書・ユダヤ教には、人間の側に問題がありました。それはイスラエル民族といえども、「原罪を背負った人間」であることです。神様はそんな不義の人々を、義にみなして扱わねばならないのです。

この霊的扱いを、アブラハム（旧名アブラム）の契約から確認しましょう。

それは《アブラハムが信仰者である》とはいえ、まだ人類がアダムの原罪の咎の下にあり、神様に対しては完全に義の状態ではなかったため、神様は一方的にアブラムに対して半強制的な契約とせざるを得ませんでした。アブラムはいけにえを捧げて、その血によって潔い者とされたのです（「創世」15：8～18節、その日主はアブラムと契約を結んで仰せられた）。

本来、契約とは相互の立場が対等の関係でなければならず、この点で古い契約は、人の側の立場が「みなしの

義」であって、神様と違いすぎていて、変則的な形の契約なのです。

しかし、イエス・キリストをこの世に生まれさせるためには、アブラハムの子孫としてのイスラエル民族を何としてもサタンの攻撃から守り、**罪の滅びから免れさせて世代を重ね**させねばならず、悪霊の汚れが入り込むことを絶対に阻止しなければなりませんでした。

それが「**全能の神**」の立場で、アブラムに臨んだ姿の霊的必然性です（「創世」17：1節）。

すなわち、**神様が主体者として、人に従順さを求めた契約**です。

このように、イエス・キリストの血による、罪の贖いが完成する新約時代になるまで、イスラエル民族全体をサタンの攻撃から守るため、〔**半強制的に神様との契約を成立させる必要があった**〕ので、そのため、生後8日目という生まれたての赤ん坊で、自我も何もない時に、神様のほうから一方的に「神のしもべ」としてしまう契約を結び、その証拠として「割礼」を施すようにイスラエル民族に命じたのです。

従って、正しい契約の要素である「お互いが対等の立場」ではない、半強制的な本来あるべき姿ではない（納得して同意したのではない）契約を成立させています。

だから、信仰がない／薄いユダヤ人にとっては、割礼は自分の意志によるものではないので、その契約を守らせるためには、なおさら**律法という規律で縛る**ことが必要でした。そして律法を破ると、**必ず罰せられる**ことが付随し、強調されたのです。

ユダヤ人が生まれて8日目に割礼を受けるという手続き（しるし）をもって神と成立させたこの契約は、対等の関係（自由意志による信仰）はなく、神様からの一方的な指示に従うことで成立したという、言わば人間側には自主性の感じられないものです。

そのため、人の感性として、自らを規制する自発的意志があって成立した契約ではないため、どうしても「神からの律法」に対して、そこから外れる行動に陥りがちな生活であったことは、当然に予想できます。そして、神様の側からは、その逸脱を止めるために**裁きの指示を出さざるを得なくなる**のです。

■裁きの神とされた側面

旧約時代の神様の立場では、原罪の咎の下にある人類はサタンの所有物なので、サタンの意志を無視して、神様が直接的に人類に対して神の力を出す（与える）ことはできません（公正・公平な方なので、神自らの規則を破ることはできないからです）。

そんな状況の中で、神を主として従うべきイスラエル民族を、霊的に聖く保ち続けなければならないので、神様は人の目から見ると、とても厳しい態度を示さなくてはならない場面が多くありました。

しかも、イスラエル民族自体も心から神様を慕っているのではなく、押しつけられた律法にいやいや従っているような生活態度であったので、神様は多くの預言者を通して神の指示を下し、祭司を立てて民の罪を贖う燔祭《はんさい》をさせることで、なんとかダビデの子孫によってイエス・キリストを人の子として誕生させることができたのです。

このように旧約聖書は、イスラエル民族の反抗と、他民族からの攻撃に対する神様の苦心の対応の記録であり、一見すると、とても冷徹かつ厳しい規則の神で、厳罰をもって人を裁き、人を人とも思わぬ恐ろしい存在であると理解しがちです。

特に「ヨブ記」を**霊的に読み解かなければ**、この解釈が正しいかのように**間違ってしまいます**。

ヨブ記の主人公ヨブは、全く「良い行いに徹した善人」でした。しかし、この正しさは**人間的な善意**の行動による結果です。彼の善行の根拠、すなわちヨブ記1章の彼の信仰とされることの本質は、「誰彼を問わず懲罰を下すと勘違いした〔**神への畏れ**〕」でした。

ここで「良い行い」を、私たちが**全き信仰と解釈してしまうことが間違い**なのです。信仰によらずとも良い行いを実行することができます（ヨブの生活態度）。

行いが信仰心によるものでなければ、天からの祝福には至りません。

つまり、ヨブは「信仰者には祝福を」とする神様の性質を悟らず、**噂**で聞いていた厳しい懲罰を「**恐れの信仰**にしていた」ので、神様は彼の勘違い信仰の通りに、**恐れの主であるサタン**に引き渡さざるを得なかったのです（神様は公正な方です）。

想像を絶する苦難はサタンがもたらしたものですが、それは「ヨブの**恐れの信仰**が招いた結果」です。

しかし神様がサタンに**歯止め**をして、ヨブを守っていることを彼は知り得ません。ヨブ自身が、神様に対する「敵対的評価」を、苦難の中で延々と3人の友に向かって述べている通りです。さらに彼は、神様に「助けを求めていない」のです。つまり、信仰者ではなかったと判断しなければなりません。

ヨブ記最終章で、**彼は自分の神認識が間違っていたことを悟り、「恐れの信仰」を悔い改めた**ので、〈霊的に正しい者＝義人〉とされました。その結果、祭司の働きを任命され、３人の友人の不義（正しくない信仰解釈）をとりなして彼らの生命を救い、その後２倍（信仰者が受ける量）の祝福を当然のこととして受けました。

この神様の取り扱いは、気まぐれな神なのではなく、**ヨブがそもそも「勘違いの信仰もどき**（霊的不正）」だったからであり、私たちが**聖書を霊的に読まないからこその、天地逆さまの解釈間違い**をしているのです。

全能の神様は、全ての人を愛しつつ、しかしサタンに属する正しくない考え、事、物、人を退けます。従って人のほうで「祝福」か「呪い」かを選び取るのです。

＊全能の神様をどのように解釈しているかが、信仰としての「その人自身の霊的立場」を祝福から苦難へと、極端までに揺り動かす原因であることを、ヨブ記は教えているのです。だから、**絶対的に正しい知識を持たなければなりません。**

このように、霊の救いにおいては〈信仰の正しさ〉が絶対基準なのであって、**愛の神という本質は全く変わっていません。**しかし、人が「救い」を勘違いしているなら、それが霊的不義となり、その結果については本人の責任なのです（別著『パウロの目からウロコ』シリーズ第３巻『あなたこそ現代のヨブである。』参照）。

この救霊計画の霊的事実を正しく理解するためには、新・旧両聖書を数回通読して、霊的感性を研ぎ澄ます必要があります。

特に創世記1～3章を言葉通り精細に読解しなければなりませんが、悲しいことに、歴史的に創世記は神話的物語だからとか、作り話だとかの認識で捉えていて、日本のクリスチャンの大半が神様の真の意図を理解できていないのです。これも不義です。

■旧約聖書の神が「裁きの神」となった原因

「裁き」は「憐れみ」の対極として顕れた結果ですが、どちらも不信仰に対するものです。

旧約時代は、人類はアダムの原罪の咎を背負わされた状態で、サタンの支配下に置かれていたから、神様は祝福を与えたい「神の側に付くべきイスラエル（ユダヤ）民族」に対しては、その手段が「義とみなす憐れみ」しかありませんでした。

具体的には、「祝福を与える**契約**として**割礼**で**血**を**流させたこと**」です。その血によって不義（罪）を贖わせ、「義とみなした」のです。そして、「律法を守らせて彼らの生活信条を、罪から離れさせ」ました。しかし、厳密には信仰ではありません。**行いそのものは神様との関係性とは別物**だからです。

＊旧約時代の信仰者とは、「**聖書の祝福の約束を我が身に当てはめ**」て、その行動を取る者です。その結果、祝福が与えられるのです。

「申命」28：1　もし、あなたが、あなたの神、【主】の**御声に熱心に従い**、私が、きょう、あなたに命じる主の全ての**戒めを注意深く守り行うなら**、あなたの神、【主】は、地の全ての国々の上にあなたを高く置かれるであろう。

28：2　あなたがあなたの神、【主】の御声に**聞き従うから**こそ、これらの**祝福が全てあなたの上に訪れ**、**あなたを覆う**であろう（3〜13節まで祝福の種類が書かれています）。

＊他方、神を【主】とせず反逆する人々には、**サタンによって呪いが現実に降りかかる**のを、神様は赦さざるを得ないのです。十字架以前の原罪を負っている人類はサタンの支配下にいるので、サタンがどう扱おうと神様は手出し・口出しできません。

だから神様は、「正しい信仰を持たない人への対応」では、サタンの要求に応じざるを得ないのです。これが神様の正義＝公正・公平さです。

「申命」11：26　見よ。私は、きょう、あなたの前に、**祝福とのろいを置く**。

11：27　もし、私が、きょう、あなたに命じる、あなたの神、【主】の命令に聞き従うなら、祝福を、（前掲28：1〜13節）。

11：28　もし、あなたの神、【主】の命令に聞き従わず、私が、きょう、あなたに命じる道から離れ、あなたの知らなかった他の神々に従っていくなら、**のろいを与える**（サタンに渡され、その攻撃を受けることになる）。

「申命」28：15　もし、あなたが、あなたの神、【主】の御声に聞き従わず、私が、きょう、命じる主の全ての命令とおきてとを守り行わないなら、次の全てののろいがあなたに臨み、あなたはのろわれる（「申命」27：15〜26節、28：16〜68節に、具体的な罪と呪いが羅列されています）。

イスラエルの民が、頑なで不信仰であったことが嘆きとなって書かれていますが、この祝福の対極である呪いを苦難とし、「神が試練を科したもの」と解釈するから、「**裁きの神**」という**勘違い**となるのです。

＊すなわち、神様の**不信仰者への対応**を、信仰者が負わされる**試練**だと「**聖書を読み間違えている**」結果です。この勘違いが「現代のヨブであるあなた」です。

人が**サタンの支配下にある旧約時代**の世界では、神の民として霊的に**義とみなされて**神様の前に立てるためには、毎年祭司による燔祭により、動物の血による清めを受けなくてはならず、イスラエルの民が存続していくためには、そのような律法を守らせるしか神様にとって手段はなかったのです。

そのため、霊的な戦いとしてサタンの攻撃からイスラエルの民を守る必要から、律法を厳格に守らせる規則の神として、厳しく容赦のない怒りの神であると誤解してしまうほどの導き方をしなければなりませんでした。

しかしその顕れは、あくまで〔不信仰者への対処の結果〕です。

サタンの支配下にある異邦人との戦いでは、霊的にサタンに属するものを全て廃棄しなければ、その悪霊の影響を必ず受けてしまい、イスラエルの民が清い者でなくなってしまうからです。それほどまでに**不信仰と戦わねばならなかった霊的背景**があったのです。

しかし神様は、人からの「救われたい」と願う意志表示を、**信仰として受け取るべく**待っています。そして、彼らの信仰を見て神様は「義とみなして」、主として「憐れんで救って下さった」のです（人はまだサタンの支配下に置かれています）。

このように旧約聖書時代とは、**人の霊的立場**が「原罪を負わされて不義だった」**状態**なのであって、「**義**」を基準とする**神様の霊的取り扱い**を、〔人間の感性の範囲で理解しようとする〕から間違うのです。

新約聖書・キリスト教の「愛・憐れみの神」

これに対し、新約時代になると、神様は全てを赦す愛の神に変わった、などと言っていますが、神様の性格は永遠に不変で、公正・公平・義の方であり、旧約時代も新約時代も変わったわけではありません。それなのになぜ、性格が変わったように感じられるのでしょうか？

それはただ一つ、イエス・キリストが全人類の代表として、十字架の上で血を流し、「死ぬことで原罪の償いをした」ので、全人類の霊的立場が「サタンの支配下」から、「神様に対して罪を持たない第1の義」に移されたからです。

この「義」は、人が信仰を持つ／持たないに関係なく置かれた前提条件としての人の霊的立場であり、そもそもあるべき姿（創造時のエデンでのアダム）です。

その後、神様はイエス・キリストを死から甦らせてサタンに勝利し、サタンに奪われていた地上の支配権（アダムに与えたもの）を取り返しました。そして、天に凱旋したイエス・キリストを主として信じるクリスチャン（第2の義）を、神の子と定めて、イエス・キリストが取り戻した地上の支配権をクリスチャンに与え、クリスチャンが「イエス・キリストの代理者」として、その権威を行使できるようにされたのです。

ちなみに、この権威の力を１００％信じるのが「聖霊のバプテスマ」ですが、新約聖書からイエス・キリストの働きをきちんと学び取って知識として蓄えていないと、正しく求めることができません。「罪の悔い改め」の告白では、聖霊を受け取れません。

このような神様の期待に応えるべく、クリスチャン自体が聖霊により、神の力を発揮できるようになり、自らが自分や隣人のために神様の守りを堅持し、祝福を受け取ることができる第3の義として行動するから／するなら、神様に対する人の霊的立場が「第2の義」から「第3の義」になっているから、旧約時代のように律法を厳格に守らせる指示は不要になったのです。

従って新約聖書では、第一の戒めとしての十戒は、クリスチャンならば当然守るべきことであるので、イエス・キリスト以降には強調する必要はなく、隣人を自身のように愛せよという戒めが与えられたのです。

西暦紀元の霊的意味。ＢＣからＡＤへの飛躍

紀元前と紀元後を区分する十字架の目的は、言うまでもなく『人々の罪を取り除くため』でした。

アダムの原罪の咎を負わされた全人類を救う計画として、神様は信仰者アブラハムからユダヤ民族を興し、イエス・キリストへの血統の民としました。

旧約聖書では、サタンの支配下にある原罪を負った人々を憐れみ、神様の祝福のうちに留めるために、ユダヤ民族を何としても「義にしなければ」なりませんでした。これが「みなしの義」です。

そのための契約のしるしとして割礼を受けさせ、「義と**みなされる霊的立場**」に置いたのです。人々はまだサタンの支配下にいるので、神様は彼らの霊的立場を「正当な義」とすることはできません。

そして時が満ち、独り子イエス・キリストを世に生まれさせ、全人類が負っていた原罪をその身に負わせ、彼の「生命と血」によって罪の咎の支払いをしたので、全人類の霊的立場を、「罪を犯す前のアダムの立場」に戻しました。これが「第**1**の義」です。

エデンの園での、アダムに対する「神である主」の応答は、〔アダムが言う通り＝**自由意志**〕**を実現させています**（創世2：10～29節）。

神様のこの取り扱いは、人が「**自由意志**で、神を主として礼拝する「**信仰**＝第**2**の義」に進むか」どうかを、自分で決めさせるためです。しかし、そのためには「霊的罪を持っていない」という、神様の絶対条件を満たした「第**1**の義でなければ」なりません。

「イエス・キリストを信じる」のも、「信じない」と言うのも、その人が「口にする言葉」を信仰告白として、神様はそのまま受け入れて対処します。これが神様の筋の通し方です。

従って、イエス・キリストの十字架の死による血の贖いによって、全人類の霊的立場が、旧約聖書時代の「原罪を持つ不義の霊的立場」から、「第1の義」に移されています。

この「**霊的有罪**」から「**無罪**」への、全人類の霊の立場の**変化**こそが、人類文明史上の転換点（中心）として、西暦年号が呼び変えられているのです。

ＢＣ：紀元前時代（Before Christ）
　サタンの支配（原罪を負い神から離れた者）。
→
原点：イエスの十字架（Crucified Jesus）
　サタンの権威・死を打ち砕いた。
←
ＡＤ：紀元後（Anno Domini）
　無罪の者として神の前に立てる立場（第1の義）。

地球規模で西暦紀元が使用されているのは、イエス・キリストの贖いが全ての民族にまで及んでいることの証です。

　そして次に、イエス・キリストを救い主と信じるなら、「神の子とされる第２の義」への**霊的跳躍**が備えられているのです。

　この変化を譬えるなら、〔芋虫が蝶に羽化する〕変態と同じです。もはや、地上を這いずり回るのではなく、大空を自由に飛ぶのです。

　しかしこの時、「救いの真理」を正しく学んでいないと、せっかくきれいな羽を持ちながらもそれを用いず、枝葉の上を羽化以前のように這い回ること（罪の赦し）しか思いつきません。

　クリスチャンに**生まれ変わったことの**、**霊的行動を取らない失格者**になるのです。

　それは「救われた」と言いながら、ユダヤ教の価値観で「罪の悔い改め」を信仰としているからです。蝶になったことの自覚と自信を持たなければなりません。それが「第３の義」への跳躍～成長です。すなわち、クリスチャンは、サタン・悪霊の存在とその活動に対して、正しい知識を持ちサタンの仕業を打ち壊し、悪霊の追い出し、病気の癒しを行わなければなりません。


主イエスは、その神様の御心・目的を実際に行うことで、当時の人々に霊の力の出し方、使い方を示しました。さらに、十字架による血の贖いと罪の赦しによって、クリスチャンは神様の前に罪のない神の子・義として立てる者であり、従って、祈ったことは必ず聞かれるという、確固たる信仰への自信を構築しなければなりません。

　聖書から導かれる「信仰の時間軸」では、記録された人類の歴史として、イエス・キリスト誕生までの４０００年の〔律法の時代＝みなしの義〕が、「紀元前時代(Before Christ)」です。

　この期間を経て、次に新しくキリスト教として〔救いの福音〕を異邦人に伝えた「紀元後（Anno Domini）２０００年～」は、ユダヤ教をベースとした契約論を知らない異邦人でも、イエス・キリストを信じることで「救いに入った**確信・義認**＝初歩的信仰という実績（第２の義）」を造る必要性として、〔神様の側の義の要件〕としてあったと言えるでしょう。
＊異邦人が、ユダヤ教の唯一神である全能の神様との「霊の関係性」を、〔血の契約として理解するまで〕は、この「**初心者レベル教理**」を**基礎にして育てられなけれ**

ばならないからです。

つまり、全世界の異邦人（ユダヤ人以外）に、〔福音として〕《割礼という契約手段によらず》、唯一神の「救い」を理解させるには、２０００年という宣教期間が必要だったと言えます。

しかし、それは人の側での「**知性・霊性レベルの低さ**」故に、『初心者教理』を**神様が忍耐された期間**です。人が何をどこまで信じるのかの、自由意志の結果だからです。

＊しかし21世紀に入り、神様にとっての完全数、第7番目の千年期「ミレニアム」が始まったと解釈すべき時代に入りました。聖書で預言されている終末期の予兆が見え始めている現在、〔天に凱旋することを信じるクリスチャン〕は、その霊的背景の中で「信仰の完成」に入らなくてはならない状況に置かれていることを自覚しなければなりません。

それは死んでからの天国を意味しているのではなく、**今生きている地上**で、サタンの仕業を打ち壊し、病気を癒し、悪霊の追い出しをして、自分から「天の御国の祝福」を、実生活で実現しなければならないことです。

この「聖霊による第3の義」の実現が、現在のキリスト教には欠落しているのです。

近い将来、イエス・キリストが「空中再臨」して、本来の義のクリスチャンが天に挙げられた時から、次の新しい西暦元号が始まることになるでしょう。

人の霊的立場が、また違うステージに変化するはずだからです。これが何と呼ばれるか、そしていつなのか、人には分かりません。神様のみがご存じ（永遠性の中の既知）です。

第1部まとめ
現代キリスト教の霊的欠落
――キリスト教教理から、霊的根拠「血の契約」が抜け落ちた原因

ルターの宗教改革を起点とし、その旗印「信じること」を命題教理とした現代プロテスタント教派のテキストとなった「ガラテヤ人への手紙」の書かれた背景を、そもそもの原点であるパウロの視点で捉え直してみましょう。

十字架にすがりつくキリスト教

パウロの「ガラテヤ人への手紙」の主張をその記述から解明していくと、『**ユダヤ人の割礼要求を否定し対抗するため**』に、異邦人の持つべき「信仰における**神様との関係性の確証**」を次のようにしたことになります。

1. キリストの死による贖いの**十字架**を「愛と贖いのシンボルとして信じさせ」、「**割礼**」という古くなった「ユダヤ教の神様との関係性」の証拠を否定し、かつ対抗させせました。十字架で「流された血」は全人類の罪を贖いましたが、究極の霊的救いは「神の子となる血の契約」です。しかし、当時のパウロは「ユダヤ人にせ兄弟対策」として、絶対に「**契約によらない根拠**」にしなければならなかったのです。そして、この論理展開から、十字架を見上げてその下にひざまずくのが「敬虔さ」になってしまいました。

＊しかし本当のキリスト教は、死から甦って天に挙げられたイエスによってこそ、天の権威にあずかることができるのです。「十字架の死」は、信仰への前提条件として人々の霊的立場を、〔**第1の義**＝罪を犯す前のアダム〕に贖い戻しただけです。逆説的言い方として、神様はここで「個々人の信仰」を要求していません。

この状況にあるのは、神様が原罪を負わされた全人類の**魂を「憐れんで」**なされた業だからです。**憐れみとは**神様の一方的な愛による前提条件〔第1の義〕です。

2. パウロは信じる道筋について、この《「**憐れみ**」という**神様からのアプローチ**》によって、「霊的関係が成立する」とし、「恵みを賜る上下関係で従う立場」としたのです。従って、「**信じるだけ**」で良いことになり、「契約によらない」ので、人の側では義務も発生

しないことになります。キリストの働きを「信じて義と認められる」のは、「入信＝第2の義」です。

＊しかしこの霊的状態は、いわゆる偶像礼拝の宗教と同じで、平身低頭して頼りすがりながら、保証のない望みを抱いているだけですが、異邦人にとってはかえって受け入れやすい宗教価値観です。

日本人の民族性（八百万の神）が醸成した現在の日本のキリスト教が、まさにこの通りです。そもそも、キリスト教として日本に伝来した時点から既に、ここで言う「異邦人に分からせるためのパウロの説明の仕方《憐れみ・選び》」がキリスト教として宣教されてきたのです。

3．それは「信じるだけ」で、自分からは何の「信仰の行いをしない」死んだ信仰でありながら、その《勘違いを分からないでいる霊的幼児性》となって現れています。この間違いは、ルターがローマカトリックに対して宗教改革を要求した時、その目的「偽教理の行いを否定したこと」が、そもそもの発端です。

＊ルターの主張が、プロテスタント教理のキリスト教として発展したのですが、それは「信じること」への霊的根拠（関係性への神様の確約）がないまま、信仰の行い（霊的権能）も教理から外れた無力な宗教として、「憐れみを乞い願う祈り」を続ける結果となりました。

＊＊義である神様は、人に対しても「義であること」を必須要件としています。それは、神様・主イエスに栄光を捧げることであって、それは御言葉の約束（奇跡）を信じる者の「信仰の行い」によって聖霊が働いた結果によるのです。自分を卑下して「すがりつき頼る」こと（他力本願）ではありません。

＊約2000年前に、ガラテヤ地方のユダヤ教会堂で始まったキリスト教宣教の実態を、現代キリスト教が解釈間違いしていること、つまり、

1．ガラテヤ人が割礼を信仰根拠「神様との関係性」にする間違いを矯正するための、

2．パウロの言葉遣い「信じるだけ」を、

3．「キリスト教の真理」としてしまった勘違いに対して、

「ヤコブの手紙」は現在の私たちに与えられている「矯正書」です。だからヤコブも、私たちを「愚かだ」と評価しています。

「ヤコブ」2：17　このように、信仰もまた、行いを伴わなかったなら、それ（信じる）だけでは、死んだものです。
2：20　しかし、**愚かな人よ。**あなたは行いのない信仰が死んでいることを知りたいですか？（ここで言う**「信仰の行い」**とは、その結果が「神様・主イエスの栄光となるもの・聖霊の働き〈奇跡〉」のことです。実生活での良い行いは、信仰によらずともできます。世の善行者が全て信仰者であるとは言えません）。
2：21　私たちの父アブラハムは、その子イサクを祭壇に捧げた時、**行いによって義と認められた**のではなかったか。　2：22　彼の**信仰は彼の行いと共に働いたのであり、その働きによって信仰が完全なものとなった**ことが分かりますか？　2：23　そして、「アブラハムは神を信じたので、それが彼の義とされた」という聖句が成就したのです。そして彼は（神の友）と呼ばれました（対等な義の立場）。
2：24　このように、人は信仰だけでなく、**行いによって義とされる**ことが分かります。
2：26　霊のない肉体が死んでいるように、**行いのない信仰もまた死んでいる**のです（聖霊による働きがない者のことです）。

このヤコブの警告は、クリスチャンとしての知性と霊性とが「第3の義」に至っていないからです。「**血の契約」に基づいて聖霊を受け、信仰の行いをして、天の父なる神様に栄光を帰す結果を捧げるのが「第3の義」**です。

神様の視点では、「信じるだけの第2の義」では不十分なので、キリストの身丈にまで成長することを「契約の義務のレベルアップ」として望んでいるのです。神様とクリスチャンとが、お互いにより大きな祝福のやりとりができるようになるからです。

パウロの次の教え、「天からの賜物＝神の義」

パウロは「甦って天に挙げられたイエス・キリスト」を信じるべきだと、コリント人に教えています。第2回伝道旅行のコリント地方への宣教では、既にエルサレム会議での割礼論争（「使徒」15章）の結果で、「割礼不要公認書」があったから、割礼問題で悩まされることはありませんでした。

ですからパウロは、ガラテヤ人への矯正の教え（十字架で死んだイエス・キリスト＝罪の赦しを信じる〕レベルを卒業して、信仰の本質〔甦って天に昇りサタンに勝利したイエス・キリスト＝神の義〕を語り始めました。

それは真理として、「**神様との霊の関係性**」を、①**知識として分からせ**、それを**根拠として**、②**信じさせなければならない**からです。信じるためには、その知識を持っていることが必須です。根拠なく無理やり信じさせるのは「洗脳」です。

ここでパウロは逆説的な言い方をしていますが、

「Ⅰコリ」15:15　そう、そして私たちは神の偽証者とみなされているのです。なぜなら、実際、死者はよみがえらないので、神はキリストをよみがえらせなかったはずですが、私たちは神が**キリストをよみがえらせた**、と言って〔逆らう〕証言をしたからです。15:16　もし、死者がよみがえらないのなら、キリストもよみがえらなかったでしょう。15:17　そして、もしキリストが〔十字架で死んだままで〕よみがえらなかったのなら、あなたの信仰は無益であり、あなたはまだ、自分の罪の中にいるのです。15:18　それなら、キリストにあって眠った者たちは、滅んでしまったのです〔霊の死から救われていない〕。15:19　もし、私たちがこの世にあって〔十字架で死んだままの〕**キリストに単なる希望を置いているだけ**〔第2の義〕**なら、私たちは、全ての人の中で一番哀れな者です**〔第3の義として《神の子になっていない》ので、精神の解放に至らず、かえって世の不信者より逆の意味で「自らを囚われ人にして、天の祝福を逃している」からです〕。

15:20　しかし、今やキリストは**死者の中からよみがえり**、眠りについた者たちの初穂となられたのです〔パウロは甦って天に挙げられたイエス・キリストを主としています〕。15:21　それは、死がひとりの人〔アダム〕によってもたらされたように、死者の復活もひとりの人〔イエス・キリスト〕によってきたからです。15:22　すなわち、アダムにあって**全ての人が**〔原罪によって〕**死んで**〔神様との関係が切れて〕**いる**ように、キリストによって**全ての人が生かされる**〔第1の義を起点として第2の義に至る〕からです。

神様の救霊計画は全人類に及ぶもので、前提条件として置かれたキリストの十字架の贖い〔第1の義〕から一人も漏れることはありません。しかし、人の側の自由意

志によって、
A．その救いを信じる者（第２の義〜第３の義）
B．信じない者（第１の義〜不義）
C．あえて逆らう者（罪・サタンの支配下に戻る）
の差となって、**神様への霊的立場が変わってくる**のです。これが公正・公平な神様の取り扱いです。つまり、人の意志がそのまま霊的立場になるのです。

この時、「信じている」と言いながら、その信条が「奇跡を否定している教理」なら、その人の霊的立場は「信じない者と同じステージ」に自らを貶めていることになります。クリスチャンを自認していても、御言葉を信じきっていないこの気づかぬ罪は、その人自身が**御言葉を学び直して、「生まれ変わりをやり直すほどに」**悔い改めるのでなければ誰も助けられません。

パウロはこのように、「**死から甦ったイエス・キリスト**（と、現代では聖霊と）を信じるのでなければ、私たちは**全ての人の中で一番哀れな者です**」と言い切っています。

この言葉の霊的目的は、「十字架の死による罪の贖い」を「救いの根拠にして」、その十字架の下でひざまずくのが「敬虔さ」だと勘違いしている信仰解釈を矯正するためです。「**神の子とされた立場**」を、自分の法的**根拠にしていないからです。**

この「パウロの神学」を正しく理解しようとするなら、彼の全ての手紙を平等に取り扱わなくてはなりません。ルターが「ガラテヤ人への手紙」だけを根拠にして説いた「**信じるだけ**」のキリスト教は、片手落ち（**霊性への論理性が欠落している**）だからです。

ですから私たちは、知らないのに「そんなことはもう分かっているよ」と、幼児性を主張するのではなく、救いの定理に従って、『**義の自己認識を刷新しなければなりません**』。

なぜなら、クリスチャンとして**成長するには**、「信じる根拠を、地上の十字架での贖い（第２の義）から、聖霊を受けたその働き（第３の義）**に移さなければならない**」からです。

全能者である神様の資質そのものは**永遠に不変**なのだから、新約聖書各書簡の記述から感じる「**変わったように見えるその顕現**」とその解釈に対して、異邦人もユダヤ人も、双方が納得する「神様の性質」と「人の側の有り様」が何であるのか、第１の義、第２の義、第３の義の各段階で教理の本質を求めなければなりません。
＊＊この時、自分がどの「義の段階」に居るのかを正しく認識していないと、「御言葉が矛盾している」「聖書に誤謬がある」といった「不義の落とし穴」に自ら落ち込むのです。

神様は、人の3つの義の段階に対して、それぞれ「求める霊性（栄光を帰す実際の結果の質）」を、段々厳しく要求するからです。

その救霊の第一歩が、「旧約聖書の預言の成就＝詩篇22篇」として「イエス・キリストが十字架で死んだこと」ですが、ユダヤ教を知らない異邦人には、なぜ死ななければならなかったのか、その霊的必然性の意義が全くもってさっぱり分かりません。

だからパウロは「ガラテヤ人への手紙」で、神の「憐れみ」によって「独り子イエスを十字架で死なせ」「罪の世を贖い」、それを信じる者に「恵み」を賜るとして、「旧約聖書とは切り離して」教えなくてはなりませんでした。これが後世に「キュリオス論」に陥った原因です。

彼はあえて異邦人の元々の（霊的レベルの低さ）に合わせて、「人間的レベル（感覚）」で分からせようとしたのです。なぜなら、彼らの「神」というイメージがギリシャ神話の中だったからです。

その神話に基づく判断基準「上下の関係性で与えられること」で、信仰（受け入れること）を理解しました。

これによって彼らは、「割礼によらない確信（根拠）」としたのです。

そして、この「（憐れみを軸とした）上下の関係性」で分からせようとしたパウロの主張が、十字架のシンボルと共に、そのままローマ帝国（西欧）のキリスト教理解になっていきました。

その後、中世にイエズス会宣教師によってローマカトリックが、明治以降にプロテスタント教派が奇跡を伴わない言葉（ロゴス）として日本にもたらされたのですが、八百万の神を信じていた日本文化ですから、受け入れた福音の結果は「初心者レベルの信仰」であり、「確証のない半信半疑の信仰」で止まってしまっているのです。

しかも、元から「奇跡を伴わない言葉の知識」だけを、それが正しいと勘違いしているので、何の痛痒《つうよう》も感じていません。否、正しく表現するなら、歴史を経て多くの宣教師・牧師が語ってきたプロテスタント教理を、「正しいとして、そのまま受け入れて来た結果」です。**聞かされた『初心者教理』**しか知らないのに、それを100%として認識しているから、《自分の信仰は完成したと思い込んでいる》のです。

さらに正しく表現するなら、個人の問題ではなく、(「マルコ」16：20節　奇跡によって御言葉の約束を確かなもの)としていない**現代キリスト教そのもの**が(**霊的不完全**)だからです。

「十字架の死」を信じていても、**信仰の本質が何一つ分かっていない**のは、「ガラテヤ人への手紙」でパウロが主張した「信じるだけ＝割礼否定の手段」が、ルターやカルヴァンによって偏った解釈をされ、福音の奇跡を伴わずに「**知識としてだけ**」**引き継がれ**、布教されてきたからです。

それが現在にまで及び、「**契約による神様との関係性に至らないキリスト教教理**」になったのです。

＊これは神様・主イエスに対する(正しい知識による本当の信仰)ではないので、多くの教会では「聖霊のバプテスマ」をその教会員に授けられません。そして、「救いの本質(奇跡を起こす霊的立場)を教えない」牧師・教師は、「最後の審判」で厳しくその責任を問われることが聖書で警告されています(「ヤコブ」3：1節)。

ガラテヤ人は当時、パウロの「死からの蘇生(「使徒」14：19〜20節)」などの奇跡によって、むしろ現代日本人より純粋に福音を信じました。その熱心さ故に「**神様との関係性**」を確証とすべく追求したのですが、この時にせ兄弟の「割礼に騙された」のです。

しかし日本のキリスト教には、この「真理を希求する」**熱心さがありません。それは奇跡を否定する**(**人間的知覚**)を**正しいと教え込まれて**育ってきているので、従って福音の奇跡を体験できない／していないから、受け取るべき霊的祝福の知識を知らず、「聖霊の働き」を真剣に求めていないからです。

原因と結果が「負のスパイラル」となって、初心者レベルから一歩も成長できないのです(「ヘブル」5：12〜6：3節)。

日本にキリスト教が広まらないのは、**無意識下**(民族文化)において全能の神様を、既にある八百万の「神と呼ばれる偶像」と同列に、それらの神の一つとしてしか日本人が受け取っていないからです。

それは多くの教会で、奇跡（神様・主イエスに栄光を帰す事実）を顕現させられず、全能の神様の権威を「福音として」その通りに証明していないことが原因であり、また結果です。

「契約により霊の権威が与えられる本質」を否定しながら（少なくとも表に出さずに）伝えられた教理なら、当然の結果です。そして、間違って「パウロの神学とされた解釈」では、「契約による論理性」を納得させる学びをしていません。

＊全能の父なる神様が定めた「救霊のルール」は、アブラハムとの契約以来、一貫したものなので、〔「パウロ」が「イエス・キリスト」と違う宣教をした〕とする解釈は完全な間違いであるばかりでなく、神様に逆らう「霊の反逆」とされるのです。

約2000年前には、クリスチャンに対するユダヤ教の割礼を否定するために、パウロの対応「ガラテヤ人への手紙」が必要でしたが、現在では《伝承されてきたパウロ神学とされる解釈》を改めなくてはなりません。

それには、ルターのように「ガラテヤ人への手紙」だけを焦点とするのではなく、パウロの全ての手紙をも同様に重視して、「神様との霊の関係性の構築」を理解していくことです。


そうすると、その根源が「旧約聖書の神様とアブラハムとの契約」の知識に行き着きます。

すなわち、キリスト教とはイエス・キリストとの「血の契約」であり、これを信じる者は「天の父なる神様」によって「神の子」とされて、「霊の立場が神の義」に認められるのです。


この真理は、人が自由意志の発露として信仰告白することで「霊の関係性を成立させる」のであり、憐れみで下賜されることではありません。

クリスチャンならば、この「契約による法的立場」を「自分の信仰の根拠」として、確信ある愛の行いに踏み出すのです。「血の契約ほど親密で、切っても切れない関係性」は他にはありません。

＊＊だから本来のキリスト教は、憐れみを求める「神頼みの宗教ではない」のです。サタンに勝利する権能を持つ者として、自分がサタンに立ち向かう〔勝利力学の契

約〕です。

聖書によって正しい知識を得て、イエス・キリストとの「血の契約」を自分に適用することで、自分の信仰をさらに強固なもの、すなわち「第３の義」にしなければなりません。

＊「信仰の完成」は、「聖書の御言葉の約束が絶対に成就する」ことへの「確信を持たなければならず」、そのためには「聖霊のバプテスマ」によって「天の霊の権威」を授かり、その「権威の象徴である［イエスの名］」を自由自在に使いこなすレベル（第３の義）に至ることです。

この目標こそ、「神の子とされたクリスチャン」自身が〔**サタンの仕業を打ち壊して天の祝福を実現させ、神の国を自分の周りに来させるためです**〕。

だから主イエスが、信じる者に「しなさい」と指示しているのですが、この時、**奇跡を起こす聖霊の力を**「信じていなければならない」のです。「信じる」の意味を問い直して下さい。

「マルコ」16：17　**信じる人々にはこれらのしるしが伴います。**すなわち、私〔**イエスの名**〕によって悪霊を追い出し、新しいことばを語り、16：18　**蛇を退治し、**もしも**毒を飲んでも決して害を受けず、**また、**病人に手を置けば病人は癒されます。**

「ヨハネ」14：12　最も確かなことを、あなたに言います。私を信じる者は、**私の行うわざを行い、またそれよりもさらに大きなわざを行います。**私が父のもとに行くからです。

このことをパウロは「信じているだけで実行しなかった」でしょうか？「使徒の働き」に記述されている通り、彼は至る所で奇跡を起こしています。

・13：９～12　魔術師エルマを盲目にした。
・14：８～10　生まれながらの足なえで、歩いたことがなかった男を歩かせた。
・14：19～20　パウロ自身が石打ちにあい、一旦死んだが生き返った。
・16：16～18　占いの霊につかれた若い女奴隷から、その霊を追い出した。
・16：20～27　賛美の力で牢獄の扉が開いた。
・19：11～12　パウロの手ぬぐいや前掛けによって、病気は去り、悪霊は出ていった。
・20：９～12　屋上の間の窓から転落死したユテコとい

う青年を生き返らせた。
・27：10～26　主イエスからの啓示を明確に与えられている。
・28：3～6　パウロはまむしに咬まれたが、何の害も受けなかった。
・28：8～9　ポプリオの父や島の病人たちを癒した。

パウロの信仰は、捕らえられてローマに引かれていく時でも、聖霊の力によって奇跡を起こし続けているのです。これが本当の「パウロの神学」です。

これらは、授けられた天の権威「イエスの名」によって「立ちはだかる問題に命令し」て、その望む結果が実現したとイメージして「先取りの感謝の祈りを捧げる」ことで、それに対して神様が「奇跡として」現実にして下さるのです。この一連の作業が「信仰の行い」です。

「マタイ」21：21　イエスは答えて言われた。「保証して、あなたに告げます。もし、あなたが、**信仰を持ち、疑うことがなければ**、いちじくの木になされたようなことができるだけでなく、あなたがこの**山**（問題）**に向かって、『動いて、海に入れ**（望む結果）**』と言えば**（イエスの名で命令すれば）、**そのとおりになります**（解決します）」。

「ヘブル」11：1　信仰とは望んでいる事柄（実現させたい具体的願望）を**保証し**、目に見えないもの（それが**現実になった結果**）**を確信させる**ものです。

＊この時、自分の体に流れるイエス・キリストの血と、力を出して下さった聖霊の働きとに感謝し崇めて、「奇跡を現実にして下さった神様」をほめたたえ、栄光を神様に帰すことによって、そのクリスチャンが「義を全うしたので」、神様からさらに祝福を与えられるのです。これが「行為義認」であり、現代キリスト教の「信仰の完成」です。

そうすると、現在私たちがルターと同様に「信じるだけ」を「キリスト教の本質と捉えている」なら、その霊の状態は「入信したばかりの初心者」で留まっているのが明らかです。

誰であっても神様の憐れみにすがり、恵みを乞い求めるのを信仰としているのならば、御言葉の実現に確信があるはずがなく、サタンの攻撃に立ち向かうまでの「信仰の武器」を持たず、あっさりとやられてしまうことになるでしょう。

そして、サタンの攻撃と実現しなかった祝福に対して、神様を疑ったり逆恨みしたりして、信仰がぐらついてしまうのです。それでもなお信仰に留まろうとするなら、あたかも信心深い者のように**自分を偽り、他人を欺く偽善者**として振る舞う結果に陥るでしょう。

この時、霊の状態は「不義」なので、自分の中に葛藤が生じ、精神に病をもたらす「**哀れな者**」に成らざるを得ません。

「Iコリ」15：19　もし、私たちがこの世にあって（十字架で死んだ）キリストに単なる希望を置いているだけ（第2の義）なら、**私たちは、全ての人の中で一番哀れな者です**（第3の義として《神の子になっていない》ので、精神の解放に至らず、かえって世の不信者より逆の意味で「自らを囚われ人にして、天の祝福を逃している」からです）。

そうなる前に、《霊的幼児＝入信初歩に留まる知識》を悔い改めて、「**契約による神様との関係性**」に立脚し直さなければならないのです。

そのためには、新旧両聖書を霊的に正しく理解し、御言葉から聖霊の力を悟り得る知識を蓄える必要があります。

この点で、ルターの解釈論「信じるだけが本質」であるとの**刷り込み**が私たちの思考を妨げ、〔行いとして「**なすべき義務**」がなおざりにされて〕しまっています。

主イエスは4福音書で、「自分を愛するように隣人を愛しなさい」と、信仰者の「行い」を総括しています。それはまだ旧約聖書の時代であって、人々には「聖霊が降っていない」ので、人間的な善行しか「指示できない」からです。しかし、「後には聖霊を受けます」と、新約聖書時代の祝福を予告しています。

＊＊主イエスの約束に対して実際に、信じる者には必ず「聖霊のバプテスマ」を授けて下さるのが、神様の義務になります。「**血の契約**」**によるからこそ**、この祝福が**霊的・法的に保証される**のです。しかしこれらは、〔心から信じる者〕だけに与えられます。

ですから、「聖霊のバプテスマ」を受けたと信じる私たちは、新約聖書にちりばめられた30以上の「神の義」を「神の子として」実行しなければなりません。十字架を仰ぎ見て罪の贖いをありがたがっているだけでは、自己認識が「第3の義・神の子ではない」のです。

〔祈り〕を「神様に頼りすがって求めること」と理解しているなら、その祈ったことは、おそらく実現しません。クリスチャンには「イエスの名」という天の権威が既に与えられていて、「**それを使って勝利すること**」が神様の約束（契約事項）だからです。

天の父なる神様も、主イエスも、「その力は既にあなたに備わっているからそれを使え」と、信仰の行いをするように言うだけです。サタン・悪霊は「イエスの名」には従わざるを得ない立場に置かれています。だから、クリスチャンは必ず勝利するのです。

そのような権威「イエスの名」を使って祝福を実現するのも自由意志であり、権威の使い方を知らずに／知っていても使わずにいて、サタンの仕業に負かされることも、その人の自由意志（知識の発露としての行い）の結果です。

黙示録で預言された「終末期の予兆」を目前にしている私たちは、現代の勘違いキリスト教の「信じるだけ」から離れ、パウロの信仰のように自意識を〔神の子として奇跡を行う者〕に刷新して、告白する言葉を〔イエスの名によってサタンを封じる権威〕にしなければなりません。

そうしないと神様の目からは「義」と認められず、ラオデキヤ教会として譬えられた「なまぬるい信仰」として「口から吐き出される」預言通りに扱われるでしょう。

「黙示」3：14　また、ラオデキヤ人の教会の天使に書き送れ。『神の創造の始まりである、忠実で真実な証人が、これらのことを、アーメンと言う』。
3：15「私は、あなたの行いを知っている。あなたは、冷たくもなく、熱くもない。私は、あなたが冷たいか熱いか、どちらかであってほしかった。
3：16
このように、あなたはなまぬるく、冷たくも熱くもないので、**私の口からあなたを吐き出そう**」（**義認されず受け入れられない**）。
3：17　あなたは、「私は富んでいる、豊かになった、乏しいものは何もない」と言いながら、実は自分が哀れで、惨めで、貧しく、盲目で、裸の者であることを知らないからだ（自意識の感覚とは逆に、神様からの**霊的**祝福を何一つ受け取っていないから）。
3：18　私はあなたに忠告する。（聖霊の祝福に）豊かな者となるために、火で精錬された金（純粋な信仰）

を私から買いなさい。また、あなたの裸の恥（不義の姿）を現さないために着る白い衣（神の義）を買いなさい。また、目が見える（救いの真理が分かる）ようになるため、目に塗る目薬（完全な教理知識）を買いなさい。
3：19　私は、愛する者をしかったり、訓練したりする。だから、熱心になって、悔い改めなさい。

これらが「**信じるだけの信仰**」で満足している教会、すなわち〔神の義として与えられた霊の賜物の働きを実現しない〕牧師・教師・伝道師・自称クリスチャンに与えられている警告です。〔**初心者レベルの信仰**〕から卒業し、成長しなければなりません。

信仰の本質の後半分は

私たちクリスチャンはイエス・キリストを〔救い主として〕信じていますが、その本質は主イエスを通して「天の**父**なる**神様**を礼拝すること」です。

この時、天の**父**なる**神様**は、誰から礼拝されるのを期待していますか？　霊的関係性の条件を示しましょう。

それはキリストの身丈にまで霊的に成長し、「神の子とされた者」としての自己認識を持って、イエス・キリストの代理を務めるクリスチャンです。

この（厳しく見える）義の条件があるから、神様は「なまぬるい信仰」と判定される者を、「（天国への条件に満たないから）口から吐き出す」と警告しているのです。

＊イエス・キリストの代理者とは、生前のイエス・キリストが行った霊的わざを、必要があればその言葉通りに再現する霊の権威者です。

「マルコ」16：17　**信じる人々にはこれらのしるしが伴います。**すなわち、私〔**イエスの名**〕によって**悪霊を追い出し、新しいことばを語り、**16：18　**蛇を退治し、**もしも**毒を飲んでも決して害を受けず、**また、**病人に手を置けば病人は癒されます。**

「ヨハネ」14：12　最も確かなことを、あなたに言います。**私を信じる者は、私の行うわざを行い、またそれよりもさらに大きなわざを行います。**私が父のもとに行くからです。

14：13　また私は、あなたが私の名を使って〔**問題に向かって解決を**〕求めることは何でも、それをしましょう。**父が子によって栄光をお受けになるため**です。

このような「信仰の行い」によって、栄光を帰すクリスチャンに、「親子の親しさ」によって祝福を与えて下さるのです。

おどおどした態度で、「罪の赦し」にこだわって憐れみを乞い願う、救いについての霊的初心者は、神様を「天のお父さん」とするところまでの霊的関係性が確立していないと言うべきです（聖霊のバプテスマを授かっていません）。

誰がなんと言おうと、「神様の対応」は、その人の信**仰レベル**（教理解釈）の**霊的限度**までです。

奇跡を否定する教理解釈なら、そこには奇跡は起こりません。プラスにもマイナスにも、「あなたの信じた通り」になるのが真理＝神様の公正・公平さ＝正義です。

クリスチャンと自認しながら「罪意識が浮上する教理解釈」なら、その初歩レベル（義の至らなさ）について**悔い改めて**、〔次の義のステップ〕に跳躍しなければなりません。

＊この時にしなければならないのが、頑固な自分の「刷り込まれた価値観・知識」を一旦捨てることです。それが「聖霊のバプテスマ」を受けるコツであり、**幼児のように素直に**信じる霊的感性を復活させなければなりません。

そして「何を信じ直すのか」が、**信仰の本質の後半分**です。

ユダヤ教を養育係として成り立つキリスト教は、旧約聖書から一貫して、**神様との「血の契約」を交わすことによって成立する「霊の関係性」**です。新約聖書時代には、それがイエス・キリストになりました。

＊クリスチャンはイエス・キリストを救い主と信じることで、その主イエスと「血の契約」を交わしたことになり、**「神様・主イエスとの絶対的な霊の関係性」**が確立するのです。

もはや、「十字架の死による罪の赦し」を根拠にする初心者教理から卒業しなければなりません。**信じることの中身が全く違います。**

端的に言えば、イエス・キリストの血が私たち信じる者一人ひとりの身体の中に**「共に流れる血」**として存在していて、私たちクリスチャンが神様に向かって礼拝する時、主イエスも私たちの祈りと共に神様を礼拝しているのです。

そしてクリスチャンが、何かの問題に「イエスの名で解決を求める（命令する）」なら、その言葉は「イエス・キリスト自身の権威ある命令」として働き、必ず実現するのです。

＊＊天の父なる神様と、クリスチャンとの**親子の関係性**は、「**神が定めた法的正当性**」を持っていて、それは「サタンに勝利する権威」を保証しています。

従ってクリスチャンならば、この「天からの祝福」を実現するために、「**血の契約」を信仰の根拠にしなければなりません。**

そして「契約なのだから」、相手である神様・主イエスへの「契約の義務」として、何をなすべきかを真剣に学び、**かつ実行しなければなりません。**

それは神様の栄光となる結果＝奇跡を、自分が「イエスの名」で実現することであって、泣きつきすがりついて憐れみを求めるものではありません。これが義の段階としての「第3の義」です。

■霊性による解釈

一般論では、イエス・キリスト自体は天で「神様の右に座して」います。しかし、私たちが地上で「主イエスの名」で祈る時、私たちの血と混じり合う「信仰の兄」として、共に「父なる神様」を礼拝するのです。

これが〔主イエス・キリストの名によって〕祈る意味です。

そして天では、主イエスが〔自分の名で届いた祈り〕を、父なる神様に〔仲保者としてとりなして〕下さるのです。これが天に「**祈りが聞き届けられること**」の「**霊的根拠**」であり、本来、パウロがガラテヤ人に教えたかった「信仰の完成への真理」です。

しかし、当時のガラテヤ教会に対しては、まず「割礼を否定すること」が第一目的だったので、そのためにはこの「信仰の完成への真理」を隠さなくてはなりませんでした。

なぜなら、その**本質が**「**血の契約**」であるので、誰を相手にするのであっても、**人間的知識レベルでの論争になれば**、「**契約の証拠である割礼を否定できなくなる**」からです。

神の三一性からは、神様、主イエス、聖霊が「一体である」ので、私たちクリスチャンが礼拝する対象として、天でこの三位が同時にあることは間違いありませんが、だからといって、それがイエス・キリストを礼拝することではありません。これは聖霊についても同じです。大いなる感謝をするのだけれども、礼拝する対象ではありません。私たちは目に見えない神様を、「聖霊の導きの中で、**主イエスの名によって礼拝する**」のです。

この**三一性の定理**に従えば、クリスチャンの身体は＝**神の宮**であり、流れる主イエスの血、助け主として宿る**聖霊**が、**クリスチャン**を「**地上の神**」としているので、彼が霊に従って祈るなら、その祈る霊性が「天に存在する**三一性の神**」の、〔**三位それぞれと完全に共鳴・同調している**〕と納得しなければなりません。これほどの調和と論理性こそ〔**神の子とされる真理**〕であり、「**信仰の根拠**」として信じるべきです。

「**主イエスを礼拝対象とするキュリオス論**」は、絶対に**破棄**されなければなりません。

「教理とされたキュリオス論」を御言葉に照らすと、パウロの手紙に書かれた記述を、後の神学者たちが霊に**よらず表面的に解釈**し「**パウロの神学**」としたのが分かります。パウロ自身の信仰は、４福音書に書かれた主イエスの言葉と一致しています。

結論から言うと、主イエスは「私は天の父の御心・意志を行っている」「全てを父なる神に栄光を帰しなさい」と言って、イエス自身が神様を礼拝しているのです。

主イエスは決して「自分イエスを礼拝しなさい」とは言っていません。

「ヨハネ」４：34　イエスは彼らに言われた。「私の食物は、私を**遣わした方の御心を行い**、その御業を成し遂げることです」。

６：38「私が天から下って**きたの**は、私自身の意志を行うためではなく、私を**遣わした方の御心を行うた**めです」。

８：29「私を遣わした方は私と一緒におられます。父は私をひとり残されることはありません。私がいつも、その**御心にかなうことを行う**からです」。

「ヨハネ」４：21　イエスは彼女に言われた。「女よ、私を信じなさい。あなた（がた）が父を**礼拝する**のは、この山でもなく、エルサレムでもない、そんな時が来ます。４：22　救いはユダヤ人のものなので、私たちは知って礼拝していますが、あなた（がた）は知らないで礼拝しています。

４：23　しかし、真の礼拝者たちが**霊と真実とによっ**

て父を礼拝する時が来ており、今がその時です。**父はご自分を礼拝する者を求めておられる**のですから。4：24　**神は霊ですから、神を礼拝する者は、霊と真実によって礼拝しなければなりません**」。

パウロは次のように警告しています。

「ヘブル」６：１　ですから、私たちは、**キリストについての初歩の教え**（十字架の死と罪の赦し）**を後にして、成熟を目指して進もう**ではありませんか。死んだ行いからの回心、神に対する信仰、６：２　きよめの洗いについての教え、手を置く儀式、死者の復活、とこしえの裁きなど**基礎的なことをいつまでも繰り返さないようにしましょう。**

ここで引用した「ヘブル人への手紙」は、その名の通りユダヤ人クリスチャンに宛てた教えです。ですから本意は、古いユダヤ教の価値観から脱することを求めているものです。

しかし現代キリスト教に当てはめるなら、入門真理としての「十字架の死による罪の赦しと贖い」から、「神の義・神の子」としての「義の成長」を実現しておらず、いつまでも「初歩の教え」を延々と繰り返していることへの警告となります。

＊「神の子である自意識」によって、信仰の行い〔イエスの名で問題に命令して解決すること（奇跡）〕を実現するのがキリストの身丈にまで成長した姿であり、「神様の救霊計画を全うするキリスト教」です。これが【神の御言葉の第一原則（霊的真理）the first principles of the oracles of God 英語欽定訳聖書】です。

そしてここには、全能神の意志解釈しかなく、分裂した多くの宗派・教派は、神様の前に霊的知識の未熟さを恥じ入り、「血の契約を根拠とする一つの信仰」を志向することになるでしょう。

この根本教理は、全ての宗派・教派が主張するそれぞれの解釈を、「救いの実現手段の違い」として許容するので、エキュメニカルと呼ばれる思想が、逆転的に構築されることになります（エキュメニカル運動そのものは「部分的正しさ〈象に触れた盲人〉の集まり」であり、そこからは必ず覇権争いが生じるので、霊的に正しくありません）。

十字架の教えに留まっているからこそ、刷新・リバイ

バルが実現しないのです。血の契約を根拠におけば、本当の生まれ変わり（自意識の刷新）が実現し、聖霊が自ずと力を発揮するようになります。

栄光在主。

第1部　完

第2部では、現代キリスト教が勘違い解釈をしている「ガラテヤ人への手紙」を、約２０００年前の当時の状況に身を置くようにして、なぜそのような文脈になったのかについて、霊的解釈を展開します。

第2部

「ガラテヤ人への手紙」の謎を解く

——「使徒の働き」と時系列で整合し、解釈しようとして陥る重大な霊的間違い

A．文脈の「時系列逆転」はなぜ

B．同一人物ペテロを「ケパ」に呼び分けた必然性は？

続いて――「ガラテヤ人への手紙」の目的と経緯

使徒パウロは、第１回伝道旅行の宣教結果、すなわちガラテヤ地方の異邦人が「イエス・キリストを受け入れた」後に、ユダヤ人にせ兄弟によって「割礼」を信仰の完成と誤解させられ、実際に「割礼を施されたこと」に対して、

＊その霊的間違いによって、正しい救霊＝「神様との霊の関係性」が成立しなくなるので、絶対的に〔割礼を禁止するため〕に、「ガラテヤ人への手紙」を書き送りました。

1．第１回伝道旅行からの帰着後、１年未満（「ガラテ１：６　そんなにも急に」が適合する期間）以内に、

2．立ち上げたガラテヤ教会（信仰初心者）が、「割礼を受けて」それを〔神様との霊の関係性〕の確立とした、との情報を得たのです。

3．「割礼」は「キリストの十字架の死による罪の贖い」以前の古い救霊手段だから、クリスチャンになった者が割礼を受けるのは、「霊的にイエス・キリスト（の働き）を否定する不義になる」ので、

4．絶対に彼ら自身の信仰知識（意志）を改めさせて、「割礼」を排除させる必要があったのです。

5．従って、ユダヤ人の神認識（契約）によらない「関係性の成立」として、「信仰初心者のガラテヤ人」に対して、〔恵みの約束〕として「神の憐れみ」と「イエス・キリストの十字架の死による罪の赦し」を前面に立て、それを「信じるだけ」と教えたのです（初心者レベル信仰への教理展開・第２の義です）。

6．手紙に書かれた「契約という概念」を思い起こさせない「約束レベルの教理」によって、ユダヤ人にせ兄弟からの「割礼」要求はなくなりました。そして「かなりの期間」を経た後、この情報がエルサレムに伝わり、ユダヤ人割礼派の不満が積み重なって、クレームとなってパウロを襲いました。そしてエルサレム会議が行われることに至りました（使徒15：１～35節）。

7．「ガラテヤ人への手紙」の「信じること」の本来的意味・目的は、「割礼を受けるな」です。信仰成長へのテキストではありません。当時の社会情勢下での、入信初心者用マニュアルです。

8．なぜならパウロが、「ガラテ６：17　これからは、誰も私を煩わさないようにして下さい～～～」と、手紙の最後に書いているからです。「割礼という霊的不

義」の撲滅への対処が、彼の召命本来の宣教の働きの「足を引っ張ったから」です。

9．つまり「ガラテヤ人への手紙」の役割は、**霊的幼児クリスチャンの無知に対し、彼らの知的レベルに合わせて〔（それなりの）確信を持たせること〕**だったので、その原因である〔ユダヤ教の執拗な横やり〕への対応のために、パウロは「本来的には必要のない」多大な労苦を強いられたのです。

■「ガラテヤ人への手紙」の2つの謎

1．「時系列逆転」の記述

「ガラテヤ人への手紙」の文脈（2：1〜10節）に、エルサレム会議の内容が書かれています。この部分を「使徒の働き15章」の「エルサレム会議の顚末の記録」と整合させようとすると、「ガラテヤ人への手紙」は、パウロの第2回伝道旅行より「後になって書かれた」という解釈になります。

しかしそれでは、「ガラテヤ人への手紙」に、パウロが「そんなにも急に」と表現した霊的状況と、真っ向から対立するのです。彼がガラテヤ諸教会を立ち上げたのは、第1回伝道旅行によって（使徒14：21〜23節）だからです。

「ガラテ」1：6　私は、あなた（がた）が、キリストの恵みのうちにあなた（がた）を召して下さった方（神、その教え）に、**そんなにも急に**背を向け、別の福音に移っていくことに驚いています。

私たちは、このパウロの霊的感覚を正しいとして分析しなければなりません。

すると、彼は第1回伝道旅行からアンテオケに帰着後（遅くとも1年ほど以内に）、〔ガラテヤ人がキリストの福音を受け入れたすぐ後に、「にせ兄弟から割礼を強いられた」こと〕に対して、その霊的間違いを正させるために、「ガラテヤ人への手紙」を書き送ったのです。

それならなぜ、第1回伝道旅行の**かなり後になってから**の「エルサレム会議の内容（使徒14：28〜15：30節）」が、「ガラテヤ人への手紙」に〔パウロの主観〕として書かれているのでしょうか？

この「時系列の逆転」は、「聖書にも誤謬がある」のではありません。しかし、だからといって、この手紙そのものが「第2回伝道旅行より後」に書かれたものと解釈するのも正しくありません。

この大きな謎の解読は、霊的な導きが必要です。考古学的学術論だけでは解けません。

２．「ペテロ」と「ケパ」との併記

「ガラテヤ人への手紙」には、使徒ペテロに対する名前の表現が２つあり、文中で「ペテロ」と「ケパ」に呼び分けられています。なぜ、パウロはこんな呼び分けをしなければならなかったのでしょうか？

それはこの手紙の読者、特にユダヤ人にせ兄弟に「ペテロ＝使徒の立場（教会の権威者）」としての〔失敗〕を示す場合と、「ケパ＝一信仰者の立場」としての〔失敗〕を間違いなく読み取らせるためでした。「クリスチャンに割礼を否定させる目的」に有用な使い分けです。

しかし、その表現を文脈上で読み進めると、同一人・主イエスの第１弟子シモン・ペテロなのに、「エルサレム原教会での異邦人への割礼論争」を挟んだ「前と後」の状況において、彼が「異邦人への矛盾する行動」を取ったように解釈できてしまうのですが、「ケパの失敗」は「エルサレム会議のはるか以前」の出来事です。

そして、このような文脈を順に表面的に分析していくと、この手紙の書かれた時期が、〔「エルサレム原教会での割礼論争」が終わった後であると解釈するのが当然〕のように導かれていきます。

その内容は、「エルサレム会議でパウロを援護してくれたペテロ」を否定しているようにすら受け取れる表現にもなっています。パウロはペテロより偉いとでも言いたいのでしょうか？　こんな疑念がわく解釈は正しくありません。

それなら、ここでパウロは「ペテロの何を伝えたかった」のでしょうか？

＊霊的に分析すれば、２：１〜10節の「ペテロについての記述」が、前後文節の「ケパの表現」と、何かすっきりとしない違和感を持つ繋がり方になっています。同一人をペテロとケパに呼び分けていて、１章の終わりから連続した文筆の流れとは感じられません。

さらにパウロには、「ガラテヤ人への手紙」の中で、ガラテヤ教会の異邦人とユダヤ人にせ兄弟とを説得するのに、ケパ（ペテロ）の動向を時系列として記述する必要性はありません。むしろ、「割礼否定テーマ」に沿って、適宜、話題を展開していると判断すべきです。

ここで新約聖書「使徒の働き」を、〔歴史的時系列記録の定規として〕正しい解読をしていくと、「ガラテヤ人への手紙」は、パウロの第1回伝道旅行（ガラテヤ地方への宣教結果）に対して、彼が「そんなにも急に」と驚いて書き送った手紙なのだから、

A.「かなり後のエルサレム会議」のことが書かれるはずは絶対にありません。

（しかし、「ガラテヤ人への手紙」には確かに、「エルサレム会議のペテロ」が登場しているのだから、それならば）

B.「2：1～10節の、エルサレム会議のペテロ記述」は、「エルサレム会議を終えてからのパウロの第2回伝道旅行の際に、

C.ガラテヤ教会にあった元々の手紙Aに、パウロが〔後から追加した文章B〕である」可能性が見いだされます。これはパウロの目的に合致します。

パウロは、計3回の伝道旅行をしていますが、その全てで「ガラテヤ教会を訪問している」からです。それはガラテヤ教会への重荷「割礼否定」を徹底させるためだったはずです。

その第2回伝道旅行において、先に送っていた「ガラテヤ人への手紙A」では不十分だった〔ユダヤ人へのパウロの立場・権威〕に対して、「エルサレム会議の公式書簡（使徒15：23～31節）」を示すと共に、「長老ペテロの協力を書いた追加文B」によって、〔権威を持った割礼否定指示書A＋B〕としたのだと推察されます。

「時系列の逆転」を、「聖書には誤謬はない」として、順当な歴史的解釈をしなければなりません。しかしそのためには、一つの霊的仮説を導入して、「ガラテ2：1～10節」を「パウロ自身の後からの追加文」として別扱いに解釈することで辻褄が合うのです。

この時、ペテロがケパと呼ばれている事実が鍵となります。その霊的背景をもしっかりと考察し、理解しなければなりません。そうするとケパとパウロが、異邦人に対して同じ教理知識を持った同労者であったことを知り、個人的な親しい関係性（ガラテ1：18～19節）を成立させていて、互いに信仰を分かち合った仲間である事実を確認できるのです。

第９章 霊的学びへの導入

パウロの伝道旅行は3回行われましたが、その第1回旅行ではガラテヤ地方に宣教し、町々に教会を建てていきました。しかしパウロが去ったその後、それらの教会に「にせ兄弟・ユダヤ人割礼派による**割礼問題**」が発生したのです。

彼はその事態に**憤慨して**、「ガラテヤ人への手紙」を書き送りました。その目的は、

①ユダヤ教の「**割礼**＝古い神様との関係性」が、信仰の完成ではないから確実に否定させること。なぜならキリスト信仰者の新しい霊的立場は、古い律法と（天地の差）があるからです（クリスチャンが割礼を受けるのは不義となるから）。

②偶像礼拝の文化だった異邦人に、「**信仰**＝イエス・キリストとの新しい関係性」を分からせることです。この目的も、結果は①に回帰します。

パウロのこの2つの目的の背景には、信仰者の誰もが気づかない、「キリスト教信仰の根幹に関わる重大な霊的罪」が潜んでいます。

——割礼とは、イエス・キリストの十字架の死による贖い（全人類の罪の赦し）がなかった時代の救霊手段だから、（**クリスチャンとなった上で、その割礼に固執すること**）は、イエス・キリストの死の贖いが「まだ自分に及んでいない」と主張するのと同じで、神様の救霊計画（の順序）に逆らう、とんでもない不義に自分を置くことなのです。

＊**だからパウロの思いと行動は、何としても彼の召命（キリストの福音）から外れたガラテヤ人を、その原因である割礼から離れさせなければならないのです。これが「信じる」ことの第一歩「初心者レベルの教理」です。**

第2回、第3回伝道旅行では、ガラテヤ諸教会を再訪問した後、トロアスから海を渡ってギリシャに入り、ユダヤ人割礼派からの横やりを受けることなく、キリストの本質を宣教することができました。その理由は、アジアから海を挟んだギリシャの地なので、

①ユダヤ人とその影響が希薄だったからであることと、

②エルサレム原教会で行われた（異邦人に対する割礼不

要の論争の結果」を、寄留ユダヤ人への「権威ある書面」として持っていったからです。

従って、パウロがギリシャ地域で伝道し建て上げた教会では、キリストの救いと律法（割礼）を守ることとの「**比較論を、教理として語ることができた**」のです。

――しかし、以前の第1回伝道旅行後のガラテヤ諸教会には、すぐさま「**割礼が信仰の完成だとする**」にせ兄弟が入り込んできました。

この「**宣教事情の違い**」が、パウロの書いた（14の）手紙の内容の「違い」になっています。

具体的に言うと、第1回のガラテヤ地方伝道に対応する「ガラテヤ人への手紙（割礼否定）」と、第2回、第3回でのガラテヤ再訪、ピリピ、テサロニケ、コリント、エペソなどへの伝道後のそれらの教会への手紙（信仰の成長）とで、パウロが言いたい〔主張の本質が全く違っている〕のです。

ですから、パウロが「キリスト教の真理」として宣べ伝える教理を正しく理解するには、**彼の全ての手紙を横並びにして、均等にその内容を学ばなければなりません**。

これに対し、ルターが「ガラテヤ人への手紙**だけにこだわった**」のは、ローマカトリックの腐敗を糾弾する目的のためだったという《**彼の主張を限定して捉え直さなければ**》、私たちがプロテスタント教理キリスト教の本質を勘違いしていて、「**霊的成長をしない信仰初心者のまま**」でいることになるのです。

それは、「神様との霊的関係性の確立（血の契約）」を、「救霊の根拠として持たない自意識」だから、「憐れみによって罪が贖われた」とする、「キリストの死と罪の赦し」に感謝しているだけの信仰として、礼拝態度などに顕著に現れています。

従ってパウロがどのような状況に置かれて、「ガラテヤ人への手紙」を書いたのかを正確に知るためには、私たちは2000年前にタイムワープして、その現場にいるかのように聖書を調べなくてはなりません。それは「使徒の働き」の記述を逐一調べることです。

遠回りになりますが、この「宣教記録」を確認することで、第1回伝道旅行の後にパウロが「ガラテヤ人への手紙」で、何を主張したのかが明確になります。

本書は、従来の注解書などで、《ルターの解釈論によって「ガラテヤ人への手紙」の〔パウロの主張〕が、

「信じるだけを教理とする」と解釈されてきたこと》に対し、この手紙が送られなければならなかった当時のユダヤ人や異邦人の立場・霊的状況に合わせて、主目的が〔間違いの矯正指示〕として書かれたことを証明します。

この目的のためには、「ガラテヤ人への手紙全文」を逐一解説するのではなく、ただ「ガラテヤ人への手紙」が書かれた〔〈割礼否定のための〉特殊性〕を洗い出します。

これから「使徒の働き」と「ガラテヤ人への手紙」とを読み合わせしながら整合していくのですが、ここで前もって分析の仕方をお知らせしておきますと、「使徒の働き」は伝道旅行を時系列で記録していったものであり、出来事を順序通りに事実としてそのまま記している〈と理解すべき〉ものです。

一方「ガラテヤ人への手紙」は、パウロが直面した問題に対して自分の主張を書いていて、その文脈は読者を説得するのに最適なトピックを、《適宜挿入している》のであって、時系列で解釈する必要はないことです。

この前提条件をしっかり把握していないと、無理やり「使徒の働き」と「ガラテヤ人への手紙」の、《記述順序を合致させよう》として、解釈間違いを犯してしまうのです。

それはパウロが書いたとされる〈14の〉手紙の中での、「ガラテヤ人への手紙」の書かれた時期・順序についてですが、数ある注解書が不確実な人間的判断をしていて、この間違いを発見します。

つまり「ガラテヤ人への手紙」を、彼の手紙の書かれた順序のかなり後に位置づける説が広まっていることです。その原因は、「ガラテヤ人への手紙」の内容に時系列が前後する「謎の記述」があるからです。

しかし、パウロの異邦人教会設立の経緯を詳しく調べると、〔「割礼を否定するため」〕の「ガラテヤ人への手紙」は、数あるパウロの手紙の中で、第１回伝道旅行が終わってから「そんなにも急に」と表現される時期に書かれた」と霊的に判断すべきなのであって、《当然に最初に書かれたもの》です。これを順序立てて証明します。

本書は「神様の〔義の筋を通す〕性質」を定規として、表面的に辻褄の合わない「ガラテヤ人への手紙」を、神様の意図に沿って「霊的・理性的に整合する解釈」を述べます。

＊「ガラテヤ人への手紙」でパウロは、キリスト教徒であるためには『**神の子であるとの義の自意識**』を持ち、『罪の悔い改め（律法）を強制する**割礼**』**から離れよ**、と教えています。

　これが「**信じる**という信仰**初心者**への教理」ですが、現代クリスチャンとして、よくよく教会内部を吟味してみると、日頃から「十字架で死んだイエスの贖罪」を意識して、『罪の悔い改め』ばかりを教理として実践しているなら、**自意識が**「**神の子とされておらず**」、『「信仰初心者への教理」すら勘違いして』いて、２０００年前にガラテヤ人が「割礼を受けてしまった」ことに匹敵して、**現代に**〔**その愚かさを再現している**〕のです。

「ああ、愚かな現代人」と、神様・主イエスが悲しむことがないように、この「勘違いを悔い改め」て、自意識を刷新しなければなりません。

「ガラテヤ人への手紙」を学び直して、従前の刷り込みとなっていた知識が「勘違いであった」と目覚めて、「神様との霊的関係性の構築」を正しく認識し直して下さることを、心から願っております。

第10章　パウロの伝道旅行の実態。地理的条件

第１回伝道旅行

第１回旅行は、「使徒の働き」13：１節から始まっています。それは「聖霊の指示によったもの」です。バルナバとサウロが主な「開拓伝道師」でしたが、９節で奇跡を行ったサウロが、それ以降パウロと呼ばれて、霊的リーダーの立場が入れ替わっています。

聖霊が遣わした先は、小アジア（現在のトルコ西南部）に限られた地域でした。この地域はシリアと隣り合わせですから、ユダヤ人が数多く住んでいて、各地にユダヤ人会堂があったようです。そこでパウロと伝道隊は、会堂で宣教しては教会を建て上げていきました。

パウロは異邦人に対する宣教者とされたのですが、ここでは寄留ユダヤ人を集めて説教しています。その結果、福音を信じたユダヤ人と信じないユダヤ人とに二分され、不信者は対立する者になりました。そのため、信者はユダヤ人迫害者による苦難にあいました。

信じないユダヤ人とその仲間の異邦人は、（ピシデアの）アンテオケから追ってきた迫害者と共にパウロを迫害する群衆となり、ルステラで彼を石打ちの刑に処しました（使徒14：19～22節）。

パウロは一度死んだ者となり、彼の霊が天に挙げられた（Ⅱコリ12：１～７節）後、生き返った（ガラテ4：14～15節）ので、その奇跡を見たガラテヤの人々は熱心に信仰に入りました。

しかし、信じた福音の根拠となる「神様との霊の関係性」が分からなかったところへ、にせ兄弟（ユダヤ人で割礼にこだわるメシアニックジュー）から、「信仰を完成させるのが割礼だ」と惑わされたのです。

「ガラテ」３：３　あなた（がた）は《そんなにも道理が分からない愚か》なのですか。《御霊で始まったあなたの信仰》が、今、《肉（割礼）によって完成されるという》のですか（パウロの反論）。

「割礼」はユダヤ教として正しいものでしたが、しかし

イエス・キリストの「十字架の死」によって、その役目（イスラエル民族と神様との霊的関係性の証拠）は終了したのです。

イエス・キリストの死と甦りによって、全世界の人々の霊的立場が「第1の義」に変えられたので、「割礼はその目的「罪を覆い隠して義とみなすこと」が無意味になって」しまいました。

イエス・キリストは、ユダヤ教における「神様とアブラハムの血の契約」の成就として、この世に生まれてきたので、ユダヤ人にこそこのパラダイムシフト〔信仰の本質が「割礼」から〔人の霊的立場が神の子とされる〕に変わったこと〕を、確実に分からせなければならないのです。

パウロがユダヤ人の会堂で、ユダヤ人に救いの福音を伝えているのは、このためです。

しかしこの時、同時に聞いていた異邦人は、元々〔唯一なる神様との関係性がなかった〕のだから、「福音を聞いて信仰に入った」としても、「信仰の確証となるべき神様との関係性」の知識は全く知りません。

そもそも彼らの〔神という概念〕が、偶像礼拝する文化ですから、唯一神の教理を説かれたとしてもチンプンカンプンです。

しかし福音を信じた後には、〔信じるべき神としての認識・関係性の根拠〕は絶対に必要です。

この時、異邦人にとっては「新しく信じ始めた宗教」ですから、パウロがどのように彼ら異邦人の〔信じることへの「教理獲得の渇望」〕を満たそうとしたのか、それを推測すると、

――「異邦人に対するパウロの福音」の観点からは、全能の神を主としたユダヤ教の「神様との関係性」としてではなく、「十字架で死んだイエス・キリストを信じなさい」としか言えず、その根拠は「奇跡」しかなかったのです。

パウロはガラテヤ諸教会で、長老を任命してからそこを出立していますが、限られた短期間では、その長老たちに「神様との新しい関係性の根拠」を、論理的に教示できなかったであろうとするのが自然です。

「使徒」14：23　そこで、彼らは各教会ごとに**長老を任命し**、断食して祈った後、自分たちが信じていた**主に彼ら**（長老と教会）**をあずけた**（信仰の完成に至らせ

られなかったからです)。

だからこそガラテヤの異邦人は、ユダヤ人にせ兄弟から「割礼」が「信仰を完成させる論理的根拠である」として吹き込まれたのです。これが第1回伝道旅行後の実態です。

＊そして、ここからの説明は「ガラテヤ人への手紙」で展開されたパウロの主張であり、そこには、「２つの違う目的」があったのです。

①ユダヤ人に対しては、

ユダヤ教の「割礼＝神様との関係性(アブラハムの契約)」が、イエス・キリストの十字架の死で、「人に負わされていたアダムの原罪が贖われて」終結したから、「割礼は役目を終えた」ので、イエス・キリストへの信仰においては〔古い契約なので、もはやあってもなくてもどうでも良い〕ものになったこと。

しかし「割礼に固執するなら」、「天の恵みから落ちる」霊的立場になる、と教えて、「神のしもべ」から「神の子とされた自意識」に刷新させるためです。

②偶像礼拝をしていた異邦人には、

新しくイエス・キリストへの「信仰＝神様との関係性」を分からせること、です。信仰に入ったことで〔神様との関係性ができたこと〕を確信させて、ユダヤ人にせ兄弟の「割礼要求」を拒否するのに十分な、しかし、「契約ではない論理的な根拠」を与えなければなりませんでした。それが「約束を信じる」という人間的なフレーズです。

＊何回も述べた通り、異邦人への割礼否定の本来の霊的根拠は、クリスチャンになった者が、後から割礼を受けるのは、イエス・キリストの働きが「未だ達成されていない」として、十字架を否定するのと同じ反逆・罪になるからです。

だからパウロは、何としても割礼を止めさせなければならないのです。

「ガラテヤ人への手紙」の説得は、異邦人の《信仰初心者に向けて〔割礼を否定するため〕の対比論法》でしたが、これをルターが「信じるだけが真理」として教理展開したのは、パウロがあえて「神様との霊的関係性」に言及しなかった〔その目的〕を見抜けなかったからです。

そして現在に至る、ルターの解釈から始まったプロテスタント教理は、「キリスト教の真理の半分（信仰初心者のため＝ガラテヤ人への手紙の目的）」でしかありません。

――霊的成長の必要性が全く抜け落ちているのです。

パウロは、ガラテヤ教会が「割礼で信仰が完成する」と惑わされたため、その「割礼を否定する霊的緊急性が生じた」ので、この地方の教会のために「ガラテヤ人への手紙」を書き送りました。

「ガラテ」3：3　あなたがたは《①そんなにも愚かな》のですか。《②御霊で始まったあなたがた》が、今《③肉（割礼）によって完成されるという》のですか。

彼らは、キリストの福音を聞いて始まった信仰②なのに、その信仰の論理性①が分かっていないから、にせ兄弟に惑わされ、割礼で完成する③と勘違いしたのです。

そのためパウロは、あえて手紙の書き方に、「割礼＝神様との契約」を想起させせない言葉遣いをしています。信仰の原点である神様よりも、イエス・キリストに焦点を当てた説明なので、表面的に解釈すると「イエスを主として拝ませる」教理のように受け取れます。

「ガラテ」3：26　あなたがたは皆、キリスト・イエスを信じる信仰によって、神の子なのです。

この表現は、パウロ自身の「全能者である神様への信仰」がなくなったのではありません。ユダヤ教の割礼を《ユダヤ教には一切触れずに》否定するための言い方です。

ユダヤ教の「割礼」とは、アブラハムから始まった全能の神を「主とする（血の）契約」であって、その「契約だからこそ成立する（絶対的な神様との関係性）の証拠」でした。しかし、そんなこととは一切関係なかった異邦人に向かって、《イエス・キリストによって役目を終えたその「割礼の論理性」を否定するため》にこそ、「憐れみ」「選び」など、「神様からの救いのアプローチであるように（感覚的に）その関係性を信じる」としたのです。

そして「憐れみ」の根拠として「十字架の死」を具体的なイメージとし、それを「信じる」ことで「神様との関係性が成立する」としたのです。

「ガラテヤ人への手紙」はこのように、「**割礼を否定すること**」を**第1目的として書かれた手紙**です。

ですから、ユダヤ教から連想されるあらゆる言葉を用いずに、「否定した割礼」の代わりに「**異邦人が神様との関係性を主張できる概念**」を造り出しました。

異邦人に対して、〔①信じた結果を確信〕させ、一方、ユダヤ人にせ兄弟が「②契約（割礼）論を展開できないように」するためです。

＊この「ガラテヤ人への手紙」の主張は、『**救われた結果を信じる**』ことであり、救霊原理としての「契約」の概念がありません。それは〔神様とアブラハムとの〔血の〕契約〕の証拠が「割礼」であって、しかも〔それを否定する目的の文脈〕だからです。

そのため、契約の恩恵として引き継がれてきた、主イエスとの『**新しい血の契約・救いの真理**』**に到達すること**を教えていません。

これが「入信初心者への教理」として解釈しなければならない霊的根拠です。

＊しかし、パウロの別の手紙「ヘブル人への手紙」では、イエス・キリストとの関係が「血の契約」であり、それが信仰の根拠であることを明確にしています。それは、読ませる相手がユダヤ人であり、元から神様とアブラハムとの「血の契約」を知っているからです。

「ヘブル」13：20　今や、**永遠の契約の血による羊の**大牧者である私たちの**主イエスを、死者の中から甦らせた平和の神が**（祝福の根源は神様です）、13：21　イエス・キリスト（**血の契約の仲介者**の働き）を通して、あなた（がた）を、御心を行うためにあらゆる良いわざにおいて完成させ、神の目にかなうことをあなた（がた）のうちに働かせて下さるのです。キリストに栄光が世々限りなくありますように。アーメン。

この2節でパウロは、イエス・キリストを主と信じる者に対して、〔20節でイエス・キリストとの関係性が血の契約〕であり、〔**神様が**21節の約束を現実にして下さる〕ことを祝禱しています。《13：21　イエス・キリストを通して、》とは、〔イエスの名という権威〕を手段としてクリスチャンが使うことであって、礼拝の対象としてではありません。

ユダヤ教からキリスト教に改宗したユダヤ人は、前提条件の基礎知識として「アブラハムの契約とその恩恵」を知っていますが、異邦人はそれを知りません。ですから、「ガラテヤ人への手紙」では、「約束」「相続」などの言葉が使われています。

それは、異邦人が**割礼論争に引きずり込まれないためにこそ**、「契約ではない言葉」で「神様との関係性」を分からせ、救いの確信に近づけさせようとする、パウロの苦心＝「矯正の指示（パウロを煩わせたもの、ガラテ6：17節）」なのです。

第2回、第3回伝道旅行

第2回、第3回旅行は、地政学的に小アジアとヨーロッパの境界となる海峡を挟んだ対岸のギリシャに伝道しています。ここでの伝道は、ユダヤ人の影響を受けることなく、言葉通り異邦人に向かって宣教していきました。

この第2回伝道旅行では、第1回のガラテヤ地方伝道とは**決定的に違う要素**がありました。それは地域特性の他に、「異邦人に対する割礼要求」を否定する「エルサレム会議の決定事項を、公式な権威を持つ書面として持参」していることです。

この書面の権威によって異邦人クリスチャンは、パウロから聞いたキリストの福音から外れることなく、**ユダヤ人割礼派にせ兄弟の主張／要求を退けることができるようになりました。**

そして、ギリシャ地域ではユダヤ教迫害勢力に邪魔されなかったものの、今度は逆に、ユダヤ人でクリスチャンになった人々の間に「自分の子に割礼を施してはならない」との間違った解釈が広がってしまいました。

エルサレム会議の権威はそれほどまでに強力だったのです。

「使徒」21：20　彼らはそれを聞いて、主をほめたたえた。そして、パウロに言った、「兄弟、見て下さい、信じたユダヤ人は幾百万といますが、**皆律法に熱心な人たち**です（「割礼」は、ユダヤ民族としての存立根拠でした）。

21：21　ところで、彼らがあなたについて知らされていることは、あなたは異邦人の中にいる**全てのユダヤ人に、モーセに背くように教え、自分の子どもに割礼を施すな、習慣に従って歩むな、と言っているという**

ことなのです」。

「割礼不要公認書」が正しく異邦人に機能した結果、逆に**ユダヤ人の勘違い解釈**になりました。いかにユダヤ人が信仰を正しく霊的に捉えていないかの証であり、割礼派の最後の反発です。どこまでもパウロを迫害するサタンの仕業です。

＊＊パウロの主張は、《無割礼（異邦人）でクリスチャンになった者が、「後からユダヤ教の」割礼を受けてはならない》ことです。これに対し、ユダヤ人の生まれて**８日目の赤ん坊**は、そもそも信仰（という意志）を持っていないのだから、民族のしきたりに従って「割礼を受ければ」良いのです。しかし、その割礼が信仰の保証にならないのは経緯からして当然です。

ユダヤ人にとっては、「割礼は自分の社会的地位を保証するもの」であり、それを否定することは当時では絶対にあり得ないことだったからです。

しかし、イエス・キリストが**全人類**の代表として、十字架で**死**んで**罪の贖い**を**成し遂げた**ので、それまでの歴史として「イスラエル民族だけにユダヤ教の**契約**のしるしとして**課されていた割礼**」が不要になりました。

「ガラテ」３：19　それでは、律法は何のためにあるのでしょうか。それは約束されていたその子孫が来るまでの間、罪を示すために加えられたものであり、天使たちを通して仲介者の手によって定められたのです（そして、その**仲介者キリストによって、今度は律法の表面上の役目は終わらされた**のです）。

「**約束されていた子孫キリスト**」が、「新しい救いの真理」であり、このことを「信じるだけ」で、「**神様との関係性が成立する**」のです。ですから福音によれば、「**割礼を超越して**」います。パウロは、この真理を異邦人にもユダヤ人にも分からせなくてはなりません。

「Ｉコリ」７：17　しかし、神が一人ひとりに分配された賜物に応じ、そして主が一人ひとりを召された時のように、そのように歩ませなさい（ユダヤ人はユダヤ人として、異邦人は異邦人のあり方で）。それで、私は全ての教会で、このように指示しています。

７：18　割礼者（ユダヤ人）で召された者がいたなら、その人は無割礼になろうとしてはいけません。割礼を受けていないで召された者（異邦人）がいたなら、その人は割礼を受けてはいけません。
7：19（信仰の前では）**割礼**（肉の証拠）**は無に等しく、無割礼も無に等しい**のです。神の戒めを守ることこそが大切なのです（キリスト教の信仰の正しさは霊の世界でのあり様だから、肉体の条件ではなくなりました）。

誰でも成人として自分の意志で信仰告白する時に、割礼の有無は「どうでもいいこと」、つまりキリスト教信仰とは関係のない問題なのです。

この信仰の本質を霊**的**に理解し、正確に捉えないから、ユダヤ人が「自分の子どもに割礼を施すな（使徒21：21節）」という誤解になったのです。ユダヤ人は生まれて8日目に、自分の信仰によらず「割礼を施される」のだから、霊的には「信仰ではありません」。

キリスト教の真理「自由意志での入信」の規定に照らせば、割礼の有無は関係ないのです。**ユダヤ教そのもの**も**神様の視点では**、**過去の民族文化**になりました。

＊しかし、この信仰の真理・霊的事実は、ユダヤ人のみならず、誰であってもキリスト教をその本質「**血の契約**」として正しく理解しないと、「**割礼が不要になった**」とする**解釈に至りません**。ですから今、全世界でキリスト教の「神様の性質・性格が誤解されている」のです。

語弊のある表現になりますが、それは「ユダヤ教（罪人である霊的立場）から決別しなければならない」のに、「キリストの十字架・罪の贖い」を掲げることで、かえって「自分を罪意識に追い込んでいる」間違いなのです。

それは、ユダヤ教を知らない異邦人は「律法＝罪の下に置かれた者から神の子にされた**霊的立場**」という「**パラダイムシフト・天地の落差**」を全く知らないために思考が及ばず、「救われた原因」を「十字架の死による罪の贖い」であると表面的にしか解釈できていないことです。それが「罪ある者とする自己認識」であり、「罪を悔い改めること」という論調／礼拝テーマになってしまっています。

つまり、現代キリスト教の教理解釈が多くは「**入信したての初心者レベル**」に留まっていて、「罪の悔い改め」が全てであるかのように「勘違いして」いるのです。

＊パウロは第2回、第3回伝道旅行で宣教していったギリシャ地域の異邦人教会に対して、それぞれの「信仰解釈の間違い」を指摘する手紙を書いて矯正しています。
　ピリピ、コリント、テサロニケ、エペソ、コロサイ、ヘブル、ローマなど、彼が一貫して主張するのは「**救われた者の霊的立場**」が「**神の義**」であることです。

　それを明確にするために、「律法との比較」を「ガラテヤ人への手紙」以外の手紙で展開し、「**律法を守ること**」についても**肯定的に記述**しています。


　これは、「エルサレム会議での割礼論争の結果」として書かれた「割礼不要公認書、使徒15：20、23〜31節」によって、もはやユダヤ人割礼派の介入を心配する必要がなくなったので、パウロが**次の段階**として『**救いの新旧比較**』を堂々とできるようになったからです。

　神様の救霊手段としての「旧約聖書・律法」と、「イエス・キリスト・信仰」を、どちらも「正しいもの」として説明しているのです。加えて、「律法が『隣人への愛の行い』として、クリスチャンの心に生き続けること」を明らかにしています。

＊この点が「〈割礼を否定するための〉ガラテヤ人への手紙の**叱責**」と根本的に異なる「**霊的指導**」です。私たちはこの目的の違いを「霊的に分別し」理解しなければなりません。
　「**パウロの教理に矛盾がある**」「**ユダヤ人と異邦人とで違うキリスト教になった**」などと、多くの解説書が勘違いの解釈を述べています。キリスト教が分割されたのではなく、パウロが矛盾しているのでもありません。

これまでの解釈を正す

「ガラテヤ人への手紙」は、当時の状況においてユダヤ人と異邦人に「**割礼を否定するため**」だけに書かれた「矯正書である」として、**正しく読み直さなくてはなりません**。

　パウロは手紙の起承転結として、次のように書いているからです。


「ガラテ」1：6　私は、あなた（がた）が、キリストの恵みのうちにあなた（がた）を召して下さった方（神、その教え）に、そんなにも急に背を向け、**別の福音に移っていく**ことに驚いています。

←

4：19　私の幼な子たちよ。（一度信じたのに割礼に戻ってしまった第1の義の）あなた（がた）のうちにキリストが形造られる（第2の義）まで、私は再びあなた（がた）のために**産みの苦しみ**をしています。

←

4：20　私は今、あなた（がた）と一緒にいて、そしてこんな（怒りの）語調でなく話せたらと思います。それはあなた（がた）に対していくつかの疑念があるからです。

←

6：17　これからは、誰も私を悩ませてはなりません。私は、主イエスの刻印を身に帯びているからです（主イエスの福音**以外のことで私の邪魔をせず**、苦労をさせないで下さい。パウロのこの結語が、手紙の目的「割礼否定」を証明しています）。

＊パウロは「**割礼否定**」の対極論として、「信じるだけ」で「**神様との関係性が成立する**」ことを主張しました。そして、信じることの根拠を、歴史的事実の「十字**架で死んだイエス・キリスト**」としたのです。なぜなら、「死から甦って天に挙げられたイエス・キリスト」では、異邦人にとってはかえって「信じられない教理・**抽象概念**」だからです。

さらに「**憐れみによって選ばれた者**」として、「割礼に対抗する異邦人にとっての神様との**関係性**」を、神様からの意志（働きかけ）によるものと理解できるようにし、成立させたのです。そのように信じさせるしかないからです。

この割礼否定論理を、「神との契約概念を持たない異邦人」の「**信仰の根拠**」としました。しかし、これは（**神様が定めた霊の関係性に至っていない「初歩の入信レベル」**）でしかありません。これが２０００年前の状況でした。

この「ガラテヤ人への手紙」を、16世紀にルターは「信じるだけ」が信仰の本質であると、取り扱ってしまいました。そして、彼の「解釈」が現在のキリスト教の原点となっているのです。

つまり、神様の霊的視点では「**成長していないなまぬるい信仰**」として扱われるものであり、「キリストの身丈にまで**成長することを要求されている幼児レベル**」なのです。

＊「そのままのあなた」を受け入れて下さる神様が、なぜ「**成長しなさい**」と言うのでしょうか？　それは神様

があなたに、〔天に用意されている霊的祝福を全て受け取らせたい〕からですが、クリスチャン本人が信仰の「レベルと「義」の自意識」を勘違いしていて、「罪の悔い改め」で留まり、「聖霊を受けておらず」「神の義の祝福を受け取る所にまで至っていない」からです。

自分が「神の子として」、天のお父さんから自由に霊的祝福を受け取れる信仰を持つには、

――「ガラテヤ人への手紙」だけを「キリスト教の真理」としたルターの解釈によるプロテスタント教理に縛られず、聖書を霊的に読み直して「血の契約」と「イエス・キリストの働き」を勉強し直し、自分を刷新しなければなりません。

この主張は、個々の教派云々のことではなく、クリスチャンを自認する人ならば、誰であっても『神様・主イエスに対して、自分の義の筋を通す正しさとその行動』が必要だということです。それが「罪の悔い改めの告白」を卒業し、生前のイエス・キリストがしたのと同じ奇跡を起こさなければならないことです。

「ヨハネ」14：12「絶対に確かなこととしてあなた（がた）に言う。私を信じる者は、私の行うわざを行い、またこれらよりもさらに大きなわざを行うようになります。私が父のもとに行くからです。14：13そして、『私の名』によって、あなた（がた）が〈立ちはだかる問題に向かって解決を〉求める（要求する）ことは何でも、私はそれ（解決結果）をしましょう（現実にする）。父が子において栄光をお受けになるようにします」。

あなたはこの主イエスの言葉を１００％信じて、「心から発する言葉レーマ」としていますか？　そして『義の筋を通す』とは、ただ信じているのではなく、主イエスの指示を実現しようとその行動をとることです。

この「信仰の行いがなければ」義と認められないからです。「信じるだけ」では、「祝福の一部」しか受け取れません。

だから「ガラテヤ人への手紙」だけでは、キリスト教の真理に辿り着かないのです。そして、ルターがローマカトリックに対して、「信じるだけ」を強調して教理とするために、「ヤコブの手紙」を「わら屑」と評価して否定したのが大間違いだと判明するのです（ルターのローマカトリックに対するプロテスタントの功績を否定するのでは

ありません）。

　ですから、現在において私たちが「信じるだけが本質」と教理化しているのが、とんでもない勘違い解釈だったと悔い改め、霊の分別によって「頼れ、すがれ」と刷り込まれた「幼児的論理」を捨て去り、義についての自意識を刷新しなくてはなりません。

第11章 ガラテヤ人の受け入れ。パウロの初めての宣教結果

当時の状況検分

パウロは、ガラテヤ地方の宣教がどうであったか、その状況を書いています。彼が宣べ伝えた福音を、ガラテヤ人はどのように受け入れていたでしょうか？

まるで**キリストそのものであるかのように迎え入れてくれた**（ガラテ４：14節）と書いていますが、その状況は何を意味しているのでしょうか？　キリストによる救いの本質を、完全に理解したからでしょうか？　それとも別の理由があったのでしょうか？

ガラテヤ人がキリストの救いを受け入れたのは、パウロの起こした「**奇跡を目撃したから**」です。その驚きのあまりに彼らの取った行動が「使徒の働き」に記録されていますし、パウロもその事実を手紙に書いているので、後ほど引用します。

＊パウロは福音を述べると同時に、その御言葉に伴うしるしとして「奇跡を起こした」ので、ガラテヤ人は、その奇跡に驚き感動して「信仰に入り」ました。

その彼らが瞬く間に、当初信じた「イエスを救い主と信じて救われる」福音から、〔割礼で信仰が完成する〕と間違った教理をにせ兄弟から教え込まれてしまいました。

「ガラテ」３：３　あなた（がた）は、そんなにも愚かなのですか。**御霊で始まったあなた**（がた）なのに、今、肉（**割礼**）**によって完成されようとしている**のですか。

それまで偶像礼拝をしていた異邦人にとっては、その「信仰」に対して、いきなり救いの教理を聞かされても、チンプンカンプンでよく分かりません。

そこへ、にせ兄弟が来て、「**割礼**は神様との契約のしるし（ユダヤ教での**真理**）」だと言われたので、〔**確信とすることへの根拠**〕として、勘違いして受け入れてしまったのです。

それもあろうことか、ガラテヤ人は自ら進んで「自分の信仰の根拠として」、割礼を受け入れていったと考え

るのが妥当です。なぜならパウロが、「そんなにも急に」と驚き、「愚かなガラテヤ人」と怒り嘆いているからです。

「ガラテ」１：６　私は、キリストの恵みをもってあなた（がた）を召して下さったその方を、あなた（がた）がそんなにも急に見捨てて、他の福音に移っていくのに驚いています。

３：１　ああ愚かなガラテヤ人。～～～。

３：３　あなた（がた）はそんなにも愚かなのですか。～～～。

パウロが「ガラテヤ人への手紙」を急遽書かなければならなくなったのは、このように第１回ガラテヤ地方伝道旅行で開拓した教会が、パウロが去った後に間違った教理解釈に陥った「霊的不正」を矯正するためです。

それならガラテヤ人は「何をどのように」間違ってしまったのでしょうか？「ガラテヤ人への手紙」を正しく解釈するには、パウロの伝道旅行を順を追って調べなくてはなりませんが、まず結論から挙げておきます。

パウロによって起こされた数々の奇跡に感動して入信したガラテヤ地方の人々は、「救いの真理（教理）を十分に理解していない」から、ユダヤ教の「割礼」のように〔神様との関係性を自覚する手段（証拠）がなく〕、神様への信頼醸成を心もとなく思っていたことに対して、にせ兄弟が〔信じたことの証拠を儀式的に〕持つべきだとして、「割礼で信仰が完成する」と惑わしてきたのです。

第1回伝道旅行

パウロは、第1回伝道旅行では、ユダヤ人会堂で「割礼を持った人（神様との契約者）への悔い改め」として、ユダヤ人にイエス・キリストの福音を説教していきます（使徒13章）。

主イエスから「異邦人への使徒」と任命されたのですが、（手始めとして）ユダヤ人に語り始めました。この背景には、当時ユダヤ教では異教徒と交際してはならないとする律法があったからだと思われます。

とはいえ、ガラテヤ地方は異邦の地ですから、少数の寄留ユダヤ人と異邦人が共存していました。そして「割礼を受けてユダヤ教になっていた異邦人」もいました。

　パウロが宣べ伝えるイエス・キリストと、それが福音であることの証拠としての「奇跡を見て信仰に入った」人々は、自分の信仰を「神様の保証があるものとして」論理的な確証を持ちたい・持つ必要がある、と考えるのが自然の成り行きです。

　それが「信仰の完成＝神様との関係性の実証」です。具体的には、霊的祝福を受ける〔神の子とされた立場〕を論理的に理解し、根拠にして揺るがないことです。

　ユダヤ人にとっては、割礼は間違いなく「神様との血の契約の証拠」なので、彼らは「ユダヤ教の原点」として正しく教理理解していました。ですから、彼らが福音を聞いた時、それが「アブラハムとの契約の恩恵が、子孫に実現したもの」であると、その確証を得ることができました。

　しかし、だからこそと言うべきでしょうか、「割礼が役目を終えた」とは受け入れ難いのです。ユダヤ民族として認められる唯一の根拠が根底から崩れるからです。

　そして他方の「信じた異邦人」は、自分のそれまでの偶像礼拝の信仰観の中で「神様との関係性」を確証とする認識を持ったことはありません。従って、「奇跡に感動して信じた福音の信頼性を保証する何か」が必要でした。

「確固とした根拠」がないと信仰がぐらついてしまいます。だから、異邦人はその根拠を求め始めたのです。信仰深くあろうとすればするほど、この欲求は強かったはずです。

　教会内部では、ユダヤ人キリスト信者（メシアニックジュー）と異邦人クリスチャンとの間で、「信じたことの確信のための根拠＝神様との関係性」をどう認識するかとしてさかんに討論され、「割礼」が話題になっていたはずです。

　そんな折りに、パウロがその教会の長老と任命した人物（ユダヤ人で信じた者だったでしょう）が、「私は神様との関係性を既に持っているよ」と言い、それが「割礼である」と教えたのだと考えます。信者同志で教理問答が起きないはずはないからです。

　「使徒」14：23　そこで、彼らは教会ごとに長老を任命し、断食して祈った後、自分たちが信じた主に彼らをあずけた。

しかしこの「**長老たち**（その地のユダヤ人信者）」は、「パウロが否定する者たち（本書では**にせ兄弟**と呼びます）」ではありません。

そんな状況下で実際に「割礼問題」が生じたのは、エ**ルサレム原教会の権威をかざす「にせ兄弟」が入り込んだ時から**でしょう。彼らはパウロの使徒職を否定してまで自分たちを偉く見せたのです。異邦人は、それこそお墨付きを得たとして「なだれをうって、割礼を受けた」のだと考えます。

これが、福音を聞いて信じた異邦人が「割礼に流れた」実態に最も近いでしょう。

信じていながら、キリスト教の真理が分からず（否定しないまでも）、ユダヤ教に戻る間違いだから、何としても止めさせなければならない事態なのです。

それは一人二人の起こした事態ではなく、パウロが「教会全体の問題」と捉えた霊的な大事件であったとすべきです。

従ってパウロは、「**にせ兄弟**」を封じ込めるために、「ガラテヤ人への手紙」の書き出しで**自分の使徒としての霊的立場が、権威あるものとして、**エルサレム原教会の大使徒（主イエスの直弟子たち）に、勝るとも劣ることは決してないと、のっけから表明しています。

「ガラテ」1：1　使徒であるパウロ（人からではなく、人によるのでもなく、イエス・キリストを死者の中からよみがえらせた父なる神によるのである）。

そして、「ガラテヤ教会に割礼を持ち込んだ者＝**にせ兄弟**」を手ひどく非難しています。

「ガラテ」1：7　～～。しかし、あなたがたを悩ませて、キリストの福音（新しい霊的レベル）を（古い状態に）変えて（戻して）しまおうとする者がいるのです。　1：8　しかし、私たちであろうと、天の御使いであろうと、もし私たちが宣べ伝えた福音に反することをあなたがたに宣べ伝えるなら、**その者はのろわれるべき**（永遠の刑罰に定められた者）です。　1：9　今もう一度言いますが、あなた（がた）に、あなた（がた）の受けたもの以外の福音を宣べ伝える者があれば、**その者はのろわれるべき**（永遠の刑罰に定められた者）です。

2：4　このようなことが起こったのは、ひそかに連れてこられたにせ兄弟たち（彼らは、キリスト・イエスにある私たちの自由をうかがい、私たちを束縛するために忍び込んできた者）のせいなのです。

2：12　なぜなら、（エルサレムの）ヤコブからある人々（実態調査者）が来るまでは、彼（ケパ）は異邦人たちと共に食事をしていたのに、彼らが来ると、その割礼の人たち（の告発）を恐れて身を引き、離れていったからです。

4：17　彼らは熱心にあなた（がた）に言い寄りますが、正しいものではありません。彼らはあなた（がた）が彼らに熱心になるようにと、あなた（がた）を福音の恵みから排除しようとしているのです。

5：10　私は、主にあって、あなた（がた）が違った心を持たないことを確信しています。しかし、あなた（がた）を悩ます者は、それが誰であれ、その処罰を受けなければなりません。

5：12　私は、あなたがたを悩ます者どもが、自分自身のあれを切り落とすことさえ願ってやまないのです（いっそのことあそこを切り落としてしまえばよい。パウロの原文はここまで厳しい割礼の禁止です）。

6：12　肉の上で見栄えをよくしようと望む者たちは全て、キリストの十字架のために迫害を受けないようにするためだけに、あなたがたに割礼を受けるよう強要するのです。　6：13　割礼を受けている者でさえ、律法を守っていないのに、彼らはあなたがたに割礼を受けさせ、あなたがたの肉において自慢しようとするのです。

このようにパウロが怒って、「教理解釈の間違いを矯正するために急いで書いた」のが「ガラテヤ人への手紙」であり、第1回伝道旅行からアンテオケに帰着後、「そんなにも急に」と表現される時期に割礼問題を知って直ちに書いたのですから、彼の（14の）手紙のうちで最初に書かれたものとするのが妥当です。

歴史の実証

長くなりますが、ガラテヤ教会の実情を知るにはまず、「使徒の働き」を読み解かなくてはなりません。この「ガラテヤの諸教会」ができたのは、パウロの第1回伝道旅行の結果です。

この伝道旅行を詳しく知るには、使徒の働き15章から順を追ってパウロの足跡を辿らなくてはなりません。小アジア、南ガラテヤ（ルカオニヤ）地方の町々の名前が列記されています。

パウロの第1回伝道旅行での、彼の福音と奇跡（御言葉のしるし）を調べます。

「使徒」13：2　彼らが主に仕えて断食していると、聖霊が言われた。「今、バルナバとサウロを、私が呼んだ仕事のために、私のもとに聖別しなさい」。

13：3　そこで彼らは、断食して祈り、二人の上に手を置いてから、（第1回伝道旅行に）彼らを送り出した。　13：4　そこで、聖霊によって送り出された二人は、セルキアに下り、そこからキプロスに向けて出航した。　13：5　そして、サラミスに着くと、ユダヤ人の会堂で神の言葉を宣べ伝えた。彼らはまた、ヨハネを助手として連れていた。

13：6　さて、彼らが島を抜けてパポスに行った時、ある魔術師、偽預言者で、バルイエスという名のユダヤ人を見つけた。～～～。7～10節省略。

13：11　「今、まさに、主の御手がおまえの上にあり、おまえは盲目となり、時が来るまで、太陽を見ることができない」。すると、たちまち彼の上に暗い霧がかかり、彼は手を引いてくれる人を探して回った。

13：12　そこで、なされた出来事（奇跡）を見た総督は、**主の教えに驚嘆して、そして信じた。**

13：13　さて、パウロ一行がパポスを出帆して、パンフリアのペルガに来たが、ヨハネはここで彼らから離脱して、エルサレムに戻った。　13：14　しかし、彼らがペルガを出発してピシデアのアンテオケに来ると、安息日に会堂に入り、席に着いた。15～43節省略。

13：44　次の安息日には、ほとんど全市民が神の言葉を聞くために集まってきた（ピシデアのアンテオケ）。

13：45　ところが、その（異邦人を含む）大群衆を見た**ユダヤ人たち**は、ねたみに満たされ、矛盾と冒瀆の言葉で、パウロの語ることに反対した。　13：46　そこで、パウロとバルナバは大胆になって言った、「神の言葉は、まずあなたがた（ユダヤ人）に語られる必要がありましたが、あなたがたはそれを拒み、自分自身を永遠の命に値しないと判断したのです。見なさい、私たちは異邦人に目を向けます。

13：47　なぜなら、主が私たちに、こう命じられたからです。『私はあなたを異邦人の光とし、地の果てにまで救いをもたらす者とした』からです」（「イザヤ」49：6節の引用）。

13：48　さて、異邦人たちはこれを聞いて、喜び、主の言葉をほめたたえた。そして、永遠の命に定められている者たちは、皆、信じた。　13：49　そして、主の言葉は、（小アジアの）全地域に広まっていった。13：50　ところが、ユダヤ人たちは、敬虔な女性や町の有力者たちを煽って、パウロとバルナバに対する迫害を起こし、彼らをその地方から追い出した。　13：51　しかし、彼らは迫害者たちに対して足のほこりを振り払い、イコニウムに行った。　13：52　（アンテオケで信仰に入った）弟子たちは喜びと聖霊に満たされていた。

14：1　さて、イコニウムで、彼らが一緒に**ユダヤ人の会堂**に行き、そう話したところ、**ユダヤ人もギリシア人も大勢の人が信じた**。　14：2　ところが、不信仰なままのユダヤ人たちは、異邦人を煽り立てて、兄弟たちに対して毒づかせた（パウロの宣教を阻止しようと企て始めた）。

14：3　それであっても、彼らは長い間そこに留まり、主にあって大胆に語ったので、主は、**彼らの手を通して数々のしるしと不思議が行われるようにし、ご自分の恵みの言葉を証明**しました。　14：4　しかし、町の大勢が分裂して、一部はユダヤ人に味方し、一部は使徒に味方しました（ユダヤ人に罪の悔い改めを説いたからです）。

14：5　**信じようとしない**異邦人とユダヤ人が**彼らの指導者たちと一緒になって**（当局の許可を得て）、使徒たちを辱めて、**石打ち**（死刑）**にしようと企てた**時（公然の指名手配者となったので）、　14：6　彼らはそれ（危機が身に迫って**きたの**）を知って、ルカオニヤの町であるルステラとデルベ、およびその周辺の地方に逃れた。　14：7　そして、そこで福音を宣べ伝え続けた。

14：8　**ルステラ**でのことであるが、～～～（足に力のない人への**癒しの奇跡**、～18節）。

「使徒」14：19　ところが、**アンテオケとイコニオムから**（許諾状を持った）**ユダヤ人反対者たちが来て、群衆を説き伏せ、パウロを石打ち**にし、**死んだ**ものと思って、町の外に引きずり出した。

パウロは実際に（心肺停止していた）からです。ユダヤ人迫害者は公認された刑罰（石打ち）としてパウロを死刑に処し、彼ら自身の目的を達成しました。一方、パウロはこの時、過去の自分（迫害者サウロ）がかつて行った行為を、自身に受けることになったのです。

「使徒」14：20　しかし、弟子たちが彼の周りに集まると、彼は起き上がって町の中に入っていった。そして翌日、バルナバと共にデルベに向かって出発した。14：21　そして、その町で福音を宣べ伝え、多くの弟子を作ってから、ルステラ、イコニウム、アンテオケへと帰っていき、14：22　弟子たちの魂を強め、その信仰を続けるように勧め、「私たちが神の国に入るには、多くの苦難を通りぬけなければならない」と言った。14：23　そこで、彼らは各教会に長老を任命し、断食して祈った後、自分たちが信じた主に彼らをあずけた。14：24　そして、彼らはピシデヤを通過して、パンフリアに来た。
14：25　さて、ペルガで御言葉を宣べ伝えると、彼らはアタリアへ下っていった。14：26　そこからアンテオケへ航海して戻った。そこは彼らがなし終えた働きについて、当初、神の恵みにゆだねられた所であった。

この旅程は、ほぼ全ての聖書の巻末に「パウロの伝道旅行イラスト」として掲載されています。本書も巻頭に掲載しました。ここでパウロが、ガラテヤ地方の南部諸都市を巡った道筋が明確になります。

しかし私たちは、単なる道筋ではなく、それらの町々で「どんな事件が起きたのか」を詳しく調べなくてはなりません。私たちは、パウロの「異邦人への宣教」に対して、かなりの「勘違い」をしているからです。

その「勘違い」を一つずつ解明していきましょう。

パウロは「異邦人のところへ行く」と言いながら、ユダヤ教会堂で、ユダヤ人に宣教しています（異邦人改宗者もいましたが、彼らは既に割礼を受けた者でしょう）。割礼を受けている人々に対して、その（古い）霊的立場からキリストを信じる者になるようにと、ユダヤ教会堂で説教しているのです。だから「**悔い改め**」から**話し始め**ています。

「使徒」13：5　そして、サラミスに着くと、**ユダヤ人の会堂**で神の言葉を宣べ伝えた。彼らはまた、ヨハネを助手として連れていた。
13：14　しかし彼らが、ペルガを出発してピシデアのアンテオケに来ると、安息日に（ユダヤ教の）会堂に入り、座った。

ユダヤ人に向かってのパウロの説教

パウロはユダヤ教指導者を、キリスト・イエスの敵対者として、説教しています。

「使徒」13：16　そこでパウロは立ち上がり、手で合図しながら言った、「イスラエルの人々、神を恐れる方々よ、聞いて下さい」。13：17　この民イスラエルの神は、私たちの先祖を選び、民がエジプトの地によそ者として住んでいた時、尊い民族とし、高く上げた腕で、そこから連れ出されました。13：18　さて、約40年の間、主は荒れ野で彼らのやり方に我慢されていました。13：19　それからカナンの地で七つの国を滅ぼされた時、主はその土地をくじによって彼らに分配されました。13：20　その後、神は預言者サムエルまでの約４５０年間、彼らに宗教指導者をお与えになり、13：21　その後、彼らは王を求めたので、神はベニヤミン族の人、キシュの子サウロを40年の間、彼らにお与えになった。13：22　そして、サウロを取り除いて、彼らのためにダビデを王として起こした時、この人にも証しを与えて言われた、『私はエッサイの子ダビデを見いだした、彼は私の心にかなう者で、私の意志を全て行う者である』。13：23　この人の子孫から、約束に従って、神はイスラエルのために救い主イエスを起こされた。13：24　イエスが来られる前に、ヨハネがイスラエルの全ての民に、前もって悔い改めのバプテスマを宣べ伝えていました。13：25　ヨハネは、その生涯を終えようとするころ、こう言いました。『あなたがたは、私を誰だと思うのですか。私はその方ではありません。見なさい。その方は私のあとに来られます。私は、その方の履物の紐を解くにも値しません』。13：26　人々、兄弟たち、アブラハム家の子孫たち、あなたがたの中で神を恐れる方たち、あなたがたにこの救いのことばが送られたのです。13：27　エルサレムに住む者たちやその指導者（大祭司、祭司、律法学者）たちは、イエスを知らず、安息日ごとに読まれる預言者たちの声さえも理解せず、イエスを罪に定めて、その預言を成就させてしまいました。13：28　彼らは、イエスに死に当たる何の訴因も見いだせなかったのに、彼を死刑にするようピラトに求めたのです。13：29　さて、イエスについて書かれている預

言が全て成就されたので、彼らはイエスを十字架から
下ろして墓に納めました。
13：30　しかし、神はイエスを死者の中からよみがえ
らせました。　13：31　イエスは、ガリラヤからエル
サレムへ一緒に上ってきた人々に、多くの日にわたっ
て目撃されました。その人たちがこの民に対してイエ
スの証人となっています。　13：32　そして、私たち
は、（神が）先祖たちに約束された嬉しい知らせを、
あなたがたに告げています。　13：33　神は、イエス
をよみがえらせたことで、私たち子孫のためにこの約
束を実現して下さったのです。詩篇第二篇に『あなた
は私の子、きょう、私はあなたを生んだ』と書いてあ
る通りです。
13：34　そして神が、死者の中からイエスをよみがえ
らせ、二度と腐敗に帰すことのないようにされたこと
について、『私はダビデへの確かな慈悲をあなたに与
えよう』と語られています。　13：35　それゆえ、別
の詩篇でも、『あなたは、あなたの聖者に腐敗を見さ
せることはありません』と言っておられます。　13：
36　ダビデについては、神の御心によって自分の時代
に仕えた後、眠りにつき、その先祖たちと共に葬ら
れ、ついに朽ち果てました。
13：37　しかし、神がよみがえらせた方は、腐敗を見
ることがありません。　13：38　それゆえ、兄弟たち
よ、この方によって、あなたがたに罪の赦しが宣べ伝
えられていることを、あなたがたはよく知って下さ
い。
13：39　この方によって、信じる者は**誰でも**、モーセ
の律法では義と認められなかった全てのことからも、
義と認められるのです。　13：40　それゆえ、預言者
たちに（次のように）語られたことが**あなたがたに降**
りかからないように、気をつけなさい（**悔い改めて救**
いに入りなさい）。　13：41　「見よ、侮る者たちよ、
驚いて滅びよ。私はお前たちの時代に一つの業を行
う。それはどんなに説明しても、おまえたちには、と
うてい信じられないほどのことである」（ハバクク1：
5節）。

エルサレムでユダヤ教徒たちが否定し、捕らえて辱め、十字架で死なせたイエスという男が、「予言されていたメシヤ・救い主」であったことを証言し、このイエスを信じるようにと語っています。

しかし、パウロの説教（福音・良い知らせ）の内容は、自分たちユダヤ人が、「信じること」よりも、「しで

かしてしまった間違いを悔い改めなければならないと聞こえる」言葉を含んでいました。

「預言者に言われているようなことが、起きないように」とは、「律法を守り行わないことへの呪い」と解釈できるので、その「良くない結果」が起こらないように、と警告をしています（13：41節『見よ。侮る者たち。驚け。そして滅びよ』〈ハバクク1：5節〉）。

すると、聞く人の受け取り方によって、「それなら信じよう」と考えるユダヤ人と、「何を言っているんだ」と反発を感じる人のグループに二分されるのです。

自分は敬虔なユダヤ教徒だと**自認する人ほど、より強い反感を持つ**のです。

ユダヤ教のメシヤ観（ユダヤ国家を再建する大王）にそぐわない、ナザレ人の大工イエスを、しかも十字架で死んだ（呪われた）男を「救い主として信じるよう」迫ってきて、さらに周囲の異民族の偶像礼拝に惑わされないようにと、ユダヤ人が「頑なに守ってきたユダヤ教」の「価値観を悔い改めよ」と言われるのだから、**ユダヤ人であるが故に必然的に、パウロの宣教に敵意を持つ人々が現れてくる**のです。そして、暴力をもって迫害する者になりました。

この感情は、主イエスからの直接啓示を受ける前の、青年サウロが持っていたものと同じです。彼がキリスト者を迫害したのも、同じ感情からでした。

ガラテヤ人の霊的レベル

しかし、ガラテヤの異邦人は福音として初めて「良い知らせ」を聞いています。ユダヤ人のように旧約聖書の神様との関係性＝「律法によって罪とされていた状態」から抜け出すのではありません。

ですから逆に異邦人には、「信じること」への「神様との関係性の確立」が、**新規に必要とされてくる**のです。それは、**ユダヤ教から刷新した**「キリスト教として」、神様が定めたルールが適用されるからであり、**その事実を真理の知識として認識すること**です。

つまり、**クリスチャンになってから「救いの根源である神様」の知識を得なければならない**のです。

それなのに、この教理はなかなか理解できない代物です。なぜなら、**信仰は霊の世界を霊性で受け入れる**ものだから、人の感覚・感性で納得しにくいからです。殊に『書かれた言葉を読むこと』からは掴み取りにくい『概念』です。

具体的には、神様の真理を知った上で理性を霊的に研ぎ澄ませて、御言葉を納得しなければならないのです。そして、学び取るのには多大な時間と労力を要します。それ故に心底から求める人でないと受け取れないものであり、多くの人が一、二度だけ聞いたことを表面的に解釈して勘違いしてしまうのです。

福音を聞いて信じるまで、偶像礼拝をしていたガラテヤ人は、手っとり早く「**割礼**を信仰の完成の根拠として」自分から取り入れてしまったと推測します。

「ガラテ」4：8　しかし、確かに、あなた〔がた〕は神を知らなかった時、本来神でないものに仕えていたのです。　4：9　しかし、今やあなた〔がた〕は神を知ったのに、いや、むしろ神に知られた者になったのに、どうして再び、束縛されることを望む、弱くて乞食のような要素〔キリストが来られる前の宗教〕に立ち返るのですか（古い宗教的な束縛に従うのですか）。

＊こんな彼らを**矯正**するのが「ガラテヤ人への**手紙**」なのです。そして、矯正の中身は〔信仰**初心者のつまずきにならない感覚的なもの**〕でした。

「ガラテ」4：12　兄弟たちよ、あなたがたにお願いします。あなたがたは**私のよう**に〔ユダヤ教の儀式主義と行事規定の束縛から自由に〕なって下さい。なぜなら、私もあなたがたの**よう**〔異邦人〕になっているからです。あなたがたは私に対して何一つ傷つけることをしていません。

4：13　それどころか、あなたがたの知っているとおり、初めに私が〔（デルべに）留まっていて〕あなたがたに福音を宣べたのは、私のからだのInfirmity 欠陥・弱点のためであったのですが〔ルステラの町で「石打ちに処せられた」結果として〕、

次からの節は、欽定訳聖書原文を引用して、より深い理解を求めます。

Gal 4：14　And my trial which was in my flesh you did not despise or reject, but you received me as an angel of God, even as Christ Jesus.

4：14　そして私の肉体の中にあった私の試練〔からだの状態〕が、〔あなたがたにとっても試練となるものだった〕のに、あなたがたは**それ**を軽蔑したり、あるいはあざけり拒絶することをしないで、かえって神

の御使いのように、また、**キリスト・イエスご自身であるかのように、私を受け入れてくれたのです**（この原因は、パウロの〔**一度死んで生き返った奇跡**〕を目の当たりにしたからです）。

Gal 4：15　What then was the blessing you enjoyed? For I bear you witness that, if possible, you would have plucked out your own eyes and given them to me.

4：15　それでは、あなたがたが喜びとしたあの祝福（満足、自分を幸いと思うこと）は何だったのですか。私はあなたがたのために証しますが、あなたがたは、もしできれば自分の目をえぐり出してでも私に与えたいとさえ思ったではありませんか（それほどまでに、パウロの福音を受け入れたのです）。

4：16　それならば、私は、あなたがたに真理を語ったために、あなたがたの敵になってしまったのでしょうか。

＊「石打ちの刑」で殺されたのに、生き返ったパウロの福音を聞いたガラテヤ人たちは、その「救いの本質・精神の解放・愛と自由」を、奇跡体験によって心から納得したからこそ、パウロの身体に残った「Infirmity 目の障害・弱点（決して病気ではない）」に対して、「自分の目を差し出してパウロの助けになりたい」と思うまでになったのです。

しかし、彼らは熱心さ（感情的）のあまり受け入れたものの、「理性的な教理理解をしていません」でした。ですから、これほどまでイエス・キリストへの信仰に目覚めて、「天からの祝福・聖霊の賜物」を受けているガラテヤ人なのに、エルサレムから来たユダヤ人にせ兄弟によって、「ユダヤ人のように割礼を受けなければならない」と「教理として」強要された結果、その勢いに流されてしまいました。

なぜならそれは、ガラテヤ人が「奇跡を体験したことによって感動してキリストを信じた」のだから、「教理として救いの論理〔神様との霊の交わり〕を十分に習得・理解していなかったから」です。

その奇跡への感動によって、「人類の罪を贖ったイエス・キリストを救い主として受け入れた」ガラテヤ人ですから、その次に「信じたことへの信仰の根拠」を確保したくなるのは当然です。「救いの論理性」の欠落に焦燥していたガラテヤ人は、たちまち勘違いして「割礼」を受け入れてしまいました。

この〔福音を信じた救いからユダヤ教に戻る〕ことを、パウロは**「恵みから落ちる」**と警告していますが、その意味は、**初めて信仰を受け入れる人々に対する教理として、「信仰は信じることだけ**（ルター解釈）**」**を言っ**ているのではありません。**

聖霊のバプテスマを受けて喜びに満たされた人々でも、**救いの論理を知らなければ騙される**からです。「割礼を受けた人全て」に、むしろ、にせ兄弟と同胞ユダヤ人に対して、この警告をしているとも解釈できます。なぜなら、**ユダヤ教徒にしか分からないこと**（救いの天地の区別）**を引用している**からです。

そしてパウロは、〔既に信じたガラテヤ人〕が割礼を受けるから、未だ真理に至っていないその無理解さを明らかにし、対応に困惑しているのです。

「ガラテ」4：19　私の幼な子たちよ。（一度信じたのに割礼に戻ってしまった第**1**の義の）あなたがたのうちにキリストが形造られる（第**2**の義）まで、私は再びあなたがたのために産みの苦しみをしています（信仰の根源としてのキリスト教の真理が未だ分かっていないからです）。　4：20　私は今、あなたがたと一緒にいて、そしてこんな（怒りの）語調でなく話せたらと思います。それはあなたがたに対していくつかの疑念があるからです。

パウロが「困惑している」のは、「ガラテヤ人への手紙」のみでは、彼らを「彼ら自身の求める**信仰の完成**にまで」到達させられず丁寧な教理指導が必要だからです。

「信仰の完成」とは、〔決してぶれない神様への心底からの信頼〕であり、その根拠が〔霊の**関係性**を確立して**いる論理性**〕を、**理性で納得していること**です。この「神様との霊の関係性の構築」がなければ、「信仰の完成」になりません。

「ガラテ」3：1　ああ愚かなガラテヤ人。**十字架につけられたイエス・キリスト**が、あなたがたの目の前に、あんなにはっきり示されたのに、誰があなたがたを迷わせたのですか。

←

3：26　あなたがたは皆、**キリスト・イエスを信じる信仰**によって、**神の子**なのです。

しかし、これまでの「神様との霊の関係性の構築の論点」からすれば、イエス・キリストの十字架の死を信じることだけでは、「信仰の完成」にならないのです。

「愚かなガラテヤ人」と言ったパウロの真意

3：1　ああ愚かなガラテヤ人。〜〜〜。
3：3　あなたがたはそんなにまで愚かなのですか。御霊で始まったあなたがたが、今、肉によって完成されるというのですか。

パウロは、続けて2度も「**愚かな**」と、ガラテヤ人・教会を非難しています。キリスト教の救いを教えるのに、このように相手を非難するのが妥当なことなのでしょうか？　なぜこんなに人の知性を見下すほどまでの表現をしたのでしょうか？

このパウロの言葉の目的は、「教えるため」ではなく、「**止めさせるため**」だからです。

この言葉を、現在の私たち日本のキリスト教会に当てはめて、解釈してみましょう。

日本は、自然物を何でも神にしてしまい、「八百万の神を祀る」偶像礼拝の国です。

福音宣教の言葉を初めて聞いて、その結果「信じた初歩クリスチャン」が、もし日本在来の「宗教とされている教え」を吹き込まれて、例えば〔滝の水に打たれる、火渡りをする、経典などを念じ続ける〕など、ある特定の何かに〔こだわる**行為が信仰である**〕と思い込んでしまったとしたら、私たちは彼に何を感じ、何と言うでしょうか？

まず、キリスト教教理を教え直す前に「その陥っている**間違い**」**を止めさせようと**するでしょう。それが順序だからです。

パウロはこの時、「**ああ愚かなガラテヤ人**」「あなたがたは**そんなにまで愚かなのですか**」と、怒りを込めて「あなたたちはバカか」とまで言って、その「行為（割礼）によって信仰が完成する」という考えを、一蹴しているのです。

それは、「信仰の本質を**教える以前**」に、その「愚かな**間違いに気づけ！**」と言っているのであって、その間違いに**気づかせるのが第1目的**なのです。

そうしないと、どれほど正しい教理「神様との霊的関係の構築」を論じ立てても、間違った考え・宗教観が「刷り込み」として残っている限り、その人が立ち戻る可能性は極めて低いからです。

なお、パウロがここまで怒りを伴う感情で禁止している原因は、**クリスチャンが後から割礼を受けることが「霊的反逆」だから**です。

なぜなら、イエス・キリストの十字架の死の贖いが、「未だ実現していない旧約時代に戻る」ことを実行するのだから、神様の救霊計画の順序を覆して「十字架の罪の赦しと贖いを無かったことにしてしまう主張」として、**神様に逆らう結果になる**からです。

これは異邦人が無知の故にサタンの罠に陥る、霊的大罪なのです。だから、パウロは必死で禁止しているのです。

ガラテヤ人の入信のきっかけは、パウロによって起こされた奇跡によったものなので、福音を聞いたとはいえ、彼らの教理解釈はとても心もとないレベルだから、その「救いの本質（神様との霊の関係性の保証）の論理性」の知識を根拠とすべく、彼ら自身も求めていたはずです。

信じるためには、その根拠となる「約束」が確かにそうであるとの「保証がなくては」なりません。しかし、奇跡を体験しただけでは、それは「霊の関係性」の保証には足りないのです。

従って、ガラテヤ人・教会がにせ兄弟から、ユダヤ人が元々「割礼」を受けていて、それが「神様との契約のしるし」であると知らされた時、ガラテヤ人のほうから**求めていった**とすら、考えられるのです。

だからパウロは、**無知による行動**に対して、「あなたたちはバカか」とまで言いました。パウロは彼らに「**割礼を絶対に止めさせる**」ためにこの手紙を書いたのです。

＊すると、ここで大きな疑問が出てきます。それは「ガラテヤ人への手紙」が彼らに自分の間違いを分からせるためだったのだとしたら、その**次に**「信仰の本質」を教**える第2の手紙を書かなくては**、彼らの「**信仰が完成しない**」ではないか、という疑問です。パウロ自身も、それを問題にしていたことが書かれています。

「ガラテ」４：19　私の幼な子たちよ。（一度信じたのに割礼に戻ってしまった第1の義の）あなたがたのうちにキリストが形造られる（第2の義）まで、私は再びあなたがたのために産みの苦しみをしています。

4：20　それで、私は今、あなたがたと一緒にいて、そしてこんな（怒りの）語調でなく話せたらと思います。それはあなたがたに対していくつかの疑念があるからです。

　この2文節からは、「ガラテヤ人への手紙」が、それだけではガラテヤ人の信仰育成・確信のために不十分であることをパウロ自身が認識していて、「直接会って教育しなければ」と「悩んでいた」と判断できます。

　ガラテヤ教会に「信仰を完成させるためとして割礼が入り込んだこと」が、「霊的に正しくないと彼らに分からせる」ために「ガラテヤ人への手紙」を書きましたが、それだけでは不十分であり、**次の段階の教理解釈**を**「直接教えなければならない」**重大な問題と捉えていたのです。

　それでは、パウロはどうしたのでしょうか？　その答えは、「使徒の働き」に書かれていました。

「使徒」15：36（エルサレム会議から帰って）**幾日か経った後**、パウロはバルナバにこう言った。「**先に主のことばを伝えた**（ガラテヤの）**全ての町々の兄弟たちのところに、またたずねて行って、**（送った手紙によって、彼らが）**どうしているか**（割礼を否定した信仰を保っているか）見てこようではありませんか」。

　この発言記録は、パウロとバルナバが第1回ガラテヤ地方伝道から帰ってきた（使徒14：26〜28節）のち、「**かなり経ってから**」ユダヤ人信者の間に「割礼要求が問題となり、その是非についてのエルサレム会議」（使徒15：1〜35節）に彼らが参加して結論を得て、彼らがアンテオケに帰着して幾日か経ってのことです（第2回伝道旅行の第1目的は、「**割礼否定の公式見解**」を書面で提示して、**もはやユダヤ人割礼派に一切口を出させなくするため**です。そして次に、「**信仰によって神の子とされる真理**」を丁寧に教えたはずです）。

　エルサレム原教会での大長老たちによる会議の結果は、「異邦人には割礼を要求しない決議」となり、それを書面としてアンテオケに持ち帰りました。ですからパウロにとって、（気掛かりだった）「割礼を否定させたこと」について、さらにエルサレム原教会の（**権威ある書面**）で**裏づけを与えて、確信させようと**考えたのです。

　この書面で「公式に割礼を否定する」ことができるよ

うになったので、パウロは逆に「救いの本質」がイエス・キリストとの「**新しい契約である**」と、その関係性を**語り出すことができるようになり、宣教における**「**信仰解釈の環境が変わった**」のです。

エルサレム会議の結論によって、今度は堂々と「割礼の意味」を言葉にすることができるようになり、それと**イエス・キリストへの信仰との違いを比較**しながら、「新しい神様との関係性を明確にする」ことができるようにもなりました。

パウロは第2回伝道旅行をスタートさせ、**ガラテヤ地方を再度巡回し、**足りない教理解釈を直接ガラテヤ人に伝えました。**手紙よりはるかに効果のあるやり方**です。

「使徒」15：40　パウロはシラスを選び、兄弟たちから神の恵みにゆだねられて出発した。

15：41　そして、シリヤおよびキリキヤを通り、諸教会を力強くした（**エルサレム会議の決議を伝えていきました**）。

16：1　それからパウロはデルベに、次いでルステラに行った。するとそこにテモテという弟子がいた。信者であるユダヤ婦人の子であるが、その父はギリシャ人であった。

16：2　彼はルステラとイコニオムとの兄弟たちの間で評判の良い人であった。

16：4　さて、彼らは**町々を巡りながら、エルサレムの使徒たちと長老たちが決めた「守るべき命令」を、人々に伝えた。**

既に送られていた「元々のガラテヤ人への手紙」に対する、**ユダヤ人の反発を抑えるため**です。そして、さらに信仰の核心・根拠となる血の契約（**聖餐式の意義**）を教えたはずです。それでなければ、ガラテヤ諸教会の「信仰の完成にならない」からです。そして次の結果となりました。

16：5　こうして**諸教会は、信仰を強められ、日に日に人数を増していった**（**異邦人には割礼を要求されないことが、**（**公式に明確になった**）からです）。

16：6　さて、彼らがフルギヤとガラテヤ地方を通過した時、聖霊によって、アジアで御言葉を宣べ伝えることを禁じられた。　16：7　彼らはムシヤまで来てから、ビテニアに入っていこうとしたが、御霊がそれをお許しにならなかった。

このように「聖霊の導き」はパウロに対し、「ガラテヤ人への手紙」で彼らに「割礼を否定させ」、次に第2回伝道旅行で、正しい「神様との関係性の論理」を手紙ではなく、「面と向かって教え込ませている」のです。

従って「割礼を否定する」目的だった「ガラテヤ人への手紙」の役目は、この第2回伝道旅行で終了しました。

それはパウロが「ガラテヤ人への手紙」で、異邦人のためだけに〔「神様との関係性」を「憐れみによる」「十字架の死」としたこと〕が、「割礼否定の目的」のために『血の契約から視点を外すための教理』だったからであり、『神様の視点では、霊的関係性が不完全で契約が成立していない状態』だからです。

そして今、パウロの心配通り、《「ガラテヤ人への手紙」を根拠とする現代キリスト教・プロテスタント教理》が「信じること」の真理を勘違いしています。

ガラテヤ諸教会へのフォロー

そして今、私たちが最も見落としてしまうのが、『教理解釈として』ガラテヤ諸教会が「ガラテヤ人への手紙」を受け取っただけで終わったのではないことです。

ガラテヤ人はパウロからの手紙で《割礼を否定した後》に、パウロの第2回目訪問により、「エルサレム原教会の布告と共に、正しい神様との関係性の構築を教えられて」いなければなりません。

さらに、第3回伝道旅行でもパウロは同じルートを辿り、ガラテヤ地方教会を再々訪問しています。

「使徒」18：22　そしてカイザリヤに上陸すると、彼はエルサレムに上り、教会に挨拶してからアンテオケに下って（戻って）いった（第2回伝道旅行の終了）。

18：23　そこでしばらく過ごした後、パウロはまた（第3回伝道旅行に）出発し、ガラテヤの地方およびフルギヤを次々に巡って、全ての弟子たちの信仰を力づけた。

第2回伝道旅行の「割礼否定」の結果を、パウロ自身の目で確認するためです。パウロにとって、それほどまで重大なガラテヤ地方だけの（第1回伝道旅行にまつわる［霊的事件］）だったのです。

ですから、全てのいきさつを聖書で調べると、「ガラテヤ人への手紙」が、「異邦人クリスチャンに割礼を否定させる目的」で書かれた、とする解釈で『完結する』のです。

ここで『完結する』のは、むしろ〔異邦人の意識をイエス・キリストのみに集中させること〕であり、〔信仰初心者のその霊的レベル〕における教理解釈の『拠り所を与えた』ことであり、「割礼を否定できたこと」です。

「ガラテヤ人への手紙」から導かれる「異邦人が信じるための初歩的教理〔憐れみ、十字架の死〕を信じるだけ」は、本来神様が求めている信仰の本質・血の契約ではない（十全ではない）のですが、この手紙の目的は〔これで全うしている〕のです。

しかしこのパウロの意図が、後世、「キュリオス論」として「全能の神を二の次にする教理」にすり変わっていきました。これは唯一神を理解しない霊的罪です。

ですから、ルターがこの手紙によって説いた〔「信じるだけ」が信仰の本質であるとする解釈〕が、正しくない（不十分である）ことも明らかになります。

アブラハムから始まった「神様との祝福の契約」は、「血の契約」でなければならないことと、だから契約の義務として「信仰の行い」をしなければならないことが抜け落ちているのです。

神様の定めた救霊ルールは、ユダヤ人だから、異邦人だからと区別されるものではなく、ただ一つです。しかし、ユダヤ教の知的基盤を持たない者は霊的に全て「異邦人」です。

異邦人が「血の契約」の知識を知らないことが、霊的に正しくないのです。なぜなら「信じた事実・第2の義」に留まり、「祝福の互恵義務・第3の義」に成長しないからです。

＊つまり現在のプロテスタント教派が、2000年前に役目を終えた「ガラテヤ人への手紙」から抽出された「信じるだけ」を真理としていること自体が、神様の霊的視点からはとんでもないトンチンカンだということです。

だから、現状のままでは「聖霊が働かず」、リバイバルが起きるはずがありません。

ルターが500年前に主張した「ガラテヤ人への手紙の解釈」は、キリスト教の真理の半分でしかなかったので、今、私たちが「信じるだけ＝十全の真理である」と刷り込まれている勘違いから抜け出さなくてはなりません。その霊的事実を順次解明します。

第12章
あれほどのこと(suffered)とは
犠牲を伴う経験＝ユダヤ教徒による暴力的排除行為(迫害・パウロの暗殺計画など)――しかしそれは神様の栄光を顕す結果となる

犠牲を伴う経験

「ガラテ」3：3　あなたがたは、そんなにも愚かなのですか。御霊で始まったあなたがたなのに、今、肉（割礼）によって完成されようとしているのですか。

Gal 3：4　Have you suffered so many things in vain-if indeed it was in vain?

「ガラテ」3：4　あなた（がた）が「**あれほど多くのこと**」**を苦しみ**として経験したのは、全部無駄（役立たず）だったのでしょうか。もしそれがほんとうに何の目的もない〈無駄な〉ものとすればですが（パウロはその経験は「無駄ではない」としています）。

パウロはここで、「あれほど多くのことを経験したのは、無駄だったのでしょうか？」と疑問形で書いていますが、続けて「万が一にもそんなことはないでしょうが」と言っており、これは反語として「**経験した全てのことは無駄ではない**」と教えていることになります。

それなら、何に対して「無駄ではない」のでしょうか。それは、3節で「御霊で始まったあなたがたが、今、肉（割礼）によって完成されるというのですか」という叱責をしていることへの「解答の導き」です。この節を後ろから読むと理解できます。

（信仰が割礼で完成するのではない）ことを主張するパウロは、ガラテヤ人（異邦人）が今までに経験した（イエス・キリストの福音に係わって起きた出来事）が、**信仰を保ち続けるための根拠になる**、と言うのです。

英語欽定訳聖書ではsufferedであり、この意味は「犠牲を伴う経験」です。それではパウロは、この言葉で何を表しているのでしょうか？

「ガラテヤ人への手紙」の文脈に沿っていくと、3節の「信仰に入ったこと」の《**根拠となるもの**》として、それは「肉（割礼）ではないもの」で、（担保となるはずのもの）でなければなりませんが、それなら何なのでしょうか？

まず、イエス・キリストを信じる者が被ったのは、ユダヤ教パリサイ派からの迫害です。

ユダヤ教迫害者は、なぜ、キリスト教を迫害し撲滅しようとしたのでしょうか？

それは、旧約聖書で約束されていたユダヤ人にとっての「救い主・メシヤ」は、かつての偉大な王ダビデのように、政治的最高権威を持ってこの世に現れ、ユダヤ王国を再建・確立する大能者である、と解釈していたからです。

彼らユダヤ人の知識では、ナザレの大工の子として認識されていたイエスが、「救い主である」はずがないから、自らを「神の子と宣言」した彼を「神を冒瀆する者」として宗教犯罪者（殺されるべき者）と断罪したのです。

だからこそ、ユダヤ教徒の「彼らなりの唯一神への忠誠心」によって、イエスを十字架につけて殺し、彼をキリストだと宣べ伝える弟子たちの存在を赦すことができませんでした。

この宗教的価値観は、〔今はパウロという名前でイエス・キリストを宣べ伝える者〕が、信仰心を改新する以前には、〔迫害者サウロ（パリサイ派ユダヤ人）であったこと〕を回想する文章によって明らかになります。古いサウロであった時の、キリスト教徒への迫害の信念は強烈なものでした。

「ガラテ」1：11　しかし、兄弟たちよ、私はあなたがたに知らせます。私によって宣べ伝えた福音は、人間によるものではありません。　1：12　私はそれを人間から受けなかったし、また教えられたのでもありません。それは**イエス・キリストの啓示を通して受けたの**です（ダマスコへの途上で）。

1：13　あなたがたは、私がかつて**ユダヤ教徒（サウロ）として行った行為**、すなわち、**私が神の教会を激しく迫害し、これを滅ぼそうとしたこと**を、すでに聞いています。　1：14　また私は、ユダヤ教において、自分の国の多くの同世代の人たちよりもはるかに進んで（**神との契約を熟知して**）いて、先祖の伝統（**律法を守ること**）により一層熱心でした。

パウロは自分を、エルサレムの大使徒（主イエスの直弟子）にも劣らぬ「主から直接に使徒職の任務とその権威を与えられた弟子である」と、手紙の冒頭で挨拶するのに続けて、その**自分がかつて**、その**キリスト者を激し**

く**迫害する者であった**ことを告白しています。

この言葉遣いの（究極の）目的は、エルサレム本部から「（派遣されたと称して自分を権威づけて）「割礼」を教理とさせようとする**にせ兄弟**」から、異邦人の純粋な信仰を守り保ち続けるために、（**自分こそ正統な宣教者の権威を主イエスから直接に受けた者である**）ことを公示するためです。

パウロは、彼の使徒職の権威を認めないユダヤ人にこそ、この言葉を突きつけているのです。

「あれほどのこと」の学びに戻ります。

しかし、パウロが書いている「あれほどのことを経験した」のは、「新しく信じた者への迫害」ではありません。ガラテヤ人が「聖霊の働きを**自ら実現**した」のではないからです。

彼らはパウロの**福音に伴う奇跡を目撃して**、聖霊の**働きを体験**しましたが、まだ「受け身の立場」であって、ユダヤ教徒から「その信仰態度」に対して、暴力的な迫害を受けたとは判断できないのです。

Have you suffered が意味するものを、さらに探らなくてはなりません。

サウロからパウロへの改新

「ガラテ」1：13　あなたがたは、私がかつてユダヤ教徒（サウロ）として行った行為、すなわち、**私が神の教会を激しく迫害し、これを滅ぼそうとしたこと**を、すでに聞いています。　1：14　また私は、ユダヤ教において、自分の国の多くの同世代の人たちよりもはるかに進んで（**神との契約を熟知して**）いて、先祖の伝統（**律法を守ること**）により一層熱心でした。

このパウロの回想の事実を「使徒の働き」で確認しましょう。

「使徒」7：57　そこで、彼らは大声で叫び、耳をふさいで、いっせいにステパノに向かって走り出した。7：58　そして彼を町の外に追い出して、石打ちの刑に処した。証人たちは、自分たちの着物を**サウロという青年**（**後のパウロ**）の足もとに置いた。

「使徒」8：1　さて、サウロはステパノを**殺すことを承諾して**いた。その頃、エルサレムにある教会に対して大きな迫害が起こり、使徒たち以外の者は皆、ユダヤとサマリヤの各地に散らされた。　８：２　敬虔な人々はステファノを葬るために担いでいき、彼のために非常に悲しんだ。　８：３　サウロはというと、**教会を荒らしまわって**、全ての家に入り、男や女を引きずり出し、**牢に入れた。**

９：１　そこで、サウロは、なおも主の弟子たちに対する脅迫と殺人の息づかいのまま、大祭司のところへ行き、　９：２　そしてダマスコの諸会堂宛ての手紙を書いてくれるよう頼んだ。それは、**男であれ女であれ、この道の者を見つけたら縛り上げてエルサレムに引いてくるため**であった（最高権威者の許諾を得た目的は、**ユダヤ教の総意**として〔**迫害を合法にする**〕ためです。皮肉にもこの「迫害許諾」の流れが、後にパウロ自身を「ルステラでの石打ちの刑」にまで追い詰めます）。

このように、そのユダヤ教徒がユダヤ教の教理に熱心であればあるほど、キリスト信仰者を赦してなるものかと、迫害の意志を強固に持ってしまうのです。

しかし、この「ユダヤ教の忠誠心」は、「律法を行うことで救われる」とする人間的価値観であり、その根拠は「割礼を受けていて」「神のしもべである」との、〔選ばれた者・選民意識〕による自分こそ正しいとする傲慢さ（他民族への優越感）の表れです。

そして〔信じる者は神の子であるとするキリスト教〕を撲滅することが、「神の意志に沿う善行」であると勘違いしていたのです。

そのため、エルサレムでは大迫害（使徒８：１節）が起きて、「将来に長老となる使徒たち」以外の弟子たちは追われて散り散りに逃れていきました。この結果、シリアとキリキヤ地方に、キリスト者の集会（教会）が次々に生まれていきました。

「使徒」８：１　さて、サウロはステパノを**殺すことを承諾して**いた。その頃、エルサレムにある教会に対して大きな迫害が起こり、使徒たち以外の者は皆、ユダヤとサマリヤの各地に散らされた。

そしてその後も、この「ユダヤ教徒の迫害」は執拗に続いていきました。それがサウロのダマスコへの旅でした。彼はその途上で主イエスの直接の啓示を受けて、信**仰心を改新した**のです。この時の顛末は、使徒の働き９章に書かれています。

そして今度は、「新しく生まれ変わって」イエス・キ**リストを宣べ伝え始めたパウロ**が、その迫害の標的にさ

れてしまいました。パウロには、まるで自分の過去が「再現したように」感じられたことでしょう。自分がしたことの執拗さを知っているから、迫害者がどこまでも追ってくるのを予測できました。

ここから、パウロ（改新後のサウロ）へのユダヤ教徒による迫害（暗殺計画）を調べます。

「使徒」9：18　するとすぐにサウロの目からうろこのようなものが落ち、彼はたちまち視力を取り戻した。そして起き上がって**（聖霊の）バプテスマを受けた**。　9：19　そこで、食べ物を受け元気になった。それからサウロは、ダマスコで何日か弟子たちと一緒に過ごした。　9：20　彼はすぐに、会堂でキリストを説き、イエスは神の子であると宣べ伝え始めた。9：21　すると、それを聞いた人々は皆驚いて言った、「**これは、エルサレムでこの名を呼ぶ者たちを滅ぼした者ではないか。ここに来たのもそのためで、彼らを縛って祭司長たちのところに連れていくため**ではないか」。

9：22　しかし、サウロはますます力を増し、このイエスがキリストであることを証明したので、ダマスコに住むユダヤ人たちは困惑した。　9：23　さて、多くの日（**3年**）が過ぎてから、ユダヤ人たちは**彼を殺そう**と企てた。　9：24　しかし、彼らのたくらみはサウロに知られた。彼らはサウロを殺すために、昼も夜も（ダマスコの町の）門を見張った。

「Ⅱコリ」11：32　ダマスコでは、アレタス王の下にいる総督が、私（サウロ）を逮捕しようと、守備隊を組んでダマスコの町を見張っていました（宗教迫害が反社会的な犯罪者扱いとして、訴追されることになったのです）。

11：33　しかし、私は壁の窓からかごに入って吊り下ろされ、彼の手から逃れました。

「使徒」9：25　そこで、弟子たちは夜になって彼を連れていき、大きなかごに入れて城壁から吊り下ろした（サウロはエルサレムに逃れました）。

9：28　それで、サウロはエルサレムで弟子たちと共にいて、出入りしていた。　9：29　彼は主イエスの名によって大胆に語り、ヘレニスト（ギリシャ語を使うユダヤ人たち）と論争したが、しかし彼ら（**元々の迫害者サウロの仲間**）は、（心変わりした）サウロを殺そうとした（この人々は元々、迫害する意志においてサウロの仲間でした。それなのにサウロが逆の立場の主導者となり、しかも論争では論破されてしまうので、殺そうと狙うのです）。

9：30　兄弟たちはそれを知ったので、彼らは彼を**カイザリヤ**に連れて下り、**タルソへ送り出した**（港湾都市カイザリヤから船出して直接タルソに向かったと判断できます）。

これらの記述が、パウロ（サウロ）に対するユダヤ教徒の迫害です。

ガラテヤ地方での迫害記録

「ガラテヤ人への手紙」に書かれた出来事を調べましょう。

「使徒」13：44　次の安息日には、ほとんど全市民が神の言葉を聞くために集まってきた（ピシデアのアンテオケ）。　13：45　ところが、その（異邦人を含む）大群衆を見たユダヤ人たちは、ねたみに満たされ、矛盾と冒瀆の言葉で、パウロの語ることに反対した。46～49節省略。

13：50　ところが、ユダヤ人たちは、敬虔な女性や町の有力者たちを煽って、パウロとバルナバに対する迫害を起こし、彼らをその地方から追い出した（残されたその町で信じた人々には、試練が続いたはずですが書かれていません）。

「使徒」14：1　さて、イコニウムで、彼らが一緒にユダヤ人の会堂に行き、そう話したところ、ユダヤ人もギリシャ人も大勢の人が信じた。　14：2　ところが、**不信仰なままのユダヤ人たち**は、異邦人を煽り立てて、兄弟たちに対して毒づかせた（パウロの宣教を阻止しようと企て始めた）。　3節省略。

14：4　しかし、町の大勢は**分裂し、一部はユダヤ人に味方し、一部は使徒に味方しました**（対立の不穏な動きとなりました）。　14：5　**信じようとしない異邦人とユダヤ人**が、**彼らの指導者たちと一緒になって**（当局の許可を得て）、使徒たちを辱めて、**石打ち**（死刑）**にしようと企てた**時、　14：6　彼らはそれ（**危機が身に迫ってきたの**）を知って、ルカオニヤの町であるルステラとデルベ、およびその周辺の地方に逃れた。　14：7　そして、そこで福音を宣べ伝えていた。

14：8　ルステラでは、ある足のきかない人が座っていたが、彼は母の胎内から足の不自由な人で、一度も歩いたことがない人であった。　14：9　この人はパウロが話しているのを聞いていた。パウロは、この人をじっと観察して、**彼が癒される信仰を持っている**のを見て、14：10　大声で「自分の足で、まっすぐに立ちなさい」と言った。すると**彼は飛び上がって、歩き出した。**

14：11　さて、人々はパウロのしたこと（**奇跡**）を見て、声を張り上げ、ルカオニヤ語で、「神々が人の姿になって私たちのところに降りてきた！」と言った。

14：12　そして、バルナバをゼウスと呼び、おもに話す人であったパウロをヘルメスと呼んだ（**完全な偶像礼拝の文化**です。この結果に対して、13～17節までパウロはキリストの救いを説明しています）。13～17節省略。

14：18　このように言っても、彼らは群衆が自分たちのために犠牲を捧げようとするのを、ほとんど抑えることができないほどであった（**偶像**礼拝の間違いを分からせました）。

14：19　ところが、**アンテオケ**と**イコニオムから**（許諾状を持った）**ユダヤ人反対者たちが来て、群衆を抱き込み、パウロを石打ち**にし、死んだものと思って、町の外に引きずり出した。

＊町の外へ引きずり出されたのは、パウロの生体反応が消えた（死んだ）ことを、**死刑執行者が確認した**からです。《この検死がなければ石打ちの刑は終わりません》。従って、巷間説のように「パウロは死んでいなかった」と解釈するのは大間違いです。

「**死んだものと思って**」と書かれているのは、パウロが**後で生き返った**からであって、「死んでいなかった」ことを意味するのではありません。

「使徒」14：20　ところが、弟子たちが彼の周りに集まると、（**奇跡として生き返った**）彼は立ち上がって、町に入っていった。そして、翌日、バルナバと共にデルベに出発した（パウロはキリスト教確立のために今後も働くよう、霊の力で生き返らされたのです。神様・主イエスが必要とする働き人には、奇跡が起きます）。

＊＊この時、パウロは一度死んで、彼の霊は第3の天に挙げられ、そこで霊の言葉を聞きました。これは「IIコリント人への手紙12章」で証言されている、間違いない奇跡の事実です。

この経験の直後、彼は神様・主イエスの意志（異邦人への宣教を続けさせること）によって、**生き返らされました**が、その臨死体験の元となった石打ちの刑によって、彼が「肉体のとげ」と呼ぶ、［投石による顔の外傷と目の傷害］が、「**ガラテヤ人への試練**」として**残りました**。

ガラテヤ人の試練とは

「ガラテ」４：14　そして私の肉体の中にあった私の試練（からだの状態）が、《**あなたがたにとっても試練となるものだった**》のに、あなたがたは**それ**を軽蔑したり、あるいはあざけり拒絶することをしないで、かえって神の御使いのように、また**キリスト・イエスご自身であるかのように**、**私を受け入れてくれたのです**。

４：15　それでは、あなたがたが喜びとしたあの祝福（満足、自分を幸いと思うこと）は何だったのですか。私はあなたがたのために証しますが、あなたがたは、もし**できれば自分の目をえぐり出してでも私に与えたいとさえ思った**ではありませんか。

これらのパウロの言葉からは、パウロの目は、目としての機能を十分に果たしていなかったこと、またその目（顔）の状態は外観的に、見る人が「軽蔑したり、きらったり」する感情が起きてしまうような、目を背けたくなるほどの有り様だったと考えるのが妥当な解釈です。

死に至る石打ちの刑で、パウロは頭部・顔面に「目が潰れるほど」の大怪我を負い、鋭い痛みが襲う醜い後遺症となりました。この状態の彼に対して、ガラテヤ人は「自分の目をえぐり出して、彼に与えたいとさえ思った」のです。

これほどまでの「感情移入」は、**死から甦った奇跡**を、目の当たりに体験したから以外には考えられません。この解釈は、文面をその通りに読み解いただけです。

＊＊しかし、立ち上がったパウロの姿を見たガラテヤ人は、「**大きな試練**」を克服しなければなりませんでした。それはガラテヤ人が、師と仰ぎ尊敬するべきパウロに対して、逆に**軽蔑したりきらったりする感情を持ってしまうこと**でした。

それは、「（目の）痛みをこらえてうなだれるパウロ」を、［信仰の指導者として信じきって良いものだろうか？］という、その人の**人生を左右する決断をすること**です。

それではなぜ、パウロを見たガラテヤ人に、そんな感情が発生したのでしょうか？　現代の私たちも、同じ感覚を持っているので、すぐ理解できる心理現象です。

それは障害を持って五体満足でない人や、普段見慣れない特異な人の姿や行動を見た時に、一瞬たじろぐ感情であって、次のステップとして、その人を受け入れるか拒否（嫌悪）するかを決断し、その人への態度とするのです。

御言葉からは、パウロはこのような感情が起きてしまうような外見をしていたとしか判断のしようがありません。

パウロの説教（福音）を聴きに集まったガラテヤの人々にとって、パウロは今までの宗教価値観をひっくり返す、イエス・キリストの新しい生き方を示す革新論リーダーであるので、彼が宣べ伝える内容にふさわしい立派な体格をして堂々と見た目にも男らしい、頼りがいのある姿をパウロに求めていたでしょう。

それは、私たちにも通ずる「無意識下の願望・要求条件」です。

しかしパウロは、自身の目の重篤な障害と痛みに耐える弱々しい姿で、人々の前に立たざるを得ず、その結果、彼を見た人々は、「えっ、あれが有名なパウロだって？　私は彼から新しい生き方を学ぼうと思っていたのに、あんな弱々しい姿の人の言うことを信じて良いのだろうか？」「彼についていって良いものだろうか？」と、パウロを信じたい気持ちがある人ほど、その人にとって信じることへの試練として襲いかかってくるものでした。

信じたいのに信じることへの保証としてのパウロの姿が、あまりに霊の救いのイメージとかけ離れていたからです。

「Ⅱコリ」10：10　～～～。パウロは弱々しくその話しぶりはなっていない、と（パウロを批判するユダヤ人の評価です）

逆に、「あれが病気の人を癒す新しい教えを説いているパウロだって！　自分の目は治せないのかね」「うわっ、いやいや。気持ち悪い。あの人には近づけないわ」など、パウロを受け入れない人々には、受け入れないための試練として立ちはだかったのです。

このような感情が、どうしても心の奥からわいてくることが、ガラテヤ人にとっての「試練」でした。しかし、その試練に打ち克って福音を信じた人々は、パウロを尊敬し、パウロの負った目の障害、機能しない目の代わりに、自分の目を差し出してパウロを助けたいとまで願うキリストの愛を示したのです。

　パウロの肉体にある「目を背けたくなるような事象」を目の当たりにし、試練に負けてパウロの前を去るか、愛によってその試練に打ち克つか、どちらかを選び取らねばならなかったそのことが、ガラテヤ人にとっての「試練」でした（別著『パウロの目からウロコ』シリーズ第９巻『パウロが言う「肉体のとげ」。』参照）。

　そして、信じきった人だけが残りました。パウロの手**紙を読んでいるクリスチャンがその人たちです。**《この霊的事実を、「**あれほどのこと**」と「ガラテヤ人への手紙」に表現した》のであって、この手紙を受け取った人々の「**無駄にはならなかった経験**」なのです。

　しかし、そんな純粋なガラテヤ人たちなのに（そんな彼らだからこそ）、ユダヤ人にせ兄弟から「割礼が信仰の完成だ」と騙されてしまいました。だからパウロは、その「霊と肉の落差」に憤って、「あなたたちはバカか」と言って、彼らの考えを矯正しなければならなかったのです。

　この（パウロへの迫害（あれほどのことを経験した）出来事）について、彼は別の視点でその経緯を証言しています。

「Ⅱコリ」12：1　私が誇ることが有益でないことは間違いありません。私の話は主の幻と啓示のことになります。　12：2　私は、キリストにあるひとりの人が、14年前に、肉体のままでいたかどうか、あるいは、（魂が）からだを離れていたかどうか、私には分かりませんが、神はご存じです。その人が**第三の天に挙げられた**のを知っています（引き上げられたのは、石打ちの刑で**死んだ**ことによって肉体を離れた（**パウロの霊**）です）。　12：3　私は、そのような人を知っているが、それが肉体のままだったか、肉体を離れてであったかは知りません。神はご存じです。
12：4　その人が、どのようにパラダイスに引き上げられたか、また、人間には語ることが許されておらず、言い表せない言葉を聞いたことを（知っています）。　12：5　私は、そのような人（の霊的経験）を誇ります。しかし、自分の弱さを除いては、自分のことを誇りません。

石打ちの刑によって受けた《外見的にガラテヤ人への

試練となる傷害》と、《キリストの名によって辱められたこと》を、〔主イエスが認めて下さっている〕のを、彼自身の喜びとするのが彼の誇りです。

「Ⅱコリ」12：6　私は、たとえ自慢したいと願っても、愚か者にはならず、真実を話します。しかし私は手控えています。それは誰かが、私について**見ること**（**試練となるほどの外見的傷害**）、私から**聞くこと**（**キリストの福音**）以上に、人が私を**過大に評価**（偶像礼拝的にパウロを神格化）するといけないからです。
12：7　また、その啓示（霊的体験）の豊かさによって、私が身のほどを超えて高ぶらないように、肉体に一つのとげ（目に受けた傷による**刺すような痛み**）を与えられました。それは私が高ぶることのない（痛みによってうなだれてしまう）ように、私を打つための、サタンの使いです。
12：8　このことについて、私は三度、それが私から離れるようにと、主に懇願しました。　12：9　すると、主は私に言われました、「私の恵みは、あなたにとって十分なものであり、私の力は弱さの中に完全なものとなる」。だから、私はむしろ自分の弱さを誇って、キリストの力が私の上に留まるようにしたいのです。　12：10　ですから、私は、キリストのために、（受けた傷によって生じる）弱さ、侮辱、苦痛、迫害、困難に甘んじています。なぜなら、私が弱い時にこそ、私は強いからです。

＊＊この〔迫害による結果・パウロの弱さ〕によってこそ神様は、パウロの宣教が「後の世にキリスト教として発展するため」に、「強固な信仰を堅持する信徒たちだけ」を選び出し、確保していったのです。

ガラテヤ人が克服しなければならない「信仰の試練」があったのです。それをパウロは「あれほどのことを経験した」と表現しました。

この選別方法は、主イエスも「多くの弟子たちに対して」、〔いのちのパンの譬え〕で実行しました。そして12弟子が残ったのです。

この詳しい経緯は、第1部第5章「新しい契約である**キリスト教／1．主イエスの「パンの譬え」の本旨は何か？」**で御言葉を引用して解説しましたので、再読して下さい。

「ヨハネ」6：35　そして、イエスは彼らに言われた、「私は命のパンです。私のもとに来る者は決して飢えることがなく、私を信じる者は決して渇くことがありません」。 6：41 そこで、ユダヤ人たちは、イエスが「私は天から降ってきたパンである」と言ったので、**彼について文句を言った。**

←

6：48 「**私は命のパンです。**～～～。 6：58 これは、天から下ってきたパンです。あなたがたの父祖が食べ（ファゴ・口に入れて）死んだようなもの（マナ）ではありません。このパンを食べ（トローゴ・**よく噛んで消化す**）る者は、永遠に生きます」。 6：59 これらのことは、イエスがカペナウムで教えられた時、会堂で話されたこと（聞くには聞くが悟れない真理）である。

←

6：60 そこで、**多くの弟子たち**は、これを聞いて言った。「これは難しいことを言っている。誰がそれを理解できるのか？」 6：61 イエスは、**弟子たちがこのことについて不平を言っている**ことをご自分で知ると、彼らに向かって言った。「このことであなたがたはつまずくのか」。

6：66 その時から、**多くの弟子たちが離れていき、もう彼とは一緒に歩かないようになった**（悟れない者は自ら去っていった）。

6：67 そこで、イエスは12弟子に言われた。「あなたがたも、出ていきたいのですか」（主は真の信仰者を求めています）。 6：68 しかし、シモン・ペテロは彼に答えた、「主よ、私たちは誰のところへ行けば良いのでしょうか。あなたは永遠の命の言葉を持っておられます」（彼らは自由意志でそこに残りました）。

6：69 また、私たちは、あなたが生ける神の子キリストであることを知り、信じるようになりました。

6：70 イエスは彼らに答えられた。「**私があなたがた12人を選んだのです**」（主イエスが選んだのは、彼らの確かな信仰を見たからです）。

このように、**強力堅固な信仰を持つ弟子だけを選別する目的**があったからです。ここでも主イエスの「選びの基準」と、人が「選ばれる条件」は、一貫して「熱心な信仰」です。パウロへの迫害という「サタンに操られた人間的な考えと行動」さえも、全て益とされ〔義〕を明らかにするのです。真のクリスチャンが選ばれているのです。

苦しみ・迫害に勝利する

「使徒」14：21　そして彼ら〈パウロと伝道隊〉はその町で福音を宣べ伝え、多くの弟子を作ってから、ルステラ、イコニウム、アンテオケへと帰っていった。14：22　弟子たちの魂を強め、その信仰を続けるように勧め、「私たちが神の国に入るには、多くの苦難を通りぬけなければならない」と言った。

パウロは**これからも続く迫害**を、当然のごとくに予想しています。それはダマスコへの途上で与えられた直接啓示によって、既に分かっていることです。

「使徒」9：15　しかし、主は彼に言われた、「行きなさい。彼は**私の名を**、異邦人、王たち、イスラエルの子らの**前に運ぶための、私の選びの器**だからです〈パウロは神への熱心さ〈信仰〉の故に、〈使徒職に**選ばれ**〉ました〉。9：16　私の名のために、彼がどれほど多くの苦しみを受けなければならないかを、私は彼に示すから」。

キリスト教とその信者たちを「迫害する者」とは、「コチコチのユダヤ教徒」であり、彼らはキリスト教そのものを「唯一神の教えに背く正しくない異端宗教」として壊滅させようとする集団でした。

だから彼らは、キリスト教徒に敵対する者であり、仲間として近づいてくることはありません。なぜなら、彼らにとっては「神との関係」は、ユダヤ教でなければならないからであって、キリスト教徒に交わってくることはなかったと考えるべきです。

パウロが「あれほどのことsuffered、犠牲を伴う経験をしたのに」と書いた出来事の解釈の一面は、ユダヤ教徒の迫害者でした。

＊しかし一方で、パウロは続いて「その経験が無駄だったのか？　まさかそうではあるまい」と書いているのだから、それがガラテヤ人クリスチャンの「割礼否定」という目的に対して、「救いを保ち続けること」の本質と繋がらなければなりません。

ですから、次に「にせ兄弟の割礼問題」の観点から調べ直しましょう。

「ガラテ」3：3 あなたがたは、そんなにも愚かなのですか。御霊で始まったあなたがたなのに、今、肉〈割礼〉によって完成されようとしているのですか。

3：4 あなたがたが「**あれほど多くのこと**」**を苦しみ**として経験したのは、全部無駄〈役立たず〉だったのでしょうか。もしそれがほんとうに何の目的もない〈無駄な〉ものとすればですが。

パウロは霊的な始まりだったのに、肉による完成を求めるのか？ と、〈成長の過程で〉「割礼を受け入れたこと」を非難しているのであって、それは「迫害に耐え、乗り越えた」ことを言っているのではないと解釈されます。

この2節の言い方を変えて、パウロの主張を要約すると、〈「割礼」で信仰が完成すると言うなら、初めからユダヤ教を信じれば良かったではないか。そうすれば「あれほどの試練」を経験しないで済んだだろう。しかし本当のキリストの救いの完成（聖霊による確信）には、「経験した試練」は必要だった〉となります。

この解釈によるから、「厳しい試練に負けず、パウロの福音の言葉を聞き入れたこと」で〈救われた結果〉までが含まれていて、その〈「恵みの経験」が、割礼によって無駄な結果〉になってしまうのです。

そしてこの解釈は、パウロの「恵みから落ちる」という表現にマッチします。

＊少し横道にそれますが、「ガラテヤ人への手紙」に書かれた、教会を混乱に陥れた「にせ兄弟」の霊的状況を明らかにしておきます。

彼らはエルサレム原教会でキリストを受け入れた者で、ある程度の立場にいたユダヤ人だったはずです。元々、身体に割礼を受けていたユダヤ教徒ですから、〈神様との契約を交わしたこと〉を「救いの論理」として幼少時から教え込まれ、自身のアイデンティティとして堅持している人々でした。

ですからそんな彼らは、その持っていた「割礼による神との関係性」を基礎とした上で、イエス・キリストを「神の子」として受け入れなければなりません。

一方パウロは、「イエス・キリストの贖罪死」によって「旧約聖書の割礼の役目は終わった」と、「新約聖書時代の到来」を述べ、それを「信じなさい」と福音を伝えているのですから、ユダヤ人キリスト信者にとっては、**自身の存在価値観・正義感の**「**二者択一を迫られる**」のです。

ここで、キリストを信じたのに「割礼の立場」に固執した者が、「**にせ兄弟**」です。神様の「**人類救済計画が** **キリストの段階に移っている**」のに、旧来の知識を刷新できなかった人々です。表面的にはキリスト信者ですが、霊的には神様に対して、「自分を正しいとする不義」になり、「不義を他人に強要する罪」を重ねているのです。

＊そして、大多数の人が「ガラテヤ人への手紙」を勘違いするのが、「律法を捨て去る」ことと同時に、「全能の神様まで過去のものにしてしまう」ことです。キリスト教は「律法を全うする信仰の行い」なのであって、それが「天の父なる全能の神様」からの祝福を、「主イエスの名」によって実現させるのです（キュリオス論に陥ってはなりません）。

しかしパウロは、ガラテヤ人にこの「旧約聖書の神様」を引き合いに出して説明することができませんでした。なぜなら、もしそうすると必ず「**割礼**」が「正面きって、〔古くなった**正当性を**〕**叫び出す**」からです。

「**にせ兄弟**」はキリスト信者と自称しながらも、**割礼を**「救いの根拠（完成）」と主張する、**教会内部の人間**でした。

＊しかし異邦人にとっては、〔救いの福音〕を初めて「**聞いて信じた**」のであり、「神様との霊の関係性」について、ユダヤ人のように確固とした教理を知識として持っているのではありませんでした。

ですからパウロは、福音の結果を「信じなさい」と〔人間の知識レベル〕で言っているのですが、なぜその祝福が与えられるのかの「根拠としての**神様との**〔霊の**関係性**〕」を教えることを後回しにせざるを得ませんでした。それは教理の学びとは、旧約聖書から始めて、じっくりと御言葉を勉強しなければならないからですが、パウロ伝道隊にはそれを教える十分な時間がなかったのです。

だから、「教理の教え」が不十分なまま残されたガラテヤ教会の異邦人は、「救いの根拠」を割礼に置く**にせ兄弟**（クリスチャンもどき）に「割礼がそれだ」と惑わされたのです。

それを知ったパウロは、すぐさま「ガラテヤ人への手紙」を書いて「確信根拠の欠落」を「**憐れみ**」「**選び**」「**恵み**」「**愛**」など、信仰による神様との「親密な関係性」を**人間的な感覚の判断基準**で分からせようとしたのです。

　これらの言葉なら、異邦人でも容易に感性のままに受け入れることができました。しかし、その目的は「**割礼**にその役目（神様との関係性確立の論理）**をさせないため**」なのです。

　ですからパウロは、福音の結果を「**信じなさい**」と（人間の知識レベル）で言っているのですが、なぜその祝福が与えられるのかの「根拠としての**神様との**（**霊の関係性**）」を教えることを後回しにせざるを得なかったのです。

＊＊従って「ガラテヤ人への手紙」は、信仰の本質を教えるものではなく、「神様の救いの論理」を知らない異邦人に、「救われた**結果**をとにかく**信じなさい**」という（**初心者向けメッセージ**）なのです。

　「ガラテ」３：26　あなたがたは皆、キリスト・イエスを**信じる信仰によって**、**神の子**なのです。

「キリスト・イエスに対する**信仰によって**（原因）」「**神の子どもです**（結果）」とは因果を説明していますが、「なぜそうなるのか？」の関連性の定理が抜けています。

にせ兄弟の「割礼」を否定するためには、「信仰によって神の子どもとされたことを信じなさい」と、結果を信じさせるしかなかったのです。

　こうして救霊真理に無知なガラテヤ人が、「恵みから落ちる」のを防いだのです。

＊＊これが「ガラテヤ人への手紙」が「初心者レベル教理」である現実です。

第13章 「ガラテヤ人への手紙」と「使徒の働き」との整合性

「ガラテヤ人への手紙」と「使徒の働き」の一致

パウロは彼が開拓伝道し、造り上げていった教会に宛てて、書簡（手紙）を送っています。それらは各教会が遭遇した様々な信仰課題に対して、その教会が正しく対処できるようにするためでした。

それらの書簡（手紙）は、パウロ自身が書いたものかどうかの後世の判定見解によって、合計で10とも13（「ヘブル人への手紙」を含めると14）とも言われますが、本書ではどの解釈であっても、その中で「ガラテヤ人への手紙」が**最初に書かれた**とする立場を取ります。

この解釈に対して様々な別の論点があるようですが、いずれにせよ、「使徒の働き」に書かれたパウロの伝道旅行の記述との整合性を取った上での判断でなければなりません。

では、その「整合性」とは何でしょうか？

これまでの注解書などでは、「使徒の働き」に書かれたその順序に従って「ガラテヤ人への手紙」の記述と一致させようと、〔時系列での一致〕として解釈しています。

しかし、これが間違いなのです。この前提の設定要件が「刷り込み」となって、正しい読み解きからかえって遠ざけてしまっているのです。

それでは、正しい整合性とは何なのでしょうか？

「使徒の働き」は、ルカによって書かれたものとされますが、その内容は「出来事の起こった順」に**時系列的に書かれたと判断**し取り扱うべき、歴史記録書です。

他方、パウロの「ガラテヤ人への手紙」は、ガラテヤ人に対する彼の主張「**割礼を否定するため**」に、彼の論調に従い、その時の主張点に合わせて「**説得に必要な過去のエピソード**」を文脈として書いているのだから、

＊〔「ガラテヤ人への手紙」の**記述順序を**「時系列的に起こったこと」として解釈し、またそれを「使徒の働き」の時系列と（無理やり）**合致させようとする論証**〕が間違いなのです。

「挿入エピソード」なのだから、時系列的には合致しなくてもかまいません。ではどうするのか？　それは「使徒の働き」の時系列を、まず正しいとしてその出来事を把握し、一方では「ガラテヤ人への手紙の挿話テーマ」を時系列としては判断せず、「**霊的正義が通り、論理性の辻褄が合うように**」**解釈する**ことです。

しかし、この2つの書に書かれた内容については、間違いなく「一致して」いなくてはなりません。その意味は、パウロをはじめ、登場人物の行動と記録の**内容が**「**整合されること**」を求めることです。信仰者であろうとするなら、この態度を貫かなければなりません。

この基準によって、「使徒の働き」と「ガラテヤ人への手紙」を〔整合させる〕なら、全く新しい「ガラテヤ人への手紙」の解釈と、キリスト教を宣教したパウロの立場と信条・心情が明らかになるのです。それはつまり、「使徒の働きの記述」がパウロの行動の正当性を裏づけることになるからです。

＊その一方で、全く**辻褄が合わない記述**があります。それは〔エルサレム原教会での「割礼論争（使徒15章）」が、「ガラテヤ人への手紙」の**2：1~10節に書かれている**」ことです。

この記述があることで、キリスト教布教の霊的な権威を損なう解釈がまかり通ってしまっていて、不毛な論争と分裂が生じているのです。

「使徒の働き」に書かれたパウロの第1回伝道旅行で、ガラテヤ地方を巡った時の出来事を詳細に調べると、その伝道旅行の〔その後の**結果に驚いて急いで書いた**「ガラテヤ人への手紙」〕だけが、他の手紙と違った特別な目的があり、しかも最初に書かれた手紙であるとの強い示唆を受けます。

しかし、本書では「14と言われるパウロの手紙の書かれた順序」を問題にしているのではありません。キリスト教の真理「霊の救いと成長」の学びには、直接関係ないことだからです。

それよりも大事なことは、パウロのガラテヤ地方の働きとその結果に対して、彼が書いた手紙の「**内容を正しく把握するため**」の、「使徒の働き」との「**整合性**」です。

「ガラテヤ人への手紙」に書かれたパウロの行動が、「使徒の働き」の何章何節に当てはまるのかを、両書を並べながら引用し、「整合性を取って」みましょう。

「ガラテ」１：11　しかし、兄弟たちよ、私はあなたがたに知らせます。私によって宣べ伝えられた福音は、人間によるものではありません。　１：12　私はそれを人間から受けなかったし、また教えられたのでもありません。それは**イエス・キリストの啓示を通して受けた**のです。

「使徒」９：３　彼が旅をしているうちに、ダマスコの近くに来た時、突然、天から光が彼の周囲を照らした。　９：４　それで彼は地に倒れ、「サウロ、サウロ、なぜ私を迫害するのか」と言う声を聞いた（天からの直接啓示です）。　９：５　彼は言った、「主よ、あなたはどなたですか」。すると、主は言われた、「私は、あなたが迫害しているイエスである。あなたが杭を蹴るのはつらいことだ」。

９：６　そこで彼は、震え上がり、驚いて、「主よ、あなたは私に何をさせたいのですか」と言った。すると主は彼に言われた。「立ち上がり、街に入りなさい。そうすればあなたがすべきことが告げられるであろう」。～～～。７～11節省略。

９：12　彼は幻の中で、アナニアという人が入ってきて、自分の上に手を置き、それで視力が戻るのを見たのです（サウロ自身も次に何が起こるか知らされています）。～～～。13、14節省略。　９：15　しかし、主は彼に言われた、「行きなさい。彼は**私の名を**、異邦人、王たち、イスラエルの子らの**前に運ぶための、私の選びの器**だからです」（パウロは神への熱心さ（信仰）の故に、（使徒職に**選ばれ**）ました）。　９：16「私の名のために、彼がどれほど多くの苦しみを受けなければならないかを、私は彼に示すから」。　９：17　そこでアナニアはその道を行き、家に入り、サウロに手を置いて言った、「兄弟サウロよ、あなたが来た時、道であなたに現れた主イエスが、あなたが視力を得て、聖霊に満たされるようにと、私を遣わされたのです」。　９：18　するとすぐにサウロの目からうろこのようなものが落ち、彼はたちまち視力を取り戻した。そして起き上がって**（聖霊の）バプテスマを受けた**。　９：19　それで、食べ物を受け元気になった。それからサウロは、ダマスコで何日か弟子たちと一緒に過ごした。　９：20　彼はすぐに、会堂でキリストを説き、イエスは神の子であると宣べ伝え始めた。

「ガラテ」１：13　あなたがたは、私がかつてユダヤ教徒として行った行為、すなわち、私が**神の教会を激**

しく迫害し、これを滅ぼそうとしたことを、すでに聞いていています。

「使徒」８：１　さて、サウロはステパノを**殺すことを承諾**していた。その頃、エルサレムにある**教会に対して大きな迫害が起こり**、使徒たち以外の者は皆、ユダヤとサマリヤの各地に散らされた。

８：３　サウロはというと、**教会を荒らしまわって、全ての家に入り、男や女を引きずり出し、牢に入れた**。

９：１　そこで、サウロは、なおも主の弟子たちに対する脅迫と殺人の息づかいのまま、大祭司のところへ行き、９：２　そして、ダマスコの諸会堂宛の手紙を書いてくれるよう頼んだ。それは、男であれ女であれ、**この道の者を見つけたら縛り上げて、エルサレムまで連れてくるため**であった。

「ガラテ」１：14　また私は、**ユダヤ教において**、自分の国の多くの同世代の人たちよりも**はるかに進んでいて、先祖の伝統により一層熱心でした**。

「使徒」22：３　「（パウロと呼ばれる前の）私（サウロ）は確かにユダヤ人で、キリキヤのタルソに生まれましたが、この町（エルサレム）で**ガマリエルの足もとで育ち**、先祖の律法の**厳格な教育を受け**、きょうのあなたがたと同様に神に対して熱心な者でした」。

26：５　彼らは初めから私を知っているので、私が、私たちの宗教の**最も厳格な派に従って、パリサイ人として生きてきた**ことを、証言しようと思えばできます。

「ガラテ」１：15　しかし、私を母の胎から生まれさせ、恵みによって私を召して下さった神が、お気に召された時、１：16　御子（キリスト）を私のうちに現され、異邦人の間で宣べ伝えるようにされたのです。私は（ダマスコ途上での出来事を）、すぐには人には相談せず、１：17　また、私より前に使徒であった人々のいるエルサレムへも行かず、アラビアへ行き、またダマスコへ戻ったのです。

この15〜16節の記述は、「使徒の働き９章」の「イエス・キリストからの直接啓示の出来事」です。この部分の引用と解釈は長くなるので別章で取り上げます。

次の18節は、ダマスコでのユダヤ人の迫害から逃れる行動です。アンテオケ教会からの献金旅行ではありません。

「ガラテ」1：18　それ（ダマスコでの宣教開始）から**3年経った後**、私は**ケパ**（ペテロ）に会うためにエルサレムに上り、15日間、彼のもとに滞在しました（この時点でパウロは、彼をケパとして認識していました）。

「使徒」9：23　さて**多くの日数（3年）**が経って過ぎてから、ユダヤ人たちは彼を殺そうと企てた。9：24　しかし、彼らのたくらみはサウロに知られた。彼らはサウロを殺すために、昼も夜も（ダマスコの町の）門を見張った。　9：25　そこで、弟子たちは夜になって彼を連れていき、大きなかごに入れて城壁から吊り下ろした。　9：26　サウロはエルサレムに来て、**弟子たちに加わろうとした**が、彼らは**皆、彼を恐れて**、彼が弟子であることを信じなかった。

「ガラテ」1：19　しかし、**（ケパ以外には）**主の兄弟ヤコブは別として、**他の使徒には誰にも会いませんでした**。　1：20　私があなたがたに書いていることについて、実に、神の御前で、偽りはありません（真実として理解しなければなりません）。

「使徒」9：26　サウロはエルサレムに来た時、弟子たちに加わろうとしたが、**皆彼を恐れて、彼が弟子であることを信じなかった**（だから誰も会おうとしなかったのです）。　9：27　しかし、バルナバは彼を伴い、使徒たちのところに連れていった。そして、彼がダマスコへの路上で主を見たこと、主が彼に語られたこと、イエスの名によってダマスコで（3年にわたって）大胆に宣教したことなどを、彼らに宣言した。9：28　それで、サウロはエルサレムで弟子たちと共にいて、出入りしていた。　9：29　彼は主イエスの名によって大胆に語り、ヘレニストたちと論争したが、ヘレニストたちは彼を殺そうとした。

「ガラテ」1：21　その後、私は**シリヤ**（アンテオケ）および**キリキヤ**（タルソ）の**地方に行きました**（一旦、生まれ故郷のタルソに戻り、その後にバルナバによってシリヤのアンテオケに呼び出されました）。

「使徒」9：29　彼は主イエスの名によって大胆に語り、ヘレニスト（ギリシャ語を使うユダヤ人たち）と論争したが、しかし彼ら（**元々の迫害者サウロの仲間**）は（心変わりした）サウロを殺そうとした。　9：30　兄弟たちはそれを知ったので、彼らは彼を**カイザリヤ**に連れて下り、**タルソへ送り出した**（港湾都市カイザリヤから**船出して**直接タルソに向かったと判断できます）。

「使徒」11：25　それから、バルナバはサウロを捜すためにタルソに向かって出発した（サウロもエルサレムで生命を狙われ、故郷に逃れて隠れ住んでいたのです。ケパと同じ境遇です）。
11：26　そして、彼を見つけると、（シリヤの）アンテオケに連れてきた。こうして、**丸1年の間**、彼らは教会に集まり、多くの人々を教えた。そして、弟子たちは、アンテオケで初めてクリスチャンと呼ばれるようになった。

「ガラテ」１：22　しかし、その時キリストにある**ユダヤの諸教会**には顔を知られていませんでした。

1：23　けれども彼らは、「かつて私たちを迫害した者が、今は、その滅ぼそうとした信仰を伝えている」ということだけを聞いていたので、　1：24　そして彼らは、私のことで神をあがめました。

「使徒」９：31　それから、ユダヤ、ガリラヤ、サマリヤの全地域の教会（**ユダヤ人主体の信仰組織**）は平和になり、また、霊感を受けた。そして、主を畏れ、聖霊の慰めを受けて歩むようになり、信者の数が増えていった（ユダヤ人が主体のエルサレム系教会なので、後に「にせ兄弟」と呼ばれる人々が出現するパリサイ的解釈が残存していきました）。


パウロが主導するアンテオケ教会（異邦人系）とは、そもそも神認識のスタートが異なるのです。しかし、イエス・キリストを信じる**キリスト教が２つに分かれたのでは決してありません**。

巷の風説に「パウロからキリスト教が始まった」とする解釈がありますが、このような分裂を招く説は「人間の感覚による解釈＝哲学による宗教論」であり、**神様の意志に背いているのです。**

謎の11年間

パウロは「ガラテヤ人への手紙」２：１節で「それから14年経って」と書き出して、別のテーマに移っています。

それはユダヤ人割礼派にせ兄弟が、「異邦人にも割礼を受けさせるべきだ」と惑わした、ガラテヤ諸教会の状況に対して、「エルサレム原教会で**論争した経緯**」を説明するためです。

14年前の「それ」とは、「イエス・キリストからの直接啓示」であり、ダマスコでの宣教開始時点です。そうすると、最初の３年間（ダマスコでの宣教活動）は理解

できるとして、残る11年間は何をしていたのでしょうか？ 「使徒の働き」によると、

「使徒」11：25 それから、バルナバはサウロを捜すためにタルソに向かって出発した。 11：26 そして、彼を見つけると、アンテオケに連れてきた。こうして、**丸1年の間**、彼らは教会に集まり、多くの人々を教えた。〜〜〜。27〜28節省略。

11：29 そこで、弟子たちは、それぞれ自分の力に応じて、ユダヤに住んでいる兄弟たち（エルサレム原教会）に救いの手を差し伸べようと決心した。 11：30 彼らはこれを実行し、バルナバとサウロの手によって長老たちに送った（エルサレムへの献金旅行）。

12：1〜24節は、ペテロが官憲に捕らえられた後、行方不明になる事件が書かれています。これが「ガラテヤ人への手紙」を読み解く大事な手がかりになります。

「使徒」12：25 バルナバとサウロは、（献金の）務めを果たしてエルサレムから帰った。その時、マルコとも呼ばれるヨハネも連れてきた。

13：2 彼らが主に仕えて断食していると、聖霊が言われた。「今、バルナバとサウロを、私が呼んだ仕事のために、私のもとに聖別しなさい」。 13：3 そこで彼らは、断食して祈り、彼らの上に手を置いてから、彼らを送り出した。

（第1回伝道旅行の記録13：4節〜14：25節は省略）

「使徒」14：26 彼らはそこから船で（シリアの）**アンテオケ**に帰った（第1回伝道旅行の終結）。そこで成し遂げた働きについて神の恵みにあずかった。 14：27 さて、彼らがそこに帰り着くと、教会の人々を集めて、神が彼らと共になさったこと、また異邦人に信仰の門を開いて下さったことを全て報告した。 14：28 そして、彼らは**長い期間**（常識的には**5年**以上でしょう）を弟子たちと共に過ごした。

「使徒の働き」によれば、①初めのダマスコでの3年間、②アンテオケでの1年間、③エルサレムへの献金旅行、④ガラテヤ地方への伝道旅行、⑤伝道旅行から帰着後のかなり長い期間、が、パウロが書いた「それから14年経って」に含まれる期間です。

「ガラテ」２：１　それから、14年経って、私はバルナバと一緒に**再びエルサレムに上りましたが**、テトスも連れていきました（使徒11：29〜30節、12：25節の献金のための上京旅行とは別物です）。

２：２　私は**啓示を受けて**上りました（神様が介入してまで解決しなければならない**霊的大問題だからです**）。**そして私は、異邦人の間で宣べ伝えているその福音（割礼否定）**を彼らに伝え、おもだった人たちには個別にそうしました。それは、私が無駄なことのために走っている、または、走ったということにならないようにするためです。

「使徒」15：１　さて、ある人々が**ユダヤ**（パウロのことを噂で聞いていた地方教会かエルサレム原教会）から下ってきて、（アンテオケ教会の）異邦人兄弟たちに、「モーセの慣習に従って割礼を受けなければ、あなたがたは救われない」と教えた。

15：２　そこで、①パウロと②バルナバが、③彼ら（ある人々）と、少なからぬ不和と論争を起こしたので、彼らは、パウロとバルナバと、④その仲間の（テトスと幾人か）が、この**「割礼強制」問題**について、**エルサレムに上って**、使徒たちと長老たちのところへ行くことに決めた。

15：３　彼ら①②④は教会の人々に見送られ、フェニキヤとサマリヤを通る道々で、**異邦人の改宗のことを詳しく話したの**で、全ての兄弟たちに大きな喜びをもたらした（論争中の③ある人々とは、旅路を共にすることはなかったでしょう）。

15：４　**彼ら①②④がエルサレムに着くと、彼らは教会と使徒たちと長老たちに迎えられ、神が彼ら①②と共にいて行われたことを、皆に報告した。**

「ガラテ」２：３　しかし、（エルサレム原教会では）私と一緒にいたテトスでさえ、ギリシャ人であったのに、割礼を受けることを強制されなかった。

２：４　このようなことが起こったのは、ひそかに入り込んだ**にせ兄弟たち**（彼らは、キリスト・イエスにある私たちの自由をうかがい、私たちを束縛するために忍び込んで**きたのです**）のせいなのです。

「使徒」15：５　ところが、③パリサイ派の一部信者が立ち上がり、「**異邦人にも割礼を受けさせ**、また、**モーセの律法を守るよう**に命じることが必要である」と言った。

15：６　そこで、使徒たちと長老たちは、この問題を検討するために共に集まった。

「ガラテ」２：５　私たちは、福音の真理があなた

（がた）に継続するようにと、一時間たりとも誰にも譲歩しませんでした。　2：6　しかし、何かおもだった者と見られていた人たちからは、……彼らがどれほどの人たちであったにしても、私には何の違いもありません。神は誰をもえこひいきしません。……その**彼らは、私に対して、何も付け加えることをしませんでした。**

「使徒」15：7　多くの論争がされた後に、**ペテロは**立ち上がって彼らに言った。「皆さん、兄弟たち、あなたがたは、ずいぶん前に神が私たちの中から、**私の口によって異邦人が福音の言葉を聞き、信じるようにとお選びになったこと**（使徒10章の出来事）を知っていますね」（この時、ペテロがエルサレムに居てペテロと呼ばれているのは、ヘロデの死による恩赦によって、既に当局から**追われる身ではなくなっていた**からでしょう）。15：8「そのように、人の心を知っておられる神は、私たちにされたのと全く同じように、**異邦人にも聖霊を与えてお認めになった**のです」。15：9「そして、私たちと彼らとの間に区別を設けず、**信仰によって彼らの心を清めた**のです」。15：10「それなのに、なぜ今、私たちの父祖も私たちも負うことのできなかった**くびき**（律法）**を、あの弟子たちの首に負わせ、神を試そう**とするのですか？」15：11「私たちは、**主イエス・キリストの恵みによって、救われること**を信じていますが、それは彼ら（異邦人）と同じ方法なのです」。

――これがペテロの、割礼を否定し、異邦人の信仰を弁護する声明です。

「使徒」15：12　すると、大勢の人々は沈黙し、そして、**バルナバとパウロ**が、彼らを通して神が**異邦人の間にどれほどの奇跡と不思議を起こされたかを話すことを、傾聴した**（アンテオケとガラテヤ地方の伝道の成果報告）。15：13　彼ら二人が黙ったのち、ヤコブが答えて言った、「皆さん、兄弟たちよ、私の話を聞いて下さい。15：14　神が初めに、どのように異邦人を顧みて、彼らからご自分の名のための民を取り出されたかは、シメオン＝シモン・**ペテロ**＝（ケパ）が告げ知らせたとおりです。　15：15　そしてこれには、預言者たちの言葉とも一致しており、こう書いてあります。　15：16『この後、私は帰ってきて、崩れ落ちていたダビデの幕屋を建て直す。私はその廃墟を建て直し、幕屋を据えるであろう。15：17　それは、残りの人類と、さらには、私の名で呼ばれる異邦人が皆、主を求めるようになるためである。これら全てのことを行う主がこう言われる。15：18　永遠の昔から神に知られているのは、神の全ての業である』。　15：19　それゆえ、私たち（ユダヤ人）は**神に立ち返る異邦人を悩ませてはいけない**と、私（使徒ヤコブ）は判断します。　15：20　しかし、偶像に汚されたもの、性的不品行、絞め殺された動物の肉、そして血を断つようにと、彼らに書き送るべきです。　15：21　モーセには、何世代にもわたって、町ごとに自分（の律法）を説教する者がいて、安息日ごとに諸会堂で読まれていたからです」。

15：22　そこで使徒たちと長老たちは、教会全体と共に、自分たちの仲間から選ばれた者、すなわちバルサバという名のユダと、兄弟たちの中の有力者であるシラスを、パウロとバルナバと共にアンテオケへ派遣することを喜んだ。

「使徒」15：23　この手紙は彼らによって書かれたもの。「使徒たち、長老たち、兄弟たちから、アンテオケ、シリア、キリキヤの異邦人である兄弟たちへ。挨拶を送ります」。　15：24　**私たちから出たある者たち**が、私たちからは何も指示を受けていないのに、「割礼を受け、律法を守らなければならない」と言って、あなたがたの魂を不安に陥れ、悩ませていることを聞きました（「ガラテヤ人への手紙」に書かれた「**にせ兄弟**」です）。　15：25　そこで、心を一つにして集まった私たちは、私たちの愛するバルナバとパウロと一緒に、選ばれた人々をあなたがたのところに遣わすのが良いと考えたのです。　15：26　このバルナバとパウロは、私たちの主イエス・キリストの名のために命をかけている人たちです。　15：27　こういうわけで、ユダとシラスを送りましたが、彼らは**口頭で**（割礼否定の決議書と）**同じことを伝える**はずです（第3者の**証言**としての必要性）。

15：28　聖霊も私たちも、あなたがたにこれらの**必要なこと以上の重荷を負わせないことが良い**と思われたからです（割礼を要求することはない）。　15：29　あなたがたは、偶像に捧げたもの、血、絞め殺した動物の肉、性的不品行から遠ざかりなさい。もし、あなたがたがこれらから自分を守るならば、あなたがたはよくやっていけるでしょう。以上」（**異邦人には割礼を要求しないことを明確にしました**）。

「ガラテ」2：7　しかし逆に、割礼を受けた者への福音が**ペテロに託されて**いるように、私が割礼を受けない者への福音を託されていることを理解してくれました。　2：8　割礼のある人への使徒職のためにペテロに有効な働きをされた方が、異邦人への使徒職のために私にも有効に働いて下さったからです（この2節は、ガラテヤ人への説明として、エルサレム原教会での**ペテロの立場（権威）の公式見解**です。キリスト教が2つに分裂したなどのサタンの罠に嵌まってはなりません）。

2：9　そして、柱とされているヤコブ、**ケパ**、ヨハネが、私に与えられたその恵みを認めて、私とバルナバに交わりの右手を差し出し、私たちは異邦人のところへ、彼らは割礼のある者のところへ行くようにしたのです（エルサレム会議での**ペテロ**を、アンテオケ教会における信仰の友である**個人的関係**として、**ケパ**と呼んでいます）。

（パウロはこの手紙の中でペテロ本人を、7、8節では「**ペテロ**」、9節では「**ケパ**」と**呼び分けて**います。それはなぜなのか？　ここに謎を解く鍵があります）

「使徒」15：30　そこで、彼らは見送られてアンテオケに戻り、大勢の人々を集めてから、手紙を届けた。15：31　彼らがそれを読んだ時、その**励まし（公式見解）によって喜んだ**。　15：32　さて、ユダとシラスは、自分たちも預言者であったので、多くの言葉をもって兄弟たちを励まし、力づけた。　15：33　彼らはしばらくそこに滞在したのち、兄弟たちから（エルサレムの）使徒たちへの挨拶を携えて送り返された。15：34　しかし、シラスには、そこに留まるほうが良いと思われた。　15：35　パウロとバルナバもアンテオケに留まって、主の言葉を教え、宣べ伝えていたが、他の多くの人々も同様であった。

異邦人にはパウロが伝道し、ユダヤ人の救いにはユダヤ人が責任を持つことになりました。しかし、ここでキリスト教理が分断されたのではありません。「**割礼についての取り扱い**」を異邦人に要求しないとしただけです。それは、**ユダヤ人の割礼までも否定しているのではありません**。

ユダヤ人に限っては、生まれて8日目に「割礼を受けるのが律法」だからです。そのように育ったユダヤ人がキリスト教信仰を持っても、何の問題もありません。

《割礼があろうがなかろうが、キリスト信仰には関係ない》のです。
＊キリスト教の信仰の本質が、ユダヤ人と異邦人とで変わったのではありません。また、4福音書とパウロの手紙とで、教えている真理が変わったのでもないのです。キリスト・イエスへの信仰は一つです。霊性を基準としない様々な学説を鵜呑みにしてはなりません。

パウロはこの結果を「公式書面」として掲げることで、異邦人教会が「エルサレム原教会の権威に基づいて、にせ兄弟を排除できる」ようになりました。
ここまでが「ガラテヤ人への手紙２：１〜10節」までの「エルサレム会議での割礼論争」の顛末です。

突然ケパが顕れる謎

しかし、次の11節からは、突然「ケパ（ペテロ）への叱責の記述」になります。

「ガラテ」２：11　さて、（異邦人への福音を**証言**（使徒11：１〜11節）**して認められた**そんな）**ケパがアンテオケに来ていた**時、彼は非難されるべきだったので、私は面と向かって抗議しました（**この時期は「使徒の働き」には書かれていません。**別章で解説します）。
２：12　ヤコブ（エルサレム原教会）から**ある人々**（certain men：実態調査者）が来るまでは、彼（ケパ）は異邦人たちと共に食事をしていたのに、彼らが来ると、その割礼の人たち（**の告発**）を恐れて身を引き、離れていったからです。

これはペテロの信仰態度（救霊解釈）が急変したと捉えられる文脈です。
「ガラテヤ人への手紙」の文脈をそのまま表面的に読み下していくと、まるで「エルサレム会議」の後に「ペテロが割礼派の人々を恐れた行動を取った」かのように解釈できます。
1．「まず初めに異邦人に聖霊のバプテスマを授けて、それを長老たちに納得させた（使徒10：１〜11：18節）」第1弟子のペテロが、
2．「エルサレム会議」で、かつての自分の経験を証しして、割礼派を論破した（使徒15：７〜12節）のに、そんなペテロ（ケパ）が、
3．「ある人々（割礼派）を恐れて異邦人との交際を止めた」との変節信仰解釈となり、そして聖書の信頼性

が貶められてきたのです。

そのため、これを厳しく糾弾するパウロの「ガラテヤ人への手紙」を《信仰の本質論》だとする解釈がなされてきました。「パウロからキリスト教が始まった」とするなど、人間的な勘違い教理に至ったのは、やむを得ない流れだったのでしょう。

しかし本書は、この「ガラテ2：1〜10節」と、それ以外の文面とを「時系列の逆転」として捉え、「使徒の働き」と『整合性を取って』、〔ペテロの信仰が一貫している〕ことを証明します。

それなら、何が『正しい整合』なのでしょうか？　聖書の読み方を変えなくてはなりません。それは当時の状況をイメージしながら、論点を「ガラテヤ人への手紙」の主旨が「割礼を否定すること」に置くことです。すると、その内容が当たり前のことだと理解できます。

パウロは「エルサレム会議での割礼論争」で、ペテロ（ケパ）が〔異邦人の救いを自身のこととして証してくれたこと（使徒15：7〜12節）〕を書いた9節に続いて、11節で《そんなケパなのに「割礼で失敗した」ことがあった》と、ここに〔過去に起きた事実〕をエピソードとして挿入しています。それは、ガラテヤ人に〔割礼不要論〕をさらに印象づけるためなのです。

「ガラテ」２：11　さて、（異邦人への福音を証言（使徒11：1〜11節）して認められたそんな）ケパが、アンテオケに来ていた時、彼は非難されるべきだったので、私は面と向かって抗議しました。

２：12　ヤコブ（エルサレム原教会）からある人々（実態調査者）が来るまでは、彼（ケパ）は異邦人たちと共に食事をしていたのに、彼らが来ると、その割礼の人たち（の告発）を恐れて身を引き、離れていったからです。　２：13　そして残りのユダヤ人たちも彼と一緒に偽善に陥ったので、バルナバさえも彼らの偽善に引き込まれてしまいました。

まずケパの行動を真似て、〈確信の弱い〉一般ユダヤ人キリスト信者が異邦人から離れていき、そしてバルナバが孤立を恐れて、彼らに加わっていったのです。アンテオケ教会が、異邦人とユダヤ人とに分裂するに至りました。certain の意味は「あることに確とした信念を持つこと」。ここでは「ユダヤ人としてのこだわり・割礼派」を表しています。

2：14　しかし、彼らが福音の真理について素直でないのを見て、私は**彼ら全員の前でペテロに言いました**。「あなたがユダヤ人でありながら、ユダヤ人のようにではなく、異邦人のように生活しているなら、どうして異邦人に対してユダヤ人のように生活するよう（割礼を受けろと）強要するのですか」。
2：15　「生まれつきユダヤ人である私たちは、異邦人のような罪人ではありません」。　2：16　しかし人は律法の働きによってではなく、イエス・キリストを**信じる信仰によって義とされる**ことを知ったので、私たちもキリスト・イエスを信じました。それは、私たちが、律法の働きによってではなく、**キリストを信じる信仰によって義と認められるため**です。なぜなら、律法の行いによって義とされる者はいないからです（ヨブは律法を守ることが信仰の義だと勘違いしていました）。

このように、ケパの失敗を引き合いに出したのは、〔異邦人の救いをまず成し遂げたペテロであり、「割礼の必要論争を解決に導いた」その彼でさえ、ある時「割礼に押し戻されたこと」を**過去の経験として持っている**〕から、その**霊的失敗と回復**を思えば、ガラテヤ人も「やり直して恵みに留まれる」ことを分からせるためでした。

そして、それが絶対にあってはならない「霊的不義」だから、〔ケパを含め**ユダヤ人全員を叱責**〕したのです。

しかし「ガラテヤ人への手紙」のこの記述は、より本質的な問題への対応策として、ガラテヤ人に要求してくる「**にせ兄弟**」**に対して**、「**割礼を否定する根拠**」を示すためであり、パウロには主イエスの第1弟子のペテロ（ケパ）にさえ、もし間違うなら〔「叱責する」だけの**霊の立場と教理解釈を持っている**〕ことを示す必要があった」のです。

「ガラテヤ人への手紙」そのものに、**ユダヤ人割礼派を黙らせる権威を持たせるため**でした。個人的優越のために誇示しているのではありません。

＊ペテロ（ケパ）の失敗エピソードは、直接的には「使徒の働き」に書かれていません。しかし、パウロとペテロが一緒にいたことを示す記述がありました。それは、ペテロが「**アンテオケに来ていた時**」です。そしてここで「ペテロが失敗した」のです。

「ガラテ」2：11　ところが、**ケパが、アンテオケに来た時〜〜〜。**

ここでなぜ、「使徒の働き」にはこの出来事が書かれていないのか？　また、ペテロがケパと呼ばれたのか？　この2つの疑問を「キリスト教の霊的視点」から解明しなくてはなりません。その解析は、第15章「ケパ（ペテロ）の信仰の失敗」で行います。

第2回伝道旅行

「使徒の働き」に戻ると、「エルサレム会議（割礼論争）から帰ってきて数日」のうちに、パウロは「第2回伝道旅行」に出かけようと計画し始めました。この回の旅行の目的は、「エルサレム会議で得た**割礼不要の公認書**」をガラテヤ（異邦人）教会に守らせ、**ユダヤ人割礼派の口を完全に封じ込めること**でした。

＊さらに重要なミッションとして、割礼を否定した上で「**割礼に代わる救いの確信**」を**教授すること**であったはずです。それが奥義に至る「義・神様との霊の関係性」の知識です。ガラテヤ教会の先、ピリピ、テサロニケ、コリント、エペソまで宣べ伝えていますから、これらの新しい諸教会には、パウロの本旨である「血の契約」によるクリスチャンの霊的立場（生まれ変わりの本質）を宣教しないことはあり得ません。

しかし、ここでは「ガラテヤ人への手紙」の分析として「割礼拒否」のみに止めます。

「使徒」15：36　それから幾日かの後、パウロはバルナバに言った、「さあ、もう一度、私たちが主の言葉を宣べ伝えた全ての町の兄弟たちを訪ねて、彼らがどうしているか見てこよう」。37〜39節省略。

15：40　しかし、パウロはシラスを選び、兄弟たちから神の恵みにあずかり、出発した。

15：41　そして、シリヤおよびキリキヤを通り、諸教会を力強くした（**エルサレム会議の決議を伝えていった**のです）。

16：1　それからパウロはデルベに、次いでルステラに行った。するとそこにテモテという弟子がいた。信者であるユダヤ婦人の子であるが、その父はギリシャ人であった。　16：2　彼はルステラとイコニオムとの兄弟たちの間で評判の良い人であった。

16：4　さて、彼らは**町々を巡りながら、エルサレムの使徒たちと長老たちが決めた「守るべき命令」を、人々に伝えた。**

割礼を否定することを、権威をもって教理としました。既に送られていた「元々のガラテヤ人への手紙」への、**ユダヤ人の反発を抑えるため**です。そして、さらに**追加して信仰の核心・根拠**となる血の契約（**聖餐式の意義**）を教えたはずです。それでなければガラテヤ諸教会の「信仰の完成にならない」からです。その結果として、

16：5　こうして諸教会は、信仰を強められ、日に日に人数を増していった（**異邦人には割礼を要求されないことが**、（**公式に明確になった**）からです）。
16：6　さて、彼らがフルギヤとガラテヤ地方を通過した時、聖霊によって、アジアで御言葉を宣べ伝えることを禁じられた。　16：7　彼らはムシヤまで来てから、ビテニアに入っていこうとしたが、御霊がそれをお許しにならなかった。

ここまでが、「ガラテヤ人への手紙」とその主旨「異邦人には割礼は不要であること」を解釈するために、「使徒の働き」と見比べなければならない箇所です。

エルサレム原教会での割礼論争はいつ？

「使徒の働き」では、それは15：1～34節までに詳しく書かれています。その内容は間違いなく「割礼を否定すること」でした。その発端は、そもそもユダヤ人割礼派から「訴えがあった」からです。

その時期は、「かなり長い期間が過ぎてから（使徒14：28節）」「それから14年後に（ガラテ２：１節）」と明記されています。

しかし冷静に判断すると、「ガラテヤ人への手紙」に「エルサレム本部での割礼論争」が書かれていることが「パウロの主張とキリスト教伝道の実体」にそぐわず、**大きな時間的／霊的矛盾として私たちの解釈に壁となって立ちふさがる**のです。

つまり、「ガラテヤ人への手紙」が「エルサレム会議」の後**に書かれたとする巷間説**によると、パウロの主張と全く合致しない論点が発生するのです。

「全会一致の決議」である、「エルサレム会議の割礼不

要の公認書」を、異邦人教会に周知徹底し、守らせることを使命として、パウロは第2回伝道旅行に出発しています。

この伝道旅行は「エルサレム会議」の後、アンテオケに帰ってから数日経っての出発です（使徒15：26節〜）。そうだとすれば、必ず、ガラテヤ教会は「割礼不要公認書」**を見せられ内容を聞かされて**います。その彼らに向かって再び、パウロは「ガラテヤ人への手紙」を追いかけて書いたことになります。すると、それは次の「霊的不一致」を意味するのです。

1. エルサレム会議で割礼を否定し、決議を主導したペテロの立場を壊していること。
2. 既に「割礼不要公認書」があるのに、なぜさらに「ガラテヤ人への手紙」を上乗せして書かねばならないのか？　その霊的意味は？
3. 「割礼不要公認書」が「割礼を否定する目的」を果たしていない、とパウロが考えていて、それ故に「ガラテヤ人への手紙」を書いたのなら、なぜ「エルサレム上京とその結果」をわざわざ書いているのか？
4. 「割礼不要公認書」と「ガラテヤ人への手紙」の2つの書簡が必要だったのなら、パウロとエルサレム原教会とは、全く教理を異にする別宗教だと決断したのか？　パウロは「彼らは何も（パウロの意見に）付け加えませんでした（同意した）」と書いています。

「ガラテ」2：6　しかし、何かおもだった者と見られていた人たちからは、……彼らがどれほどの人たちであったにしても、私には何の違いもありません。神は誰をもえこひいきしません。……その彼らは、**私に対して、何も付け加えることをしませんでした**（異邦人の割礼否定について、パウロに同意したのです）。

「使徒の働き」と「ガラテヤ人への手紙」の記述を歴史的時系列として（順序通りに）受け入れると、エルサレム会議で「異邦人への救いを実現したことを証したペテロ」を、そしてバルナバまでを次の言葉で「こき下ろして」いることになり、それはまた、エルサレム会議での決議「割礼不要公認書」の権威を否定していることになります。

「ガラテ」2：11　さて、（異邦人への福音を**証言して認められた**そんな）**ケパ**が、**アンテオケに来ていた**時、彼は非難されるべきだったので、私は面と向かって抗議しました。　2：12　ヤコブ（エルサレム原教会）からある人々（実態調査者）が来るまでは、彼ら（ケパ）は異邦人たちと共に食事をしていたのに、彼らが来ると、その割礼の人たち（の告発）を恐れて身を引き、離れていったからです。2：13　そして残りのユダヤ人たちも彼と一緒に偽善に陥ったので、バルナバさえも彼らの偽善に引き込まれてしまいました（まずケパの行動を真似て、（確信の弱い）一般ユダヤ人キリスト信者が異邦人から離れていき、そしてバルナバが孤立を恐れて、彼らに加わっていったのです）。　2：14　しかし、彼らが福音の真理について素直でないのを見て、私は彼ら全員の前でペテロに言った、「あなたがユダヤ人でありながら、ユダヤ人のようにではなく、異邦人のように生活しているなら、どうして異邦人に対してユダヤ人のように生活するよう（割礼を受けろと）強要するのですか」。

何のためにパウロは、第2回伝道旅行に出かけたのでしょうか？　それは「割礼不要公認書」によって、ガラテヤ諸教会に「割礼を否定させる根拠を与える」ためではないですか。

それなら、パウロは素直に「エルサレム会議の決議」の「それ自身の権威によって教会を従わせた」はずです。それが本来の目的だからです。

「使徒」16：4　さて、彼らは町々を巡りながら、エルサレムの使徒たちと長老たちが決めた「守るべき命令」を、人々に伝えた（割礼を否定することを、権威をもって教理としました）。16：5　こうして諸教会は、信仰を強められ、日に日に人数を増していった（異邦人には割礼を要求されないことが、（公式に明確になった）からです）。

第2回伝道旅行が、この「割礼不要公認書」で目的を達したのなら、その後に「ガラテヤ人への手紙」を書く必要は全くありません。

しかし「ガラテヤ人への手紙」がその後に書かれたとするのだから、それなら次の解釈として、「割礼不要公認書」が「割礼を否定する役目」を果たしきれなかったのか？　となります。

これこそ教え導く側の分裂であり、パウロが求めた「割礼不要公認書」による「割礼の否定」を否定する結果になるではないですか。異邦人にこんな混乱を教えるのが「信仰の本質」でしょうか？

このような解釈になってしまうのは、現代の私たちが「ガラテヤ人への手紙2章の記述」によって、《この手紙が「エルサレム会議」の後に書かれたと、せざるを得ない解釈論理に陥るから》です。そして、〈聖書にも誤謬がある〉〈パウロとペテロが分裂した〉などと叫ぶ人が出てくるのです。

しかし、「ガラテヤ人への手紙」が「エルサレム会議と第2回伝道旅行の後」に書かれたとするのなら、その解釈によってパウロは全ての教会宛てに「同じ手紙」を送っていなくてはなりません。しかし、パウロは「ガラテヤ人への手紙」だけにしか「割礼を否定する目的」を与えていません。そうすると、ここでも霊的矛盾が生じるのです。

神様・主イエスは、「皆が信仰の一致を保つこと」を望んでいます。この霊的視点を保つならば、〈私たち聖書を読む側が間違っている〉とはっきり知らされるのです。

それは救いの本質を、霊的に捉えることを学ばなければならないためであって、キリスト教の真理として「イエス・キリストを信じて救われること」を定規として聖書を読まなければならないことです。歴史的〈時系列〉解釈の〈整合性〉を論争することではありません。とはいえ、真実を追求しないのも正しくありません。

従って、本書ではキリスト教の真理に立って、「割礼と信仰の違いを教える」ための原初キリスト教の働きを調べます。それには一旦、「ガラテヤ人への手紙2：1～10節」の「エルサレム会議の記述」を無視しなければなりません。この〈1～10節がないもの〉として「ガラテヤ人への手紙」を分析します。なぜなら、ここから全ての混乱が始まっているからです。

これから「使徒の働き」の中で、「ユダヤ人割礼派、すなわちパリサイ的価値観が抜けない者」の「キリスト信仰へのクレーム」という視点で洗い出してみましょう。それは3つありました。

A．ペテロへの非難。異邦人の救いに対して

「使徒」11：1　さて、ユダヤにいた使徒たちや兄弟たちは、異邦人も神の言葉を受け入れたことを聞いた。

11：2　そこで、ペテロがあらゆる所を巡回し〈使徒

9：32～10：48節）カイザリヤからエルサレムに上った時、**割礼にこだわる者たち**（クリスチャンになりながらもユダヤ教律法を守る生きざまをする人）は、彼を非難して、

11：3　「あなたは**割礼を受けていない人々**のところへ行き、彼らと一緒に食事をしたじゃないか」と言った（ユダヤ教では割礼のない異邦人と「親しい交際」をすることを、律法で禁じていたからです。イエス・キリストを信じたユダヤ人ですが、まだ律法にこだわり続けています。つまり、新しい教え「隣人を愛しなさい」の意味を理解していません）。

11：4　しかし、ペテロは彼らに、初めから順序よく説明して言った。

B．異邦人の信仰に対する割礼要求

「使徒」15：1　さて、**ある人々がユダヤ**（**エルサレム**原教会）から下ってきて、（アンテオケ教会の）異邦人兄弟たちに、「モーセの慣習に従って**割礼を受けなければ、あなたがたは救われない**」と教えた。

15：2　そこで、①パウロと②バルナバが、③彼ら（ある人々）と、少なからぬ不和と論争を起こしたので、彼らは、パウロとバルナバと④その仲間のうちの幾人かが、この**「割礼強制」問題**について、**エルサレムに上って**、使徒たちと長老たちのところへ行くことに決めた。　15：3　彼ら①②④は教会の人々に見送られ、フェニキヤとサマリヤを通る道々で、**異邦人の改宗のことを詳しく話した**ので、全ての兄弟たちに大きな喜びをもたらした（論争中の③ある人々とは、旅路を共にすることはなかったでしょう）。　15：4　**彼ら①②④がエルサレムに着くと、彼らは教会と使徒たちと長老たちに迎えられ、神が彼ら①②と共にいて行われたことを、皆に報告した。**

15：5　ところが、③パリサイ派の一部信者が立ち上がり、「異邦人にも割礼を受けさせ、また、**モーセの律法を守るよう**に命じることが必要である」と言った。　15：6　そこで、使徒たちと長老たちは、この問題を検討するために共に集まった。

C．「割礼不要公認書」を勘違いしたユダヤ人のクレーム。第3回伝道旅行を終えてから

「使徒」21：17　私たちがエルサレムに着くと、兄弟たちは喜んで私たちを迎えてくれた。　21：18　翌

日、パウロは私たちと共にヤコブのところへ行ったが、長老たちは皆同席していた。　21：19　彼らに挨拶してから、パウロは神が自分の宣教によって異邦人の間になさったことを細部にまで詳しく話した。21：20　彼らはそれを聞いて、主をほめたたえた。そして、パウロに言った、「兄弟、見て下さい、信じたユダヤ人は幾百万といますが、**皆律法に熱心な人たち**です。21：21　ところで、彼らがあなたについて知らされていることは、あなたは異邦人の中にいる**全てのユダヤ人に、モーセに背くように教え、自分の子どもに割礼を施すな、習慣に従って歩むな、と言っているということ**なのです」。

「割礼不要公認書」が正しく異邦人に機能した結果、逆にユダヤ人の勘違い解釈になりました。いかにユダヤ人が信仰を正しく霊的に捉えていないかの証であり、割礼派の最後の反発です。どこまでもパウロを迫害するサタンの仕業です。

ですからパウロにしてみれば、第2回、第3回伝道旅行は、「割礼不要公認書」の権威によって、堂々と「割礼を否定する教理」を教えられたので、「ガラテヤ人への手紙」のような手紙を書く必要がなくなりました。

むしろ次のステップとして、他の手紙では「律法・割礼」と比較しながら「救われた者の霊的立場（神の義）」を、逐一明確にして教えているのです。

このように、パウロの伝道とユダヤ人の反応を洗い出すと、「ガラテヤ人への手紙」が書かれたのは、第1回伝道旅行で宣べ伝えた結果、「ユダヤ人にせ兄弟の**割礼要求**」に対して、「**割礼を否定する必要性**」を、

1．「そんなにも急に」惑わされたガラテヤ教会に、
2．パウロ単独で、持論を展開し、
3．直ちに反応して書いた、とすべきであって、

「エルサレム会議の決議として公認された結果をもたらす第2回伝道旅行」よりも、「**かなり前**」で**なければならないことが論理的に導き出されるのです。**

しかし、私たちはどうしても「感覚的に」聖書を読んでしまいます。そうすると、パウロが矛盾していることを書いている、とか、一見辻褄が合わないところを、聖書にも誤謬があると解釈してしまうのです。

＊「ガラテヤ人への手紙2：1～10節を一旦無視する」と述べました。そうすることで、パウロの主張がどう変

わってしまうでしょうか？　また、「ケパ」についての文脈が繋がるでしょうか？

「ガラテ」１：18　それから3年経った後、私は**ケパ**（ペテロ）に会うためにエルサレムに上り、15日間、彼のもとに滞在しました。　１：19　しかし（**ケパ**以外には）、主の兄弟ヤコブは別として、他の使徒には誰にも会いませんでした。
１：20　私があなたがたに書いていることについて、実に、神の御前で、偽りはありません（真実として理解しなければなりません）。
１：21　その後、私はシリアとキリキヤの地方に行きました。　１：22　しかし、キリストにあるユダヤの諸教会には、私の顔を知られていませんでした。　１：23　しかし、彼らは、「かつて私たちを迫害した者が、今は、その滅ぼそうとした信仰を伝えている」ということだけを聞いていたので、　１：24　彼らは私のことで神をあがめていました。

――２：１～10節を省略したほうが、パウロの動向、諸教会の状態、ケパとのテーマ／時系列は繋がります。

「ガラテ」２：11　さて、**ケパ**が、**アンテオケに来ていた**時、彼は非難されるべきだったので、私は面と向かって抗議しました。　２：12　ヤコブ（エルサレム原教会）から**ある人々**（実態調査者）が来るまでは、彼（**ケパ**）は異邦人たちと共に食事をしていたのに、彼らが来ると、その割礼の人たち（**の告発**）を恐れて身を引き、離れていったからです。
２：13　そして残りのユダヤ人たちも彼と一緒に偽善に陥ったので、バルナバさえも彼らの偽善に引き込まれてしまいました。
２：14　しかし、彼らが福音の真理について素直でないのを見て、私は**彼ら全員の前でペテロに言い**ました。「あなたがユダヤ人でありながら、ユダヤ人のようにではなく、異邦人のように生活しているなら、どうして異邦人に対してユダヤ人のように生活するよう（割礼を受けろと）強要するのですか」。
２：15　「生まれつきユダヤ人である私たちは、異邦人のような罪人ではありません」。　２：16　しかし人は律法の働きによってではなく、イエス・キリストを**信じる信仰によって義とされる**ことを知ったので、私たちもキリスト・イエスを信じました。それは、私たちが、律法の働きによってではなく、**キリストを信**

じる信仰によって義と認められるためです。なぜなら、律法の行いによって義とされる者はいないからです。

＊パウロがケパの「割礼派へのすり寄り」をユダヤ人全**員の前で非難している**のは、「律法では義と認められないこと」を「アンテオケ教会のユダヤ人全員に」霊的に明示したのであって、むしろ**「ヤコブのところから来たある人々」をターゲットにして**16節を説教したのです。

それは、**「ユダヤ人にしか適合しない指摘」**だからです。そして、ガラテヤ諸教会の**にせ兄弟に「同胞の問題として」**分からせるためです。

パウロはこの事件を例にとって「文脈に」挿入し、「ガラテヤ教会の割礼問題」に対処する術を伝えました。「割礼不要公認書」と相反する意見として言ったのではありません。

この2：11〜14節は、第1回伝道旅行よりも前、《ペテロがアンテオケ教会でケパと呼ばれていた時の出来事》だからです。

それなら逆に、なぜ「エルサレム会議の結果」が2：1〜10節に書かれなければならなかったのでしょうか？

「挿入エピソード」であるが故に、手紙の文面としての《時系列を逸脱している》のですが、それでもこの記述を裏づける「使徒の働き」の記録を見つけなければなりません。

「エルサレム会議の様子と結果」は、その「エルサレム会議から帰った時点」**以降**でなければ、文章に書けないのは自明です。その時系列は、第2回伝道旅行後でなければなりません。

それならば、一体何が辻褄の合う「整合」なのでしょうか？　さらに念入りに調べなくてはなりませんが、ここでも霊の導きによらなければなりません。

ですから、繰り返しになりますが、次章以下で「霊の導きによる聖書の読み方」を実践して、「ガラテヤ人への手紙」の確認をしましょう。

第14章
そんなにも急に、の意味と時期

信仰確信への根拠の欠落

「ガラテ」１：６　私は、あなた（がた）が、キリストの恵みのうちにあなた（がた）を召して下さった方（神、その教え）に、そんなにも急に背を向け、別の福音に移っていくことに驚いています。
１：７　それは別のものではありません。しかし、あなたがたを悩ませて、キリストの福音（新しい霊的レベル）を（古い状態）に変えて（戻して）しまおうとする者がいるのです。

なぜ、ガラテヤ諸教会では「そんなにも急に、救いの本質から外れてしまった」のでしょうか？

パウロの宣教する福音と、その言葉に伴って現れた奇跡（天の権威の現れ）を体験したガラテヤの人々は、純粋な気持ちで熱心に信仰に入りました。

ルステラの人々は、パウロが「生まれながらに歩行不能な男を歩かせた」のと、「彼自身の死からの甦り」の２つの奇跡を目撃しました。従って教理の納得以前に、その奇跡によって、驚きの感覚で受け入れたのです。

それは「信じられない衝撃の感覚」が第一にあって、それが「信じることへの動機・モチベーション」になったのでした。

パウロ自身が、その熱心さに感銘したことを、彼らに証明しています。

「ガラテ」４：13　私があなたがたに、最初に福音を伝えたのは、私の体が弱かったからであると、あなたがたはよく知っています。　４：14　そして私の肉体にあった私の試練は、（あなたがたにとっても試練となるものだったのに、その見た目の印象によらず）あなたがたは軽蔑したり、拒絶しないで、かえって神の御使いのように、またキリスト・イエスご自身であるかのように、私を受け入れてくれました。
４：15　それでは、あなたがたの享受したあの祝福は何だったのですか。私はあなたがたのために証ししますが、あなたがたは、もしできれば、自分の目をえぐり出して私に与えたいとさえ思ったではありませんか。

パウロの第1回ガラテヤ地方伝道旅行を「使徒の働き」で解析すると、ガラテヤ地方の人々は「偶像礼拝の文化」であって、それは真の神を信仰するという意味から は、神様との「**霊の関係性**」が全くないことが分かります。

神と見立てた偶像をただ「拝んでいる」のであって、その内容は「気休めにしかならない」ものを「信仰」という生活習慣にしているのです。それは「本当に信頼できるものなのか？」という、半信半疑の精神状態です。

そんなガラテヤ人が、パウロの起こした奇跡を見て、キリストを主として信じる信仰に入りました。しかし、彼らのその信仰レベルでは「自分たち異邦人にも神様が奇跡を起こして下さるとの**信頼性の確証**」が**ありません**。

パウロの起こした奇跡は、偶像礼拝ではあり得ない天の力の発現だから、その背景には「何かの**神様との関係性**」が**なければならないと考えたはず**です。

そうすると、自分たちガラテヤ人が今信じているのは「**奇跡の結果**」だけであって、それが「起こった原因・**理由**」が**論理性として全く抜け落ちてしまっていること**に気づきました。

ここでの確認ポイントは、「**信じることのスタートの根拠が何か**」です。

ルステラの人々は、パウロが起こした「奇跡によって」、その「驚きと感動」で彼個人を「イエス・キリストであるかのように」崇拝してしまいました。

この「感情の高まり」は時間と共になくなっていくものです。自分の心の底からの「救いの希求」でなければ、本当の信仰の基礎にはなりにくいものと言えます。

そして、ユダヤ人パウロの持つ「神様との霊の関係性」が何なのかを知りたくなり、その事実を知識として理解し、自分にも適用したくなったのです。そうでなければ本当の信仰とは言えません。

逆に言えば、目の当たりにした「パウロの奇跡」による信仰スタートだからこそ、その裏づけとなる「神様との霊の関係性」を、自分たちも確保しなければならないと気づいたのです。それは彼らの信仰受け入れが〔**熱心**だった**ことに比例**して、その**希求心も強かった**〕はずです。

だから異邦人クリスチャンが、にせ兄弟から〔ユダヤ人の割礼による神様との関係性〕を聞いた時、「**そんなにも急に**〔**割礼・旧約聖書での神様との契約**〕を《正しいと信じて**自ら取り入れた**》のです。この姿勢と結果を、パウロは2度も〔foolish：愚か者〕と評価しています。

　この言葉の根底には、霊的罪を改めさせなければならない緊急性があるからです。

「ガラテ」1：6　私は、あなた（がた）が、キリストの恵みのうちにあなた（がた）を召して下さった方（神、その教え）に、**そんなにも急に背を向け、別の福音に移っていく**ことに驚いています。

「ガラテ」3：1　ああ**愚かな**ガラテヤ人（Oh, foolish Galatians!)。イエス・キリストが十字架につけられた姿で、あなたがたの目の前に、はっきりと示されたのに、誰があなたがたを**迷わせた**のですか。

3：2　このことだけは、あなた（がた）から学びたいのです。あなた（がた）は、律法の働きによって御霊を受けたのか、それとも、信仰をもって聞いたからですか。

3：3　あなたがたはそんなにも**愚か**なのですか（Are you so foolish?)。御霊によって始まったあなた（がた）なのに、今、肉（割礼）によって完成されようとしているのですか。

　イエス・キリストへの信仰によって「霊の救いを受けた」のに、その「奇跡を実現できる**信仰**」を確信すべく「**根拠として求めたもの**」が、にせ兄弟によって持ち込まれた「霊の救いには役立たない割礼（古い契約）」でした。

　だからパウロは、ガラテヤ人クリスチャンのトンチンカンさにあきれ、「にせ兄弟」に怒りをぶつけているのであって、彼らが「にせ兄弟からの割礼要求を否定するよう」にこの手紙を書き、彼らに「割礼ではない**異邦人のための新しい神様との関係性**」を教え始めたのです。

　それでは、この「ガラテヤ人への手紙」が書かれたのはいつ頃なのでしょうか？

　パウロは、第1回ガラテヤ地方伝道旅行からアンテオケに帰った後に〔ガラテヤ教会がにせ兄弟に惑わされた〕という情報を聞いたのです。

　そしてパウロは、彼らが「**そんなにも急に見捨てて、他の福音に移っていく**のに驚いています」と書いたのですから、私たちの常識では、パウロの帰着時点から半年～1年以内の時期だったと考えます。「**そんなにも急に**」の言葉の使われ方に従えば、帰着後1年以降に及ぶ期間ではあり得ません。

従って、「ガラテヤ人への手紙」が書かれた時期は、「使徒の働き」の記述からほぼ特定できるのです。しかし、この手紙が書かれた時期を「西暦〇〇年頃」と主張しても、クリスチャンの霊的成長のためには何の益もありません。人間的興味の範囲だからです。

私たちが聖書を学ぶのは、「神様の義＝筋を通す正しさ」を知って、クリスチャンとしての「霊的成長」をするためです。

「使徒」14：26　彼らはそこから船でアンテオケに帰った（第1回伝道旅行の終結）。そこで成し遂げた働きについて神の恵みにあずかった。　14：27　さて、彼らがそこに帰り着くと、教会の人々を集めて、神が彼らと共になさったこと、また異邦人に信仰の門を開いて下さったことを全て報告した。　14：28　そして、彼らは**長い期間**（常識的には**5年**以上でしょう）を弟子たちと共に過ごした。

この27～28節の期間の早い時期（半年～1年以内でしょう）に、「ガラテヤ人への手紙」が書かれたはずです。続く15章からは、パウロとバルナバが「異邦人の割礼問題」でエルサレムに上ることが記録されています。この事件の発端は何だったのでしょうか？

「使徒」15：1　さて、**ある人々がユダヤ**（エルサレム原教会）から下ってきて、（アンテオケ教会の）異邦人兄弟たちに、「モーセの慣習に従って**割礼を受けなければ、あなたがたは救われない**」と教えた。　15：2　そこで、パウロとバルナバが、彼ら（**ある人々**）と、少なからぬ不和と論争を起こしたので、彼らは、パウロとバルナバとその仲間のうちの幾人かが、この「**割礼強制**」**問題**について、**エルサレムに上って**、使徒たちと長老たちのところへ行くことに決めた。

「かなり長い期間」が過ぎた頃、「エルサレム原教会の権威をかざしてガラテヤ教会を混乱させたユダヤ地方のある人々＝にせ兄弟」か、その仲間たちがアンテオケ教会にやってきて、「モーセの慣習に従って割礼を受けなければ、あなたがたは救われない」と教えたのです。では、なぜこうなったのでしょうか？

エルサレム原教会においては、既に「ペテロの異邦人への聖霊のバプテスマ」が「承認されて」いて（使徒11：1～18節）、割礼がない異邦人であっても、主イエスへの「同じ信仰」を持つ仲間として理解されていました。

それなのに、ユダヤのある人々が「割礼を施せ」とアンテオケ教会に要求してきたのです。そして「激しい論争」の末、彼らと、パウロやバルナバと仲間がエルサレムに上り、「使徒の働き15：5節」で〈エルサレム原教会で割礼問題を討論〉しました。

「ある人々＝割礼主張派＝にせ兄弟」は、なぜこのタイミングでアンテオケ教会に来て、「割礼」を言い出したのでしょうか？

それは彼らが、〈かなり以前にパウロの出した「ガラテヤ人への手紙」によって、異邦人が「信じるだけで神様との関係性が成立する」と教えられ、ガラテヤ地方の諸教会が「割礼を否定している」〉との情報を得たからだと、順当に推察できます。

ガラテヤ地方の諸教会に回覧された「ガラテヤ人への手紙」によって、ガラテヤ人の「信仰の根拠への誤解（割礼）」が解消されていったのです。

この状況は「にせ兄弟にとって、彼らの教理からは赦せないこと」でした。ユダヤ人のそれまでの価値観にしてみれば、「神様との関係性の成立は割礼による」しかありません。だから、「信じるだけ」とした教理は我慢ならないものでした。

エルサレム原教会の流れに属するユダヤ人信者（ある人々）を突き動かしたエネルギーは、「ガラテヤ人への手紙」が既にガラテヤ諸教会に回覧されて、その「割礼を否定すること」の効力が出始めたからです。ですから彼らは、パウロたちがアンテオケに帰着してから、「かなり後に割礼否定が定着したから」パウロの所まで論争しに来たのです（これはそれなりの大物でなければできないことです）。

「使徒」14：28　そして、彼らは長い期間を弟子たちと共に過ごした。

「使徒」15：1　さて、ある人々がユダヤ（パウロのことを噂で聞いていた地方教会かエルサレム原教会）から下ってきて、兄弟たちに、「モーセの慣習に従って割礼を受けなければ、あなたがたは救われない」と教えた。

ここまでの時系列をまとめると、「ガラテヤ人への手紙」が**書かれた時期**は、パウロが第1回伝道旅行からのアンテオケ帰着後に、「**そんなにも急に**」に対応したもの（約1年以内）とするのが妥当です。そしてどんなに遅いとしても、「長い期間（5年以上）」を過ごした後、ユダヤ地方教会からのクレームが来るためには、それまでに「**手紙の効果が出ていなくてはならない**」から、手**紙が書き送られたのは半年〜1年以内の間であった**ことに間違いありません。

第1回伝道旅行からの帰着後にこれ以上の間隔を置くなら、文面の「**そんなにも急に**」の言葉が正しくなくなるからです。

エルサレム原教会の「割礼をどう扱うか？」論争

続いて「使徒の働き」と「ガラテヤ人への手紙」を並列比較します。

「使徒」15：2　そして①パウロや②バルナバと③彼ら（ある人々）との間に、激しい対立と論争が生じたので、パウロとバルナバと、④その仲間のうちの幾人かが、この問題について使徒たちや長老たちと話し合うために、エルサレムに上ることになった。

「ガラテ」2：1　それから14年経って、①私は、②バルナバと一緒に、④テトスも連れて、再びエルサレムに上りました（「使徒の働き」にはテトスの名前は書かれていません）。

「使徒」15：3　彼ら①②④は教会の人々に見送られ、フェニキヤとサマリヤを通る道々で、異邦人の改宗のことを詳しく話したので、全ての兄弟たちに大きな喜びをもたらした（論争中の③ある人々とは、旅路を共にすることはなかったでしょう）。15：4　エルサレムに着くと、彼ら①②④は教会と使徒たちと長老たちに迎えられ、神が彼ら①②と共にいて行われたことを、皆に報告した。

「ガラテ」2：2　私は**啓示を受けて**上りました（神様が介入してまで解決しなければならない霊的大問題だからです）。そして私は、異邦人の間での宣べ伝えているその福音を彼らに伝え、おもだった人たちには個別にそうしました。それは、私が無駄なことのために走っている、または、走ったということにならないようにするためです。　2：3　しかし、私と一緒にいた④テトスでさえ、ギリシャ人であったため、割礼を受けることを強制されませんでした。

「使徒」15：5　ところが、③パリサイ派の者で信者になった人々が立ち上がり、「異邦人にも割礼を受けさせ、また、モーセの律法を守るように命じることが必要である」と言った。

「ガラテ」2：4　このようなことが起こったのは、ひそかに連れてこられた③にせ兄弟たち（彼らは、キリスト・イエスにある私たちの自由をうかがい、私たちを束縛するために忍び込んで**きた者**）のせいなのです。
2：5　私たちは、福音の真理があなたがたに継続するようにと、一時間たりとも③彼らに譲歩しませんでした。

「使徒」15：6　さて、使徒たちと長老たちは、この問題を検討するために共に集まった。　15：7　多くの論争がされた後に、ペテロは立ち上がって彼らに言った。「皆さん、兄弟たち、あなたがたは、ずいぶん前に神が私たちの中から、**私の口によって異邦人が福音の言葉を聞き、信じるようにとお選びになったこと**（使徒10章の出来事）を知っていますね（この時、ペテロがエルサレムに居てペテロと呼ばれているのは、既に当局から**追われる身ではなくなっていた**からでしょう）。

「ガラテ」2：6　しかし、何かおもだった者と見られていた人たちからは、……彼らがどれほどの人たちであったにしても、私には何の違いもありません。神は誰をもえこひいきしません。……その彼らは、私に対して、何も付け加えることをしませんでした。
2：7　しかし逆に、割礼を受けた者への福音が**ペテロに託されて**いるように、私が割礼を受けない者への福音を託されていることを理解してくれました。
2：8　割礼のある人への使徒職のために、ペテロに有効な働きをされた方が、異邦人への使徒職のために私にも有効に働いて下さったからです（この2節は、ガラテヤ人への説明として、エルサレム原教会での**ペテロの立場（権威）の公式見解**です）。

「使徒」15：8　「そこで、人の心を知っておられる神は、私たちにされたのと全く同じように、**異邦人にも聖霊を与えてお認めになった**のです」。
15：9　「そして、私たちと彼らとの間に区別を設けず、**信仰によって彼らの心を清めた**のです」。 15：10 「それなのに、なぜ今、私たちの父祖も私たちも負うことのできなかった**くびき**（律法）**を、あの弟子たちの首に負わせ、神を試そう**とするのですか？」 15：11 私たちは、**主イエス・キリストの恵みによって、救われること**を信じていますが、それは彼ら（異邦人）と同じ方法なのです（これがペテロの、割礼を否定し、異邦人の信仰を弁護する声明）。 15：12 すると、大勢の人々は沈黙し、そして、**バルナバ**と**パウロが**、彼らを通して神が**異邦人の間にどれほどの奇跡と不思議を起こされたかを話すのを傾聴した。**

15：13 彼ら二人が黙ったのち、ヤコブが答えて言った、「皆さん、兄弟たちよ、私の話を聞いて下さい。15：14 神が初めに、どのように異邦人を顧みて、彼らからご自分の名のための民を取り出されたかは、シメオン＝シモン・**ペテロ**＝（**ケパ**）が告げ知らせたとおりです。 15：15 そしてこれには、預言者たちの言葉も一致しており、こう書いてあります。 15：16 『この後、私は帰ってきて、崩れ落ちていたダビデの幕屋を建て直す。私はその廃墟を建て直し、幕屋を据えるであろう。

15：17 それは、残りの人類と、さらには、私の名で呼ばれる異邦人が皆、主を求めるようになるためである。これら全てのことを行う主がこう言われる』。

15：18 神には、永遠の昔から、それら全ての業が知られています。 15：19 それゆえ、私たち（ユダヤ人）は**神に立ち返る異邦人を悩ませてはいけない**と、私（使徒ヤコブ）は判断します。 15：20 しかし、偶像に汚されたもの、性的不品行、絞め殺された動物の肉、そして血を断つようにと、彼らに書き送るべきです。 15：21 モーセには、何世代にもわたって、町ごとに自分（の律法）を説教する者がいて、安息日ごとに諸会堂で読まれていたからです」。 15：22 そこで使徒たちと長老たちは、教会全体と共に、自分たちの仲間から選ばれた者、すなわちバルサバという名のユダと、兄弟たちの中の有力者であるシラスを、パウロとバルナバと共にアンテオケへ派遣することを喜んだ。

15：23 この手紙は彼らによって書かれたもの。「使徒たち、長老たち、兄弟たちから、アンテオケ、シリア、キリキヤの異邦人である兄弟たちへ。挨拶を送ります」。 15：24 私たち（キリスト信者に改宗した**ユダヤ人**）の中のある者たちが、《私たち（使徒および長老たち）からは何も指示を受けていないのに、「割礼を受け、律法を守らなければならない」と言って、あなたがたの魂を不安に陥れ、悩ませていること》を聞きました（にせ兄弟の動きが正しくなかったことの証明）。

15：25　そこで、心を一つにして集まった私たちは、私たちの愛するバルナバとパウロと一緒に、選ばれた人々をあなたがたのところに遣わすのが良いと考えたのです。15：26　このバルナバとパウロは、私たちの主イエス・キリストの名のために命をかけている人たちです。

「ガラテ」２：９　そして、柱とされているヤコブ、ケパ、ヨハネが、私に与えられたその恵みを認めて、私とバルナバに交わりの右手を差し出し、私たちは異邦人のところへ、彼らは割礼のある者のところへ行くようにしたのです（パウロはエルサレム会議でのペテロを、アンテオケ教会における信仰の友である個人的関係として、ケパと呼んでいます）。２：10　彼らはただ、私たちが貧しい人々を顧みるようにと望みましたが、それはまさに私も切望していたことです。

「使徒」15：27　「こういうわけで、ユダとシラスを送りましたが、彼らは**口頭で**（割礼否定の決議書と）**同じことを伝える**はずです（第三者の証言としての必要性）。15：28　聖霊も私たちも、あなたがたにこれらの**必要なこと以上の重荷を負わせないことが良い**と思われたからです（割礼を要求することはない）。

15：29　あなたがたは、偶像に捧げたもの、血、絞め殺した動物の肉、性的不品行から遠ざかりなさい。もし、あなたがたがこれらから自分を守るならば、あなたがたはよくやっていけるでしょう。以上」。

15：30　そこで、彼らは見送られてアンテオケに戻り、大勢の人々を集めてから、手紙を届けた。15：31　彼らがそれを読んだ時、その**励まし**（**公式見解**）**によって喜んだ**。15：32　さて、ユダとシラスは、自分たちも預言者であったので、多くの言葉をもって兄弟たちを励まし、力づけた。15：33　彼らはしばらくそこに滞在したのち、兄弟たちから（エルサレムの）使徒たちへの挨拶を携えて送り返された。

15：34　しかし、シラスには、そこに留まるほうが良いと思われた。15：35　パウロとバルナバもアンテオケに留まって、主の言葉を教え、宣べ伝えていたが、他の多くの人々も同様であった。

15：36　それから幾日かの後、パウロはバルナバに言った、「さあ、もう一度、私たちが主の言葉を宣べ伝えた全ての町の兄弟たちを訪ねて、彼らがどうしているか見てこよう」（第2回伝道旅行の目的は、**「割礼否定の公式見解」を書面で提示して、もはやユダヤ人割礼派に一切口出しできなくするため**です）。

パウロは「エルサレム原教会の割礼論争」が、そもそも自分が出した「ガラテヤ人への手紙」が異邦人教会の間で読まれ、その「主張が浸透してきた」ことにより、「**割礼否定**」の**実績情報**がユダヤ人のクレームとしてユダヤ地方教会からエルサレム原教会に伝わったからと、ガラテヤ諸教会の状況を理解したのではないかと推察できます。

ですから「ガラテヤ人への手紙」の「割礼否定**成果**」の**確認**と、「エルサレム会議の**公式見解**」の権威への**期待**を持って、「また訪ねていって、どういう状況か見てこようではないか」と、バルナバを誘っているのです。

第15章
ケパ（ペテロ）の信仰の失敗
——ケパの名誉を回復する

ケパとは誰か？

主イエスから「あなたは岩・ペテロ」と言われ、名づけられたあの一番弟子です。

このペテロこそ、多くの直弟子の中で初めて、異邦人「ローマ人百人隊長」の信仰に対して「聖霊のバプテスマ」を授け、異邦人もユダヤ人と同様に「キリストの救いに入れられたこと」を、エルサレム原教会で証言した本人です（「使徒の働き」10章、11：1〜18節）。

しかし、パウロが書いた「ガラテヤ人への手紙」では、ペテロが**異邦人との信仰の交わりから離れてしまった**ことを、パウロから非難されています。ある日本語聖書では、その時の**彼を**「ケパ」と呼んでいます。この理由は何でしょうか？　英語欽定訳聖書で補足しながら、調べてみましょう。

「ガラテ」２：11　さて、**ケパ〈ペテロ〉**がアンテオケに来ていた時、彼は非難されるべきだったので、私は面と向かって抗議しました。

２：11　Now when Peter had come to Antioch, I withstood him to his face, because he was to be blamed;

２：12　なぜなら、彼は、**ある人々**（certain men）がヤコブ（エルサレム原教会）から来る前は、**異邦人**クリスチャンと**一緒に食事をしていた**のに、その人々が来ると、その**割礼派の人々**（の告発）**を恐れて**、だんだんと**異邦人から身を引き**、離れていった（**食事を共にしなくなった**）からです（**ケパ**はかつての割礼派との騒動の**再燃を恐れた**のです）。

２：12　for before certain men came from James, he would eat with the Gentiles; but when they came, he withdrew and separated himself, fearing those who were of the circumcision.

（certain men の意味は、「あることに確とした信念を持った人々」です。ここでは「エルサレム原教会から、**アンテオケ支部教会の実情を調べる目的で派遣されてきた者**であり、彼らの価値判断基準はユダヤ人としてのこだわり・

割礼派」です)。

2：13　そして残りのユダヤ人たちも、彼と一緒に偽善に陥ったので、バルナバさえも彼らの偽善に引き込まれてしまいました。

2：13　And the rest of the Jews also played the hypocrite with him, so that even Barnabas was carried away with their hypocrisy.（まずケパの行動を真似て、〈確信の弱い〉一般ユダヤ人**クリスチャン**が異邦人から離れていき、そしてバルナバが孤立を恐れて、彼らに加わっていったのです）。

2：14　しかし、**彼ら**（ユダヤ人）**が福音の真理について素直でない**のを見て、私は**皆の面前で**〈**ペテロ**〉にこう言いました。「あなたは、自分がユダヤ人でありながらユダヤ人のようには生活せず、異邦人のように生活していたのに、どうして**異邦人に対して、ユダヤ人の生活を強いる**のですか」（ある人々が、エルサレム原教会の権威で「異邦人と付き合わず距離を保つこと」が正しい信仰だとする強要に屈してしまったから）。

パウロはまず、アンテオケ教会の混乱と分裂の原因であるケパを叱責しているのですが、その声はそこに居た皆の**ユダヤ人に向けて聞かせています**。「割礼派の判断（と矯正指導）が根本原因」であり、その悪影響を受けたユダヤ人クリスチャン全員を、「教理解釈の間違い」から救済しなければならないからです。

「ガラテ」2：16　しかし、**人は律法の行いによっては義と認められず、ただキリスト・イエスを信じる信仰によって義と認められる、ということを知ったからこそ、私たちもキリスト・イエスを信じたのです。これは、律法の行いによってではなく、キリストを信じる信仰によって義と認められるためです。なぜなら、律法の行いによって義と認められる者は、ひとりもいないからです。**

この言葉が、主イエスの第1弟子だったペテロ＝ケパに言うべきものですか？　彼は主イエスの宣教活動を共に過ごし、直接に「聖霊の働き（奇跡）を見ていて、信仰の訓練を経て、薫陶を受けて」使徒とされた人物なのです。ですから、ペテロ（ケパ）が「この教理」をパウロから言われる**必要はありません。**

＊パウロは、アンテオケ教会の「イエス・キリストをよく知らない者」「割礼にこだわる者」に向けて、「教え聞

かせて」いるのです。むしろ、「**ある人々**の霊的判断基準の間違い」に対しての言葉と解釈するのが正確です。

そして、「ガラテヤ人への手紙」では、ガラテヤ教会が「教理として矯正するため」の導入部としてのエピソードとしました。

ここに至ったペテロ（ケパ）の「異邦人との関わりの経緯」を、過去にさかのぼって「使徒の働き」で調べます。

「使徒」11：1 さて、ユダヤにいた使徒たちや兄弟たちは、異邦人も神の御言葉を受け入れたことを聞いた。 11：2 そこで、ペテロが（あらゆる所を巡回し（使徒9：32〜10：48節）カイザリヤからエルサレムに上った時、**割礼にこだわる者たち**（クリスチャンになりながらもユダヤ教律法を守る生きざまをする人々）は、彼を非難して、 11：3 「あなたは**割礼を受けていない人**のところへ行き、彼らと**一緒に食事をしたじゃないか**」と言った。

ユダヤ教では割礼のない異邦人と「親しい交際」をすることを、律法で禁じていたからです。イエス・キリストを信じたユダヤ人ですが、まだ律法にこだわり続けています。つまり、新しい教え「隣人を愛しなさい」の意味を理解していません。

11：4 しかし、ペテロは彼らに、はじめから順序よく説明して言った（5〜14節は、具体的な聖霊の導きを語っています。ここでは省略）。

11：15 「そこで私が話し始めると、**聖霊が、あの初めの時に私たちに授けられたと同じように、彼らの上にもお降りになった**のです。 11：16 その時、私は主の言葉を思い出しました。『ヨハネは確かに水でバプテスマを授けたが、あなたがたは聖霊でバプテスマを受けなければならない』と主が言われたことです。

11：17 それゆえ、もし神が、私たちが主イエス・キリストを信じた時に下さったのと同じ賜物を彼らに与えたのなら、どうして私が神に逆らうことができるでしょう」。

11：18 （エルサレム原教会の割礼派の）人々はこれらのことを聞いて黙り込み、「それなら、神は異邦人にもいのちへの悔い改めをお与えになったのだ」と言って、神をほめたたえた（**表面上**は賛同し受け入れました。しかし心から納得したのではありません。そのため、後になって異邦人教会に割礼問題が発生するのです）。

これが、主イエスの第1弟子であったペテロが「異邦人を救いに導いた」公式の記録であり、エルサレム原教会全体でも「その事実を認めました」。そして、**ユダヤ人と異邦人との間で、イエス・キリストを主とする兄弟としての交わり**（**教会での愛餐**）**が始まった**のですが、それがキリスト教の常識となり、ユダヤ人の意識改革が完成するまでには多くの紆余曲折がありました。

＊キリスト信者になりながらもユダヤ人割礼派が発したクレームは、「**割礼のない異邦人と一緒に食事をした**」ことでした。アンテオケ教会に下ってきた「**ある人々**」が起こした事件」も、全く同じ主張による構図です。

だから、ケパは「過去の経験」に照らし、「異邦人との食事を避ける」ようになったのです。

この「ある人々の言いがかり」は「**救いの認識に対して、看過できない霊的間違い**」だから、パウロは全てのクリスチャンに、真理を教え矯正しているのです。

ペテロの信仰がどのように変化していったのか、長くなりますが「使徒の働き」をさらに引用します。そして、その**記述の必然性**（聖霊の働き）の背景を明らかにしましょう。彼は聖霊の働きを奇跡として実現させる信仰者でした。

「使徒」8：14　さて、エルサレムにいる使徒たちは、サマリヤの（イスラエルの1部族の末裔なのに異教徒扱いを受けていた）人々が、神のことばを受け入れたと聞いて、**ペテロ**とヨハネを彼らのところへ遣わした。　8：15　二人は（サマリヤに）下っていって、その人々が**聖霊を受けるよう**に祈った。

8：16　（サマリヤの）彼らは主イエスの御名によってバプテスマを受けていただけで、**聖霊がまだ誰にも下っていなかった**からである。　8：17　**二人が彼らの上に手を置くと、彼らは聖霊を受けた。**　18〜24節省略。

8：25　そこで、彼らは主の言葉を証しし、宣べ伝えてから、エルサレムに帰り、サマリヤ人（ユダヤ人から蔑まれていた同胞）の多くの村で福音を宣べ伝えた。

「使徒」9：32　さて、ペテロが国中を巡った時、ルダで暮らす聖徒たちのところにも下ってきた（ペテロは言うまでもなく（聖霊のバプテスマ）を受け、その賜物

を実現できた第1使徒です）。　9：33　そこで、彼
は、8年間も寝たきりになっていたアイネアという人
を見いだした。彼は半身不随であった。　9：34　ペ
テロは彼に言った、「アイネア、キリストであるイエ
スがあなたを癒して下さいます。起きて寝床を整えな
さい」と言った。すると、彼は直ちに起き上がった
（癒しの賜物を発揮しました）。　9：35　そこで、ルダ
とシャロンに住む人々は皆、アイネヤ（に起こった奇
跡）を見て、主に立ち返った。
9：36　ヨッパに、タビタ（ギリシャ語に訳せば、ドル
カス）という名の弟子がいた。この女は善行と慈善行
為とに満ちあふれていた。　9：37　ところが、その
頃になって、彼女が病気になり、死んでしまった。彼
らは彼女を洗ってから、上の部屋に置いた。　9：38
ルダはヨッパの近くにあり、弟子たちはペテロがそこ
にいることを聞いたので、二人の者を彼のもとに遣わ
し、「すぐに来て下さい」と懇願した。
9：39　そこで、ペテロは立ち上がって、彼らと一緒
に行った。彼が来ると、彼らは彼を上の部屋に連れて
いった。すると、やもめたちは皆、ドルカスが一緒に
いる間に作ったチュニックや衣を見せながら、彼のそ
ばに立って泣いていた。
9：40　**ペテロ**は（死を現実として受け入れてしまって
いる）皆の者を（祈りによる奇跡の邪魔にならないよう
に）外に退出させ、ひざまずいて祈った。そしてその
遺体のほうを向いて、「タビタ、起きなさい」と言っ
た。すると彼女は目をあけ、ペテロを見て起き上がっ
た（死人を生き返らせる聖霊の力です）。　9：41　そ
れから、彼は手を差し伸べて彼女を立たせ、聖徒たち
とやもめたちを呼んでから、彼は生きている彼女を見
せた。　9：42　このこと（奇跡）はヨッパ中に知れ
渡り、多くの人々が（イエス・キリストを）主と信じ
た。　9：43　そして、ペテロは皮なめし職人シモン
のもとで、ヨッパに何日も滞在することになった。
10：1　**さて**、カイザリヤにコルネリウスという人が
いて、イタリア隊と呼ばれる部隊の百人隊長であった
（**ここから異邦人の救い**の経緯になります）。　10：2
彼は敬虔な人で、家庭をあげて神を畏れ、人々に惜し
みなく施しをし、いつも神に祈っている人であった。
10：3　その日の午後3時頃、彼は幻の中ではっきり
と、神の天使がやってきて、「コルネリウス！」と言
うのを見た。　10：4　彼は天使を見ると、恐れて、
「主よ、何でしょうか」と言った。そこで天使は彼に

言った、「あなたの祈りと施しは、神の前に記念として上がってきたのです。 10:5 さあ今、ヨッパに人を遣わして、ペテロとも呼ばれるシモンを探し出しなさい。 10:6 彼は、海辺の家に住む皮なめし職人のシモンのところに泊まっています。彼は、あなたがたのなすべきことを教えてくれるでしょう」。

10:7 彼に語りかけた天使が去った時、コルネリオは、そのしもべたち（ユダヤ人）の中の二人と、側近の部下の中の敬虔な兵士一人とを呼び寄せ（この3人は既に信者になっていた者と推定できます）、 10:8 そこで、これらのことを全て説明すると、彼らをヨッパに送り出した。 10:9 翌日、彼らが旅を続けて町に近づいた時、ペテロは祈るために家の屋上に上っていった。時刻は昼の12時頃であった。 10:10 それから、彼は非常に空腹になったので食事をしようと思ったが、彼らが食事の支度をしている間に、恍惚状態に陥った。

10:11 すると、天が開かれ、四隅を縛られて吊られた大きなシーツのようなものが、彼のところに下りて来て、地上に降ろされるのを見た。 10:12 その中には、地上のあらゆる種類の四つ足の動物、野獣、這うもの、空中の鳥がいた。 10:13 すると、彼に声がして、「ペテロよ、起きなさい」「殺して食べなさい」と言った。 10:14 しかしペテロは言った。「主よ。それはできません。私はいまだかつて、（きよめられていない）普通のものや、汚れたものを食べたことがありません」。

10:15 すると、二度目の声がして、「神がきよめたものを、普通のものと呼んではならない」と言った。

10:16 これが三度行われた。そして、その物は再び天に挙げられた。 10:17 さて、ペテロが自分の見たこの幻が何を意味するのか、心の中で不思議に思っていると、見よ、コルネリウスから遣わされた者たち（二人のユダヤ人と一人のローマ人兵士）がシモンの家を訪ねてきて、門の前に立っていた。 10:18 彼らは声を掛けて、ペテロとも呼ばれるシモンがそこに泊まっているかどうかを尋ねた。

10:19 ペテロがその幻について考えていると、御霊が彼に言われた、「見よ、3人の男があなたを探しに来ました。 10:20 だから、起きて下に降り、ためらわずに、彼らと一緒に行きなさい。彼らを遣わしたのは私です」。 10:21 そこでペテロは、コルネリウスから遣わされた人々のところに下りていって、言った。「はい、私があなたがたが探している者です、何のために**来たの**ですか」。
10：22　彼らは言った、「百人隊長コルネリウスは正しい人で、神を畏れ、ユダヤ人の全ての国民の間で評判の良い人ですが、聖なる天使から、あなたを家に呼び寄せ、あなたからの言葉を聞くようにとの、神からの指示があったのです」。　10：23　そこで、彼は彼らを招き入れ、宿泊させた。翌日、ペテロは彼らと一緒に出発した。ヨッパから来た兄弟たち（ユダヤ人クリスチャン）も数人同行した。
10：24　そして、その翌日、彼らはカイザリヤに入った。さて、コルネリウスは彼らを待って、親族や親しい友人を呼び集めていた。　10：25　ペテロが到着すると、コルネリウスは彼を出迎えて、その足もとにひれ伏して拝んだ。　10：26　しかし、ペテロは彼を起こして言った、「立って下さい。私もまた、人です」。
10：27　それから、彼と話しながら、家の中に入ってみると、多くの人が集まってきていた。
10：28　そこで、彼は彼らに言った、「ユダヤ人が他国の者と付き合ったり、他国の者のところに行ったりすることが、どんなに不法なことか、あなたがたは知っていますね。しかし、神は私に、どんな人でも**普通の人**（ユダヤ人）、**汚れた人**（異邦人）と**呼んではならない**ことをお示しになったのです」。
10：29　「ですから、私は、使者に会ってすぐに、ためらわずやってきました。それで、どのような理由で私をお呼びになったのか、お尋ねします」。　10：30　そこでコルネリウスは言った、「４日前、私はこの時間まで断食していましたが、午後３時になって家で祈っていると、なんと、輝いた服を着た人が私の前に立って、　10：31　そして言いました、『コルネリウス、あなたの祈りは聞き届けられ、あなたの施しは神の目に覚えられています。　10：32　そこで、ヨッパに人を遣わして、ここにシモンを呼びなさい。彼の名はペテロとも呼ばれている。彼は海辺にある皮なめし職人シモンの家に泊まっています。彼が来れば、あなたがたに話してくれるでしょう』。
10：33　そこで、私はすぐにあなたに使いを送ったのですが、あなたがたはよくおいでになりました。それゆえ、今、私たちは皆、神の前に出て、神があなたに命じられた全てのことを聞こうとしています」。
10：34　そこで、ペテロは口を開いて言った。「私は**確かに認識しました**。すなわち**神はえこひいきをせず**、　10：35　しかし、**どの国においても、神を畏れ、義を行う人は、誰であっても神に受け入れられる**

ことです」（ユダヤ教の束縛からの解放を確実に認識しました）。

10：36「神はイスラエルの子らに御言葉を送り、イエス・キリストによって平和を説きました。彼は全て（万物）の主なのです」。

10：37「あなたがたが知っているその言葉は、ヨハネが宣べ伝えたバプテスマの後、ガリラヤから始まって、全ユダヤに宣言されたものです」。10：38「神がナザレのイエスに聖霊と力を注いで下さったのは、イエスが善を行い、悪魔に苦しめられている者を全て癒すために、巡り歩いておられたからです。神が彼と共におられました」。10：39「私たちは、ユダヤ人の土地とエルサレムの両方で、イエスがなさった全てのことの証人です。人々はこの方を木にかけて殺しました」。10：40「しかし、神はその方を三日目によみがえらせ、公然と現れさせたのです」。

10：41「しかし、それは全ての民衆にではなく、神によって**前もって選ばれた証人である私たち**（主イエスの直弟子たちの意味）にです。私たちは、主イエスが死者の中からよみがえられた後、彼と一緒に食べたり飲んだりしました」。10：42「イエスは私たちに命じて、民衆に宣教させ、そして神によって生者と死者を裁く者と定められたのはこのイエスであることを証するように、言われたのです」。10：43「イエスについては、全ての預言者が、この方を信じる者はこの方の名によって、罪の赦しを受けることを証言しています」。10：44ペテロがまだこれらの言葉を話している時、**聖霊がその言葉を聞いた全ての人々の上に下った。**

10：45そして、ペテロと一緒に（ヨッパから）来た、割礼の人（ユダヤ人）で信じている者たち全員が、**異邦人にも聖霊の賜物が注がれたので驚いた。**

10：46彼らが**異言**（聖霊のバプテスマの証拠）**を話し、神をあがめるのを聞いた**からである。そこでペテロはこう言った。

10：47「私たちと同じように聖霊を受けたこれらの人たちに、誰が水を禁じて、バプテスマを授けてはならない、と言うことができるでしょうか」。10：48そして、主**イエスの名によってバプテスマを受けるように**彼らに命じた（水のバプテスマではありません）。（救いに入った）彼らは、ペテロに数日間滞在するように願った（この**数日の滞在を、のちにペテロは咎められ**

たのです）。
11：1　さて、ユダヤにいた使徒たちや兄弟たちは、
異邦人も神の言葉を受け入れたことを聞いた。
11：2　そこで、ペテロがエルサレムに上った時、**割
礼にこだわる者たちは、彼を非難して、**11：3　「あ
なたは割礼を受けていない人々のところへ行き、彼ら
と一緒に食事をしたじゃないか」と言った（イエス・
キリストを信じたユダヤ人ですが、まだ律法にこだわり続
けています。つまり新しい教え「隣人を愛しなさい」の意
味を理解していません）。
11：4　しかし、ペテロは彼らに、はじめから順序よ
く説明して言った。　11：5　「私はヨッパの町で祈
っていたが、恍惚の中で幻を見たのです。四隅を吊り
下げられた大きなシーツのような入れ物が、私のとこ
ろに天から降りてきました。　11：6　私がそれをじ
っと観察して考えていると、地の四つ足の動物、野
獣、這うもの、空の鳥が見えました。　11：7　そし
て、『起きよ、ペテロ。ほふって食べよ』と言う声を
聞きました。　11：8　しかし私は、『主よ。それは
できません。私はまだ一度も、（律法で定められた）禁
忌のものや汚れたものを食べたことがありません』と
言いました。　11：9　ところが、天から再び声がし
て、『神がきよめたものを、一般常識できよくないと
呼んではならない』と答えられました。　11：10　さ
て、このようなことが三度行われ、皆再び天に引き上
げられたのです。
11：11　ちょうどその時、カイザリヤから遣わされた
三人の男が、私のいる家の前に立っていました。
11：12　その時、御霊が私に、何も疑わずに彼らと一
緒に行くようにと言われた。さらに、この六人の兄弟
たち（ヨッパ在住のユダヤ人クリスチャン）も私に同行
し、私たちはその人の家に入っていきました。　11：
13　また、彼は私たちに天使が自分の家に立っている
のを見たことを話し、その天使が彼に、『人をヨッパ
に遣わして、ペテロとも呼ばれるシモンを呼び寄せな
さい。　11：14　その人は、あなたとあなたの家族が
皆救われるような言葉を、あなたに告げます』。と言
ったというのです。　11：15　そこで私が話し始める
と、**聖霊が、あの初めの時に私たちに授けられたのと
同じように、彼らの上にもお下りになったのです。**
11：16　その時、私は主の言葉を思い出しました。
『ヨハネは確かに水でバプテスマを授けたが、あなた

がたは聖霊でバプテスマを受けなければならない』と主が言われたことです。11：17　それゆえ、もし神が、私たちが主イエス・キリストを信じた時に下さったのと同じ賜物を彼らに与えたのなら、どうして私が神に逆らうことができるでしょう」。11：18　（エルサレム原教会の）人々はこれらのことを聞いて黙り込み、「それなら、神は異邦人にもいのちへの悔い改めをお与えになったのだ」と言って、神をほめたたえた。

ペテロへの主イエスからの「夢の啓示」によって、彼が「**御言葉を語ることによって、聖霊が異邦人に下り**」ました。「割礼がない者」への救いを実現したのです。

そして**ペテロ自身の信仰が、「異邦人を信仰の友とする」よう変えられた**のです。友達ならば、一緒に食事を楽しむのは当然です。

「使徒の働き」では、なぜこれほどくどくどと「ペテロと異邦人との経緯」を表現しているのでしょうか？

それは「**ユダヤ人に〈異邦人も救いの対象である〉ことを分からせるため**」です。選民意識で凝り固まっているユダヤ人には、異邦人との「新しい関係」をここまで書かなければならないのです。

ペテロからケパへの変化――長老から逃亡者に

その後、迫害によってヤコブが殺され、ペテロ自身も捕らえられて牢に入れられましたが、奇跡によって牢から脱出し、**どこかに消えて**しまいました。「使徒の働き」にはその後のペテロの消息が書かれていません。なぜ、その行方が書かれなかったのでしょうか？

「使徒」12：1　その頃、ヘロデ王は、教会に属する人々を苦しめようとして、その手を伸ばした。12：2　そして彼は、ヨハネの兄弟ヤコブを剣で殺した。12：3　それがユダヤ人たちを喜ばせるのを見たので、さらに進んでペテロも捕らえた。それは、種なしパンの日の間であった。12：4　そこで、ペテロを捕らえると、牢に入れ、四人一組の兵士四組に引き渡して監視させた。過越し祭の後で民衆の前に引き出すつもりであった。12：5　そのため、ペテロは牢につながれていたが、教会は彼のために絶えず神に祈り続けていた。

12：6　ヘロデが彼を連れ出そうとしていた日の前

夜、ペテロは二人の兵士の間に二本の鎖で縛られて寝ており、戸口の前の衛兵が牢を守っていた。　12：7　見よ、主の天使が彼のそばに立って、牢の中に光を放った。天使はペテロの脇腹を打って起こし「早く起きよ」と言った。すると、彼の鎖が両手から落ちた。
12：8　それから、天使は彼に言った、「身を固め、サンダルを履きなさい」、それで彼はそうした。すると、「上着を着けて、私についてきなさい」と言った。　12：9　そこで、彼は牢から出て彼に従ったが、天使の言ったことが現実とは分からず、幻を見ているのだと思った。　12：10　彼らが第一と第二の見張り所を過ぎると、町に通じる鉄の門にさしかかり、それが勝手に開いたので、出ていってある通りを行くと、すぐに天使は彼のもとから去っていった。
12：11　ペテロは我に返ると、「今、主が御使いを遣わされ、**ヘロデの手とユダヤ人たちが求めていた全ての災いから私を救い出された**ことを、確かに知った」と言った。　12：12　そこで、こう考えてから、ペテロは、マルコと呼ばれているヨハネの母マリアの家へ行った。そこには多くの人が集まって祈っていた。13～15節省略。
12：16　さて、ペテロはたたき続けたので、彼らが戸を開けて彼を見た時、彼らはとてもびっくりした。
12：17　しかし彼は、手で彼らに黙っているように合図すると、主が自分を牢から出して下さったことを彼らに告げた。そして「行って、これらのことをヤコブと兄弟たちに告げなさい」と言い、そして**別の場所へ出ていった。**

これ以降、「使徒の働き」15：7節まで、天の権威で獄屋から解放されたペテロの記述はありません。なぜでしょうか？　その理由は、ヘロデ当局の追跡を逃れるため、エルサレムから遠く離れたどこかの仲間の所にかくまわれなければならなかったからです。彼は「**脱獄囚になってしまった**」からです（使徒12：18節）。

ヘロデ王は、牢の番兵を処刑するほどに怒り狂いました（使徒12：19節）。そのため、必死で逃亡するペテロは名前を「ケパ」と変えて**別人になりすまし、隠れねばなりませんでした**。

「ガラテヤ人への手紙」では、パウロがペテロのことを「ケパ」と呼んでいますが、前述の状況がペテロを「ケパ」と呼ばせている原因です。

＊このようにペテロがアンテオケ教会に**逃亡していた時**

にそう呼ばれていて、教会外に「ペテロの正体を隠していた」のではないかと推察するのが妥当なのです。

ヘロデ王の迫害からの逃避行として、ケパがアンテオケに下ってきて、サウロ（パウロ）やバルナバと共に牧会に参加していたのですが、そこへエルサレム原教会から「（アンテオケ教会の様子を調べるために）律法に囚われたままの割礼派」ユダヤ人信者がやってきたのです。彼らは当然、その報告をエルサレムに持ち帰る役目(certain men)です。

そうすると逃亡者ケパは、その（原教会の権威を背負った）人々におもねって、それまでしていた「異邦人との親しい交わりである食事」を避け始めたのです。そして、その行動にバルナバや他のユダヤ人たちも巻き込まれてしまいました。

このケパの態度の変化は何が原因だったのでしょうか？　かつては主イエスの第1弟子だったのに、逃亡者として当局の追求から逃げ隠れしている今の自分を、エルサレム原教会の仲間と「対等の立場に戻したい」思いがあったのでしょうか？

否、そんなプライドの問題どころではない深刻な対処として、「割礼派の人々」との無用な争い・軋轢《あつれき》を絶対に生じさせないためです。逃亡者であるケパは、誰かがその存在を口外したことによって当局に知られれば、即逮捕・処刑される立場なので、誰であっても絶対に反感を持たれてはならないのです。

ですからケパは、「エルサレム原教会のユダヤ人価値観」に合わせていかざるを得ませんでした。これは彼の「生命をかけた決断」だったはずです。

その「割礼派の人々」が、もしやエルサレムでペテロに言い負かされた人たち（使徒11：2、3、18節）だったなら（その可能性は高いです）、なおのことケパの立場は「彼らの論敵として」、実際に身の危険にさらされるからです。

ある人々の主張は、「異邦人と食事を共にするな」でした。だからケパは、昔にエルサレムで起きたようなことの「再発を恐れて」、決して論争しないように行動したのです。

しかし、ケパの行為は異邦人に対しては、「キリストにある一致」を彼（ペテロ）自らが破壊するものでした。だからこの変化をパウロに叱責されたのです。

しかしパウロは、この叱責を「皆の前」でしています。彼の意図はむしろ「皆に聞かせるため」です。殊にヤコブのところから来た「ある人々」にこそ、「信仰の本質」を聞かせるのが目的でした。パウロがわざわざ「皆の前で」と書いている理由です。

「ガラテ」２：16　**人は律法の働きによってではなく、イエス・キリストを信じる信仰によって義とされる**ということを知ったからこそ、私たちも**キリスト・イエスを信じた**のです。それは、**私たちが、律法の働きによってではなく、キリストを信じる信仰によって義と認められるためです。なぜなら、律法の働きによって義と認められる者は、ひとりもいないからです。**

読み直してみると、「律法に囚われている価値観」を改めさせる言葉であり、聞かせる相手が「割礼派のある人々」なのが明白です。

この解読によれば、パウロはその時の状況下で、かえって「友人である逃亡者ケパの窮地を助けるため」に、割礼派の人々に対して「教理解説をしている」のです。

――この出来事は、パウロが〔献金を運んだ〕エルサレム上京旅行（使徒11：27〜30節）の「前」に起きたことですが、「使徒の働き」には書かれていません。その理由は、アンテオケ教会に隠れる「逃亡者ペテロの存在」を示唆することを一切書けないからです。

ケパの信仰とは。そのスタート

「ヨハネ」１：42　そして、彼シモンをイエスのところに連れていった。さて、イエスは彼を見て言われた、「あなたはヨナの子シモンです。あなたはケパと呼ばれます」（直訳すると「石・岩」）。

「ケパ」とは、主イエスから「あなたは岩、ペテロ（ギリシャ語）です」と名づけられた、その名前のアラム語表現ですから、霊的には彼の本質は変わっていません。

ここで言いたいのは、パウロに叱責された状態のケパであっても、**その信仰は逃亡前のペテロであった時から不変である**ことです。

彼は夢での主の啓示を受けてから「異邦人に聖霊のバプテスマを授けた」のだから、彼の信仰は〔「異邦人の救い＝聖霊のバプテスマであり」「割礼は関係ない」ことを信じていること〕です。これがケパでありペテロでもある彼の「本心」です。

だから、後になって〔エルサレム会議で「異邦人について」の証し〕を、当然の信仰告白として、発言しているのです（使徒15：6〜11節）。

ペテロの信仰が二転三転したのではありません。主イエスの指示に忠実な本心です。

しかし、アンテオケ教会での、ケパの〔本心を偽ったた行動、すなわち異邦人との交わりを絶ったこと〕は、責められるべき結果になってしまいました。


「ガラテ」2：13　そして残りのユダヤ人たちも彼と一緒に偽善に陥ったので、バルナバさえも彼らの偽善に引き込まれてしまいました。


つまり結果とは、アンテオケ教会のユダヤ人信者が、〔ユダヤ人は割礼を持たない異邦人とは交際してはならない〕との、ユダヤ教の律法に縛られる価値観になってしまったことです。

その主要因は、ケパの「逃亡者としての危機回避行動」が彼本人だけなら良かったのに、ケパと呼ばれていても「第1弟子としての権威」をアンテオケ教会で認められていたから、その彼の影響力によって〔周りのユダヤ人たちとバルナバも巻き込んで、彼らを律法の頑迷さに引き戻したこと〕にあります。パウロはその責任について追求しているのです。

しかし、繰り返しますが、パウロの本当の目的は「ケパへの叱責」ではありません。「キリスト教の救いの教理の解釈そのもの」については、「皆の前、すなわちユダヤ人信者全員と、ヤコブのところから来た〔割礼にこだわる人々〕」に向けて、説得しているのです。

＊パウロの使命は「異邦人には割礼は不要であること」を、そこにいたユダヤ人全員に明確に教えることです。彼らはパウロの口から、直接に「正しい教理」を聞く必要があったのです。ケパに顔を向けていても、言葉は他のユダヤ人全員に向けられています。
そしてパウロが「ガラテヤ人への手紙」で、このアンテオケ教会の顚末を書いたのは、バルナバをはじめとするユダヤ人信者が、「割礼派に惑わされて信仰の本質から外れたこと」が、ガラテヤ教会が経験した「にせ兄弟の惑わし」と同じだからです。

パウロは「使徒の働き」には書かれなかった昔の出来

事を「**思い出して**」引用し、「割礼不要論」を説いているのです。

ケパ（ペテロ）は、「異邦人を救いに導いた第一体験者」ですから、パウロから言われなくとも、キリスト信仰が〔割礼とは関係ない〕ことを、**彼自身が一番よく知**っています。「**本心を偽った**」とは、「信仰を捨てた」のではなく、「信念は変えずに、しかしそぐわない行動をしてしまった」ことです。パウロは全てを分かった上で正しく表現しています。

これに対し、ガラテヤ人は「何も分かっていない時に割礼を受けて」〔**変心した**〕ので、パウロは「**愚かなガラテヤ人**」と言うのです。

ここで傍証を求めて、パウロの伝道旅行の基地となった、シリアのアンテオケ教会建立の歴史と実情を調べてみましょう。

「使徒」11：19　さて、ステファノのことで起こった迫害の後に散らされた人々は、フェニキア、キプロス、アンテオケまで旅をしたが、**ユダヤ人以外の誰にも御言葉を伝えませんでした**（律法で異邦人との付き合いを禁じられているからです）。11：20　しかし、その中にはキプロスやクレネから来た人もいて、アンテオケに来た時、ヘレニストたち（**ギリシャ語を使うユダヤ人**）に話して、主イエスを宣べ伝えていた。

ここからギリシャ語の福音宣教は、ユダヤ人の**律法の制約を超えて**、ギリシャ語を母語とする**異邦人**に広がっていったのです。

11：21　主の御手が彼らと共にあったので、多くの人（アンテオケに居住するユダヤ人＋現地住民〈異邦人〉）が信じて主に立ち返った。

19節では「ユダヤ人以外の者には誰にも御言葉を語らなかった」と書かれているのに、アンテオケ教会では**ギリシャ語を使う人々の宣教活動**によって異邦人信者が増えていきました。

そしてここには、「使徒の働き」には書かれていない重大なパラダイムシフト（思想変化）がありました。20節と21節の間には、ある程度の時間差（期間）があると思いますが、そこに住む**ユダヤ人**にとって、「**律法の制約を反故《ほご》にする出来事**」があったからだと推測します。

しかしなぜ、そんな重大なことが「使徒の働き」に書かれていないのか？　ここでもその原因は、脱獄囚となったペテロが、律法の制約を反故にする出来事の主人公だからです。ですが、歴史の事実を記録している「使徒の働き」には、当時の状況として、［ペテロの存在］を絶対に書けない出来事なのです。

それは、ペテロが逃亡先としてアンテオケに来てから、ユダヤ人でありながら彼自身の体験として「異邦人が救われ聖霊が降ったこと・10章」を証し、実行／奨励していたことです。アンテオケという異邦人の地に来たのだから、異邦人に福音を伝えないはずはありません。それは既に11：1〜18節までの出来事で経験し、「裏づけがあった」からです。

それは、エルサレム原教会でも承認されていたことですから、誰も（律法を盾にとって）ケパである大長老ペテロ（エルサレムの権威）に反対する者はいませんでした。そんな経緯の中で、

「使徒」11：22　そこで、これらの知らせ（異邦人も信仰に入ったこと）が、エルサレムの教会の耳にも入ったので、彼らはバルナバを遣わしてアンテオケまで行かせた。　11：23　彼が来て神の恵みを見た時、喜んで、心をこめて主と共に歩み続けるようにと、一同を励ました。　11：24　彼は善良な人で、聖霊と信仰とに満ちていたからである。そして、非常に多くの人々が主に加えられた。
11：25　それから、バルナバはサウロを捜すためにタルソに向かって出発した（サウロもエルサレムで生命を狙われ、故郷に逃れて隠れ住んでいたのです。ケパと同じ境遇です）。　11：26　そして、彼を見つけると、アンテオケに連れてきた。こうして、丸1年の間、彼らは教会に集まり、多くの人々を教えた。そして、弟子たちは、アンテオケで初めてクリスチャンと呼ばれるようになった。

この26節の時期にパウロとペテロ（ケパ）は、同じアンテオケ教会でお互いの信仰生活を知る状況であったとするのが妥当です。パウロがペテロをケパと呼ぶのは、個人的友人の関係となったこの時の人物像（名前）がケパだからです。

そしてケパはこの時、「ガラテヤ人への手紙」に書かれた失敗をしてしまったのです。

復習しましょう。

「ガラテ」２：12　なぜなら、彼（逃亡者ケパ）は、ある人々（異邦人の信仰を調べる者）が、ヤコブ（エルサレム原教会）から来る前は、異邦人と一緒に食事をしていたのに、その人々が来ると、割礼派の人々を恐れて、だんだんと異邦人から身を引き、離れていったからです。　２：13　そして、他のユダヤ人たちも、彼と一緒に偽善の行動を取り、バルナバまでもその偽善の行動に引き込まれてしまいました。
２：14　しかし、彼ら（全ユダヤ人信者）が福音の真理についてまっすぐに歩んでいないのを見て、私は皆の面前でケパにこう言いました。「あなたは、自分がユダヤ人でありながらユダヤ人のようには生活せず、異邦人のように生活していたのに、どうして異邦人に対して、ユダヤ人の生活を強いるのですか。
２：15　私たちは、生まれながらのユダヤ人であって、異邦人のような罪人ではありません。　２：16　しかし、人は律法の行いによっては義と認められず、ただキリスト・イエスを信じる信仰によって義と認められる、ということを知ったからこそ、私たちもキリスト・イエスを信じたのです。これは、律法の行いによってではなく、キリストを信じる信仰によって義と認められるためです。なぜなら、律法の行いによって義と認められる者は、ひとりもいないからです。

一読ではケパを責めているようですが、むしろ、アンテオケ教会にいたユダヤ人全員に向かって知らしめている「救いの真理」です。そしてこれは、ガラテヤ教会（異邦人）にも確実に分からせなければならない「旧約聖書の限界」です。

その限界である割礼を否定するために、信仰の大先輩ペテロ（ケパ）の過去の失敗を、具体的に例示したのです。それはまるで、ガラテヤ人がにせ兄弟によって惑わされたことと瓜ふたつだからです。

この「ケパの失敗」は、パウロが自分の主張をより明確にするための文脈として述べたものであり、そして「ガラテヤ人への手紙」が書かれた時が、「使徒の働き15章」でエルサレム会議として知られる「割礼論争」の前なので、「使徒の働き」には、時系列の史実としては当然記述されていません。

パウロはこの「過去のケパの失敗」を、ガラテヤ教会への割礼否定の主張のために、手紙の文脈の「最適な箇所」に書いているのです。

ですから、「ガラテヤ人への手紙」の記述と「使徒の働き」の時系列順序を一致させようとしたり、無理やり整合させようとする解釈は正しくありません。
「使徒の働き」の記述では、エルサレムへの「献金旅行」を終えてから、第1回伝道旅行でガラテヤ地方へ出発したことが明らかです。

「使徒」11：27　この頃、エルサレムから預言者たちが、アンテオケまで、やってきた。　11：28　そのうちの一人で、アガボと名乗る者が立って、大飢饉が全世界に起こることを、御霊によって示した。それは実際にクラウディオ帝の時代に起こった。　11：29　そこで弟子たちは、それぞれ自分の能力に応じて、ユダヤに住む兄弟たちに救いの手を差し伸べようと決心した。　11：30　彼らはこれを実行し、バルナバとサウロの手によって長老たちに送った（12：1〜24節までは、ペテロが捕らえられた時の記述です）。
12：25　バルナバとサウロは、（献金の）務めを果たしてエルサレムから帰った。その時、マルコという姓のヨハネも連れてきた。
13：1　さて、アンテオケにあった教会には、力ある預言者と教師がいた。バルナバ、ニゲルと呼ばれたシメオン、クレネのルキオ、四代目ヘロデのもとで育てられたマナエン、そしてサウロである。　13：2　彼らが主に仕えて断食していると、聖霊が言われた。「今、バルナバとサウロを、私が呼んだ仕事のために、私のもとに聖別しなさい」。　13：3　そこで、断食して祈り、彼らの上に手を置いてから、（第1回伝道旅行に）彼らを送り出した。

ここまでの記述では、パウロはまだサウロという名前で呼ばれていますが、第1回伝道旅行の途中から、パウロに呼び名が変わっています。

再びペテロ（ケパ）の事実を調べます。
ケパの行動は、外見上「信仰の破綻」と見えて、「ユダヤ教に戻ることが、救いの本質から外れる霊的間違い」だったので、パウロは「ガラテヤ人が割礼を取り入れた」ことも同様の「霊的間違いである」と教えるために、引用したのです。
パウロはこの「ケパの失敗」を実例として文脈の導入部とし、「ガラテヤ人への手紙の第2章」に「律法（割礼）を否定する教理」を展開しました。これは同時に、

「信じる信仰」に導く論調です。

「ガラテ」２：16　人は律法の働きによってではなく、イエス・キリストを**信じる信仰によって義とされる**ことを知ったので、私たちもキリスト・イエスを信じました。それは、私たちが、律法の働きによってではなく、**キリストを信じる信仰によって義と認められる**ためです。なぜなら、律法の行いによって義とされる者はいないからです。

これは「使徒の働き11章」に書かれた、エルサレム原教会での〔ペテロの釈明〕の、時系列記述とは全く別の出来事です。「ガラテヤ人への手紙２章」をそのまま読み下すと、ペテロが「エルサレム会議で釈明した後」に、続いてこの失敗をしてしまったと解釈できてしまいます。

それならなぜ、「使徒の働き」にこの〔ケパの失敗〕が書かれていないのでしょうか？

それは既述の通り、その時ペテロが置かれていた状況を知れば、当然だったと分かるのです。

ペテロは時の為政者ヘロデに捕らえられて、牢獄に繋がれていましたが、奇跡によって脱出できました。信仰者の目からは主をほめたたえる出来事です。

しかし、これは現世的には「脱獄囚」として、当局から追跡を受ける身となったことです。その追跡は厳しく、捕まれば間違いなく死刑です。そもそもヘロデは、何の罪も犯していないペテロを殺すために捕らえていたのです。

クリスチャンなら誰もが主イエスとの「血の契約」によって、互いに「兄弟姉妹」になっているので、迫害からお互いに守り合うのは義務となり、ペテロの動向・所在を分からせる情報は決して外部に漏らせません。だから同じ信仰仲間として、少なくともヘロデ王が死んで政権が変わる（恩赦）までは、ペテロの存在を隠し続ける必要があったのです。

従って「使徒の働き」には、〔ペテロを守るため〕に彼が「**他の所へ出ていった**（行方不明になった）」としか書かれていないのです。

しかし間違いなくペテロとパウロは、アンテオケと確定される場所で、ある時期、密接な交際がありました。そして、「異邦人への使徒」とされたサウロ（パウロ）と〔**異邦人の救い**〕**について大いに語り合ったはず**です。

だからこそ、パウロは信仰の友ペテロ（逃亡者ケパ）の「割礼派への変身ぶり」に抗議したのです。しかし、決して人間的に仲違いしたのではありません。そのことを「ガラテヤ教会の矯正教材」として、「割礼を否定するため」にエピソードとして書き記したのです。

パウロが「ガラテヤ人への手紙」に書いているペテロの名前は「**ケパ**」です。これもペテロが自身の所在を隠す目的として、「アラム語の名を使っていた」とすれば合点がいきます。

従って「ガラテヤ人への手紙2：11～14節」の「ケパへの叱責事件」は、「使徒の働き」には**どこにも書かれていない**のです。しかし「使徒の働き」を、イエス・キリスト布教の流れとして正確に分析すると、本書の解釈になるのです。

「エルサレム会議」との関係

この「割礼の是非を討論するエルサレムでの会議」には、多くの勘違いの解釈が存在します。特に「ガラテヤ人への手紙」との整合として、〔ペテロへの叱責〕と関連づけようとして、無理やり〔時系列を無視・曲解〕したり、その内容にかみ合わない推測を取り入れたりしているのです。

「使徒」14：26　彼らはそこから船で**アンテオケ**に帰った。そこで完成した仕事について神の恵みにあずかった。　14：27　さて、彼らがそこに帰り着くと、教会の人々を集めて、神が彼らと共になさったこと、また異邦人に信仰の門を開いて下さったことを全て報告した。　14：28　そして、彼らは**長い期間**（常識的には**5年**以上でしょう）を弟子たちと共に過ごした。

ガラテヤ地方への伝道（教会設立）から帰ってきて5年近く経ったとすれば、この期間中に「ガラテヤ教会が**そんなにも急に**割礼を受け入れた」ことが起きたとしても、全く不思議ではありません。否、**もっと早く1年前後まで**ではなかったでしょうか？

だからこそパウロは、その急な事態に驚いて「ガラテヤ人への手紙」を、「矯正の教えとして」**直ちに**書き送ったのです。「**そんなにも急に**」と感じた霊的事件には、パウロも**直ちに対応**しなければならないからです。

従って時系列としての解釈は、「ガラテヤ人への手紙

２：１節」に書かれた言葉「それ（主の啓示による改新）から14年経ってから」の、《「使徒の働き15章」に書かれた「割礼を否定するエルサレム会議」に、パウロとバルナバが上京した出来事で、そこでペテロが釈明した》のは、〔「ガラテヤ人への手紙」がはるか以前に送られて、割礼否定が浸透した結果に対する行動〕なのです。

ですから、ここで次なる大いなる矛盾が「謎」として発生します。それならなぜ、「ガラテヤ人への手紙」に「エルサレム会議のこと・使徒15章」が書かれているのか、ということです。

または間違った解釈として、第1回伝道旅行と第２回伝道旅行との間隔が非常に接近していて、「ガラテヤ人への手紙」が第２回伝道旅行の後に書かれたものとする説も聞かれますが、それは「使徒の働き」と「霊的な整合を取っていない」からです。

逆に現時点での大多数の判断によるならば、なぜパウロが「ガラテヤ人への手紙＝割礼の否定目的」に、最も効果があるはずの「エルサレム会議の結論」に言及していないのかが争点になるのですが、それは単に「エルサレム会議のほうが後だった」からであることを、論理的に納得しようとしないからです。

そして、パウロの「ガラテヤ人への手紙」に書かれた（アンテオケでの）ケパの失敗と、エルサレム会議での大長老ペテロの釈明とが矛盾するように見えるのは、《パウロの第1回ガラテヤ地方伝道を挟んで》、かなり長い時間が経っていて、この期間のどこかの時点で、ケパがエルサレムに戻れて「ペテロ本来の立場」を取り戻し、本来の信仰（異邦人との交わり）を堅持できるようになっていたからです。

ヘロデ王は虫に咬まれて死に（使徒12：23節）、新しい政権の「恩赦があった」はずです（恩赦があったであろう理由は、ペテロが実際の犯罪人ではなく、ヘロデの個人的な恣意で捕らえられたからです）。

このように聖書の記述から、相関する事実が見えてくるのです。

エルサレム会議では、ケパが〔当局から訴追される立場〕から解放されてエルサレムに戻り、本来の名「ペテロ」で長老職を全うしていたと解釈できます。「ペテロという大長老」を公にしても安全になったのです。

エルサレム原教会で「長老としての権威」を回復した彼のその意見に、会議の出席者が賛同していることがその証拠です。

そしてパウロは、「ガラテヤ人への手紙」では、ペテロの立場（権威）を示すために、名前を「ペテロ」と2：7〜8節に書いているのです。

第16章 「ガラテヤ人への手紙」の謎を解く
――逆説としての、パウロの教理矛盾と聖書の誤謬の問題

時系列の混乱

聖書には誤謬はない、とする見識は正しいのですが、「ガラテヤ人への手紙」を表面的に読み、「使徒の働き」との時系列的整合を行おうとするなら、

1．「パウロ自身がエルサレム会議で割礼論争した（使徒15：1～19節）」結果の、「異邦人にはユダヤ教の割礼を押しつけない（使徒15：20～21節）」とする、長老たちによる「割礼不要の公認書簡（使徒15：23～29節）」を手に入れて、アンテオケに戻って（使徒15：30～35節）から、

2．ほとんど間を置かずに第2回伝道旅行に出発していて（使徒15：36～40節）、再びガラテヤ諸教会に赴いた（使徒15：41節）後になってから、

3．「ガラテヤ人への手紙」を書いて送ったことになります。

この解釈になる原因は、「ガラテヤ人への手紙」には、2：1～10節に「エルサレム会議の事実」が書かれているからです。

それならば第2回伝道の働きとして、ガラテヤ諸教会の人々と顔を合わせながら、なおも追い打ちを掛けるように「ガラテヤ人への手紙」を書き送らねばならなかったことになります。

その内容が、エルサレム会議で〔異邦人を救いに導いたことを証したペテロ（使徒15：7～11節）〕をけなしていて（ガラテ2：11～14節）、パウロの主張が〔同労者ペテロ（ケパ）の信仰態度〕への矛盾する表現として解釈せざるを得ず、霊的疑問になって現れてくるのです。

なぜこうなるのかは、「ガラテヤ人への手紙」が「いつ書かれたのか？」という論点によって、《時系列として整合しようとするため》ですが、さらにその時、〔霊の義の筋が通るよう〕に、パウロの主張を《『割礼不要論だけ』として「使徒の働き」と比較対照していない》からです。

そして、「ガラテヤ人への手紙」を〔信仰の本質論〕として捉えた極端な解釈として、「パウロからキリスト教が始まった」とまで言い張る愚かな説がまかり通って

います。

ここでは、「ガラテ2：1〜10節の取り扱い」だけに焦点を絞っています。そして霊的解読では、全く違った関係性が現れてきます。

以下にまず、《今までの巻の時系列解釈》に基づいて、「ガラテヤ人への手紙」が『エルサレム会議と第2回伝道旅行の**後に書かれたものとして**』、「霊的解釈」を試みて見ましょう（勘違いを修正するためです）。

まず、エルサレム会議の様子を「使徒の働き」から詳しく確認しなければなりません。それから2000年来の勘違いを明らかにしましょう。

■エルサレム会議での割礼論議

既に13章で「謎の11年間の出来事」として、「エルサレム会議」を時系列の観点で検証しましたが、ここでは、その経緯と討論の内容を調べ直しましょう。

「使徒」15：1　さて、ある人々が**ユダヤ**（エルサレム原教会）から下ってきて、（アンテオケ教会の）異邦人兄弟たちに、「モーセの慣習に従って割礼を受けなければ、あなたがたは救われない」と教えた。15：2　そこで、①パウロと②バルナバが、③彼ら（ある人々）と、少なからぬ不和と論争を起こしたので、彼らは、パウロとバルナバと④その仲間のうちの幾人かが、この「**割礼強制**」**問題**について、**エルサレムに上って**、使徒たちと長老たちのところへ行くことに決めた。15：3　彼ら①②④は教会の人々に見送られ、フェニキヤとサマリヤを通る道々で、**異邦人の改宗のことを詳しく話したの**で、全ての兄弟たちに大きな喜びをもたらした。15：4　彼ら①②④がエルサレムに着くと、彼らは教会と使徒たちと長老たちに迎えられ、**神が彼ら①②と共にいて行われたことを、皆に報告した。**　15：5　ところが、③パリサイ派の一部信者が立ち上がり、「**異邦人にも割礼を受けさせ**、また、**モーセの律法を守るよう**に命じることが必要である」と言った。15：6　そこで、使徒たちと長老たちは、この問題を検討するために共に集まった。15：7　多くの論争がされた後に、**ペテロ**は立ち上がって彼らに言った。「皆さん、兄弟たち、あなたがたは、ずいぶん前に神が私たちの中から、**私の口によって異邦人が福音の言葉を聞き、信じるようにとお選びになったこと**（使徒10章の出来事）を知っていますね」。

この時ペテロがエルサレムに居てペテロと呼ばれているのは、ヘロデの死による恩赦によって、既に当局から**追われる身ではなくなっていたから**でしょう。

15：8　「そのように、人の心を知っておられる神は、私たちにされたのと全く同じように、**異邦人にも聖霊を与えてお認めになった**のです。　15：9　そして、私たちと彼らとの間に区別を設けず、**信仰によって彼らの心を清めた**のです。　15：10　それなのに、なぜ今、私たちの父祖も私たちも負うことのできなかったくびき（律法）を、**あの弟子たちの首に負わせ、神を試そう**とするのですか？　15：11　私たちは、**主イエス・キリストの恵みによって、救われること**を信じていますが、それは彼ら（異邦人）と同じ方法なのです」。

――これがペテロの、割礼を否定し、異邦人の信仰を弁護する声明です。

15：12　すると、大勢の人々は沈黙し、そして、**バルナバとパウロ**が、彼らを通して神が**異邦人の間にどれほどの奇跡と不思議を起こされたかを話すことを、傾聴した**（アンテオケとガラテヤ地方の伝道の成果報告）。

15：13　彼ら二人が黙ったのち、ヤコブが答えて言った、「皆さん、兄弟たちよ、私の話を聞いて下さい。

15：14　神が初めに、どのように異邦人を顧みて、彼らからご自分の名のための民を取り出されたかは、シメオン＝シモン・**ペテロ＝（ケパ）**が告げ知らせたとおりです。　15：15　そしてこれには、預言者たちの言葉も一致しており、こう書いてあります。

15：16　『この後、私は帰ってきて、崩れ落ちていたダビデの幕屋を建て直す。私はその廃墟を建て直し、幕屋を据えるであろう。　15：17　それは、残りの人類と、さらには、私の名で呼ばれる**異邦人が皆、主を求めるようになるため**である』。これら全てのことを行う主がこう言われる。

15：18　『永遠の昔から神に知られているのは、神の全ての業である』。

15：19　それゆえ、私たち（ユダヤ人）は**神に立ち返る異邦人を悩ませてはいけない**と、私（使徒ヤコブ）は判断します。　15：20　しかし、偶像に汚されたもの、性的不品行、絞め殺された動物の肉、そして血を断つようにと、彼らに書き送るべきです。　15：21　モーセには、何世代にもわたって、町ごとに自分（の律法）を説教する者がいて、安息日ごとに諸会堂で読まれていたからです」。 15：22 そこで使徒たちと長老たちは、教会全体と共に、自分たちの仲間から選ばれた者、すなわちバルサバという名のユダと、兄弟たちの中の有力者であるシラスを、パウロとバルナバと共にアンテオケへ派遣することを喜んだ。

15：23 **この手紙**（**割礼否定書**）は彼らによって書かれたもの。「使徒たち、長老たち、兄弟たちから、アンテオケ、シリア、キリキヤの異邦人である兄弟たちへ。挨拶を送ります。 15：24 **私たちから出たある者たち**が、私たちからは何も指示を受けていないのに、『**割礼を受け**、律法を守らなければならない』と言って、あなたがたの魂を不安に陥れ、悩ませていることを聞きました（「ガラテヤ人への手紙」に書かれた「**にせ兄弟**」です）。

15：25 そこで、心を一つにして集まった私たちは、私たちの愛するバルナバとパウロと一緒に、選ばれた人々をあなたがたのところに遣わすのが良いと考えたのです。 15：26 このバルナバとパウロは、私たちの主イエス・キリストの名のために命をかけている人たちです。 15：27 こういうわけで、ユダとシラスを送りましたが、彼らは**口頭で**（割礼否定の決議書と）**同じことを伝える**はずです（第三者の**証言**としての必要性）。

15：28 聖霊も私たちも、あなたがたにこれらの**必要なこと以上の重荷を負わせないことが良い**と思われたからです（割礼を要求することはない）。 15：29 あなたがたは、偶像に捧げたもの、血、絞め殺した動物の肉、性的不品行から遠ざかりなさい。もし、あなたがたがこれらから自分を守るならば、あなたがたはよくやっていけるでしょう。以上」（**異邦人には割礼を要求しないことを明確にしました**）。

15：30 そこで、彼らは見送られてアンテオケに戻り、大勢の人々を集めてから、手紙を届けた。

15：31 彼らがそれを読んだ時、その**励まし**（**公式見解**）**によって喜んだ**。

15：32 さて、ユダとシラスは、自分たちも預言者であったので、多くの言葉をもって兄弟たちを励まし、力づけた。 15：33 彼らはしばらくそこに滞在したのち、兄弟たちから（エルサレムの）使徒たちへの挨拶を携えて送り返された。 15：34 しかし、シラスには、そこに留まるほうが良いと思われた。 15：35

パウロとバルナバもアンテオケに留まって、主の言葉を教え、宣べ伝えていたが、他の多くの人々も同様であった。

パウロとバルナバは、ペテロの証言によって、エルサレム会議の決議として公に認められた「異邦人には割礼を要求しない主旨」の書面を受け取りました。ですから、これ以降は〔**エルサレム原教会の権威を持ってユダヤ人割礼派**〕**を締め出すことができる**ようになったのです。

ガラテヤ教会で巻き起こった「割礼問題」が、今後再び起きる恐れはありません。パウロは、**このことを知らせるためにこそ**、再び**伝道旅行に出発した**のです。

「使徒」15：36　それから幾日かの後、パウロはバルナバに言った、「さあ、もう一度、私たちが主の言葉を宣べ伝えた全ての町の兄弟たちを訪ねて、彼らがどうしているか見てこよう」（第2回伝道旅行の目的は、**「割礼否定の公式見解」を書面で提示して、もはやユダヤ人割礼派に一切口を出させなくするため**です）。

それならば、その時携えていた「エルサレム原教会の公式見解」を、**最大限に活用したはず**です。であるならば、もはや「ガラテヤ人への手紙」を書く必要はありません。しかし、巷の解釈論はそうではなく、この**第2回**伝道旅行の後になって「ガラテヤ人への手紙」が書かれたとしているのです。

時系列解釈の間違い（仮説から発生する疑問）

パウロはなぜ、「エルサレム会議で割礼論争した結果の、異邦人には割礼は不要とした決議書」を持参していながら、その第2回伝道の後に「ガラテヤ人への手紙」を書いたのでしょうか？

「エルサレムの長老」による「**権威ある決議**」を掲げているのだから、「割礼を否定する」のにそれで十分だったはずです。それとも、ルターが解釈したように、信仰の真理として「**信じるだけ**」を教えるためでしょうか？

いいえ、パウロは「信仰の行い」をも教えています。

そうすると、**おかしな解釈が頭をもたげます**。

「ガラテヤ人への手紙（2：1〜10節）」に「エルサレム会議の出来事」を書いたのは、〔パウロ自身も参加したその「エルサレム会議」〕について、何らかのコメントを付け加えたいと考えたから、という論理に立たざるを得ません。

その霊的必要性を言葉にするなら、パウロは「エルサレム会議」の結論が「不十分であった」から、さらに補足しなければと考えたのか、もしくは「エルサレム会議そのもの」の権威を失墜させたいと考えたということになってしまいます。

手紙の中でパウロは、「エルサレム会議の記述」のすぐ後、**ペテロの信仰の失敗**（ガラテ2：11～14節）を書いていて、それが**ペテロの役割／立場をけなしている**ように読み取れるからです。

わざわざエルサレムに行って割礼論争をしたことによって、パウロの主張「**異邦人には割礼は不要**」**という結論を得て**いながら、しかもその会議でユダヤ人割礼派に「反証／論破してくれたペテロ」を、**なぜ辱めるのでしょうか？** それとも、パウロのほうがペテロより立場が上だと誇示したかったのでしょうか？

こんな狂った解釈が正しいわけがありません。しかし、「ガラテヤ人への手紙2章」の記述をそのまま**《時系列として判断すると、そのように読めてしまう》**のです。

それなら今度は、「聖書にも誤謬がある」として、眉に唾をつけながら読まなくてはならないのでしょうか？

それは信仰者の姿勢ではありません。あくまで「霊的に筋が通る解釈」を追求しなければならないのです。

今、問題になる原因は「**ガラテヤ人への手紙**」の2：**1～10節**に、「**エルサレム会議の事実**（使徒15：1～35**節）」が書かれている**ことです。

しかし、「使徒の働き」に書かれた使徒たちの行動を全体的に俯瞰すれば、「ガラテヤ人への手紙」はパウロの第1回伝道旅行で、ガラテヤ諸教会を建て上げてから、間もなく書かれたと確信的に解釈できるのです。

パウロは「**そんなにも急に**」と驚いて、「割礼で信仰が完成するのではない」と書いたからです。「そんなにも急に、と驚く」のは、ガラテヤ人が福音を受け入れてからの期間として1年以内でしょう。

この第1回伝道旅行に対して、第2回伝道旅行は「それからかなり後（13年以上）」であり、パウロの驚きの表現が正しくなくなるのです。

それでは一体何が真実なのでしょうか？

今となっては、パウロの本心を確実に究明するのは不可能です。そんな中でパウロが書いたことが矛盾ではなく、また、聖書に誤謬はないと「信仰に立つ」ためには、どのように解釈すれば良いのでしょうか？

文脈の霊的必然性を見つける

それは聖書の記述は、そこにそのように書かれなければならない必然性があったはずなので、人間の知識ではなく、神様の智恵（霊の導き）によって、読む人が探り出さねばなりません。

パウロは「何の目的」で、時系列を飛び越えた文章にしたのでしょうか？　たとえ**推測であっても**、「**義の筋が通る**」**解釈を選ぶ**のです。そうしなければ、神様の目からは「救いの霊的関係を正しく理解していない＝不義」に定められるのです。

人が何をどのように信じていても、神様はそれを「自由意志」として許しています。しかし、御言葉の解釈と理解においては、神様の視点に沿った「**霊的に矛盾のない納得性**」を求めなくてはなりません。

人間的な解釈で留まり、「第3の義に至っていなければ」、「その日（最後の審判）」と呼ばれる裁きで、主イエスから「私はあなたを知らない」として「霊的に除外」されるでしょう。御言葉の霊的学びが絶対に必要なのです。

＊＊「ガラテヤ人への手紙」の不自然さは、２：１〜10節に「エルサレム会議」が書かれていることです。それ以外の部分は、『エルサレム原教会の権威をちらつかせるにせ兄弟』に対抗するパウロの、「割礼否定論」の主張が貫かれています。

全体的には「論点は統一されている」のですが、時系列的解釈では「義の筋が通らない」のです。ですから、「ガラテヤ人への手紙」の謎は、次のように解かなくてはなりません。

ここで**一つの仮説**を立てないと、**辻褄の合う**「**ガラテヤ人への手紙」解釈が成り立ちません**が、この仮説は「霊的に正しさを追求する」ものでなければなりません。

仮説

――パウロは第1回伝道旅行の後、（1年以内に）「彼の使徒職を否定するにせ兄弟」の「惑わし」で、ガラテヤ諸教会が「割礼に流れていく」情報を受けたので、直ちに、「**2：1～10節がない元々の手紙**」をガラテヤ諸教会に送りました。

その手紙は、異邦人には割礼は不要と理解されましたが、「ユダヤ人割礼派・にせ兄弟」を承服させるのに十分な**権威が伴っていません**でした。

なぜならパウロは、そもそもエルサレムで教会を迫害した者であり、捉え方によっては「対立者として」親近感に欠ける存在だったからです。「キリストにあるユダヤの諸教会では顔を知られず」、「かつての迫害者が今はキリストを宣べ伝えていると**聞いていた**」だけだったからです（ガラテ1：22～23節）。

そしてガラテヤ居留のユダヤ人は、「神様・イエス・キリストとの関係性」として、パウロがどれだけの〔霊的立場にいるのか〕を知る由もありませんでした。

当時のユダヤ人クリスチャンは、「割礼以外」に「生前のイエス・キリストとの交わり・関係性（直弟子）」しか〔権威を認めなかった〕はずです。

ですから、そこに書かれた「主イエスからの直接の啓示を受けた」という言葉だけでは、ユダヤ人クリスチャンたちを納得させられるだけの「**権威づけ**」が足りなかったのです。

このようにパウロは、「割礼否定のため」の元々の手紙「**2：1～10節がないもの**」をガラテヤ諸教会に送ったとするのが妥当です。

この手紙には、2：11節からの「ケパの失敗」が「過去の事例」、つまり「**割礼を否定するためのエピソード**」として書かれていました。

それはガラテヤ地方のユダヤ人の教理解釈の間違いを、**実例によって明確にするため**です。ケパというキリストの兄弟をけなすのが目的ではありません。

＊「**2：1～10節がないもの**」として「ガラテヤ人への手紙」を読むと、パウロの「使徒職の立場の主張」と「割礼を否定する教理」が、「時系列的にも」全く矛盾なく納得できるのです。そしてガラテヤ諸教会では、「割礼を否定すること」が徐々に浸透していきました。

従って、〔元々の2：1～10節がない「ガラテヤ人への手紙」〕によって、割礼を受けない異邦人クリスチャンが増えるに連れて、ユダヤ人割礼派の不満が高まっていきました。

その要因は、パウロの手紙による「割礼否定指示の権威」を、にせ兄弟が素直に認めなかったからです。そもそも初めから、にせ兄弟はパウロの権威を軽んじていました。

そして「**かなり長い期間**」の後に、鬱積したクレームがユダヤ人の実際の行動になり、その対策のために「エルサレム会議」が開かれたのです（使徒14：28～15：29節）。

「**かなり長い期間**」とは、パウロが「ガラテヤ人への手紙」を書き送ったことによって、異邦人の間に割礼拒絶が浸透したことを意味しています。このパラダイムシフトの流れができたからこそ、割礼派の対抗意識が盛り上がったのです。

この「エルサレム会議」は「主の啓示（ガラテ２：２節）によって招集されて」います。つまり「**割礼問題**」**は、天からの介入で解決しなければならない霊的大問題**だったのです。

その結果、〔異邦人には割礼を要求しないこと〕を〔エルサレム原教会の**権威ある決議**〕とし、それを伝えるための第2回伝道旅行が行われました。

「使徒」15：36　それから幾日かの後、パウロはバルナバに言った、「さあ、もう一度、私たちが主の言葉を宣べ伝えた全ての町の兄弟たちを訪ねて、彼らがどうしているか見てこよう」。
15：40　しかし、パウロはシラスを選び、兄弟たちから神の恵みにあずかり、出発した。　15：41　そして、シリアとキリキヤを巡り、諸教会を力強くした（**エルサレム会議の決議を伝えました**）。
16：1　それからパウロはデルベとルステラに行った。すると見よ、そこにテモテという名のある弟子がいた。信者であるユダヤ婦人の子であるが、その父はギリシャ人であった。　16：2　彼は、ルステラとイコニウムにいた兄弟たちに評判の良い人であった。３節省略。　16：4　さて、彼らは町々を巡回して、エルサレムの使徒たちと長老たちが決めた**規定を守らせようと、人々にそれを伝えた。**

既に送られていた「元々のガラテヤ人への手紙」への、**ユダヤ人の反発を抑えるため**です。そしてさらに、信仰の核心・根拠となる血の契約を教えたはずです。それでなければ、ガラテヤ諸教会の「信仰の完成にならない」からです。その結果、次のようになりました。

16：5　こうして諸教会は、**信仰を強められ**、日に日に人数を増していった（**異邦人には割礼を要求されないことが、〔公式に明確になった〕**からです）。

これらの記述からも、「ガラテヤ人への手紙」はずっと以前の第1回伝道旅行後の1〜2年以内に、ガラテヤ諸教会に「私信（パウロ個人の主張）として」既に送られていて、「エルサレム会議での決議（権威ある布告）」が後から追いかけて公布されたものだと、順当に推察されるのです。

第2回伝道旅行での加筆

その訪問先が、まずガラテヤ諸教会であるのは経緯として当然です。この時、パウロはかつて自分が書いた「元々のガラテヤ人への手紙」をそこで見つけて、この「エルサレム会議の様子」を2：1〜10節に書き加えたとすると、霊的にも人間的解釈においても、時系列の齟齬はなくなります。

そしてこの加筆行為は、ガラテヤ教会現地での出来事だったでしょう。

＊その時のパウロの意図を推測するなら、元々の「ガラテヤ人への手紙」（の2章）に、「エルサレム会議の様子」を書き加えて、「私信への権威づけを行った」と解釈します。

パウロが自分で、自分の手紙に手を加える（加筆する）のは全く問題なく、その目的は「エルサレム原教会の権威を加えて、ユダヤ人割礼派に絶対に口出しできなくさせる」ことでした。そして、「文節の繋がりの不自然さ」についても、霊的辻褄が合うのです。

手紙の冒頭1：1節で、パウロが意気込んで述べた〈使徒職の主張〉が正しいことを読む人に証明するために、「エルサレム原教会で柱と重んじられている、ヤコブとケパとヨハネから認められた事実」をかい摘まんで表現しています。

そしてこの追加文を、「文脈のどこに挿入するのがベストか」と考えた時、1章の終わりに2：1〜10節として続けるのが、パウロの「使徒の立場を弁証する」のに適切であり、「割礼否定の文脈」に繋がることが分かります。

＊同一人物が「ペテロ2：7、8節」と「ケパ2：9、11節」とに呼び分けられていることが、その文章が書かれた時の「別々の状況下での彼の立場」を反映しているのです。

パウロの信仰仲間としては、むしろ「ケパと呼ばれた彼」だったと言って良いでしょう。

「ガラテ」２：７　それどころか、**ペテロ**が割礼を受けた者への福音をゆだねられているように、私が割礼を受けない者への福音をゆだねられていることを理解してくれました。　２：８　**ペテロ**に御業をなして、割礼を受けた者への使徒として下さった方が、私にも御業をなして、異邦人への使徒として下さったのです（この2節は、ガラテヤのユダヤ人、にせ兄弟たちへの説明として、エルサレム原教会での**ペテロの立場（権威）の公式見解**です）。

２：９　そして、私に与えられたこの恵みを認め、柱として重んじられているヤコブと**ケパ**とヨハネが、私とバルナバに、交わりのしるしとして右手を差し伸べました。それは、私たちが異邦人のところへ行き、彼らが割礼を受けた人々のところへ行くためです（エルサレム会議での**ペテロ**を、アンテオケ教会における信仰の友である**個人的関係**として、**ケパ**と呼んでいます）。

このように、「ガラテヤ人への手紙」に書かれた「**ペテロ**」と「**ケパ**」の名前の使い分けを霊的に調べると、〔２：１～10節までは、パウロの《**後からの追加文**》である〕と解釈することで全ての矛盾が解消するのです。

「ガラテヤ人への手紙」の本質は「割礼を否定する」ことですが、その目的をさらに強固にし、割礼派の暗躍を止めるために、「エルサレム会議の記述（長老たちの合意）＝ユダヤ人への権威」を書き加えたと考えられます。

なお、参考までに、ペテロがケパと書かれている箇所は次の通りです。

「ヨハネ」１：42
「Ⅰコリ」１：12／３：22／９：５／15：５
「ガラテ」１：18／２：９、11、14

＊その効果はてきめんでした。今度は、ユダヤ人キリスト信者が「自分の子どもに割礼を施してはならない」とまで**勘違い**するほどに〔エルサレム原教会の権威〕は絶大だったのです（解釈によっては、ユダヤ人のパウロに対する反撃のための言いがかりだった可能性があります）。

しかし、パウロの言いたいことの本質は、「割礼では信仰は完成しない」であって、「割礼の**有無はどうでもいいこと・取るに足りないこと**（Ⅰコリ７：18～19節）」であり、**割礼のユダヤ人であっても異邦人がしなくても**、〔**信仰の完成には全く関係がない**〕ことです。

ですから、パウロの別の手紙では「律法の良いところの説明」もしています。これは彼の教理が**矛盾しているからではありません**。キリスト教の**信仰の真理を正しく**知るには、旧約聖書のアブラハムからの〔契約の知識〕**が絶対に必要**だから、それを異邦人クリスチャンに教えなければならないのです。

しかしガラテヤ教会には、**まず**「**割礼を否定する**」ことから教え始めなければなりませんでした。そうしなければ、にせ兄弟の『どうでもいいことなら《異邦人が神様との関係性を確信するのに》割礼をしてもいいではないか』との屁理屈による暗躍を止められないからです。クリスチャンになった者が、**後から割礼を受けるのは霊的罪**になります。

＊＊だから、**絶対的に割礼を否定する言葉**として、「**信じるだけ**」を使っているのです。

パウロは「信仰の行い」をするようにも別の手紙で教えています。従って「ガラテヤ人への手紙」だけでは、パウロの主張の全てを知ることはできないのです。

＊ですから、ルターが「ガラテヤ人への手紙」だけを真理とし、「**信じるだけ**」が本質であると解釈したのは、霊的に半分しか理解できていないのです。しかしそれが、今のプロテスタント系キリスト教になってきたのです。

ここでルターの教理解釈を論争するのは、正しいことではありません。彼はローマカトリックの腐敗を糾弾する成果を出しました。ただ、その主張がキリスト教の本質全てではないので、その「勘違いが分かった時点」で**私たちが**「刷り込まれていた古いものを捨て去り**刷新すれば良い**」のです。霊的導きによる自由意志で、ルターの解釈を冷静に評価し判断するのです。

ケパとはアラム語のペテロ

「ガラテヤ人への手紙」の２：11節からの「〈ケパと呼ばれた〉ペテロの失敗」は、元々のオリジナル文章の時点で「割礼を否定するため」に書かれてあった記述（＝ケパである根拠）であり、エルサレム会議の**追加文**の「**ペテロ**（２：７、８節）」と違和感があるのは当然です。ペテロがケパと書かれた理由は、パウロの彼への認識が「**ケパと呼ばれる人**」だったからです。それを確認しましょう。

「ガラテ」１：18　それから3年経ってから、私はケパ（ペテロ）と知り合うためにエルサレムに上り、15日間彼のもとに留まりました（この時点でパウロは、彼を**ケパとして認識して**いました）。
２：９　そして、柱とされているヤコブ、ケパ、ヨハネが、私に与えられたその恵みを認めて、私とバルナバに交わりの右手を差し出し、私たちは異邦人のところへ、彼らは割礼のある者のところへ行くようにしたのです。
２：11　さて、ケパ（ペテロ）がアンテオケに来ていた時、彼は非難されるべきだったので、私は面と向かって反対しました。
２：14　しかし、彼らが福音の真理について素直でないのを見て、私は**皆の前でケパ**（ペテロ）に言いました。～～～。

　２：11節からの「ケパの失敗」は、パウロが第1回伝**道旅行に出発する以前に**、シリアのアンテオケで「ケパと呼ばれていた」からこそ起きた出来事ですが、「使徒の働き」には書かれていません。この原因は、前章「ケパ（ペテロ）の信仰の失敗」で解説した通りです。

　聖書はその一節だけを読むのではなく、少なくとも前後数章を繋げて解読し、必要なら新約聖書全体に目を行き届かせて、そこで言わんとしている定理を摑まなくてはなりません。そうしないと、サタンの罠に嵌まってしまう恐れが多分にあるのです。

　「ガラテヤ人への手紙」は、《そのように霊の筋を通す》解釈をしなければならないのであって、パウロの主張「割礼を否定すること」の、〔筋が通った解読〕をするかしないかは、あなた次第であり、聖書に矛盾や誤謬があるのではありません。

＊＊パウロはガラテヤ諸教会に「割礼では信仰が完成しない」ことを教えているのですが、それはルターが主張したような〔「信じるだけ」が信仰の本質である〕と解釈することではありません。

　ルターの解釈が現代のプロテスタント教派の基本教理になってしまっていますが、聖書に対する理解において「勘違いしている」ことは、すなわち神様の性質／主イエスの教えを正しく理解していないことです。その的外れを続けているなら、霊において「自分は正しいとする傲慢さ・不義」を、主イエスは最後の審判で裁かれます。

「マタイ」7：20「だから、あなたがたはその実（行い）によって彼ら（の霊性）を知るのです」。7：21『主よ、主よ』と私に言う者が皆天の御国に入るのではなく、天におられる私の**父の御心を行う者**が入るのです」。7：22「その日、多くの者が私に向かって言うでしょう、『主よ、主よ、私たちはあなたの名によって預言し、あなたの名によって悪霊を追い出し、あなたの名によって多くの不思議（奇跡）を行ったではありませんか』」。7：23「その時、私は彼らに宣言する、『私はあなたがたを知らなかった、無法を行う者たちよ、私から離れよ』」（奇跡を行うクリスチャンでさえ、霊性が義に至らない可能性があるのを警告しています）。7：24「だから、私のこれらの**ことばを聞いて、それを行う**（義の筋を通す）者を、私は、岩の上に家を建てた賢い人にたとえる」。

霊的に筋を通す正しさ＝「義」の姿勢から外れてはならないのです。

パウロはガラテヤ人を惑わす「にせ兄弟」に対して、毅然とした拒否を示していますが、ケパとの信仰態度論争をガラテヤ諸教会に伝えることが、例題として「割礼を否定することへのプラスになる」と考えて、元々の手紙を書きました。

そして後になって、「エルサレム会議の結果」を2：1〜10節に**追記したこと**で、「にせ兄弟の惑わし」を撲滅させることができたのです。

この時パウロは、「エルサレム会議の権威」を《ユダヤ人に示すため》に、エルサレム会議でのケパの立場を周知の名前「ペテロ」と書いているのです。

■その追加文

「ガラテ」2：1 それから14年経って、私はバルナバと一緒に再びエルサレムに上り、またテトスも連れていった。2：2 私は啓示を受けて上りました。そして私は、異邦人の間で宣べ伝えているその福音を彼らに伝え、おもだった人たちには個別にそうしました。それは、私が無駄なことのために走っている、または、走ったということにならないようにするためです。2：3 しかし、私と一緒にいたテトスでさえ、ギリシャ人であったのに、割礼を受けることを強制されなかった。

2：4 このようなことが起こったのは、ひそかに連れてこられたにせ兄弟たちのせいなのです。　2：5　私たちは、福音の真理があなた（がた）に継続するようにと、一時間たりとも誰にも譲歩しませんでした。　2：6　しかし、何かおもだった者と見られていた人たちからは、……彼らがどれほどの人たちであったにしても、私には何の違いもありません。神は誰をもえこひいきしません。……その彼らは私に対して、何も付け加えることをしませんでした。　2：7　それどころか、割礼を受けている人々のための福音が**ペテロ**に託されたように、割礼を受けていない人々のための福音が、私に託されたのを理解してくれました。　2：8　（ペテロを割礼のある人々への使徒職とするために有効に働かれた方が、異邦人に対する使徒職のためにも、私においても有効に働かれたからです）。

「エルサレム会議の結果」を、パウロが2：1〜10節に**追記**したのは、今度は「にせ兄弟を含めたユダヤ人信者」にこそ、「**ペテロ**をはじめとするエルサレム原教会の長老たち」が「**パウロの主張に同意した**」ことを分からせて、「ガラテヤ人への手紙」そのものの**霊的権威**を**確立すること**だったのです。

＊なぜなら、「エルサレム原教会の公式書簡」には割礼否定の**具体的表現**がないので、どうしてもかなり以前に出した「ガラテヤ人への手紙」そのものを、**権威ある教理書**としなければならなかったからです。

このように解釈すると、時系列と霊的辻褄がぴったりと整合します。

そして「ガラテヤ人への手紙」が、第1回伝道旅行の終了から1年以内程度の短い期間に書かれたとするのが、最も適切な解釈になります。

パウロがエルサレム原教会と教理解釈で袂を分かったのではなく、「パウロの神学」と言われるものを新しく説き始めたのでもありません。

現代の私たちが、**刷り込まれた幼稚な知識を改めなけ**ればならないのです。

第17章
パウロの宣教の弱点
――「ガラテヤ人への手紙」での「言葉の枷」

割礼との戦い

〔パウロの神学〕と解釈されてしまう「言葉遣い」を分析します。

これまで「ガラテヤ人への手紙」の教理解釈として、「**信じること**」だけがあぶり出されていました。それは、２０００年前当時の宣教実態を正確に把握していないからです。

ですから私たちは、パウロが「ガラテヤ人への手紙」を書き送らねばならなかった、ガラテヤ諸教会の霊的状況をまず知らなくてはなりません。

1. パウロのガラテヤ地方宣教時の状況(御言葉のしるしの奇跡)。
2. 教会建立後に、にせ兄弟の惑わしに陥ったガラテヤ教会の異邦人。
3. ガラテヤ教会を矯正・修復するための手紙の内容。

私たちは「ガラテヤ人への手紙」を読んで、

↓2. ガラテヤ教会が「にせ兄弟の惑わし」によって、異邦人が〔「**信仰の完成**」**を求めて**「**割礼**」に走った〕ことを知るのですが、

↓3. パウロがそんな彼らを矯正するために書いた手紙から、逆に問題点（原因）を正確に洗い出さなくてはなりません。

なお、1. パウロの宣教内容は「使徒の働き13〜14章」を調べなくてはなりません。

この3点をしっかり捉えていないと、「ガラテヤ人への手紙の本質」を見失い、ルターのように〔「信じることだけ」の片手落ち解釈に陥る〕のです。

それは「ガラテヤ人への手紙」が、「律法（割礼）を**拒絶することだけ**」に焦点を当てているのに、その限界を超えて、他の手紙のような「**神学的に教理を教える**」**こととして**解釈してしまうからです。

ここで私たちが落ちてしまった「落とし穴」を明らかにしましょう。

パウロは福音（救いの基準）を、異邦人に分かるように〔**入信教理として人間関係の言葉に置き換えて**〕語りかけ、〔**彼らの理解レベルで割礼を拒絶させよう**〕としているのです。

「ガラテ」３：26　あなたがたは皆、キリスト・イエスを**信じる信仰によって、神の子**なのです。　３：27　あなたがたのうち、キリストにつくバプテスマを受けた者は、皆キリストをその身につけた（着た）のです。

ここでガラテヤ人は、「イエス・キリストを信じるなら神の子とされ、キリストを我が身に着たことになる」と教えられました。これは**全くその通り正しい教え**です。

「信仰によって神の子とされる」と、パウロは「**割礼に代わる根拠**」を与えました。**神様によって**「**神の子にされる**」なら、その確信によって信仰を保てるようになります。

そして、この知識によってガラテヤ人は「割礼は必要ないものだ」として対処を行うことができるようになりました。

「**ガラテヤ人への手紙**」に書かれた「**初心者への教理**」で、「**割礼を否定すること**」の目的が達せられました。

しかしルターは、この「初心者への教理」を「キリスト教の真理」であると拡大解釈したのです。では、なぜこう言い切れるのでしょうか？

＊それは、「ガラテヤ人への手紙」が、ガラテヤ人の欲求〔**信仰の完成への根拠を求めること**〕に対して**適切に答えていない**からです。もう一度見直してみましょう。

「ガラテ」３：26　あなたがたは皆、キリスト・イエスを**信じる信仰によって、神の子**なのです。　３：27　あなたがたのうち、キリストにつくバプテスマを受けた者は、皆キリストをその身につけた（着た）のです。

本来、ガラテヤ人は自分の「信仰を完成させたい」と思ったからこそ、「神様との霊の関係性の構築」とその「**根拠を求めて**」いって「割礼に惑わされた」のです。

彼らが「信仰の完成を求めている」のならば、それは「**信じれば神の子とされるのはなぜ？**」という、さらに**深い霊的論理性を知ること**です。

それなのに、その「核心に的中した答え」を与えず、前段階である「イエス・キリストを信じるだけ」と教えています。これは「入信したことを保証する教理」であっても、「信仰の完成」には程遠いものです。

それは、「イエス・キリストを信じる**信仰によって**」、**それがなぜ「神の子どもになる／認められる」**のか、その論理的な根拠を知って確信することが「信仰の完成」なのに、そのプロセス・方程式が示されていないからです。

「**キリストをその身に着た**」というのも同じく、なぜそうなるのか、その霊的論拠にまで言及していません。それどころか、キリストの救い・バプテスマを着物になぞらえて、どう納得させようとしたのでしょうか？　これで十分なのでしょうか？

そう。「ユダヤ人の割礼要求を拒絶する」ためには、「**神の子とされ、キリストを身にまとった**」とする知識で十分なのです。つまり、〈**結果だけを信じれば良い**〉**としました。**

これが「ガラテヤ人への手紙」のコンセプトです。なぜなら、〈ユダヤ教から続いている神様の救霊の原則〉を全く分かっていない異邦人には、〈神様との関係性論理〉は、かえって「割礼を否定する」のに混乱を招いてしまうからです。

「ガラテ」3：28　ユダヤ人もギリシャ人もなく、奴隷も自由人もなく、男も女もなく、あなたがたは皆、キリスト・イエスにあって一つなのです。

この言葉は、信仰とは人間的な要素に係わらないものだから、「ユダヤ人の割礼を強要される必要はない」と主張しているのです。

パウロは「割礼を否定するため」に、ガラテヤ人に対して一切、神学的な深みに至る言葉を使っていません。ただ「信じること」の内容を、「イエス・キリストの十字架の死」だけにしました。

パウロ自身も自分の信仰を告白して、次のように書いています。

「ガラテ」2：20「私はキリストと共に十字架につけられ、もはや私が生きているのではなく、**キリストが私のうちに生きておられる**のです。私が今、肉体で生きている命は、私を愛し、私のためにご自身をお与えになった**神の御子を信じる信仰によって生きている**

のです」。

パウロはこれを「救いの結果」だとして、「信じなさい」と言うのです。確かに、その通りの信じるべき恵みです。

しかしよく考えて下さい。

「十字架で死んだイエス・キリスト」が、そのことを信じることで、今度は「私のうちに（あなたにも）生きている」と、**どうしてその脈絡が正当化できるのでしょうか？**

「ガラテヤ人への手紙」は、この証明がなされないままに、「**結果を信じること**」だけを異邦人に要求しているのです。だから「神様の憐れみ」という「**人の側に論拠を置かない**」**教理**にならざるを得ません。その代表が「神が選んだ、選ばれた」とする論法です。

「信仰が完成する」のは、救われた現実に対して、それがなぜなのかを理性的に納得し、**その論理性を根拠にすることです**。論理的に納得できなければ、真の意味で信じることはできません。それなのに「ただ信じる」なら、それは暗示であり、または洗脳に陥っているのです。

信仰の本質か、初心者レベル教理か

一方、ルターはパウロの主張を《本質と捉えて「信じるだけ」とした》のですが、キリスト教の「信じること」の本来の意味は、〔信仰の完成「義となっている自意識」として《**神様との関係性が成立していること**》を信じる〕のでなければなりません。

ここに至らないならば、「信じること」が確信のない空疎な概念で終わってしまいます。

そして「ガラテヤ人への手紙」は、この『キリスト教の本質』にまでは至っていません。「イエス・キリストの十字架の死」を救いの根拠だ、としているだけで、〔神様との霊の関係性の構築〕に触れていないからです。

だから、〔入信したばかりの初心者レベルの教理（第２の義）〕なのです。

しかし、そのようにしてでもパウロは、イエス・キリストの十字架の福音が「割礼とは全く関係がない」ことを分からせるために、彼の得意な「対比論」を駆使しながら、「律法（割礼）」と「信仰」とで〔神様との関係性に天地の違いがある〕ことを、異邦人の知識レベルで理解できるよう書いているのです。

パウロは、〔キリスト・イエスによる神様との関係性〕をガラテヤ諸教会に教え直さなければなりませんでしたが、そのためには第一に、ガラテヤ教会に蔓延した〔割礼＝旧約聖書（ユダヤ教）での「契約」の手段〕を否定しなければならなかったのです。

これは〔矯正のため〕に必要な、順当な手続きの論理による必然です。

そしてこの第**1**目的のために、「キリスト教の本質＝**神様との契約**」**に関する言葉が使えない**という「**言葉の枷**」が、「**ガラテヤ人への手紙**」**に掛けられていた**のです。

旧約聖書の当時には、ユダヤ人であれば「割礼」が民族の一員であるための絶対条件だった背景があります。そのユダヤ人がクリスチャンになった場合には、自分の信仰の基準が「律法による」ことから、「イエス・キリストを信じる」ことに変わるのですが、ユダヤ人には「神様との関係性・契約」の証拠としての「割礼」が既にありました。

それがユダヤ教の儀式になっていて、「**血の契約**」と**して血を流すことが**「**生まれて8日目の割礼**」なのです。

パウロは**異邦人に向けて**、「にせ兄弟から強要される割礼」を否定させるために「ガラテヤ人への手紙」を書いたので、その目的のために「割礼否定の**対比**論」として「**信じるだけ**」を主張しています。

しかしパウロは、「信じること」のキリスト教の信仰における本質が、旧約聖書の割礼に引き続いて**永遠に続く**「**血の契約**」であるのにもかかわらず、それを言葉として表現していません。

それは、この手紙の目的が「割礼否定だけ」だからであり、その次の段階「正しい教理解釈」にまでテーマを設定・展開していないからです。

「割礼否定」の論理として本来的に主張すべきなのは、《神様との霊の関係性「**血の契約**」が「救いの本質」》だから、その論理展開によって「間違いを正す」はずですが、パウロはその正論を《矯正の言葉に取り入れること》をしていないのです。

その理由は、パウロがここで「契約に言及」すれば、即座にその手段が「割礼である」と、ユダヤ教信者の反撃をまともに喰らうからです。

確かに神様が定めた肉体的な条件下では、その通りです。だから、「ガラテヤ諸教会に割礼を否定させるため」には、「契約を想起しない／関連しない言葉」しか手紙に書けませんでした。

それが「**憐れみによる**」「**十字架の死**」「**選ばれた者**」「**恵みを賜る**」「**愛されている**」「**信じる**」などの、〔パウロの神学と解釈されている〕文脈なのです。

別の見方をすれば、「ガラテヤ人への手紙」から「**契約を連想することができない**」ことは、パウロの戦略が「**功を奏している**」ということです。

そして、この「割礼否定の手紙」をルター、カルヴァンらが「神学」としてしまったことで、「**憐れみ**」「**十字架の死**」「**選ばれた者**」「**恵みを賜る**」「**信じる**」が現代のキリスト教教理となってしまっているのです。

これらのパウロの言葉は、信仰初心者がよって立つ「入門教理」です。なぜなら、人の側では「受け取るだけという意味の言葉」の羅列だからです。

従って、イエス・キリストが最後の晩餐で「**血の契約を交わす**」と言った〔信仰の真理〕を、〔自由意志でなければならない霊の交わり・聖霊の働き〕として受け取っていないので、〔契約論に立たず奇跡を信じない〕ことで、「ルター説」や「カルヴァン説」その他を、キリスト教の真理と勘違いしていることになります。

未信者への招待／初心者への教理として語られるなら正しいものですが、それがキリスト教の真理全てなのではありません。なぜなら、「全能の神様から神の子とされた本質」を全く分かっていないので、「病気の癒し」「悪霊の追い出し」「異言」など、聖霊の賜物を実現する**権威が備わった教理ではない**からです。

パウロの開拓伝道の内容は？

パウロはどのようにして、ガラテヤ地方にイエス・キリストを宣べ伝えていったのでしょうか？

「使徒の働き」によれば、ユダヤ人会堂で同胞〔ユダヤ人〕に語りかけているのです。この時は、「旧約聖書から解き明かして、イエス・キリストを罪の贖い者として信じるように勧めて」います。

ユダヤ人も異邦人も、「信じて救われたこと」を喜んでいます。この段階では誰も、「割礼の有無」を論争していません。「異邦人に割礼を要求する問題」は発生していないのです。彼らはパウロが起こした奇跡を見て、その信仰に入りました。

しかし、それが「まだ信仰の完成には至っていない」霊的状態だったのは事実です。

それでは一体、何を言おうとしているのでしょうか？　それはガラテヤ人がユダヤ人にせ兄弟に騙されて「割礼を受けてしまった」原因です。

「使徒」14：19　その時、アンテオケアとイコニウムからユダヤ人たちがやってきて、大勢の人々を扇動して、パウロを石打ちにし、死んだものと思って町の外に引きずり出した。　14：20　ところが、弟子たちが彼の周りに集まると、彼は起き上がって町の中に入っていった。そして翌日、バルナバと共にデルベに向かって出発した。　14：21　そして、その町で福音を宣べ伝え、多くの弟子を作ってから、ルステラ、イコニウム、アンテオケへと帰っていった。　14：22　弟子たちの魂を強め、その信仰を続けるように勧め、「私たちが神の国に入るには、多くの苦難を通りぬけなければならない」と言った。　14：23　そこで、彼らは各教会に長老を任命し、断食して祈った後、自分たちが信じた主に彼らをあずけた。　14：27　さて、彼らがそこ（アンテオケ）に着く（帰る）と、教会の人々を集めて、神が彼らと共になさったこと、また異邦人に信仰の門を開いて下さったことを全て報告した。

このようにパウロは、福音を聞かせ奇跡を起こすことによって「信じる人を弟子とし、教会ごとに長老を選定して」立ち去っています。しかしこの時はまだ、ガラテヤ諸教会には「信仰の根拠としての、神様との関係性の認識」ができていませんでした。

そして（だからこそ）、彼らの間では「キリスト教の本質に至る模索」が真剣に行われていたのです。ここをにせ兄弟につけ込まれ、「割礼がその根拠になる」と惑わされたのです。

ガラテヤ教会を混乱に陥れたにせ兄弟（ユダヤ人信者と称しながら、割礼を主張する者）は、ユダヤ教の「割礼」を「信仰が完成する手続き」として強要してきました。

従って、この割礼教理に対抗するため、パウロは「血を流す契約手段」を否定するしかなかったのです。だから、「契約」を直截に表現しないよう回りくどい形でしか「信仰」を説明できませんでした。

「血の契約」なら、「血を流すこと」の本質によって「割礼」と同じではないか、という解釈となり、そこからユダヤ人クリスチャンの「割礼こそ必然だ」との教理に行き着いてしまうからです。

＊神様との関係の構築に関しては、ユダヤ人は「アブラハムから引き継いだ絶対的な根拠」である「**割礼**」を、宗教儀式（教理）として持っており、だからこそ、**異邦人が新しく神様との関係に組み入れられるなら、自分たち（ユダヤ人）と同じく、その関係性の証拠（根拠）として〔割礼すべきだ〕と論じるのは当然なのです。**

これはユダヤ教の正論なので、この土俵（契約論）に乗ってしまっては戦えません。

しかし新約聖書時代では、「イエス・キリストが全人類の代表として十字架で死んで、罪の贖いをして下さった」結果、「その〔流されたイエスの血〕＝恵みを信じる」ことで、「**心に割礼を受けた**」とされ、「**主イエスとの血の契約」が成立したと見なされるのです。**

従って、キリスト教も本質的にユダヤ教と同じく、神**様との霊の関係性は「血の契約」であり、クリスチャンは自分の信仰の根拠を「血の契約」としなくてはなりません。**

しかし２０００年前の当時、パウロはガラテヤ諸教会に対して、絶対にこの本質「血の契約」を言葉にして教えることができなかったのです。

パウロは、ユダヤ人にせ兄弟の「割礼派の主張」を退けるために戦っているのですが、信仰の本質「契約」を「**約束**」と言い換え、「契約の祝福」を「**相続**」として人間同士の関係性になぞらえて語り、神様からの祝福・恵みを説明するしかありませんでした。

それは「『本質としては同じ』血の契約」なのに、先輩格であった「**割礼を否定せんがため**」に、〔その恵みを「**信じること**」だけが福音である〕と、まだ割礼を受けていない異邦人に思い止まらせて、さらにはこれから信仰に入る人々に向かって「割礼の無意味さ」を教えているのです。

パウロはキリストの救いを直接「天の啓示」として受けたので、主イエスの直弟子たちのように、主イエスからの「杯」を受けて、「これは血の契約です」とその目的を聞いた体験をしていません。ただ、イエス・キリストを「啓示の通りに」宣べ伝えるだけです。

ですからパウロは、「血の契約」をあえて主張せず、全く別の言葉で神様との親密な関係性を分からせようとしているのでしょう。

それが、「**選ばれている**」「**憐れみ**」「**愛されている**」など人間同士の関係性を表す言葉ですが、一方、信仰の本質は「契約」であるはずなのに、その言葉にはあまり触れていません。それは「契約」とは、親密さよりもドライな義務感のほうが強調されるからです。

さらに契約には義務の履行が付きものなので、その「義務感」が「ユダヤ教の律法」と同じイメージに捉えられてしまうと、その人自身の教理解釈が混同し、「割礼を否定できなくなる」からです。

救いに入った異邦人には、神様との関係性として〈**人間的な感覚での安心感**〉を与えて、それを「信仰の根拠」とさせ、割礼が必要ではないと否定させるようにしたのです。

しかし主イエスは、最後の晩餐と呼ばれる夕食の席で、杯を「血の契約」に象徴して、弟子たちに飲ませました。これがキリスト教では〈信仰告白で血の契約を交わしたことになる〉信仰の原理となったのです。聖書で「血の契約」を確認します。

「マタイ」26：27　それから、主は杯を取って感謝し、それを彼らに与えて言われた、「あなたがたは皆、これを飲みなさい」。26：28「これは**新しい契約の私の血**で、罪の赦しのために多くの人のために流されるものだからです」。

「マルコ」14：23　それから、主は杯を取り、感謝を捧げてから彼らにお渡しになったので、彼らは皆、それを飲んだ。14：24　そして主は彼らに言われた、「これは、多くの人のために流される**新しい契約の私の血**である」。

「ルカ」22：20　同じように、夕食の後、主は杯も取って言われた。「この杯は、あなた（がた）のために流される、**私の血による新しい契約**である」（「**血の契約」を明言**しています）。

新約聖書のパウロが書いたとされる各書簡には、「血の契約」という具体的な言葉は、次の1カ所しか出てきません。そして私たちはこの節を、「聖餐式のこと」だと受け取っています。その原因は、聖餐式の時しか見聞きしないからですが、しかしこの本質は《主イエスとの**血の契約を交わした間柄**》を、〈**信仰の根拠として再確認する**〉ためなのです。

「Ｉコリ」11：25　また、夕食の後、杯を取って言われた。「この杯は、私の**血による新しい契約**です。あなた（がた）はこれを飲むたびに、**私を思い起こして、これを行いなさい**」。
11：28　ですから、（クリスチャンの）一人ひとりが（神の義を行っているかどうか）自分を吟味（反省）して、その上でパンを食べ、杯を飲みなさい。
11：29　それが主のからだであることを見分けられずに、食べたり飲んだりする者は、その飲み食いが自分自身への裁きになるのです。

現代日本のキリスト教では、多くの場合、この聖餐式における「吟味」の意味を「罪の悔い改め」として受け取っています。しかし「罪の悔い改め」は、信仰に入る時の条件であって、「救われてクリスチャンになった者」は、「神の子とされた霊的状態（第３の義）」を日頃の自己認識としなくてはならないからこそ、この主イエスの指示となるのです。

しかしながらパウロは、「ガラテヤ人への手紙」では、「割礼を要求してくるユダヤ人クリスチャン」に対しても、また、「新しくクリスチャンになった異邦人」に理解させるためにも、キリスト教教理を解説するのに「（血の）契約」という言葉を使いませんでした。

キリスト教も「主イエスとの血の契約」なのですが、それを言うと「割礼（血の契約）と同じではないか」と巻き返され、論破されてしまうからです。

だからパウロは、決して「救いの根拠が「血の契約」である」とは言えなかったのです。

この霊的理由で「ガラテヤ人への手紙」は、「**割礼を否定するだけ**」の**意図**で書かれたと解釈すべきなのです。

そして本来の「神様との関係性による祝福」を、別の手紙で「**神の義**」**として個別に**教えています。そのため、パウロがクリスチャンに宛てて書いた多くの教え内容が、「信仰を学ぶにおいて」回りくどく分かりにくいのです。

それは、「**恵み**」「**憐れみ**」「**選ばれている**」など、「神様との親密さ」を人間的に表現するしかなかったからです。

しかし「**血の契約**」**を定規として読み解く**なら、直ちに理解でき、言っていることが単純な「契約の義務＝神様と人との祝福の互恵関係」であると分かるのです。

ですが、この説明は現代の私たちが新約聖書を読むことができるからであって、原初の伝道集会・教会では望むべくもないことです。

パウロはガラテヤ人に対して、「律法と割礼を要求してくるユダヤ教」を排除するために、「キリスト教では、「イエス・キリストを信じること（心）」が救われる条件である」と、あくまで「（肉体の）割礼を排除する」ことと**対比するしか**、**ユダヤ教からの脱却を言葉で説明できませんでした**。

殊に、第1回伝道旅行では、ユダヤ教会堂に入って宣べ伝えています。これは「異邦人への伝道」とは言い難い行動と対象者です。ユダヤ人に対して、「割礼は不要になった」とは言っていないのですが、教会内外のユダヤ人から反発がありました。

ユダヤ人にとって、自らの肉体の「割礼」こそ唯一神との契約のしるしであり、「選民としての自尊心」の根拠だったからです。そんなユダヤ人を改心（改宗）させようと、パウロは飛び込んでいったのです。

そして、教会として形造っていったガラテヤ地方の諸教会でしたが、「にせ兄弟が紛れ込んで来て」、パウロの宣教を台無しにする事態に至りました。そのため、パウロはその間違った教えを排除しなければならないことを、この手紙で教え、戦わせたのです。

それでは、パウロは何と戦ったのでしょうか？

「ガラテ」1：6　私は、あなた（がた）が、キリストの恵みのうちにあなた（がた）を召して下さった方（神、その教え）に、そんなにも早く背を向け、別の福音に移っていくことに驚いています。　1：7　それは別のものではありませんが、あなた（がた）を悩ませて、キリストの福音を曲げてしまおうとする者たちがいるのです。　1：8　しかし、もしも、私たちや天から来た天使であっても、私たちがあなたがたに伝えた以外の福音をあなたがたに伝えるなら、**その者はのろわれるべき**です。

このようにパウロは手紙に書いていますが、言うまでもなく、その者の本性は「ユダヤ教そのもの」です。〔律法を守ることを第一とし、割礼を神との「契約のしるし」とする、キリスト教から見たら過去形の、「時代後れの信仰教理」〕に対してです。

それを絶対教理として押しつけてくるユダヤ人は、**キリスト者ではありません**。クリスチャンのふりをする教会内部の**サタンの手先**です。だからパウロは、「**その者は呪われるべき**」とまで言っているのです。

ここで「呪われるべき」なのは、「救いの真理理解を妨害すること自体」であり、人間を呪うのではありません。そのような〔霊的悪〕には神様が裁きを下します。クリスチャンはそのような「サタンの仕業」から離れればよいのです。

真理理解を妨害するにせ兄弟と論争をするのは、霊と肉体の無駄使いなので、パウロは〔救いを契約とは思わせない言葉を選んで〕、「ガラテヤ人への手紙」を書きました。「契約」とは思わせない言葉によって、にせ兄弟の「**割礼要求**」の条件〔**必然性**〕**を打ち壊している**のです。

パウロは、以前はサウロという「パリサイ派の学者」だったので、自身が厳格に守ってきた律法と、キリスト・イエスの死による贖いと律法からの解放の違いを、論理的に理解し、比較できた人物です。

ですからその違いを分からせ、律法、特に割礼の無意味さを知らせることができましたが、その時に、ユダヤ教、キリスト教に共通する「救いの原理・血の契約」をユダヤ教信者への論破の武器として引っ張り出すことができなかったのです。

＊ですから、このパウロの論点が〔キリスト教の真理全てを教えているのではない〕ことを、正しく理解しなければなりません。

「ガラテヤ人への手紙」は、異邦人クリスチャンがユダヤ人割礼派に対して、「割礼を否定する」ための〔論戦の武器〕として、〔契約論に立たずに人間的な信仰論理〕を教えているものです。

ですから私たちは、「ガラテヤ人への手紙（信じる＝初歩の教え）」一辺倒から脱却して、キリストの身丈にまで成長すること（第3の義）を目指さなければならないのです。

　現代においても、全能の神様がキリスト教〔救霊のルール〕として定めているのは、アブラハムから引き継いだ「血の契約」です。

　これは全世界の人々が知っていなくてはならない大原則〔プリンシプル・被造物である人の置かれた立場〕です。

「イエス・キリストとの血の契約」によってのみ、「生まれ変わって神の義とされること」の論理と霊的立場が、神様の権威によって〔天と地で法的に保証される〕のです。

　そして、クリスチャンは「神の子である」その自意識で「信仰の行い」をすることが求められています。

「憐れみ」「選び」「恵み」などを根拠とするルターやカルヴァンの信仰論理では、その人の霊の法的立場が保証されているとは、本人自身が言い切れないので、サタンの攻撃を防ぎきる「圧倒的な勝利者」にはなれません。だから、「憐れみにすがる」初心者レベルの信仰態度に終始することになります。

第２部まとめ
信仰の本質（真理）の学び方

聖書の解読の仕方の「ケーススタディ」として、第１部では「キリスト教教理の片手落ち・霊の不在」の現実を洗い出し、第２部でその発端を裏づけるため、「ガラテヤ人への手紙」を分析し、歴史的事実を解明しました。

リバイバルとは「霊の刷新」

リバイバルとは、これまでの信仰生活において自分では正しいと固持していた「初歩の教え・第２の義」が、「神様の視点」では未完成の教理解釈であったと悔い改め、自分の霊的立場を「主イエスとの血の契約・第３の義」と認識し、そして「信仰の行い・聖霊の力」を発揮することです。

そのためには、真剣に「御言葉の学び」をしなければなりませんが、聖書の本質である「霊的真理」は、心底から「真実を探求したい」と願う者が、虚心に「霊の導きに従って」学ぶことで摑むことができるものです。

これは自らの学びとして「自由意志での行い」の結果であり、論理性を〔神様のほうが正しい〕とする謙虚な態度と意志によります。

高名な神学者の解釈だからと言って、そのまま鵜呑みにするのは正しくありません。神様・主イエスが人の考え方を「洗脳のように」強制することもありません。

パウロの第１回伝道旅行と、第２回、第３回伝道旅行とでは、その背景に「割礼の是非」をめぐる大きな霊的差異があるのです。この事実を下敷きにしないと、パウロの信仰論を見誤ってしまいます。

当時パウロが「ガラテヤ人への手紙」で書き連ねた文脈は、ユダヤ人にせ兄弟の「割礼要求」を否定し、ガラテヤ人自身がそれを正当に拒否できるようにするための主張なのであり、そのために「イエス・キリストの死を前面に押し出し」て、それを〔信じること〕を根拠にさせるべく、「神様との霊の関係性〔神様の定めた救いのルール『契約』〕」の表現をあえて避けているのです。

従って「ガラテヤ人への手紙」には、「信じる者の義の自意識への論理性」がすっぽり抜け落ちています。

そうした意味から、ルターが主張した「〔信じるだけ〕はキリスト教の真理・本質」ではないのです。

――しかしルターは、「ガラテヤ人への手紙」から、この《「信じること」だけがキリスト教の本質である》と解釈して、ローマカトリックの腐敗と戦いました。

ここでルター自身の目的に対する信仰解釈の霊的レベルがずれてしまいましたが、彼にとっては問題ではありません。

むしろ、後世の私たちが「彼の主張・論理を鵜呑みにしている」ことこそ、救霊に対する知識不足のために生じる正しくない霊的状態なのです。

＊ガラテヤ人が求めた「信仰の完成」からの視点では、「信じるだけ」とは「割礼否定の対案」であり、〔キリスト教の半分の真理〕でしかありません。ですから、「信仰初心者への入門書」なのです。

「ガラテヤ人への手紙」は、あくまで異邦人という《唯一神への信仰根拠の知識が薄弱な初心者》への「矯正指示書」、つまり、間違ったこと〔役目を終えた割礼〕への対抗論理を分かりやすく教えているのです。

従って、「信仰の完成」のための霊的核心は含まれていません。「根拠として論理的に納得できる、神様との関係性（の構築）」を示していないからです。

「ガラテ」３：25　しかし、〔キリスト〕信仰が到来した以上、私たちはもはや家庭教師（ユダヤ教律法／割礼）の下にはいません。　３：26　あなたがたは皆、キリスト・イエスを信じる信仰によって、神の子なのです。

「信仰によって、神の子どもです」と書いているのに、なぜ「霊的核心がない」と言えるのでしょうか？

それは「信仰によって、神の子ども」になるのはあくまでも結果であり、「信仰がそうである」ことを納得するための霊的・論理的根拠ではないからです。

しかし、異邦人が「割礼を否定するために」、そのまま信じることには問題ありません。

＊いや、そう信じさせるのがパウロの目的です。「結果」を信じて「割礼を否定する」のです。

しかし、なぜ「信じるなら、神の子とされる」のか、という絶対的な論理性と法的正当性が「神様との霊の関係性の構築」として証明されていないので、誰であってもそれを自分の確信とすることができず、「信仰の完成」に至らないのです。

これが「ガラテヤ人への手紙」が、「信仰初心者への教理」に留まる本質的原因です。

「ガラテ」3：27　あなたがたのうち、キリストにつくバプテスマを受けた者は、皆キリストをその身に着たのです。

ここでも「キリストをその身に着た」と説明されています。しかしそれは、ガラテヤ人が自分の自意識を「そう持て」と言われていても、「神様との関係性の論理的確信（なぜそう言えるのか、の答え）が足りない」のです。従って「腑に落ちません」。

この「ガラテヤ人への手紙」を、ルターは行為否定論として一途に惚れ込んで、「信じるだけ」が本質であるとしたのです。

従って「腑に落ちて納得することがない知識」として、「暗示または洗脳のよう」に「信じなさい」と言うしかない現在のプロテスタント教理になってしまいました。奇跡を否定しているから当然の結末です。

＊キリスト教は「永遠のいのちの確保」ですから、聖霊の働きによって御言葉の約束を、「実現させる確信を自意識とする」まで、「霊的関係性の確立＝聖霊のバプテスマ」を自らの意志で求めなければなりません。

――イエス・キリストの働き（血による贖いと赦し）によって、それを信じる者は「血の契約で義とされた霊的立場」になるので、「割礼という古い制度」を知った上で、必ず自己認識をそこから変革させなければならないからです。

神様はあくまでも人の自由意志を尊重しており、そのクリスチャンが学んで「信じた信仰レベル（どこまで神の義を実行するか）」によって、神様も「互恵の義務」として「その信仰レベルに応じた祝福」を与えて下さるのです。

逆説として、どんな信仰レベルであっても、それを良しとして「そのままのあなた」を受け入れています。そして、「そのままのあなた」が「受け取る祝福の量」は、そのあなたが「神の義」をどこまで理解し、実践しているかによるものであり、あなたが「信じています」と言う、その「義への自己認識に比例する」のです。

あなたの生命を救う信仰は、あなた自身の信じ方（自由意志の結果）として「あなたの責任」です。「頼りすがる祈り」で、天の御国に至るのではありません。

哲学ベース神学の勘違いに気づいて、あなたの霊的立場の認識を構築し直して下さい。

神様に泣きつく祈りをすれば、「憐れんで、恵みを施して下さったユダヤ教」の時代は過ぎ去りました。新約聖書時代となった今、クリスチャンは自分で「イエスの名・天の権威」を使って、問題に向かって命令し、勝利を実現する霊的立場に置かれているからです。

これが神様の定めた永遠不変の救霊原理が、「旧約聖書」から「新約聖書」に移行した「人の霊的立場の変化」の違いです。

「信じた時」の「十字架を仰ぎ見る信仰初心者のまま」でいてはならず、この「義の成長」の観点でも「ガラテヤ人への手紙に重点を置くプロテスタント教派」が片手落ちで正しくないのです。

御言葉に従い、イエス・キリストを救い主と信じて、天の父なる全能の神様を礼拝する「キリスト教」の本質を我が身に実現したいと願うならば、自分が信じて救われた時の「宗派」の教えに固執するのではなく、聖書に書かれた「神様の約束を正しいとする学び」を続けて、神様に対する『義についての自意識を刷新しなければなりません』。

これが一人ひとりから始まる「リバイバル」です。

そうすれば、現在多くの宗派に分かれている教理解釈は、自ずと一つの真理に立脚するキリスト教純正神学となっていくでしょう。

それはエキュメニカル思想（人の英知）として集合することの上に位置する、聖霊による「神様の意志の実現・一つのキリスト教」になります。


栄光在主。

第2部　完

おわりに

本書では、「信じること」を「頼りすがる」と捉える霊的幼児性からの脱却として、神様を１００％信頼するために御言葉を「契約として」捉え直す必要性をお伝えしました。

さらに、この奥義を実践するための具体的方法を詳しく解説した「啓発テキスト」として、『「天に携挙されるクリスチャン」になるには―イエス・キリストが空中再臨する時に備えて―』（幻冬舎メディアコンサルティング刊、古山パウロ誉主吾著）を発売しています。

「ヨハネの黙示録」で預言している、「艱難期」の予兆が身近に迫っている昨今、「私は必ず天に携挙される」と確信できる、神様からの霊的根拠を確保していなくてはなりません。

筆者は十代後半に入信して以来、今までイエス・キリストを信仰し、キリスト教の学びを続けてきた一介の信者です。

しかし、50年以上にわたる聖書の学びの中で、旧約の教義とイエス・キリスト以降の新約としての教義では、御言葉が〈矛盾するように捉えられるところ〉があると感じるようになりました。

教会の牧師の説教による解釈では、「神の性格が変わった」「時代が違う」などと教えられ、また、災難や病気に対する考え方について、筋の通った説き明かしが与えられず、それに対して「クリスチャンに何かを学ばせるためだ」などとの、なんとなく誤魔化されたような、腑に落ちないモヤモヤについて疑問を感じていました。

その最たる理由は、牧師から聞かされる説教や講話などの内容が「御言葉を**霊的な導き**（神様を正しいとする**姿勢**）の中での、**論理的に解釈**した（理性で納得できる）**明確な事実**」の知識として語られるものでない（証拠としての聖霊の働きが伴っていない）ので、素直に腑に落ちて納得できず、牧師の語る言葉が信頼できる神様の約束（真理）だと受け取ることが困難なものになっているからです。

神様は永遠に変わらぬ方ですから、旧約聖書「創世記」から新約聖書「ヨハネの黙示録」までの聖書全体に表されている神様の性格を「定規」として当てはめ、その聖句を読み解かなければなりません。

そのように読んだ時、まるで霧が晴れるように、全ての教理が「義の筋が通って一貫している」教えであることが分かりました。

今回、この読み方によって、キリスト・イエスが導き教え与えて下さる解釈を、真理への「解説書」として起草しました。

現在の日本キリスト教界が抱えている「霊性欠落」を少しでも解決に導けるものとして、一人でも多く、予想を超える大勢の人々のリバイバル（霊による理性の変革を基盤とした信仰）が起こるよう祈り、神様が奇跡でレスポンドして下さることを望み見る次第です。

真の著者は［救い主］キリスト・イエスです。私は「霊による解釈を記述せよ」との召命を受けた、ひとりの主イエスの働き人に過ぎません。

ですからここで、「なすべきことをしただけです」と、全ての結果を主イエスに委ねて、天の父なる神様に栄光を帰し、礼拝するものです。

本書の出版に当たり、多くの労を割いていただき、祈りと共に指導・監修して下さった関係各位の方々に深く感謝いたします。ありがとうございました。

また、私の心身の健康を支えてくれた妻に、感謝するものです。

栄光在主。

古山 パウロ 誉主吾

第５巻　アダムの原罪とは何か。
　第14篇「アダムの原罪とは何か。」
　第15篇「神の創造した人アダムとエバ。」
　第16篇「サタンの囁き、神のようになる。」
　第17篇「善悪の知識の木といのちの木。」
　第18篇「カインは何故、殺人者として裁かれなかったのか。」
ISBN-978-4-909051-04-2　頒布価格1380円

第６巻　創世記の正しい霊的理解。
　第19篇「天地創造とは。」
　第20篇「一日と訳されたヨーム。」
　第21篇「夕方から一日が始まるナンセンス。」
　第22篇「割礼の意味。」
ISBN-978-4-909051-05-9　頒布価格1280円

第７巻　「洗礼」＝水のバプテスマの意味。
　第23篇「洗礼＝水のバプテスマの意味。」
　第24篇「洗礼名の必要性。」
　第25篇「クリスチャンの罪と神様の赦し。」
　第26篇「主イエスが指摘する罪とは。」
ISBN-978-4-909051-06-6　頒布価格1330円

第８巻　十字架上のイエスの言葉。
　第27篇「十字架上のイエスの言葉。」
　第28篇「イエス・キリストの贖罪の為の無原罪性。」
　第29篇「イエスの母マリアのこと。」
　第30篇「「最後の晩餐」と「過越しの食事」の関係。」
ISBN-978-4-909051-07-3　頒布価格1280円

第９巻　パウロが言う「肉体のとげ」。
　第31篇「「肉体のとげ」の意味。」
　第32篇「パウロの驚愕『何だって？』。」
　第33篇「神の三一性と第３位格の聖霊。」
　第34篇「日本語聖書の翻訳間違い。」
ISBN-978-4-909051-08-0　頒布価格1280円

既刊書籍リスト
『パウロの目からウロコ』シリーズ

『パウロの目からウロコ』シリーズでは、聖書に基づき、本書で主張しているキリスト教の霊的論理性をさらに細かく分析・解説しています。また、誤解されている多くの教理解釈を矯正し、霊的成長を助けるものです。

　これらは筆者が主宰する「セオロジークライスト会」ホームページで頒布していますので、オンライン画面でご確認・ご注文ください。

（頒布価格はいずれも本体＋税＋送料）。

https://www.theology-christ.com/

第１巻　「右頬を打たれたら、左頬も向けよ。」とは？
　第１篇「右頬を打つ者には、左の頬も向けよ。」
　第２篇「たといそうでなくても。」
　第３篇「試練と誘惑は同じ言葉。」
　第４篇「主よ、主よ、と言うものの正体。」
　第５篇「「罪人のかしら」と告白するパウロ。」
ISBN-978-4-909051-00-4　頒布価格1280円

第２巻　キリスト教は人生のビジネス契約。
　第６篇「新約聖書は契約です。」
　第７篇「旧約聖書の有効性。」
ISBN-978-4-909051-01-1　頒布価格1530円

第３巻　あなたこそ現代のヨブである。
　第８篇「ヨブ記で学ぶ「信仰」と「みなしの義」。」
　第９篇「神の統治はあるのか。」
　第10篇「神が人に病気をもたらすのか？」
　第11篇「懲らしめの本質。」
ISBN-978-4-909051-02-8　頒布価格1430円

第４巻　「義」と「神の義」の違い。
　第12篇「「義」と「神の義」の違い。」
　第13篇「「聖餐式」の目的。」
ISBN-978-4-909051-03-5　頒布価格1480円

《著者略歴》
セオロジークライスト会
古山 パウロ 誉主吾（こやま ぱうろ よしゅあ）
1945年生まれ。高校時代に受洗。多摩美術大学PD科を卒業し、本田技術研究所に入社。米国駐在の際に霊的教理解釈を学び、信仰の本質が「神との霊的緊密さ」であると啓示を受ける。
定年退職後、JTJ宣教神学校牧師志願科を卒業。セオロジークライスト会を主宰し、現在に至る。
主な著書に『パウロの目からウロコ』シリーズ全9巻（セオロジークライスト会）、『「天に携挙されるクリスチャン」になるには—イエス・キリストが空中再臨する時に備えて—』（幻冬舎メディアコンサルティング）。

真の祝福にいたる「キリストの救い」の奥義
ここがおかしい日本のキリスト教の勘違い

2023年12月25日　第1版第1刷発行

著　者　古山 パウロ 誉主吾
発　行　株式会社ＰＨＰエディターズ・グループ
〒135-0061　東京都江東区豊洲5-6-52
☎03-6204-2931
https://www.peg.co.jp/

印　刷
製　本　シナノ印刷株式会社

 ISBN978-4-910739-41-0